Verfassungs- und unionsrechtliche Grenzen von Maßnahmen zur Förderung der Geschlechtergleichstellung im Berufungsverfahren

Studien zum Internationalen, Europäischen und Öffentlichen Recht

Herausgegeben von Eibe Riedel

Band 30

PETER LANG

Marie Metzger

Verfassungs- und unionsrechtliche Grenzen von Maßnahmen zur Förderung der Geschlechtergleichstellung im Berufungsverfahren

PETER LANG

Bibliografische Information der Deutschen Nationalbibliothek
Die Deutsche Nationalbibliothek verzeichnet diese Publikation in der Deutschen Nationalbibliografie; detaillierte bibliografische Daten sind im Internet über http://dnb.d-nb.de abrufbar.

Zugl.: Mannheim, Univ., Diss., 2019

D 180
ISSN 1430-5380
ISBN 978-3-631-79206-3 (Print)
E-ISBN 978-3-631-80574-9 (E-PDF)
E-ISBN 978-3-631-80575-6 (EPUB)
E-ISBN 978-3-631-80576-3 (MOBI)
DOI 10.3726/b16300

Peter Lang – Berlin · Bern · Bruxelles · New York · Oxford · Warszawa · Wien

Diese Publikation wurde begutachtet.

www.peterlang.com

Vorwort

Die vorliegende Arbeit entstand größtenteils während meiner Tätigkeit als akademische Mitarbeiterin am Lehrstuhl für öffentliches Recht, Finanz- und Steuerrecht, Öffentliches Wirtschaftsrecht und Medienrecht an der Universität Mannheim. Rechtsprechung und Literatur haben bis zum Januar 2019 Berücksichtigung gefunden.

Mein besonderer Dank gilt meinem Doktorvater Herrn Professor Dr. Thomas Puhl, der mich in der gemeinsamen Zeit am Lehrstuhl stets unterstützt und gefördert hat. Sowohl beim Erstellen dieser Arbeit als auch bei meiner Tätigkeit als wissenschaftliche Mitarbeiterin hat er mir nicht nur den nötigen, sondern stets den maximal möglichen Freiraum eingeräumt und mir auf diesem Weg großes Vertrauen entgegengebracht. Herrn Professor Dr. Eibe Riedel danke ich für die sehr zügige Erstellung des Zweitgutachtens.

Ich möchte darüber hinaus auch all meinen Wegbegleitern an der Universität Mannheim danken. Zu nennen wären hier zunächst meine Kollegen am Lehrstuhl, von denen ich Andrea Heil, Dr. Stefanie Judex, Sven Knauer, Dr. Thomas Möller, Dr. Dennis Oswald, Christine Wilhelm und Andreas Woth besonders erwähnen möchte. Dank schulde ich darüber hinaus aber auch allen anderen Kollegen an der Fakultät und auch den zahlreichen Studenten, die ich mit großer Freude unterrichten durfte. Viele von ihnen sind mit der Zeit Freunde geworden – ihnen allen sei diese Arbeit gewidmet.

Marie Metzger
Mannheim, im Juni 2019

Inhaltsverzeichnis

Einleitung

A. Einführung in die Problematik

Die staatlichen Hochschulen[1] in Deutschland sind einem stetig wachsenden Studierendenandrang ausgesetzt, der seinen zwischenzeitlichen Höhepunkt in den Jahren doppelter Abiturjahrgänge gefunden hat.[2] Neben den damit verbundenen, erhöhten organisatorischen Anforderungen wird die Situation der Hochschulen durch eine anhaltend angespannte Finanzlage erschwert. Zwar wurde dem vermehrten Studierendenaufkommen mit dem Hochschulpakt 2020[3] entgegengewirkt, die Hochschulen sind jedoch mit einer allein den zu bewältigenden Fixkosten nicht gerecht werdenden Unterfinanzierung konfrontiert.[4] Die Konsequenz daraus ist, dass die Hochschulen zur Finanzierung ihrer Aufgaben aktuell mehr denn je auf zusätzliche Drittmittel angewiesen sind, welche neben die staatliche Grundfinanzierung treten.[5] In aller Regel können die Hochschulen über den Einsatz derartiger Drittmittel jedoch nicht frei bestimmen. Sie sind vielmehr an die vom Drittmittelgeber vorgegebene Verwendung gebunden.[6] Insbesondere Drittmittel von staatlicher Seite eignen sich dabei, aktuelle politische Themen mit der Auszahlung zusätzlicher Finanzmittel zu verknüpfen. Es überrascht daher nicht, dass bundesweit mit dem Professorinnenprogramm von Bund und Ländern und den Forschungsorientierten Gleichstellungsstands seitens der DFG ein Thema in die Hochschulfinanzierung Einzug gehalten hat, welches in den letzten Jahren seine gesellschaftliche Renaissance erlebt: Die

---

1 S. zur Begrifflichkeit § 1 HRG. Ausgenommen sind somit die privaten Hochschulen wie auch die Hochschulen in alternativer Rechtsform gem. § 58 I 2 HRG.

2 Insb. in den Jahren 2011 bis 2013 kam es durch die bundesweit vollzogene Umstellung von G9 auf G8 zu einer deutlich erhöhten Anzahl von Studienanfängern. S. für die gesamtdeutsche Entwicklung die Tabelle des Statistischen Bundesamtes zur Entwicklung der Studierendenzahlen in Deutschland, abrufbar unter https://www-genesis.destatis.de/genesis/online?sequenz=tabelleErgebnis&selectionname=21311-0010 (zuletzt abgerufen am 14.11.2019).

3 S. die Bund-Länder-Vereinbarung über den Hochschulpakt 2020 (zweite Programmphase) vom 04.06.2009, BAnz 103, S. 2419 und die Ausführungen auf S. 24.

4 Zur unzureichenden staatlichen Grundfinanzierung s. S. 16f.

5 S. dazu S. 20f.

6 S. insb. § 13 VII LHG BW. Auch im Folgenden soll die Rechtslage des Landes Baden-Württemberg als einfachgesetzl. Grundlage für die Untersuchungen im Rahmen dieser Arbeit dienen.

Gleichstellung zwischen den Geschlechtern.[7] In der Zusammenfassung sollen erzielte Erfolge bei der Förderung von Vertretern des unterrepräsentierten Geschlechts über ein entsprechendes Anreizsystem mit zusätzlichen Geldern belohnt werden. In Anbetracht der vorherrschenden Geschlechterverteilung an deutschen Hochschulen geht es dabei unabhängig von der oft geschlechtsneutral verwendeten Formulierung im Grundsatz um die Förderung von weiblichen Wissenschaftlern.[8] Es ist nicht verwunderlich, dass die Hochschulen, mit der bestehenden finanziellen Notlage konfrontiert und von den in Aussicht gestellten zusätzlichen Finanzmitteln motiviert, ihre Gleichstellungsbemühungen ausgebaut haben.[9] Die Besserstellung der Frau wird dabei oftmals auf unterschiedlichen Wegen und in sämtlichen Stufen der wissenschaftlichen Karriere anvisiert. Entsprechend sind die Fördermaßnahmen in ihrer Intensität und auch in ihren Erfolgen zu unterscheiden. In ihrer Gesamtschau tragen sie jedoch allesamt dazu bei, dass das Ziel der Gleichstellung der Geschlechter aktuell auch in der Wissenschaft stetig vorangetrieben wird.

Trotz der zu begrüßenden Programmerfolge darf jedoch nicht in Vergessenheit geraten, dass es neben der intensiv geführten Diskussion um ein gesellschaftliches Wollen von Fördermaßnahmen auch einer Erörterung der rechtlichen Zulässigkeit und damit der Klärung des rechtlichen Dürfens von Fördermaßnahmen bedarf. Mit Blick auf die entwickelten Programme in der hochschulinternen Praxis erscheint es fraglich, ob die Hochschulen einen möglicherweise entstehenden Verfassungskonflikt hinreichend berücksichtigt haben.[10] In Anbetracht des Zieles einer größtmöglichen Förderung der Gleichstellung in der Wissenschaft ist es daher notwendig, die verfassungsrechtlichen Grundlagen einer solchen Förderpolitik aufzuzeigen und insbesondere auch deren rechtliche Grenzen zu bestimmen. Ausgangspunkt der Überlegungen muss dabei die Gleichberechtigung der Geschlechter sein, die sowohl auf nationaler Ebene als auch

7 Zuvor stand das Thema Gleichstellung erstmalig in den 80er und 90er Jahren im Fokus der Öffentlichkeit.

8 Ausgenommen sind insoweit frauendominierte Studiengänge, die sich durch ein umgekehrtes Geschlechterverhältnis auszeichnen. Hier müssen Fördermaßnahmen entspr. auch zugunsten der unterrepräsentierten männlichen Wissenschaftler Anwendung finden. S. hierzu auch Fn. 213.

9 S. zu ausgewählten Gleichstellungsmaßnahmen deutscher Hochschulen S. 47ff.

10 Die Universität Mannheim verweist in ihrem Gleichstellungsplan zumindest auf den unklaren europa- und verfassungsrechtl. Rahmen von Frauenfördermaßnahmen, s. S. 20 des Gleichstellungsplanes, abrufbar unter http://gleichstellung.uni-mannheim.de/download/gleichstellungsplan_2013_2018.pdf (zuletzt abgerufen am 30.01.2019).

auf Ebene der Europäischen Union normiert ist und entsprechend nicht nur für die von der Förderung profitierenden weiblichen Wissenschaftler Geltung beansprucht, sondern auch eine Benachteiligung der männlichen Kandidaten untersagt.[11] Im GG und im primären Unionsrecht finden sich gleichzeitig aber auch Vorschriften, die als verfassungsrechtliche Grundlage für Fördermöglichkeiten zugunsten des unterrepräsentierten Geschlechts herangezogen werden können.[12] Für die rechtliche Zulässigkeit der durchgeführten Fördermaßnahmen bedeutet dies, dass die hinter den Normen stehenden Schutzgüter der rechtlich garantierten Gleichberechtigung der Geschlechter und deren Umsetzung in die Wirklichkeit in einen angemessenen Ausgleich zu bringen sind. Zumindest auf nationaler Ebene wird der im Zuge dessen vorzunehmende Abwägungsvorgang zusätzlich durch den in Art. 33 II GG festgehaltenen Leistungsgrundsatz maßgeblich mitbestimmt, der bei der Vergabe von öffentlichen Ämtern Beachtung finden muss. Neben der notwendigen Vereinbarkeit der Fördermaßnahmen mit den verfassungsrechtlich garantierten Gleichheitsrechten der Männer stellt sich somit die Frage, ob und wie eine Kandidatenauswahl unter Berücksichtigung des Geschlechts mit den aufgestellten Auswahlkriterien der Eignung, Befähigung und fachlichen Leistung in Einklang zu bringen ist.

B. Gang der Untersuchung

Die vorliegende Arbeit erörtert die rechtlichen Grundlagen von Frauenfördermaßnahmen im Rahmen von Berufungsverfahren an deutschen Hochschulen und zeigt deren verfassungs- und unionsrechtlichen Grenzen auf. Die bestehende Unterfinanzierung der Hochschulen und die daraus resultierende Notwendigkeit zusätzlicher Drittmittel dienen dabei als Aufhänger für die enorme Resonanz auf entwickelte Anreizprogramme zur Erhöhung des weiblichen Anteils in der Wissenschaft. Entsprechend wird im ersten Kapitel zunächst unter Berücksichtigung der erfolgten Hochschulreformen ein grober Überblick über die Hochschulorganisation als solche gegeben (A.), bevor die Hochschulfinanzierung selbst in ihren unterschiedlichen Ausprägungen dargestellt wird (B.). Im darauf

11 S. Art. 3 III EUV, Art. 8, 10, 19 I AEUV, Art. 23f. GRC und Art. 3 II 1, III 1 Var. 1 GG. Im anglo-amerikanischen Bereich wird die Problematik unter dem Begriff der „reversed discrimination" diskutiert, in unserem Sprachgebrauch als „umgekehrte Diskriminierung" umschrieben; s. hierzu Schneider, Die Gleichstellung von Frauen in Mitwirkungsgremien der öffentlichen Verwaltung, S. 30, und grdl. Maidowski, Umgekehrte Diskriminierung.

12 Art. 157 IV AEUV, Art. 23 II GRC, Art. 3 II GG.

folgenden zweiten Kapitel werden die aktuellen Programme zur Förderung der Gleichberechtigung der Geschlechter an deutschen Hochschulen und die entsprechenden Umsetzungsmaßnahmen deutscher Hochschulen aufgezeigt. Ausgangspunkt sind insoweit die Zahlen der Geschlechterverteilung an deutschen Hochschulen (A.), welche die Notwendigkeit einer aktiven Förderpolitik verdeutlichen. Daran anschließend werden mit dem Professorinnenprogramm von Bund und Ländern und den Forschungsorientierten Gleichstellungsstandards der DFG zwei aktuelle Programme zur Förderung der Gleichstellung dargestellt (B.), bevor letztlich die konkreten Fördermaßnahmen anhand einer beispielhaften Darstellung deutscher Hochschulen aufgezeigt werden (C.).

Diese Fördermaßnahmen werden schließlich im dritten Kapitel als Hauptbestandteil der Arbeit einer verfassungsrechtlichen Bewertung auf Basis des GG unterzogen. Die Arbeit beschränkt sich dabei auf Fördermaßnahmen, die unmittelbar mit der Stellenbesetzung verknüpft sind und lässt davon unabhängige Maßnahmen, wie etwa auf Frauen beschränkte Coaching-Programme, außen vor.[13] Grundlage der Prüfung bilden eine Darstellung der rechtlichen Problematik (A.) sowie der verfassungsrechtliche Beurteilungsmaßstab in Form der einschlägigen Artikel des GG (B.). Es folgt die verfassungsrechtliche Subsumption (C.), im Rahmen derer zunächst bestehende Verfassungsbeeinträchtigungen anhand der konkreten Fördermaßnahmen und damit zusammenhängenden Problemfeldern herausgearbeitet werden (I.), bevor eine mögliche Rechtfertigung aufgezeigt wird (II.).

Im daran anschließenden vierten Kapitel wird die unionsrechtliche Vereinbarkeit der Fördermaßnahmen beleuchtet. Die Überprüfung erfolgt unter Darstellung der einschlägigen primär- und sekundärrechtlichen Normen (A.). Im Anschluss daran werden schließlich unter Bezugnahme der ergangenen EuGH-Rechtsprechung die rechtlichen Möglichkeiten von Fördermaßnahmen auf Ebene der EU herausgearbeitet (B.). Die Arbeit schließt im fünften Kapitel mit einem rechtlichen Vergleich der erlangten Erkenntnisse auf Basis des GG und auf Ebene der EU, bevor diese einer zukunftsorientierten und kritischen Würdigung unterzogen werden.

---

13 S. zur Unterscheidung auch Papier/Heidebach, DVBl 2015, 125 (132f.), und Rebhahn, in Schwarze, EU-Kommentar, Art. 157 AEUV, Rn. 50.

Kapitel 1: Organisation und Finanzierung deutscher Hochschulen

A. Rechtliche und organisatorische Grundlagen deutscher Hochschulen

I. Hochschulorganisation: Spannungsfeld zwischen Autonomie und staatlicher Einbindung

Nach Art. 5 III 1 GG sind Kunst und Wissenschaft, Forschung und Lehre frei. Bei der darin festgehaltenen Wissenschaftsfreiheit handelt es sich in erster Linie um ein klassisches individuelles Freiheitsrecht, welches dem wissenschaftlichen Betätigungsfeld einen Freiraum vor staatlichen Eingriffen gewährleisten soll.[14] Darüber hinaus stellt Art. 5 III 1 GG aber auch eine objektive Grundsatznorm dar, aus der sich die Pflicht des Staates ergibt, für die freie Wissenschaft einzustehen, sie umzusetzen, sie zu schützen und zu fördern.[15] Träger des Grundrechts sind neben jedem Einzelnen, der in eigenverantwortlicher und wissenschaftlicher Weise tätig ist oder tätig werden will,[16] über Art. 19 III GG auch juristische Personen, die Wissenschaft betreiben oder für deren Organisation zuständig sind.[17] Dies gilt insbesondere für die öffentlich-rechtlich organisierten Hochschulen und für deren Fakultäten.[18] Aus der nach Art. 5 III 1 GG bestehenden

---

14 BVerfGE 35, 79 (112); Fehling, in BK-GG, Art. 5 Abs. 3 (Wissenschaftsfreiheit), Rn. 18.

15 BVerfGE 35, 79 (114f.); 93, 85 (95); 111, 333 (353); Mager, in HStR VII ³2009, § 166, Rn. 25; Jarass, in Jarass/Pieroth, GG, Art. 5, Rn. 133; Fehling, in BK-GG, Art. 5 Abs. 3 (Wissenschaftsfreiheit), Rn. 23f.; Wendt, in v. Münch/Kunig, GG, Art. 5, Rn. 104; Britz, in Dreier, GG, Band I, Art. 5 III (Wissenschaft), Rn. 68; Trute, Die Forschung zwischen grundrechtlicher Freiheit und staatlicher Institutionalisierung, S. 262f. Entspr. hieß es in Art. 142 WRV noch ausdrücklich: „Die Kunst, die Wissenschaft und ihre Lehre sind frei. Der Staat gewährt ihnen Schutz und nimmt an ihrer Pflege teil.".

16 BVerfGE 15, 256 (263); 35, 79 (112); Starck/Paulus, in v. Mangoldt/Klein/Starck, GG, Band 1, Art. 5 Abs. 3, Rn. 483; Jarass, in Jarass/Pieroth, GG, Art. 5, Rn. 140.

17 Mager, in HStR VII ³2009, § 166, Rn. 18; Jarass, in Jarass/Pieroth, GG, Art. 5, Rn. 141; Schmidt-Assmann, in FS Thieme, S. 697 (706).

18 BVerfGE 15, 256 (262); 21, 362 (373f.); Mager, in HStR VII ³2009, § 166, Rn. 37; Fehling, in BK-GG, Art. 5 Abs. 3 (Wissenschaftsfreiheit), Rn. 124; Britz, in Dreier, GG, Band I, Art. 5 III (Wissenschaft), Rn. 66; Jarass, in Jarass/Pieroth, GG, Art. 5, Rn. 141; speziell für die Fakultäten Hänsch, Die Rechtsstellung der Fakultäten/Fachbereiche in der Hochschule, S. 142 f.

objektiven Gewährleistungspflicht folgt diesbezüglich, dass der Staat für eine Hochschulorganisation Sorge tragen muss, in der die Ausübung der freien Wissenschaft möglich ist.[19] Dies spiegelt sich in der Garantie der akademischen Selbstverwaltung wider, die im Kern über die Wissenschaftsfreiheit sichergestellt wird.[20]

Trotz einer solchen Selbstverwaltungsgarantie kann auf dem Gebiet der Hochschulorganisation nicht von einer vollständigen „Staatsfreiheit" gesprochen werden.[21] Dem Staat verbleibt vielmehr das Recht, die Organisation der Hochschulen im Rahmen der garantierten Wissenschaftsfreiheit auszugestalten.[22] Neben der Bereitstellung von organisatorischer Infrastruktur macht sich dies insbesondere in den von ihm gewährten Ressourcen bemerkbar, die zunehmend zur notwendigen Voraussetzung für die Verwirklichung der Wissenschaftsfreiheit werden.[23] Organisationsrechtlich verfügen die staatlichen Hochschulen somit über eine „Zwitterstellung",[24] die ihr Rechtsverhältnis zum Staat prägt: Einerseits wird

19 BVerfGE 35, 79 (114f.); Starck/Paulus, in v. Mangoldt/Klein/Starck, GG, Band 1, Art. 5 Abs. 3, Rn. 416.

20 BVerwGE 8, 170 (172); 32, 308 (310); zurückhaltender BVerfGE 15, 256 (264) und 35, 79 (116f.); Fehling, in BK-GG, Art. 5 Abs. 3 (Wissenschaftsfreiheit), Rn. 26, 125; Smend, in VVDStRL 4 (1928), 44 (61); Knemeyer, in HdbWissR, Band 1, ²1996, 237 (238f.); Oppermann, in HdbWissR, Band 1, ²1996, S. 1009 (1021f.); Sauer, Verfassungsrechtliche Grundlagen des Selbstverwaltungsrechts und der Autonomie der Hochschulen, S. 154; Jestaedt, Demokratieprinzip und Kondominialverwaltung, S. 530f.; Groß, DVBl 2006, 721; i.E. auch Gärditz, Hochschulorganisation und verwaltungsrechtliche Systembildung, S. 380f. Ausdrückl. Selbstverwaltungsgarantien finden sich in zahlreichen Landesverfassungen; s. Art. 20 II LV BW: „Die Hochschule hat unbeschadet der staatlichen Aufsicht das Recht auf eine ihrem besonderen Charakter entsprechende Selbstverwaltung im Rahmen der Gesetze und ihrer staatlich anerkannten Satzungen.". Hinsichtlich einer institutionellen Bestandsgarantie der Hochschulautonomie ablehnend dennoch Krausnick, Staat und Hochschule im Gewährleistungsstaat, S. 98, 102f.; Kimminich, in HdbWissR, Band 1, ²1996, 122 (128f.); Erichsen/Scherzberg, NVwZ 1990, 8 (9); Tomerius, Die Hochschulautonomie und ihre Einschränkungen beim Zusammenwirken von Land und Hochschule, S. 82f., die mit Wortlaut und Entstehungsgeschichte des Artikels argumentieren und eine Festschreibung von Organisationsgrundsätzen befürchten; hierzu Schmidt-Aßmann, in FS Thieme, 697 (710f.).

21 Fehling, in BK-GG, Art. 5 Abs. 3 (Wissenschaftsfreiheit), Rn. 26.

22 BVerfGE 35, 79 (116f.); 47, 327 (404); Starck/Paulus, in v. Mangoldt/Klein/Starck, GG, Band 1, Art. 5 Abs. 3, Rn. 416; Fehling, in BK-GG, Art. 5 Abs. 3 (Wissenschaftsfreiheit), Rn. 26, 125.

23 BVerfGE 35, 79 (115); Britz, in Dreier, GG, Band I, Art. 5 III (Wissenschaft), Rn. 72.

24 Erichsen/Scherzberg, NVwZ 1990, 8 (9).

ihnen das Recht der Selbstverwaltung im Rahmen der Gesetze zugesprochen, andererseits handelt es sich bei ihnen um staatliche Einrichtungen, grundsätzlich organisiert in der Rechtsform der Körperschaft des öffentlichen Rechts,[25] die der Regelung des Staates unterliegen und sich im Verhältnis zu diesem in einer gewissen Abhängigkeit befinden.[26] Es kommt so zu einem Spannungsfeld zwischen grundrechtlich garantierter Freiheit und der Institutionalisierung durch den Staat.[27] Hierbei stellt sich die Frage, wo genau die Grenze zwischen Autonomie und staatlicher Regelungsmöglichkeit zu ziehen ist.[28]

Kennzeichnend für das Modell der Selbstverwaltung ist die auf Grundlage von autonomer Rechtsetzung und Verwaltung durchgeführte eigenverantwortliche Wahrnehmung eigener Angelegenheiten durch den jeweiligen Selbstverwaltungsträger.[29] Voraussetzung für eine solche Eigenverantwortlichkeit ist, dass dem Träger der Selbstverwaltung bei der Wahrnehmung seiner Aufgaben ein Raum von Selbstbestimmung ohne staatlichen Einfluss gegeben sein muss.[30] Da jede Selbstverwaltung schon ihrem Wesen nach innerhalb des Staates und kraft dessen Zulassung besteht,[31] ist die gewährleistete Autonomie jedoch nicht als die vollständige Lösung aus dem staatlichen Zusammenhang zu verstehen, sondern vielmehr als eine besondere Form staatlicher Gliederung.[32] Bei der Wahrnehmung von eigenen Angelegenheiten macht sich dies in Form einer

---

25 S. § 58 I 1 HRG und auch § 8 I 1 LHG BW. Nach § 58 I 2 HRG, § 8 I 2 LHG BW können die Hochschulen auch in einer anderen Rechtsform errichtet werden. Von dieser Öffnungsklausel haben bisher jedoch nur Niedersachsen und Nordrhein-Westfalen Gebrauch gemacht, s. §§ 55ff. NHG und § 2 I HGNW.

26 Starck/Paulus, in v. Mangoldt/Klein/Starck, GG, Band 1, Art. 5 Abs. 3, Rn. 503.

27 Bethge, in Sachs, GG, Art. 5, Rn. 218; Groß, DÖV 2016, 449; Lorenz, JZ 1981, 113; Klein, AöR 90 (1965), 129 (138f.); grds. hierzu Trute, Die Forschung zwischen grundrechtlicher Freiheit und staatlicher Institutionalisierung, insb. S. 174ff. und 289ff.

28 Herberger, in Haug, Hochschulrecht BW, ²2009, S. 39 (48).

29 Maurer, Verwaltungsrecht, § 23, Rn. 1; Hendler, Selbstverwaltung als Ordnungsprinzip, S. 271 f. (284); Tomerius, Die Hochschulautonomie und ihre Einschränkungen beim Zusammenwirken von Land und Hochschule, S. 41.

30 Hendler, in Mann/Püttner, Hdb. der kommunalen Wissenschaft und Praxis I, S. 3 (11f.); Tomerius, Die Hochschulautonomie und ihre Einschränkungen beim Zusammenwirken von Land und Hochschule, S. 41.

31 Holstein, in Das akademische Deutschland, Bd. III, S. 140.

32 Maack, Grundlagen des studentischen Disziplinarrechts, S. 112; Klein, AöR 90 (1965), 129 (146); Tomerius, Die Hochschulautonomie und ihre Einschränkungen beim Zusammenwirken von Land und Hochschule, S. 45; Hendler, in Mann/Püttner, Hdb. der kommunalen Wissenschaft und Praxis I, S. 3 (8f.).

Rechtsaufsicht durch den Staat bemerkbar, die sich auf die Kontrolle der Gesetzmäßigkeit beschränkt.[33] Werden hingegen staatliche Angelegenheiten auf den Selbstverwaltungsträger übertragen, die dieser im Auftrag des Staates erfüllt, so unterliegt er der Fachaufsicht, was ein Weisungsrecht und damit auch eine Überprüfung der Zweckmäßigkeit zur Folge hat.[34]

Die Hochschule selbst lässt sich nur schwer unter den Oberbegriff des Selbstverwaltungskörpers subsumieren, da sie sich qualitativ von allen anderen Selbstverwaltungsorganisationen unterscheidet.[35] Sie ist gerade nicht durch eine politische, wirtschaftliche oder soziale Zielsetzung gekennzeichnet, sondern die akademische Selbstverwaltung ist vielmehr als geistige Selbstverwaltung zu verstehen, die dazu dient, die in den Hochschulen geleistete, geistige Gesamtarbeit zur größtmöglichen Entfaltung zu bringen.[36] Hinzu kommt, dass es sich bei der zugesprochenen Autonomie gerade nicht um ein vom Staat auf die Hochschulen delegiertes Recht handelt, das auch der Möglichkeit des Entzugs unterliegt, sondern dieses Recht vielmehr selbstständig besteht und vom Staat nur anerkannt wird.[37] Zuletzt unterscheidet sich das akademische Selbstverwaltungsrecht aber auch vom Umfang her von anderen Selbstverwaltungsorganisationen. Im Gegensatz zur gemeindlichen Selbstverwaltungsgarantie aus Art. 28 II GG, wonach den Gemeinden das Recht gewährleistet sein muss, alle Angelegenheiten der örtlichen Gemeinschaft im Rahmen der Gesetze in eigener Verantwortung zu regeln, kommt den Hochschulen keine derartig universelle Kompetenz zu.[38] Die

33 Bull/Mehde, Verwaltungsrecht, Rn. 105, 393; Erbguth/Guckelberger, Allgemeines Verwaltungsrecht, § 6, Rn. 27; Lorenz, WissR 11 (1978), 1 (2); Schröder, JuS 1986, 371 (373).

34 Bull/Mehde, Verwaltungsrecht, Rn. 393; Erbguth/Guckelberger, Allgemeines Verwaltungsrecht, § 6, Rn. 27.

35 Holstein, in Das akademische Deutschland, Bd. III, S. 131; Köttgen, Das Grundrecht der deutschen Universität, S. 45, 54.

36 Holstein, in Das akademische Deutschland, Bd. III, S. 131ff.; Tomerius, Die Hochschulautonomie und ihre Einschränkungen beim Zusammenwirken von Land und Hochschule, S. 8.

37 Maack, Grundlagen des studentischen Disziplinarrechts; S. 111. Köttgen, Das Grundrecht der deutschen Universität, S. 52f. spricht von einer „Verzichtserklärung“ des Staates, die ausgewählten Geschäftsbereiche in eigenständiger Verwaltung zu regeln.

38 Scholz, in Maunz/Dürig, GG, Art. 5 Abs. 3, Rn. 138; Gallwas, WissR 69, 116 (119f.). Anders nur Stier-Somlo, AöR 15 (1928), 360 (369), der das Prinzip der Allgemeinheit der Aufgaben auch auf die Selbstverwaltung der Universitäten überträgt. Kritisch zum angeführten Vergleich mit Art. 28 II GG Köttgen, Das Grundrecht der deutschen Universität, S. 45; Thieme, Deutsches Hochschulrecht, S. 146f.

akademische Selbstverwaltung ist vielmehr als funktionale Selbstverwaltung auf die Erfüllung von gewissen funktionsbezogenen Aufgaben ausgerichtet.[39] Grundlage und Ziel der Hochschulautonomie ist nicht nur die Freiheit des wissenschaftlichen Prozesses an sich, sondern auch und gerade die Schaffung der organisatorischen Voraussetzungen für diesen.[40] Insofern ist die Selbstverwaltungsgarantie das notwendige Band der wechselseitigen Abhängigkeit zwischen wissenschaftlicher Freiheit und freiheitsermöglichender Organisation,[41] womit nicht nur ihr Inhalt, sondern vor allem auch ihre Grenzen verdeutlicht wären.[42]

Das BVerfG hat hinsichtlich des Selbstverwaltungsumfangs entsprechend entschieden, dass den Hochschulen kein schrankenlos gewährleistetes Selbstverwaltungsrecht zukommt, sondern sich dieses vielmehr auf die Sicherstellung eines Kernbereichs der wissenschaftlichen Strukturen beschränkt.[43] Solange dieser Kernbereich wissenschaftlicher Betätigung gewährleistet ist, hat der Gesetzgeber einen weiten Gestaltungsspielraum hinsichtlich der Regelung der akademischen Selbstverwaltung.[44] Er kann die Organisation der Hochschulen

---

39 Böckenförde, in HStR II ³2004, § 24, Rn. 33; Krausnick, in Geis, HSchR-Bayern, Kap. I, Rn. 134; Gärditz, Hochschulorganisation und verwaltungsrechtliche Systembildung, S. 382; Emde, Die demokratische Legitimation der funktionalen Selbstverwaltung, S. 9f.; Jestaedt, Demokratieprinzip und Kondominialverwaltung, S. 71; Fehling, Die Verwaltung 2002, 399 (401); Oldiges, in FS Thieme, 647 (651); näher Kluth, Funktionale Selbstverwaltung, S. 31f.

40 Lorenz, JZ 1981, 113 (114f.). Holstein, in Das akademische Deutschland, Bd. III, S. 133 spricht von akademischer Selbstverwaltung im Verhältnis zur Wissenschaft als einer „Sicherung derjenigen Organisationsformen, die jenes eigengesetzliche Leben umgrenzen und zur Entfaltung bringen".

41 Gärditz, Hochschulorganisation und verwaltungsrechtliche Systembildung, S. 381f.; Bethge, Die Grundrechtsberechtigung juristischer Personen nach Art. 19 Abs. 3 Grundgesetz, S. 118; Gallwas, WissR 69, 116 (123); Klein, AöR 90 (1965), 129 (132f., 146).

42 Klein, AöR 90 (1965), 129 (168); Mayer, Von der Rechtsnatur der Universität, S. 29.

43 BVerfGE 35, 79 (115f.); 93, 85 (95). Nach BVerfGE 15, 256 (264) und BVerwGE 32, 308 (310) soll das Selbstverwaltungsrecht der Hochschulen nur das umfassen, „was sich als unerläßlich für eine freie Betätigung der Hochschulen in Wissenschaft, Forschung und Lehre herausgebildet hatte".

44 BVerfGE 35, 79 (115f.); 93, 85 (95); BVerfG DVBl 1999, 1577 (1578); Fehling, in BK-GG, Art. 5 Abs. 3 (Wissenschaftsfreiheit), Rn. 193. Kritisch demgegenüber Britz, in Dreier, GG, Band I, Art. 5 III (Wissenschaft), Rn. 43, 51, die die Grenze der gesetzl. Gestaltungsfreiheit nicht an einem „Kernbereich" ziehen will, der inhaltlich nicht hinreichend substantiiert ist und stattdessen den unantastbaren Bereich von Forschung und Lehre erst da enden lassen will, wo eine Kollision mit anderen Verfassungsgütern gegeben ist; vgl auch Bethge, in Sachs, GG, Art. 5, Rn. 222.

nach seinem Ermessen, unter Berücksichtigung seiner gesamtgesellschaftlichen Verantwortung ordnen und darf hierbei auch neue Modelle und Steuerungstechniken einfließen lassen.[45] Der gesetzgeberische Gestaltungsspielraum soll erst dann eingeschränkt sein, wenn es um „wissenschaftsrelevante" Angelegenheiten geht, Forschung und Lehre also unmittelbar betroffen sind.[46] Maßnahmen sollen dagegen dann nicht „wissenschaftsrelevant" sein, wenn sie sich auf den allgemeinen Verwaltungsbetrieb beziehen, die Hochschule folglich in ihrer Grundstruktur als „Körperschaft" und nicht die dort geleistete wissenschaftliche Arbeit betroffen ist.[47]

Für den Umfang der akademischen Selbstverwaltung und umgekehrt auch für die gesetzlichen Regelungsmöglichkeiten bedeutet dies, dass die Grenze in der Wissenschaftsfreiheit selbst zu finden ist: Art. 5 III GG steckt die Möglichkeiten des gesetzgeberischen Rahmens unmittelbar ab, indem typische Autonomiebereiche, „wissenschaftsrelevante" Maßnahmen, der gesetzlichen Regelung entzogen sind.[48] Dies hat zur Konsequenz, dass die Hochschulen grundsätzlich in allen wissenschafts-, forschungs- und lehrrelevanten Angelegenheiten eigenverantwortlich handeln können.[49] Das Selbstverwaltungsrecht steht den Hochschulen abseits davon nur im Rahmen der Gesetze zu. Als weitere Einwirkungsmöglichkeit kommt die Staatsaufsicht über die Hochschulen als Selbstverwaltungsträger

---

45 BVerfGE 35, 79 (123); 111, 333 (355f.); Herberger, in Haug, Hochschulrecht BW, [2]2009, 39 (43).

46 BVerfGE 35, 79 (123). Die Möglichkeit der staatlichen Einflussnahme wächst, je geringer die Wissenschaftsrelevanz ist, so Geis, in Hdb. der Grundrechte IV, § 100, Rn. 22; Lorenz, WissR 11 (1978), 1 (4f.); Hendler, Selbstverwaltung als Ordnungsprinzip, S. 215f.; Jestaedt, Demokratieprinzip und Kondominialverwaltung, S. 534; Oppermann, in HdbWissR, Band 1, [2]1996, 1009 (1022f.); Krausnick, in Geis, HSchR-Bayern, Kap. I, Rn. 160 f. Kritisch zur Einstufung von wissenschaftsrelevanten Maßnahmen Knemeyer, in Karpen/Knemeyer, Verfassungsprobleme des Hochschulwesens, S. 45 (75f.).

47 BVerfGE 35, 79 (140f.).

48 Scholz, in Maunz/Dürig, GG, Art. 5 Abs. 3, Rn. 161. Zum Merkmal der „Wissenschaftsrelevanz" s. auch BVerfGE 61, 260 (279f.), welches eine wertende Betrachtungsweise betont.

49 Scholz, in Maunz/Dürig, GG, Art. 5 Abs. 3, Rn. 162; Mallmann/Strauch, Verfassungsgarantie der freien Wissenschaft, S. 15, 22 f.; Klein, AöR 90, 129 (143f.). Einschränkend Gallwas, WissR 69, 116 (124f.), der einen derartigen Umfang des Selbstverwaltungsrechts als verfassungsrechtlich ganz und gar unhaltbar betitelt und die Notwendigkeit einer Einpassung in die Gesamtorganisation staatlicher Entscheidungszentren durch den Gesetzgeber betont.

hinzu,[50] wobei auch hier der von Art. 5 III 1 GG gesteckte Rahmen einzuhalten ist.[51] In der Gesamtbetrachtung liegt es daher näher, die rechtliche Stellung der Hochschulen nicht als „Freiheit vom Staat" zu bezeichnen, sondern vielmehr von einer „Autonomie im Staat" zu sprechen.[52]

II. Gesetzgebungszuständigkeit für das Hochschulwesen

Unter Berücksichtigung des bestehenden Selbstverwaltungsrechts der Hochschulen verbleibt dem Gesetzgeber mit Ausnahme der „wissenschaftsrelevanten" Angelegenheiten ein Spielraum, innerhalb dessen er Inhalt und Umfang der akademischen Selbstverwaltung bestimmen und ihr somit auch Grenzen setzen kann.[53] Hierbei stellt sich die Frage, wer für eine entsprechende Gesetzgebung zuständig ist: Der Bund oder die Länder? Ausgangspunkt für die Beantwortung dieser Frage ist Art. 70 I GG, nach dem grundsätzlich die Länder das Recht der Gesetzgebung haben. Hinsichtlich der Kompetenzverteilung haben sich im Zuge der Föderalismusreform allerdings auch auf dem Gebiet des Hochschulwesens Änderungen ergeben.[54] Insbesondere wurde die in Art. 75 I Nr. 1a GG a.F. geregelte Rahmengesetzgebungszuständigkeit des Bundes aufgehoben. Diese hatte sich nach Ansicht des Bundesgesetzgebers „als ineffektiv erwiesen und (…) auch im Übrigen nicht bewährt".[55] Zurückzuführen war diese negative Bewertung der Rahmengesetzgebungsmöglichkeit auf die praktischen Auswirkungen der Verschärfung der Erforderlichkeitsklausel des Art. 72 II GG a.F. von 1994

50 Grundlegend hierzu Gallas, Die Staatsaufsicht über die wissenschaftlichen Hochschulen, S. 39ff.; Rollmann, Die Universität als Wirtschaftsunternehmen, S. 98f.; Kluth, Funktionale Selbstverwaltung, S. 53f. Ihre gesetzl. Grundlage findet die Aufsicht über die staatlichen Hochschulen in § 59 HRG sowie den entspr. Landeshochschulgesetzen; s. bspw. § 67 LHG BW. Das Land übt demnach bei Selbstverwaltungsangelegenheiten die Rechtsaufsicht über die Hochschulen aus. Bei der Wahrnehmung staatlicher Aufgaben steht dem Land nach § 59 Satz 3 HRG eine weitergehende Aufsicht zu. S. hierzu den in § 67 II LHG BW aufgeführten Katalog an Angelegenheiten, im Rahmen derer die Hochschulen der Fachaufsicht unterstehen.

51 Gallas, Die Staatsaufsicht über die wissenschaftlichen Hochschulen, S. 85, 99.

52 Geis, in Hdb. der Grundrechte IV, § 100, Rn. 25; Raiser, Die Universität im Staat, S. 17; Lorenz, JZ 1981, 113; ähnlich auch Holstein, in Das akademische Deutschland, Bd. III, S. 132; Tomerius, Die Hochschulautonomie und ihre Einschränkungen beim Zusammenwirken von Land und Hochschule, S. 69f.

53 Geis, in Hdb. der Grundrechte IV, § 100, Rn. 25.

54 Gesetz zur Änderung des Grundgesetzes vom 28.08.2006, BGBl. I, S. 2034f.

55 BT-Drs. 16/813, S. 8.

sowie die Einschränkungen nach Art. 75 II GG a.F.[56] Die Kompetenzregelung aus Art. 74 I Nr. 13 GG besteht demgegenüber auch nach der Föderalismusreform. Darüber hinaus kommt dem Bundesgesetzgeber nun nach Art. 74 I Nr. 33 GG die konkurrierende Kompetenz für die Regelung der Hochschulzulassung und Hochschulabschlüsse zu. Diesbezüglich erlangt die Erforderlichkeitsklausel nach Art. 72 II GG zwar keine Geltung mehr, der Kompetenztitel unterliegt insoweit aber gemäß Art. 72 III Nr. 6 GG der Möglichkeit von abweichenden Landesregelungen.[57] In der Zusammenfassung wurde das bisher bestehende Recht zur Rahmengesetzgebung durch die Reform auf ein Minimum geschmälert. So bleiben insbesondere Fragen der Hochschulorganisation, wie die generelle Struktur oder Aufgaben der Hochschulen und das dort beschäftigte Personal, dem Einflussbereich des Bundesgesetzgebers vollständig entzogen.[58] Durch die Kompetenz auf dem Gebiet der Hochschulzulassung besteht für ihn allein die Möglichkeit, auf die Modalitäten der Kapazitätsberechnung und die Ausschöpfung der Studienplatzkapazitäten einzuwirken.[59] Da die Länder allerdings über Kapazität und Ressourcen zu entscheiden haben, verbleibt dem Bund lediglich der Einfluss auf vorbestimmte Tatsachen, der im negativsten Fall des Abbaus

---

56 Hansalek, NVwZ 2006, 668; Oeter, in Starck, Föderalismusreform, Rn. 54. Art. 72 II GG a.F. sprach dem Bund im Bereich der konkurrierenden Gesetzgebung bis zum 15. November 1994 das Recht der Gesetzgebung zu, soweit ein Bedürfnis nach bundesgesetzl. Regelung bestand. Seither lautete Art. 72 II GG a.F.: „Der Bund hat in diesem Bereich das Gesetzgebungsrecht, wenn und soweit die Herstellung gleichwertiger Lebensverhältnisse im Bundesgebiet oder die Wahrung der Rechts- oder Wirtschaftseinheit im gesamtstaatlichen Interesse eine bundesgesetzl. Regelung erforderlich macht.“. Die Änderung von einer Bedürfnis- zu einer Erforderlichkeitsklausel sollte die Möglichkeit der Gesetzgebung durch die Länder stärken. Art. 75 II GG a.F. lautete: „Rahmenvorschriften dürfen nur in Ausnahmefällen in Einzelheiten gehende oder unmittelbar geltende Regelungen enthalten.“. Bisher ist es allerdings zu keiner vollständigen Aufhebung des HRG gekommen. Das Gesetz besteht entspr. gem. Art. 125a I 1 GG in seiner zuletzt getroffenen Fassung aus dem Jahr 2007 als Bundesrecht fort. Den Ländern kommt jedoch gem. Art. 125a I 2 GG die Möglichkeit zu, die im HRG getroffenen Regelungen in ihren jeweiligen Landeshochschulgesetzen zu ersetzen.

57 Entspr. Bundesgesetze treten gem. Art. 72 III 2 GG frühestens sechs Monate nach ihrer Verkündung in Kraft, soweit nicht mit Zustimmung des Bundesrates anderes bestimmt ist. Nach Art. 72 III 2 GG geht hierbei im Verhältnis von Bundes- und Landesrecht das jeweils spätere Gesetz vor.

58 Oeter, in Starck, Föderalismusreform, Rn. 55; von Coelln, in Hartmer/Detmer, Hochschulrecht, [3]2017, 349 (350); Westerburg, WissR 39 (2006), 338 (339).

59 BT-Drs. 16/813, S. 14; Oeter, in Starck, Föderalismusreform, Rn. 56.

von Hochschulkapazitäten durch die Länder in einer Mangelverwaltung endet.[60] Eine ebenso schmale Einflussmöglichkeit bietet auch der zweite Kompetenztitel der Hochschulabschlüsse, über den der Bundesgesetzgeber die Möglichkeit der Regelung von Abschlussniveaus und Regelstudienzeiten behält.[61] Von der Möglichkeit der Länder, auch hier abweichende Regelungen zu treffen, wurde bisher kein Gebrauch gemacht.

Die in Art. 91a I Nr. 1 GG a.F. vorhandene Regelung der Hochschulbauten in Gemeinschaftsaufgabe wurde ersatzlos gestrichen.[62] Im Gegenzug wurde Art. 91b GG detaillierter ausgestaltet und tatbestandlich im Hinblick auf entsprechende Fördermöglichkeiten stellenweise ausgebaut.[63]

III. Umstrukturierung der Hochschulorganisation

Die allgemeine Verwaltungsmodernisierung in den achtziger und neunziger Jahren war weltweit gekennzeichnet durch Elemente des „New Public Management", mit dessen Hilfe ökonomische Denkweisen der Effizienz- und Effektivitätssteigerung auf staatliche Einrichtungen übertragen wurden.[64] In Deutschland breitete sich die Reformbewegung Anfang der neunziger Jahre aus, wo sie seither als das „Neue Steuerungsmodell" bezeichnet wird.[65] Grundgedanke dieses

---

60 Hansalek, NVwZ 2006, 668 (669); Oeter, in Starck, Föderalismusreform, Rn. 56.

61 BT-Drs. 16/813, S. 14.

62 Die neu eingeführte Übergangsregelung des Art. 143c GG sichert den Ländern im Gegenzug bis zum Jahr 2019 jährliche Beträge aus dem Haushalt des Bundes zu.

63 So wurde u.a. die zuvor in Art. 91a GG enthaltene Förderungsmöglichkeit von Hochschulbauten nach der Reform in Art. 91b I Nr. 3 GG aufgenommen, der nun auch Forschungsgroßgeräte erfasst. Im Hinblick auf die weiteren Förderungsmöglichkeiten wurde allerdings bisher zw. hochschulinternen und hochschulexternen Einrichtungen und Vorhaben unterschieden. Diese Unterscheidung ist mit der am 1.1.2015 in Kraft getretenen Änderung des GG, welche die Möglichkeit einer Zusammenarbeit von Bund und Ländern auf dem Gebiet der Forschungsförderung erneut vergrößert hat, hinfällig geworden; s. BGBl. I 2014, 2438 und auch unten auf S. 22f.

64 Geis, in Hdb. der Grundrechte IV, § 100, Rn. 48; grds. zum Modell des „New Public Management" Schröter, in Blanke/Nullmeier/Reichard/Wewer, Hdb. Verwaltungsreform, S. 79ff.; Voßkuhle, in Hoffmann-Riem/Schmidt-Aßmann/Voßkuhle, Grundlagen des Verwaltungsrechts, Bd. I, 2012, § 1, Rn. 50ff.

65 Das „Neue Steuerungsmodell" wurde ursprünglich für die kommunale Verwaltung von einer Arbeitsgruppe der KGSt (Kommunale Gemeinschaftsstelle für Verwaltungsvereinfachung) entwickelt und 1991 vorgestellt. Im Laufe der Jahre wurde es dann aber zur zentralen Modernisierungsstrategie auf Ebene der Verwaltung. Grdl. hierzu Jann, in Blanke/Nullmeier/Reichard/Wewer, Hdb. Verwaltungsreform, S. 98f.; Geis, in Hdb.

Neuen Steuerungsmodells ist es, die durch rechtlich-normative Steuerung und hierarchische Ordnung gekennzeichneten Verwaltungsstrukturen hin zu einer dezentralen, wettbewerbsbetonten Anreizsteuerung zu entwickeln.[66]

In einer Zeit des ökonomischen Denkens, das mit einem Streben nach Effizienz unweigerlich verbunden ist, liegt es nicht fern, dass auch Leistungen auf dem Gebiet der Wissenschaft zunehmend daran gemessen werden, welchen Mehrwert sie für Staat und Gesellschaft bringen.[67] Entsprechend haben sich auch die zuständigen Landesgesetzgeber nach Erlass des 4. HRGÄndG[68] bei den in den letzten Jahren durchgeführten Reformen im Hochschulorganisationsrecht von Leitbildern prägen lassen, die sich ihrerseits am Modell des „New Public Management" orientieren.[69] Durch Übertragung von betriebswirtschaftlichen Steuerungsinstrumenten soll nicht nur eine stärkere Ausrichtung an den Bedürfnissen der Gesellschaft erreicht, sondern vor allem auch die Leistungsfähigkeit der Hochschulen erhöht werden.[70] Diese haben länderübergreifend eine Entwicklung hin zu modernen Dienstleistungsunternehmen durchlaufen, die sich am Markt und am aufkommenden Wettbewerb zwischen den einzelnen Hochschulen orientieren.[71]

1. *Steigerung des Wettbewerbs*

Vergleicht man das deutsche Hochschulsystem mit den Systemen anderer Länder, so zeichnete sich dieses vor den durchgeführten Reformen in erster Linie durch eine gewisse Homogenität aus, welche durch den vorherrschenden Einfluss des Staates bedingt war.[72] In Anbetracht der beabsichtigten Steigerung der Leistungsfähigkeit der Hochschulen resultierte aus der vorhandenen Homogenität

der Grundrechte IV, § 100, Rn. 48f.; König/Beck, Modernisierung von Staat und Verwaltung, S. 56f.

66 König/Beck, Modernisierung von Staat und Verwaltung, S. 62; Karpen, in Hailbronner/Geis, Hochschulrecht in Bund und Ländern, § 5 HRG, Rn. 31; Geis, WissR 37 (2004), 2 (4); Geis, in Hdb. der Grundrechte IV, § 100, Rn. 49.

67 Fehling, Die Verwaltung 2002, 399.

68 BGBl. I 1998, S. 2190.

69 Krausnick, in Geis, HSchR-Bayern, Kap. I, Rn. 190; Groß, DÖV 2016, 449.

70 Groß, DVBl 2006, 721.

71 Geis, in Hdb. der Grundrechte IV, § 100, Rn. 48; Bumke, in VVDStRL 69 (2010), 407 (428f.).

72 Schröder, Leistungsorientierte Ressourcensteuerung und Anreizstrukturen im deutschen Hochschulsystem, S. 120, unter Verweis auf das vorherrschende System in Großbritannien und den USA.

aber ein gewisser Stillstand und somit wenig Entwicklungspotenzial.[73] Als wichtigstes Element der Reformbewegung gilt daher die Wettbewerbssteigerung zwischen den einzelnen Hochschulen.[74] Dabei soll der wettbewerbliche Motor – auf nationaler und internationaler Ebene – nicht nur zwischen den Institutionen selbst vorangetrieben, sondern insbesondere deren allgemeine Leistungen im Bildungswettbewerb um Personal, Studierende und Mittel gestärkt werden.[75] Im Hinblick auf die Abschaffung der vorhandenen Homogenität bedeutet dies konsequent, dass die Hochschulen zunächst die notwendigen Voraussetzungen für den angestrebten Wettbewerb schaffen und sich insbesondere durch ein spezialisiertes Lehrangebot von ihrer Konkurrenz abheben müssen.[76]

2. *Steigerung der Autonomie*

Die Steigerung der den Hochschulen zukommenden Autonomie dient dabei als zentraler Schlüssel zur Erreichung der aufgestellten Reformziele.[77] Die Hochschulabläufe sollen durch deregulierende Konzepte leistungsfähiger gestaltet werden. Das Konzept der Deregulierung stammt ursprünglich aus dem Bereich der Wirtschaftswissenschaften und war dort als Mittel zur Stärkung des Wettbewerbs in der Wirtschaft durch den Abbau des staatlichen Einflusses auf diese zu verstehen. Heute steht der Deregulierungsbegriff für den generellen Abbau staatlicher Regelungen, grundsätzliche Rechts- und Verwaltungsvereinfachung, Entbürokratisierung und Reduzierung von Staatsaufgaben.[78] Durch die Übertragung des Deregulierungskonzeptes auf die Hochschulen wurden auch hier zahlreiche Mitwirkungsrechte des Staates abgebaut und dessen Rolle in der Hochschulpolitik von einer weitreichenden Detailsteuerung hin zu einer

---

73 Müller-Böhling, Die entfesselte Hochschule, S. 115.

74 Kritisch zu dieser Entwicklung Krücken, in Zimmermann/Kamphans/Metz-Göckel, Perspektiven der Hochschulforschung, S. 165ff. unter beispielhafter Heranziehung der Einführung von Bachelor- und Master-Studiengängen und auch Geis, in VVDStRL 69 (2010), 364 (381f.).

75 Frohschammer, Höhere Effizienz durch mehr Autonomie, S. 9 und S. 56; Haug, in Haug, Hochschulrecht BW, ²2009, 1; Jansen, in HdbWissenschaftspolitik, S. 39; Geis, in VVDStRL 69 (2010), 364 (370).

76 Müller-Böhling, Die entfesselte Hochschule, S. 115.

77 Mager, in HStR VII ³2009, § 166, Rn. 45; Bull/Mehde, JZ 2000, 650 (651); Hendler, in VVDStRL 65 (2006), 238 (244f.); Mager, in VVDStRL 65 (2006), 274 (281).

78 Benz, in Die Verwaltung 28 (1995), 337 (341); Molitor, Deregulierung in Europa, S. 8; Voßkuhle, in Hoffmann-Riem/Schmidt-Aßmann/Voßkuhle, Grundlagen des Verwaltungsrechts, Bd. I, § 1 Rn. 57.

strategischen Globalsteuerung umgewandelt.[79] Der dem Staat verbleibende Einfluss soll sich fortan auf eine Rahmensteuerung beschränken, deren detaillierte Ausführung den Hochschulen obliegt.[80] Entsprechende Änderungen in den Hochschulgesetzen der Länder haben diverse Novellierungen ermöglicht und eingeleitet. Diese sahen in dem Bild der „entfesselten Hochschule" als selbstständige Institution den richtigen Weg zur Erreichung von mehr Handlungs- und damit auch Leistungsfähigkeit.[81]

3. *Stärkung der Hochschulleitung*

Quasi als zwangsläufige Reaktion auf die angestrebte Steigerung der Wettbewerbsfähigkeit und den zu diesem Zwecke vorgenommenen Ausbau der Hochschulautonomie mit dem Ziel der erhöhten Leistungsfähigkeit haben sich die Konzepte der aktuellen Hochschulreformen auch auf die Hierarchiestrukturen der Hochschule ausgewirkt.[82] Vermehrte Entscheidungskraft und vorzunehmende Spezialisierungen verlangen nach einer gestärkten Position der Träger der neuen Verantwortung.[83] Zu diesem Zweck wurden die den Hochschulen seit der Föderalismusreform neu zukommenden Kompetenzen in vielen Bundesländern dazu genutzt, die Rolle der Hochschulleitung im Gesamtgefüge der Hochschulen zu stärken.[84] Interne Organisations- und Leitungsstrukturen wurden sowohl auf Zentralebene der gesamten Hochschule als auch auf der dezentralen Ebene der einzelnen Fakultäten entsprechend professionalisiert.[85] Dabei sollen die zentralen Hochschulorgane nicht mehr nur Repräsentanten der Gruppe der Wissenschaftler sein, sondern vielmehr als Manager der Hochschule dienen, die diese im Wettbewerb um erfolgreiche Forschung und Ausbildung lenken sollen.[86] Zu diesem Zweck wurden insbesondere der Hochschulleitung umfassende

---

79 Haug, in Haug, Hochschulrecht BW, ²2009, 1f.

80 Frohschammer, Höhere Effizienz durch mehr Autonomie, S. 1f.

81 Begrifflichkeit geprägt durch Müller-Böhling, Die entfesselte Hochschule; hierzu auch Krausnick, in Geis, HSchR-Bayern, Kap. I, Rn. 191.

82 Schubert, New Public Management an deutschen Hochschulen, S. 18.

83 Frohschammer, Höhere Effizienz durch mehr Autonomie, S. 20.

84 So beinhaltet § 16 III 1 LHG BW etwa eine generelle Zuständigkeitsvermutung seitens des Rektorats, welches nur dann nicht zuständig sein soll, wenn im LHG oder in der Grundordnung ausdrücklich eine andere Zuständigkeit festgelegt ist; hierzu auch Schenke, NVwZ 2005, 1000 (1003).

85 Haug, in Haug, Hochschulrecht BW, ²2009, 1 (4).

86 Schubert, New Public Management an deutschen Hochschulen, S. 18; Bumke, in VVDStRL 69 (2010), 407 (437).

Befugnisse in der Gestaltung der Entwicklungsplanung und im Personal- und Haushaltswesen zugesprochen.[87] Sie agiert als entscheidendes Leitorgan, welches die zentralen Kompetenzen im Hochschulgeschehen in sich vereint und auf diesem Wege Entscheidungsprozesse schneller und effizienter tätigen kann.[88]

B. Hochschulfinanzierung

Der Ausbau der Hochschulautonomie kann als entscheidend für die erfolgreiche Steigerung des Wettbewerbs in der deutschen Hochschullandschaft angesehen werden. Neben dieser tiefgreifenden Reformveränderung existiert jedoch noch ein weiterer wesentlicher Faktor, der großen Einfluss auf die Erfolge der Hochschulreformen hat: die Hochschulfinanzierung. Diese stellt seit jeher im Spannungsverhältnis zwischen Hochschulautonomie und staatlicher Einbindung eine besonders heikle Schnittstelle dar.[89] Zur Realisierung der in Art. 5 III GG gewährleisteten freien Forschung und Lehre sind die Hochschulen auf eine entsprechende Finanzierung durch den Staat angewiesen. Ihnen kam nie eine umfassende eigene Finanzhoheit zu,[90] § 59 II 1 HRG a.F. erklärte die Haushalts- und Finanzverwaltung der Hochschulen sogar explizit zur staatlichen Angelegenheit.[91] Entsprechend machten die im Staatsbudget festgestellten Grundmittel, die insbesondere Personal- und Sachmittel umfassen, seit jeher den Großteil der den Hochschulen zur Verfügung stehenden Finanzmittel aus.[92] So muss auch in der Gegenwart noch festgestellt werden, dass keine staatliche Hochschule ohne eine staatliche Finanzierung überleben könnte.[93] In Anbetracht der angestrebten Leistungssteigerung, welche mit einem Zugeständnis an gesteigerter Autonomie und einer herzustellenden Wettbewerbssituation verbunden ist, war es jedoch unausweichlich, auch auf Seiten der Hochschulfinanzierung Änderungen vorzunehmen. Die begehrte Spezialisierung und Profilbildung seitens der

---

87 S. die beispielhafte Aufzählung der Zuständigkeiten in § 16 III 2 LHG BW.

88 Burgi/Gräf, DVBl 2010, 1125 (1133).

89 So auch Uerpmann, JZ 1999, 644 (647). Trute, Die Forschung zwischen grundrechtlicher Freiheit und staatlicher Institutionalisierung spricht auf S. 412 sogar von der „Achillesferse der Wissenschaft"; ebenso Gärditz, WissR 42 (2009), 353 (370).

90 Knemeyer, in HdbWissR, Band 1, ^{2}1996, 237 (246); Karpen, VerwArch 73 (1982), 405 (410); Kluth, Funktionale Selbstverwaltung, S. 52.

91 S. § 59 HRG in der Fassung vom 9.4.1987 zur staatlichen Aufsicht der Hochschulen.

92 Karpen, VerwArch 73 (1982), 405 (410).

93 Geis, in Hdb. der Grundrechte IV, § 100, Rn. 26; Kluth, Funktionale Selbstverwaltung, S. 52. So wird auch in BVerfGE 35, 79 (115) betont, dass der Staat insoweit hinsichtlich des Wissenschaftsbetriebes ein „faktisches Monopol" besitzt.

Hochschulen kann nur mit den dafür erforderlichen organisatorischen, personellen aber gerade auch finanziellen Mittel erfolgreich durchgeführt werden.[94] Entsprechend haben die in den letzten Jahren umgesetzten Reformen auch auf finanzieller Ebene zu einer gestärkten Position der Hochschulen geführt. So verfügen die Hochschulen mittlerweile zumindest teilweise über eine eigene Finanzhoheit in Bezug auf die ihnen zukommenden Mittel.[95] In erster Linie bestehen diese auch heute noch in einer Grundfinanzierung durch den Staat.[96] Daneben treten jedoch auch sogenannte Drittmittel, deren Bedeutung im Hinblick auf die nicht hinreichende Grundfinanzierung stetig zunimmt.[97] Zuletzt können auch gegebenenfalls bestehende Körperschaftsmittel und sonstige Verwaltungseinnahmen der Hochschulen als weitere Finanzierungsmöglichkeit dienen.[98]

I. Grundmittel – Staatliche Grundfinanzierung

1. Grundlage und Umfang des Anspruchs

Aus Art. 5 III GG ergibt sich die Pflicht des Staates, durch die Bereitstellung von Mitteln personeller, finanzieller und organisatorischer Art freie Wissenschaft zu ermöglichen und zu fördern.[99] Hierfür hat er funktionsfähige Institutionen für einen freien Wissenschaftsbetrieb zur Verfügung zu stellen.[100] Die Länder sind als Träger der staatlichen Hochschulen gemäß Art. 30 GG und 104a I GG für deren Finanzierung verantwortlich. In welcher Art und Weise und in welchem Umfang sie dieser Pflicht nachkommen müssen, lässt sich hingegen aus Art. 5 III 1 GG nicht ableiten.[101] Wie auch bei der staatlichen Regelung der akademischen

---

94 Müller-Böhling, Die entfesselte Hochschule, S. 144.

95 Krausnick, in Geis, HSchR-Bayern, Kap. I, Rn. 133; Geis, in Hdb. der Grundrechte IV, § 100, Rn. 26.

96 Grdl. hierzu schon Kirchhof, JZ 1998, 275ff.; Hendler, VVDStRL 65 (2006), 238 (254).

97 Möller, in Hartmer/Detmer, Hochschulrecht, ³2017, 873 (885f.), und grdl. bereits Matthiessen-Kreuder, WissR 24 (1991), 221ff., sowie Kluth, Funktionale Selbstverwaltung, S. 52.

98 Karpen, in Hailbronner/Geis, Hochschulrecht in Bund und Ländern, § 5 HRG, Rn. 13.

99 BVerfGE 35, 79 (114f.); Mager, in HStR VII ³2009, § 166, Rn. 25, 42f.; Uerpmann, JZ 1999, 644 (646f.); Mager, in VVDStRL 65 (2006), 274 (285).

100 BVerfGE 35, 79 (115); 93, 85 (95).

101 BVerfGE 81, 108 (116); BVerfG DVBl 1999, 1577 (1578); Starck/Paulus, in v. Mangoldt/Klein/Starck, GG, Band 1, Art. 5 Abs. 3, Rn. 503; Kempen, in Hartmer/Detmer, Hochschulrecht, ³2017, 1 (15); Herberger, in Haug, Hochschulrecht BW, ²2009, 39 (49); grdl. hierzu Elstermann/v. Mutius/Schuster, Grundausstattung (insbes. S. 37ff.).

Selbstverwaltung der Hochschulen,[102] haben sie insoweit seit jeher einen großen Gestaltungsspielraum, in den auch wirtschafts- und finanzpolitische Gesichtspunkte einfließen können.[103] Das den Ländern zukommende Ermessen bei der Ausstattung mit Finanzmitteln soll erst dann überschritten sein, wenn aufgrund einer konkreten Entscheidung über Maß und Art der staatlichen Förderung eine freie wissenschaftliche Betätigung nicht mehr möglich oder eine solche in ihrem Kernbereich betroffen wäre.[104] Folgerung hieraus ist, dass nicht nur der Hochschule als Ganzes, sondern gerade auch dem einzelnen Hochschullehrer ein individueller Anspruch auf eine gewisse Grundausstattung zukommt.[105] Die verfügbaren Mittel müssen so verteilt werden, dass zumindest die Personal- und Sachmittel zugewiesen werden, die das Betreiben von wissenschaftlicher Forschung und Lehre überhaupt erst ermöglichen.[106]

Was jedoch genau unter einer derartigen Finanzierung zur Ermöglichung von wissenschaftlicher Tätigkeit zu verstehen ist, unterliegt ebenfalls einem großen Interpretationsspielraum. Diese Tatsache spiegelt sich auch im Umfang der zugewiesenen Grundmittel in den letzten Jahren wider: Über die genaue Höhe des tatsächlich zur Verfügung gestellten Finanzvolumens hat das jeweilige Landesparlament in seinem jährlichen Haushaltsplan zu entscheiden, welcher als Gesetz verabschiedet wird.[107] Dabei orientierte sich die Höhe der zur Verfügung gestellten Mittel im Wesentlichen an dem im Jahr zuvor ergangenen Haushalt, sodass die festgelegten Summen über die letzten Jahrzehnte ohne

---

102 S. S. 8f.

103 BVerfGE 81, 108 (116); BVerfG, DVBl 1999, 1577 (1578); Fehling in BK-GG, Art. 5 Abs. 3 (Wissenschaftsfreiheit), Rn. 45.

104 BVerfG, DVBl 1999, 1577 (1578); BVerfGE 81, 108 (116f.); Britz, in Dreier, GG, Band I, Art. 5 III (Wissenschaft), Rn. 84. Entspr. ist die notwendige Mindestausstattung zu gewährleisten; hierzu BVerfGE 43, 242 (285); Kirchhof, JZ 1998, 275 (278f.); Ladeur, DÖV 2005, 753 (762); Nettesheim, DVBl 2005, 1072 (1080), der die Konkurrenzfähigkeit des einzelnen Wissenschaftlers im jeweiligen wissenschaftlichen Wettbewerb als Mindestanforderung an die staatliche Ausstattung anführt.

105 BVerfGE 111, 333 (362); 127, 87 (125); Scholz, in Maunz/Dürig, GG, Art. 5 Abs. 3, Rn. 177; Britz, in Dreier, GG, Band I, Art. 5 III (Wissenschaft), Rn. 84; Starck/Paulus, in v. Mangoldt/Klein/Starck, GG, Band 1, Art. 5 Abs. 3, Rn. 504; Geis, in Hdb. der Grundrechte IV, § 100 Rn. 31; Mager, in HStR VII ³2009, § 166, Rn. 42.

106 BVerfGE 111, 333 (362); 43, 242 (285); 54, 363 (390). Insofern bleibt es also zumindest teilweise bei einer auslastungsorientierten Mittelzuweisung.

107 Starck/Paulus, in v. Mangoldt/Klein/Starck, GG, Band 1, Art. 5 Abs. 3, Rn. 511; Frohschammer, Höhere Effizienz durch mehr Autonomie, S. 40.

Berücksichtigung der Leistungen der einzelnen Hochschulen an diese aufgeteilt wurden.[108] Dies hatte zur Folge, dass positive Entwicklungen einzelner Hochschulen oder veränderte Rahmenbedingungen in Zeiten knapper Staatskassen bei der Grundmittelvergabe nicht berücksichtigt wurden.[109] So fanden insbesondere steigende Studierendenzahlen oder Energiekosten bisher wenig oder gar keine Beachtung in der staatlichen Grundfinanzierung, die sich entsprechend von ihrem Umfang her über Jahrzehnte kaum gesteigert hat.[110] Folge war die klare Unterfinanzierung der Hochschulen, deren finanzielle Situation sich aufgrund der anhaltend knappen Landeshaushalte auch in Zukunft nicht verbessern wird.[111] Diese Erkenntnis war es nicht zuletzt, die die Bundesländer zum Erlass der Hochschulreformen motivierte.[112] Die stets knappen Ressourcen sollten fortan mit dem Ziel der optimalen Nutzung wirtschaftlich sinnvoll eingesetzt werden.[113] Entsprechend wurde auch § 5 HRG im Jahr 1999 dahingehend umformuliert, dass sich die staatliche Finanzierung an den in Forschung und Lehre sowie bei der Förderung des wissenschaftlichen Nachwuchses erbrachten Leistungen orientieren soll.[114] Die Länder haben diese Vorgabe in unterschiedlicher Weise und Intensität umgesetzt.[115] Vielfach wurden etwa Mittel, die bisher einen Teil der Grundfinanzierung darstellten, in eine Schwerpunkt- bzw. Projektfinanzierung umgeschichtet.[116]

---

108 Frohschammer, Höhere Effizienz durch mehr Autonomie, S. 41; Schubert, New Public Management an deutschen Hochschulen, S. 18.

109 Bereits Kirchhof, JZ 1998, 275 mahnte an, dass die staatliche Finanzierung seit den 70er Jahren hinter dem Aufgabenzuwachs der Hochschulen zurückgeblieben ist.

110 Frohschammer, Höhere Effizienz durch mehr Autonomie, S. 41; Möller, in Hartmer/Detmer, Hochschulrecht, [3]2017, 873 (876).

111 Schröder, Leistungsorientierte Ressourcensteuerung und Anreizstrukturen im deutschen Hochschulsystem, S. 109f.; Frohschammer, Höhere Effizienz durch mehr Autonomie, S. 41; Kluth, RdJB 2004, 174 (182).

112 Kirchhof, JZ 1998, 275.

113 Kluth, RdJB 2004, 174 (182).

114 Eine Ergänzung findet § 5 HRG in § 6 HRG, der eine regelmäßige Bewertungspflicht der erbrachten Leistungen der Hochschulen vorschreibt. S. auch § 13 II 1 LHG BW und zur grds. Vereinbarkeit der leistungsabhängigen Mittelzuweisung mit Art. 5 III 1 GG BVerfGE 111, 333ff.

115 Näheres s. Seidler, in Hartmer/Detmer, Hochschulrecht, 2004, 478 (482, insbes. Fn. 22).

116 Hendler, VVDStRL 65 (2006), 238 (254), der in Anbetracht der Ermöglichungsfunktion der Grundfinanzierung zur wissenschaftlichen Betätigung zugleich auf die absolute Grenze dieser Umschichtungsmöglichkeit verweist; s. hierzu auch BVerfGE 111, 333ff.

2. *Verwendung der Grundmittel: Neue Finanzautonomie durch Einführung von Globalhaushalten*

Als Teil des Landeshaushalts waren die zur Verfügung gestellten Mittel von den Hochschulen nach allgemeinem Haushaltsrecht zu verwalten.[117] Dies hatte zur Konsequenz, dass auch die allgemeinen Haushaltsgrundsätze auf die Finanzverwaltung der Hochschulen anzuwenden waren.[118] Darunter fielen insbesondere das Spezialitätsprinzip und das Jährlichkeitsprinzip.[119] Haushaltsmittel waren zum Großteil nur entsprechend ihrer Festlegung im Haushaltsplan und im jeweiligen Kalenderjahr zu verwenden.[120] Die damit verbundene Festlegung der Mittel in zeitlicher und räumlicher Sicht kristallisierte sich als die kennzeichnende Problematik in der Mittelverwaltung heraus.[121] Konsequenz war nämlich eine fehlende Flexibilität, die die Entscheidungsfreiheit der Hochschulen unnötig einengte und damit dem Gebiet von Forschung und Lehre nicht gerecht wurde.[122] Spätestens mit der Einführung einer ökonomischen Denkweise in die Hochschulpolitik, die das Ziel der Leistungssteigerung anstrebte, wurde deutlich, dass sich auch die bestehende Finanzpolitik einer Reform zu unterziehen hatte. Gerade in Anbetracht der erhöhten Autonomie der Hochschulen mitsamt der gestärkten Leitungsfunktion war es zwangsläufig notwendig, diese aufgestockten Befugnisse auch auf finanzieller Ebene auszubauen. Insbesondere der verfolgte Wettbewerbsgedanke und die dafür notwendige Spezialisierung und Profilbildung seitens der Hochschulen erforderten eine sichere Finanzierung.[123] Dabei reichte es nicht aus, dass diese in einem hinreichenden Umfang bereitgestellt wurden, sondern es war darüber hinaus für ein erfolgreiches wirtschaftliches Handeln erforderlich, dass die Mittel der gestärkten Autonomie

---

117 Starck/Paulus, in v. Mangoldt/Klein/Starck, GG, Band 1, Art. 5 Abs. 3, Rn. 512.

118 Karpen, Wissenschaftsfreiheit und Hochschulfinanzierung, S. 45; Geis, in Hdb. der Grundrechte IV, § 100, Rn. 52.

119 Zeh, Finanzverfassung und Autonomie der Hochschule, S. 32ff.; Karpen, Wissenschaftsfreiheit und Hochschulfinanzierung, S. 45; Frohschammer, Höhere Effizienz durch mehr Autonomie, S. 40.

120 Frohschammer, Höhere Effizienz durch mehr Autonomie, S. 40. Damit zwangsläufig verknüpfte Folge war häufig das sogenannte Dezemberfieber, bei dem die noch nicht verwendeten Mittel zum Jahresende hin ausgegeben werden mussten.

121 Konegen-Grenier, Regulierung der Hochschulautonomie, S. 19.

122 Karpen, Wissenschaftsfreiheit und Hochschulfinanzierung, S. 45; Schröder, Leistungsorientierte Ressourcensteuerung und Anreizstrukturen im deutschen Hochschulsystem, S. 117f.

123 Müller-Böhling, Die entfesselte Hochschule, S. 144.

entsprechend von den jeweiligen Verantwortungsträgern nach deren Vorstellungen und Ausrichtungen eingesetzt werden konnten.[124] Entsprechend wurden die Hochschulhaushalte im Wege der Reformen weitestgehend flexibilisiert und die anzuwendenden Haushaltsgrundsätze gelockert.[125] Finanzautonomie seitens der Hochschulen wurde schrittweise gewährt, Globalhaushalte eingeführt und neue Steuerungsinstrumente implementiert.[126] Niedergeschlagen hat sich dies in einer Gesamtzuweisung der jährlichen Mittel an die Hochschulen, die seither eigenständig über die jeweilige interne Mittelverwendung entscheiden können und dabei keine sachliche oder zeitliche Gebundenheit an die Vorgaben im Haushaltsplan mehr zu berücksichtigen haben.[127] Auf diesem Weg wurde die detaillierte Steuerung der eingesetzten Finanzen von der Ebene des Staates auf die der Hochschule verlagert.[128] Die im Hochschulgeschehen aufkommenden Aufgaben,

124 Müller-Böhling, Die entfesselte Hochschule, S. 174.

125 Möller, in Hartmer/Detmer, Hochschulrecht, ³2017, 873 (878).

126 Möller, in Hartmer/Detmer, Hochschulrecht, ³2017, 873 (878f.); als derartige Steuerungsinstrumente dienen insb. Hochschulverträge und Zielvereinbarungen. Die Hochschulverträge haben hierbei in den verschiedenen Bundesländern teilweise unterschiedliche Bezeichnungen, wie etwa „Solidarpakt", „Qualitätspakt" oder auch „Zukunftspakt"; s. hierzu Möller, in Hartmer/Detmer, Hochschulrecht, ³2017, 873 (899). In BW wurde der erste Solidarpakt bereits 1997 mit allen Landesuniversitäten über eine Laufzeit von 5 Jahren geschlossen. Er beinhaltete eine Zusicherung des Finanzierungsniveaus aus dem Jahr 1997 im Gegenzug zu Stelleneinsparungen auf Seiten der Universitäten; hierzu auch Uerpmann, JZ 1999, 644 (645f.). Am 09.01.2015 wurde nun ein neuer Hochschulfinanzierungsvertrag auf Landesebene geschlossen, abrufbar unter file:///C:/Users/mm22816/AppData/Local/Temp/Anlage_zu_PM_003_Hochschulfinanzierungsvertrag-3.pdf (zuletzt abgerufen am 14.11.2019). Er trägt den Namen „Perspektive 2020" und hat Gültigkeit für die kommenden sechs Jahre. In diesem Zeitraum sollen die Hochschulen rund 1,7 Milliarden Euro zusätzlich erhalten. Die Grundfinanzierung wird dafür bis 2020 um je 3 % pro Jahr erhöht. Hinzu kommen zusätzl. 600 Millionen Euro für die Sanierung von Hochschulgebäuden. Auch zur Begleichung von Energiekosten gibt es einen zusätzlichen Betrag i.H.v. 54 Millionen Euro pro Jahr. Daneben treten pro Jahr 20 Millionen für die Hochschulmedizin und weitere 20 Millionen Euro, über die die Studierenden eigenständig zur Verbesserung der Lehre entscheiden können.

127 Hener, in Hanft, Grundbegriffe des Hochschulmanagements, S. 151f.; Seidler, in Hartmer/Detmer, Hochschulrecht, 2004, 478 (497); Mager, in VVDStRL 65 (2006), 274 (288); s. auch § 13 III 1 LHG BW: „Die Hochschulen erhalten die dezentrale Finanzverantwortung für den flexiblen und eigenverantwortlichen Einsatz der im Staatshaushaltsplan ausgebrachten Stellen und veranschlagten Mittel (…) übertragen.".

128 Geis, in Hdb. der Grundrechte IV, § 100, Rn. 52.

die Verantwortung für diese und deren konkrete Finanzierung liegen seither in einer Hand.[129] In der Gesamtbetrachtung konnte sich die Hochschulfinanzierung so von einer inputorientierten Detailsteuerung zu einer outputorientierten Kontextsteuerung entwickeln, bei der wirtschafts- und finanzpolitische Aspekte eine immer größere Rolle einnehmen und damit § 5 S. 1 HRG gerecht werden.[130]

II. Drittmittel

Die Hochschulen sind in Anbetracht der stets knappen staatlichen Ressourcen nicht davor bewahrt, eine stärkere Eigeninitiative bei der Beschaffung von Finanzmitteln aufzubringen.[131] Entsprechend haben sich sogenannte Drittmittel in den vergangenen Jahren als notwendige Ergänzung zu den staatlichen Etatmitteln herauskristallisiert, welche in der Regel nur den Grundbedarf der Hochschule decken.[132]

Der Begriff „Drittmittel" ist gesetzlich nicht definiert. § 25 I 1 HRG nimmt jedoch zumindest eine negative Umschreibung der Forschung mit Mitteln Dritter vor. Danach sind darunter Forschungsvorhaben zu verstehen, „die nicht aus den der Hochschule zur Verfügung stehenden Haushaltsmitteln, sondern aus Mitteln Dritter finanziert werden".[133] Darunter fallen nicht nur Gelder, die den

129 Kirchhof, JZ 1998, 275 (282).

130 Minssen/Molsich/Wilkesmann/Andersen, Kontextsteuerung von Hochschulen?, S. 16; Möller, in Hartmer/Detmer, Hochschulrecht, [3]2017, 873 (878f.).

131 Hendler, VVDStRL 65 (2006), 238 (255).

132 Seidler, in Hartmer/Detmer, Hochschulrecht, 2004, S. 478 (489f.); Karpen, in Hailbronner/Geis, Hochschulrecht in Bund und Ländern, § 5 HRG, Rn. 12; Karpen, Wissenschaftsfreiheit und Hochschulfinanzierung, S. 38f. Behrens, Globalisierung der Hochschulhaushalte, S. 15 sprach bereits 1996 davon, dass die eingeworbenen Drittmittel in Anbetracht der gestiegenen Kosten ihren originären Sinn der Zusatzfinanzierung verloren hätten und fortan zur notwendigen Grundausstattung gezählt werden müssten, um die den Hochschulen zukommenden Aufgaben zu erfüllen. Als argumentative Stütze können die Grund- und Drittmittelverhältnisse der Jahre 2005 und 2015 herangebracht werden, bei denen die Drittmittelausgaben der Hochschulen von 3,6 auf 7,4 Mrd. Euro gestiegen sind, wohingegen die Grundmittel lediglich eine Steigerung von 5,7 auf 7,9 Mrd. Euro verzeichnen konnten, s. S. 59 und 127 des Bildungsfinanzberichtes 2018 des Statistischen Bundesamtes, abrufbar unter file:///C:/Users/mm22816/AppData/Local/Temp/bildungsfinanzbericht-1023206187004-1.pdf (zuletzt abgerufen am 14.11.2019).

133 Die Möglichkeit der Hochschulen, Drittmittel einzuwerben, beschränkt sich allerdings nicht nur auf das Gebiet der Forschung. Ebenso können auch für die Lehre Drittmittel eingeworben werden. Derartige Drittmittel sind jedoch für die jeweiligen

Hochschulen von privater Seite zufließen, sondern vielmehr alle zusätzlichen Finanzierungsposten und damit auch solche aus öffentlicher Hand, die nicht im Haushaltsplan ausgewiesen sind.[134] Ihren Einsatz finden Drittmittel letztlich als Zusatzmittel zur Finanzierung von besonderen Vorhaben und Projekten, die in der Grundfinanzierung, welche auf einer langfristigen staatlichen Haushaltsplanung beruht, nicht berücksichtigt werden können.[135] Neben dieser Ergänzungsfunktion haben die eingeworbenen Drittmittel mittlerweile aber auch immer mehr direkten Einfluss auf die staatliche Grundfinanzierung, da sie im Bereich der leistungsabhängigen Mittelzuweisung als Erfolgskriterium gewertet werden und damit in die Verteilungsquote der staatlichen Gelder einfließen können.[136]

Das Recht der Hochschulen bzw. des einzelnen Forschers, Drittmittel einwerben zu dürfen, folgt direkt aus Art. 5 III 1 GG.[137] Es findet sich zudem auf einfachgesetzlicher Ebene.[138] Die eingeworbenen Drittmittel können grundsätzlich in allen Bereichen der Hochschulen eingesetzt werden. Da sich die staatliche Grundfinanzierung allerdings insbesondere auf dem Gebiet der Forschung als unzureichend erwiesen hat, liegt hier der Einsatzschwerpunkt der Gelder.[139] So dienen sie in erster Linie der Anschubfinanzierung von neuen Forschungsprojekten und der Zwischenfinanzierung oder Durchführung von besonderen

---

Drittmittelgeber nicht sonderlich lukrativ; hierzu auch Hendler, VVDStRL 65 (2006), 238 (255f.); Seidler, in Hartmer/Detmer, Hochschulrecht, 2004, 478 (489).

134 Löwer, in Hailbronner/Geis, Hochschulrecht in Bund und Ländern, § 25 HRG, Rn. 7; Karpen, Wissenschaftsfreiheit und Hochschulfinanzierung, S. 29; Karpen, in Hailbronner/Geis, Hochschulrecht in Bund und Ländern, § 5 HRG, Rn. 12; Rollmann, Die Universität als Wirtschaftsunternehmen, S. 67. Das Statistische Bundesamt definiert Drittmittel entspr. als diejenigen Mittel, „die zur Förderung von Forschung und Entwicklung sowie des wissenschaftlichen Nachwuchses und der Lehre zum regulären Hochschulhaushalt (Grundausstattung) von öffentlichen oder privaten Stellen eingeworben werden", s. Fachserie 11 der Reihe 4.5 „Finanzen der Hochschulen" für das Jahr 2016, S. 5, abrufbar unter https://www.destatis.de/Migration/DE/Publikationen/Thematisch/BildungForschungKultur/BildungKulturFinanzen/FinanzenHochschulen.html (zuletzt abgerufen am 14.11.2019).

135 Karpen, in Hailbronner/Geis, Hochschulrecht in Bund und Ländern, § 5 HRG, Rn. 12.

136 S. etwa das frühere baden-württembergische Modell, hierzu v. Hagen, in Beiträge zur Hochschulforschung, 2002, 30 (34f.). Hierzu auch Seidler, in Hartmer/Detmer, Hochschulrecht, 2004, 478 (490) und Hinze, in HdbWissenschaftspolitik, S. 162.

137 Starck/Paulus, in v. Mangoldt/Klein/Starck, GG, Band 1, Art. 5 Abs. 3, Rn. 513; Rollmann, Die Universität als Wirtschaftsunternehmen, S. 73.

138 S. § 25 HRG sowie auf landesgesetzl. Ebene § 13 I 2 LHG BW.

139 Seidler, in Hartmer/Detmer, Hochschulrecht, 2004, 478 (489f.); vgl. auch die Fassung von § 25 HRG als Spezialvorschrift für den Bereich der Forschung.

Forschungsvorhaben.[140] Hierbei können die Mittel sowohl der Hochschule, einzelnen Teilen der Hochschule oder auch nur einzelnen Mitgliedern der Hochschule zur Verfügung gestellt werden.[141] Die Wahl des Mitteleinsatzes ist allerdings nicht gänzlich frei: Die Drittmittel sind gemäß § 13 VII 1 LHG BW für den vom Drittmittelgeber bestimmten Zweck zu verwenden und nach dessen Bedingungen zu bewirtschaften. Hat der Drittmittelgeber keinen derartigen Zweck vorgegeben, so kann die Hochschule gemäß § 13 VII 3 LHG BW über die Verwendung der Mittel zur Erfüllung ihrer Aufgaben nach pflichtgemäßem Ermessen im Rahmen der für die Wirtschaftsführung der Hochschule maßgeblichen gesetzlichen Vorschriften bestimmen.

1. Öffentliche Drittmittel

Unter Berücksichtigung der föderalen Verteilung der Kompetenzen ist bei den öffentlichen Drittmitteln zunächst zwischen Zahlungen des Bundes und der Länder zu unterscheiden. Gegenwärtig nimmt allerdings deren gemeinschaftliche Wissenschaftsförderung die bedeutendste Rolle auf Drittmittelebene ein. Häufig erfolgt eine solche Gemeinschaftsförderung unter Einbindung der Deutschen Forschungsgemeinschaft (DFG), die – neben eigenen Förderprogrammen – mit der jeweiligen Umsetzung der Gemeinschaftsprogramme betraut ist. Schließlich fließen den Hochschulen als öffentliche Drittmittel auch Zahlungen der EU zu. In der Gesamtbetrachtung machen Drittmittel, die von der öffentlichen Hand stammen, so den Großteil der eingeworbenen Drittmittel aus.[142]

---

140 Karpen, in Hailbronner/Geis, Hochschulrecht in Bund und Ländern, § 5 HRG, Rn. 12; Karpen, Wissenschaftsfreiheit und Hochschulfinanzierung, S. 39.

141 Karpen, in Hailbronner/Geis, Hochschulrecht in Bund und Ländern, § 5 HRG, Rn. 12.

142 So fielen im Jahr 2016 25,0 % aller Drittmittel auf den Bund, 1,2 % auf die Länder, 35,8 % auf die DFG und 7,8 % auf die EU, Zahlen entnommen aus der Fachserie 11 der Reihe 4.3.2 des Statistischen Bundesamtes für das Jahr 2016, S. 190, abrufbar https://www.destatis.de/DE/Themen/Gesellschaft-Umwelt/Bildung-Forschung-Kultur/Bildungsfinanzen-Ausbildungsfoerderung/Publikationen/Downloads-Bildungsfinanzen/kennzahlen-monetaer-2110432167004.pdf?__blob=publicationFile&v=4 (zuletzt abgerufen am 14.11.2019); s. hierzu auch Rollmann, Die Universität als Wirtschaftsunternehmen, S. 67.

a) Drittmittelförderung durch Bund und Länder

aa) Art. 91b I GG als gesetzliche Grundlage

Als Träger der Hochschulen haben die Bundesländer nach der generellen Kompetenzregelung des Art. 30 GG i.V.m. Art. 104a I GG deren Grundfinanzierung sicherzustellen. Hierbei können sie den Hochschulen neben den festgeschriebenen Haushaltsmitteln auch weitere Gelder in Form von Drittmitteln zukommen lassen.[143] Bei einer finanziellen Beteiligung des Bundes an der Hochschulförderung bedarf es entsprechend der Systematik des Art. 30 GG i.V.m. Art. 104a I GG einer ausdrücklichen, grundgesetzlichen Ermächtigung.[144] Eine solche findet sich im Untertitel der Gemeinschaftsaufgaben im GG.[145] So lässt sich die gemeinsame Drittmittelförderung der Wissenschaft durch Bund und Länder auf Art. 91b I GG stützen, der seit einer zum 1.1.2015 in Kraft getretenen Grundgesetzänderung im neu gestalteten Absatz 1 die generelle Zusammenarbeit von Bund und Länder bei der Förderung von Wissenschaft, Forschung und Lehre in Fällen überregionaler Bedeutung umfasst.[146] Durch die nun weiter gewählte

---

143 Der tatsächliche prozentuale Anteil an gewährten Drittmitteln durch die Länder ist jedoch als sehr gering einzustufen, s. die soeben in Fn. 142 dargestellte Verteilung der Drittmittelgeber.

144 Pieroth, in Jarass/Pieroth, GG, Art. 30, Rn. 1; Erbguth/Schubert, in Sachs, GG, Art. 30, Rn. 33; Sieweke, DÖV 2009, 946.

145 Art. 74 I Nr. 13 GG gewährt keine derartige Kompetenz. Hiernach kommt dem Bund zwar auch nach der Föderalismusreform die Gesetzgebungskompetenz für die Förderung der wissenschaftlichen Forschung zu, von dieser Kompetenz hat er bisher aber keinen Gebrauch gemacht und dies würde – unabhängig von einem fiktiven Gesetz zur Forschungsförderung – auch nur den rechtl. Rahmen abstecken, nicht aber dem Bund eine eigene Kompetenz zur Finanzierung der Hochschulen gewähren; so auch Schmidt-Aßmann, in FS Isensee, 405 (419); Gärditz, in HStR VIII [3]2010, § 189 Rn. 59; Nolte, DVBl 2010, 84 (86f.).

146 BGBl. I 2014, 2438. Demgegenüber sah insb. der kritisch gewürdigte Art. 91b I Nr. 2 GG a.F. an Hochschulen lediglich die gemeinsame Förderungsmöglichkeit von Bund und Ländern bzgl. bestimmter Vorhaben vor; überspitzt bezeichnet als sog. „Kooperationsverbot". Zur Begrifflichkeit vgl. Seckelmann, DÖV 2012, 701f.; insofern geht die letztlich im GG aufgenommene Formulierung über den eigentlichen Wortlaut des Entwurfes zur Grundgesetzänderung vom 30.05.2012 hinaus, der für den geänderten Art. 91b I Nr. 2 GG lediglich den Zusatz der Förderung auch von Einrichtungen vorgesehen hatte. Warum in der jetzigen Fassung allerdings der übergeordnete Begriff der Wissenschaft zusätzlich neben Forschung und Lehre aufgeführt ist, erscheint indes fraglich, s. hierzu auch Seckelmann, NVwZ 2015, 248 (251) und Speiser, Recht und Politik 2015, 86 (89), der aber zugleich betont, dass die unzutreffende Formulierung

Formulierung wurde einer zukünftig erhöhten Kooperationsmöglichkeit von Bund und Ländern auf dem Gebiet der Wissenschaft der Grundstein gelegt.[147] Entgegen des sonst vorherrschenden Trennungsgrundsatzes der Verfassung, nach dem die staatlichen Ebenen ihre Aufgaben eigenverantwortlich zu erfüllen haben, können Bund und Länder auf diesem Wege über entsprechende Vereinbarungen als Gemeinschaftsaufgabe bei Landes- bzw. Bundesaufgaben zur Wissenschaftsförderung zusammenarbeiten.[148] Die verwendete Begrifflichkeit der Vereinbarung in Art. 91b I GG ist weit zu verstehen, sodass sowohl Verwaltungsabkommen, als auch Staatsverträge und verbindliche Absprachen davon erfasst sind.[149]

In inhaltlicher Sicht kann Förderung in erster Linie als finanzielle Unterstützung verstanden werden.[150] Möglich ist darüber hinaus aber auch, dass die geplanten Vorhaben – quasi als Voraussetzung für eine erfolgreiche Finanzierung – in planerischer und organisatorischer Hinsicht gefördert werden.[151] Insofern haben Bund und Länder einen weiten Gestaltungsspielraum, der sich auch auf die konkrete Finanzierung der jeweiligen Förderung bezieht, die entsprechend auch ohne weiteres allein vom Bund übernommen werden kann.[152] Art. 91b III GG schreibt lediglich vor, dass die Kostentragung bereits in der Vereinbarung selbst zu regeln ist.

---

zwar ohne Nutzen ist, zugleich aber auch ohne negative Konsequenzen bleibt. So auch Wolff, DÖV 2015, 771 (774), die darüber hinaus vermutet, dass eine Streichung des überflüssigen Wortes „Wissenschaft“ im Rahmen der bezweckten Kooperationserweiterung symbolisch als unglücklich empfunden worden wäre und zudem die Vereinheitlichung mit dem Wortlaut aus Art. 5 III 1 GG betont.

147 Seckelmann, NVwZ 2015, 248.

148 Siekmann, in Sachs, GG, Art. 91b, Rn. 5; Seckelmann, ZRP 2013, 82 (83); Wolff, DÖV 2015, 771 (772); Speiser, Recht und Politik 2015, 86 (88f.), der aber zu Recht darauf verweist, dass so in erster Linie dem Bund neue Mitwirkungsmöglichkeiten im Hinblick auf entsprechende Landesaufgaben ermöglicht werden, da die Länder ohnehin die Grundkompetenzen über die Wissenschaft innehaben.

149 Suerbaum, in BeckOK GG, Art. 91b, Rn. 6; Speiser, DÖV 2014, 555 (557).

150 Als Geldgeber dienen i.d.R. die Wissenschaftsministerien; hierzu auch Streiter, Wissenschaftsförderung durch Mittlerorganisationen, S. 53.

151 Suerbaum, in BeckOK GG, Art. 91b, Rn. 11; Pieroth, in Jarass/Pieroth, GG, Art. 91b, Rn. 4; Letzelter, in HdbWissR, Band 2, ^{2}1996, 1381; Nolte, DVBl 2010, 84 (91).

152 Gängige Handhabung in der Praxis, s. hierzu auch Speiser, DÖV 2014, 555 (556). Von der vereinbarten Tragung der Kosten unberührt bleibt die parlamentarische Haushaltshoheit; s. Suerbaum, in BeckOK GG, Art. 91b, Rn. 17; Speiser, Recht und Politik 2015, 86 (88).

bb) Projektförderung und institutionelle Forschungsförderung

Vor der Novellierung des Art. 91b GG a.F. im Jahr 2014 musste bei der Wissenschaftsförderung im Wege der fakultativen Gemeinschaftsaufgaben tatbestandlich streng zwischen Projektförderung und institutioneller Forschungsförderung unterschieden werden.[153] Verursacht wurde dies durch die bisherige Formulierung, die unter Art. 91b I Nr. 1 GG a.F. bei der außeruniversitären Forschung von der Förderung von Einrichtungen und Vorhaben sprach, erstere für die Wissenschaft an Hochschulen allerdings gemäß Art. 91b I Nr. 2 GG a.F. nicht vorsah.[154] Insofern war bezüglich der außeruniversitären Forschung eine projektbezogene als auch eine institutionelle Förderung möglich, an den Hochschulen selbst war die Zusammenarbeit von Bund und Ländern hingegen bis dato auf die Projektförderung beschränkt. Konsequenz dieses sogenannten Kooperationsverbotes war, dass die beschlossenen Förderungen den Hochschulen nicht langfristig zufließen konnten, sondern als Projekte ausgestaltet werden mussten, die einer thematischen und zeitlichen Begrenzung unterlagen.[155] Die Exzellenzinitiative und der Hochschulpakt 2020 können als die wichtigsten Beispiele einer derartigen Projektfinanzierung auf Grundlage der früheren Formulierung des Art. 91b I Nr. 2 GG a.F. bezeichnet werden.[156] Eine darüber hinaus gehende

153 Die Unterscheidung zw. institutioneller Förderung und Projektförderung ist ursprünglich dem Haushaltsrecht zu entnehmen, s. Verwaltungsvorschriften 2.1 und 2.2 zu § 23 BHO.

154 Einrichtungen sind als dauerhaft organisierte Einheiten mit ihrer sächlichen und personellen Ausstattung zu verstehen, wohingegen als Vorhaben abgegrenzte Sachaufgaben mit konkreten wissenschaftlichen Zielen bezeichnet werden können, so Suerbaum, in BeckOK GG, Art. 91b, Rn. 12a.

155 Suerbaum, in BeckOK GG, Art. 91b, Rn. 4a; Speiser, DÖV 2014, 555 (560).

156 Die Exzellenzinitiative wurde bereits 2005 und somit noch vor Verabschiedung der Föderalismusreform im Jahr 2006 beschlossen. Sie hatte für den Zeitraum von 2006 bis 2011 die Förderung der Hochschulen mit zusätzlichen Mitteln i.H.v. insg. 1,9 Mrd. Euro zum Inhalt, die zu 75 % vom Bund und zu 25 % von den Ländern übernommen wurden, s. die Bund-Länder-Vereinbarung über die Exzellenzinitiative des Bundes und der Länder zur Förderung von Wissenschaft und Forschung an deutschen Hochschulen vom 18.07.2005, BAnz 167, S. 13347. Bereits 2009 wurde auf Grundlage von § 7 I der Bund-Länder-Vereinbarung aus dem Jahr 2005 die Weiterführung des Programmes in den Jahren 2011 bis 2017 beschlossen. Das Fördervolumen der zweiten Programmphase liegt bei insg. 2,7237 Mrd. Euro, s. die Bund-Länder-Vereinbarung über die Fortsetzung der Exzellenzinitiative des Bundes und der Länder zur Förderung von Wissenschaft und Forschung an deutschen Hochschulen vom 24.06.2009, BAnz 103, S. 2416. Am 16.06.2016 wurde schließlich die dritte Programmrunde beschlossen, die ab 2019 greifen soll. Der Hochschulpakt 2020 hingegen wurde im

Beteiligung des Bundes an der Grundfinanzierung der Hochschulen war bis dato verfassungsrechtlich ausgeschlossen.[157] Mit der neuen Formulierung ist diese Beschränkung hinfällig geworden. Art. 91b I GG spricht nun allgemein von der Möglichkeit einer gemeinsamen Förderung der Wissenschaft, Forschung und Lehre und damit auch von einer institutionellen Mitfinanzierung durch den Bund. Auch die Unterscheidung zwischen einer Förderung an bzw. außerhalb von Hochschulen ist entfallen.[158] Vollumfassend förderungsfähig sind neben dem außeruniversitären Bereich damit u.a. Hochschulen als einheitliche Institution sowie Fakultäten und Institute, aber auch neue Organisationseinheiten oder Verbünde auf Ebene der Hochschulen und nicht zuletzt einzelne Personalstellen.[159]

Jahr 2007 als erste Verwaltungsvereinbarung i.S.d. Art. 91b GG nach der 2006 ergangenen Föderalismusreform geschlossen, s. die Bund-Länder-Vereinbarung über den Hochschulpakt 2020 vom 05.09.2007, BAnz 171, S. 7480. Nach der Fortführung des Hochschulpaktes in einer zweiten Programmphase für die Jahre 2011–2015 wurde Ende 2014 auch die dritte Programmphase beschlossen, die den Zeitraum von 2015 bis 2023 umfasst und insofern die Finanzierung der zweiten Programmphase ab 2015 sowie die dritte, abschließende Programmphase von 2016 bis 2020 und deren Ausfinanzierung bis 2023 beinhaltet. Für den gesamten Zeitraum werden hierbei zur Finanzierung der aufgestellten Programmsäulen vom Bund Mittel bis zu einem Höchstbetrag von 14,152 Mrd. Euro bereitgestellt, s. die Bund-Länder-Vereinbarung über den Hochschulpakt 2020 (zweite Programmphase) vom 04.06.2009, BAnz 103, S. 2419 und auch die Bund-Länder-Vereinbarung über den Hochschulpakt 2020 (dritte Programmphase) vom 11.12.2014, BAnz 72 (15.04.2015), S. 2646.

157 Nolte, DVBl 2010, 84 (91); Wolff, DÖV 2015, 771 (773).

158 Bei Vereinbarungen, die im Schwerpunkt Hochschulen betreffen, ist nach Art. 91b I 2 GG allerdings die Zustimmung aller Länder erforderlich. Damit sollen Vereinbarungen des Bundes mit nur einzelnen Ländern und damit eine indirekte Steuerung der Hochschulförderung durch den Bund vermieden werden, s. Speiser, DÖV 2014, 555 (558).

159 Speiser, Recht und Politik 2015, 86 (89). Damit sind die rechtl. Grundlagen für eine dauerhafte Beteiligung des Bundes an der Grundfinanzierung hergestellt. In Zeiten von konstant steigenden Studierendenzahlen und bestehenden auslaufenden Finanzierungskonzepten wie dem Hochschulpakt 2020 oder der Exzellenzinitiative kann sich der Bund ab sofort auch längerfristig an der Finanzierung der Hochschulen beteiligen und ist nicht mehr auf die Vergabe von Drittmitteln beschränkt. Ob dies jedoch auch tatsächlich etwas am bereitgestellten Finanzniveau des Bundes ändern wird, erscheint fraglich.

cc) Gemeinsame Institutionen von Bund und Ländern

Die Begrifflichkeit des Zusammenwirkens im Wortlaut des Art. 91b I GG wurde auch nach der Grundgesetzänderung beibehalten. Die Norm dient damit auch als Grundlage für die Institutionalisierung der Kooperation zwischen Bund und Ländern aufgrund von entsprechenden Vereinbarungen.[160] Auf diesem Wege wurde 1970 durch ein Verwaltungsabkommen die Gemeinsame Kommission für Bildungsplanung und Forschungsförderung (BLK) errichtet, welche 2008 ihren Nachfolger in der Gemeinsamen Wissenschaftskonferenz (GWK) fand.[161] Nach Art. 1 des GWK-Abkommens behandelt die GWK alle Fragen der Forschungsförderung, der wissenschafts- und forschungspolitischen Strategien und des Wissenschaftssystems, die Bund und Länder gemeinsam berühren. Ihre Mitglieder setzen sich zusammen aus den für Wissenschaft und Forschung sowie für Finanzen zuständigen Ministerinnen und Minister und Senatorinnen und Senatoren des Bundes und der Länder. Nach Art. 2 I Nr. 2 des Abkommens wirken sie gemeinschaftlich bei der Forschungsförderung in Fällen überregionaler Bedeutung und dienen insoweit als Entscheidungsgremium.[162] Nutznießer dieser Förderung sind nach § 1 I der Anlage zum GWK-Abkommen insbesondere die vier großen außeruniversitären Forschungseinrichtungen (Helmholtz-Gemeinschaft, Max-Planck-Gesellschaft, Fraunhofer-Gesellschaft und Leibniz-Gemeinschaft) sowie die DFG. In welcher Art und Weise und in welchem Umfang die Förderung tatsächlich erfolgt, regeln Ausführungsvereinbarungen zum Abkommen.[163]

Neben der GWK existiert der Wissenschaftsrat als wissenschaftspolitisches Beratungsgremium, welcher bereits 1957 durch eine entsprechende Bund-Länder-Vereinbarung gegründet wurde.[164] Er besteht aus 54 Mitgliedern, die sich aus anerkannten Persönlichkeiten der Wissenschaft und des öffentlichen Lebens zusammensetzen.[165] Die zentrale Aufgabe des Wissenschaftsrates ist die Beratung der Bundesregierung und der Regierungen der Länder bei Fragen der Entwicklung auf dem Gebiet der Hochschulen, der Wissenschaft und der Forschung.[166]

---

160 Suerbaum, in BeckOK GG, Art. 91b, Rn. 7; Mager, in v.Münch/Kunig, GG, Art. 91b, Rn. 9; Pieroth, in Jarass/Pieroth, GG, Art. 91b, Rn. 3.

161 Verwaltungsabkommen zwischen Bund und Ländern über die Errichtung einer Gemeinsamen Wissenschaftskonferenz (GWKAbkommen), BAnz. 2007, Nr. 195, S. 7787.

162 Der genaue Wortlaut entspricht der Formulierung in Art. 91b I GG a.F.

163 Groß/Karaalp/Wilden, Regelungsstrukturen der Forschungsförderung, S. 21.

164 BAnz. 1957, Nr. 200, S. 1. Hierzu grundl. Röhl, Der Wissenschaftsrat.

165 S. Art. 4 I der Vereinbarung.

166 S. Art. 2 der Vereinbarung.

Zu diesem Zwecke gibt er Empfehlungen ab und nimmt so entscheidenden Einfluss auf die deutsche Wissenschaftspolitik und damit konkret auch auf die Forschungsförderung.[167]

b) Drittmittelförderung durch die DFG

Die über Art. 91b I GG zugewiesene Verbandskompetenz des Bundes und der Länder zur Förderung von Wissenschaft, Forschung und Lehre enthält keine Information hinsichtlich der Organkompetenz.[168] In der Praxis erfolgt die tatsächliche Förderung der nach Art. 91b I GG vereinbarten Mittel in erster Linie im Wege einer indirekten Förderung unter Einschaltung der DFG.[169] Die staatlichen Finanzmittel werden so nicht direkt an den Zuwendungsnehmer geleitet, sondern erst unter Einschaltung der DFG ausgezahlt.[170] Daneben werden weitere Forschungsmittel an Wissenschaftler und wissenschaftliche Einrichtungen nach Antragstellung auf finanzielle Förderung von Forschungsvorhaben und der sie unterstützenden Strukturen ausgeschüttet.[171] Gesamtbetrachtet kann die DFG aufgrund ihres Fördervolumens auf nationaler Ebene als die wichtigste Forschungsfördereinrichtung und damit als der wichtigste Drittmittelgeber bezeichnet werden.[172] Ihre Zahlungen werden den öffentlichen Drittmitteln

---

167 Groß/Karaalp/Wilden, Regelungsstrukturen der Forschungsförderung, S. 21f.; Heinrich, Die rechtliche Systematik der Forschungsförderung in Deutschland und den Europäischen Gemeinschaften, S. 69.

168 Gärditz, in HStR VIII ³2010, § 189, Rn. 61.

169 Gärditz, in HStR VIII ³2010, § 189, Rn. 61; Groß/Karaalp/Wilden, Regelungsstrukturen der Forschungsförderung, S. 47ff.

170 Wilden, Die Erforderlichkeit gesetzl. Regelungen für die außeruniversitäre Forschung und die Forschungsförderung, S. 57. So sehen insb. die Bund-Länder-Vereinbarungen zur Exzellenzinitiative I und II in § 4 I vor, dass das Programm im Rahmen einer Bund-Länder-Finanzierung von der DFG in Zusammenwirkung mit dem Wissenschaftsrat durchgeführt wird und legen zu diesem Zwecke die Art und Weise der Förderungsdurchführung fest.

171 S. § 12 Nr. 1 der Satzung der DFG. Die Einzelförderung machte bis vor einigen Jahren sogar noch knapp die Hälfte der seitens der DFG bereitgestellten Mittel aus. In Zeiten gesteigerter Finanzierungsbeteiligung des Bundes auf Grundlage von Art. 91b GG werden jedoch mehr und mehr Gelder der DFG über koordinierte Programme vergeben. Insb. die Exzellenzinitiative hat zu dieser Entwicklung beigetragen; s. auch Hinze, in HdbWissenschaftspolitik, S. 162 (168).

172 Vgl. insoweit die soeben in Fn. 158 aufgezeigten Zahlen des Statistischen Bundesamtes. Gerade im Vergleich der letzten Jahre konnte die DFG diese Position noch ausbauen: Im Jahr 2006 lag ihr bundesweiter Anteil an der Drittmittelförderung noch bei 28,8 %, s. S. 123 der Fachserie 11 Reihe 4.3.2 des Statistischen Bundesamtes für

zugeschrieben, da sie zwar als privatrechtlicher Verein organisiert ist,[173] aber durch die in erster Linie auf Vereinbarungen nach Art. 91b GG basierenden öffentlichen Gelder von Bund und Ländern finanziert wird.[174]

c) Drittmittelförderung durch die EU

Auch die EU verfügt über eigene Finanzierungskompetenzen auf dem Gebiet der Forschung, welche in Art. 179ff. AEUV geregelt sind. Mit den darin festgehaltenen Unterstützungsmöglichkeiten ist allerdings keine Harmonisierungskompetenz seitens der EU verbunden.[175] Folglich stehen die darauf basierenden Forschungsförderungen und die in den Mitgliedstaaten jeweils bestehenden Förderprogramme in einem rechtlichen Parallelverhältnis.[176] Um dennoch eine bestmögliche Abstimmung der beiden Förderungsebenen zu gewährleisten, sieht Art. 181 I AEUV eine wechselseitige Koordination zwischen Mitgliedstaaten und EU vor. Hierzu kann die Kommission gemäß Art. 181 II 1 AEUV alle Initiativen ergreifen, die im Hinblick auf eine Abstimmung förderlich sind.[177] Ziel dieser horizontalen und vertikalen Koordination soll es sein, Ressourcen optimal einzusetzen, Doppelarbeiten zu vermeiden und Synergien zu nutzen.[178]

---

das Jahr 2010, abrufbar unter file:///C:/Users/mm22816/AppData/Local/Temp/kennzahlenmonetaer2110432107004.pdf (zuletzt abgerufen am 14.11.2019).

173 S. § 2 Abs. 1 der Satzung der DFG i.d.F. vom 03.07.2019, abrufbar unter https://www.dfg.de/dfg_profil/satzung/index.html (zuletzt abgerufen am 14.11.2019).

174 Gärditz, in HStR VIII ³2010, § 189, Rn. 61; hierzu auch Streiter, Wissenschaftsförderung durch Mittlerorganisationen, S. 86ff. (100).

175 Lindner, Die Europäisierung des Wissenschaftsrechts, S. 47; Gärditz, in HStR VIII ³2010, § 189, Rn. 64.

176 Lindner, Die Europäisierung des Wissenschaftsrechts, S. 47.

177 Trotz dieser ausdrücklichen Ermächtigung und dem hinter der Vorschrift stehenden effet utile schlagen sich diese Koordinierungsmaßnahmen jedoch nicht in bindenden Maßnahmen nieder, sondern erschöpfen sich in aller Regel in unverbindlichen Akten; hierzu Kotzur, in Geiger/Khan/Kotzur, EUV/AEUV, Art. 181 AEUV, Rn. 2. Dies kommt der nat. Umsetzung der Abstimmungsmaßnahmen entgegen, die den Wertgehalt von Art. 5 III 1 GG zu wahren haben. Entspr. kann Art. 181 AEUV gar keine inhaltliche Wirkung auf wissenschaftliche Vorgänge entfalten; s. auch Gärditz, in HStR VIII ³2010, § 189, Rn. 67.

178 Trute/Pilniok, in: Streinz, EUV/AEUV, Art. 181 AEUV, Rn. 2; Ruffert, in Calliess/Ruffert, EUV/AEUV, Art. 181 AEUV, Rn. 1; Kotzur, in Geiger/Khan/Kotzur, EUV/AEUV, Art. 181 AEUV, Rn. 1.

Inhaltlich basieren auch die Regelungen in Titel XIX des dritten Teils des AEUV auf der Idee des europaweiten Binnenmarktes, der über entsprechende Maßnahmen auch auf dem Gebiet der Forschung ausgebaut werden soll.[179] Hierfür enthält Art. 180 AEUV einen Katalog an Fördermaßnahmen, die die nationalen Aktionen ergänzen sollen.[180] Daneben treten mehrjährige Rahmenprogramme, die ihre gesetzliche Grundlage in Art. 182 und Art. 183 AEUV finden und vom Europäischen Parlament und dem Rat aufzustellen sind.[181] Sie gelten als entscheidende Weichenstellung und werden gemäß Art. 182 III AEUV in spezifischen Programmen durchgeführt, für die jeweils die genaue Ausführung, geplante Laufzeit und notwenigen Mittel festzulegen sind.[182] Auf dem Programmgebiet der Grundlagenforschung agiert hierbei der 2007 eingerichtete Europäische Forschungsrat als eine unabhängige Förderinstanz, welche eine möglichst wissenschaftsadäquate Unterstützung sicherstellen soll.[183]

2. *Private Drittmittel*

Neben den Drittmitteln aus dem öffentlichen Sektor fließen den Hochschulen auch Gelder von privaten Drittmittelgebern zu.[184] Diese sind teilweise rein altruistisch motiviert, wie beispielsweise zahlreiche wissenschaftliche Stiftungen

179 Entspr. hält Art. 179 I AEUV die Freizügigkeit der Forscher und den freien Austausch wissenschaftlicher Erkenntnisse und Technologien als anzustrebende Ziele fest; hierzu auch Gärditz, in HStR VIII [3]2010, § 189, Rn. 64.

180 Darunter fallen die Durchführung von Forschungsprogrammen, die Förderung der Zusammenarbeit mit dritten Ländern und internat. Organisationen, Ergebnisverbreitung und Förderung der Ausbildung und Mobilität der Forscher.

181 Aktuell läuft das Forschungsrahmenprogramm Horizont2020, welches die Gebiete der Forschungs- und Innovationsförderung erstmalig in einem gemeinschaftlichen Programm zusammenfasst und an das 7. Rahmenprogramm der EU anknüpft. Für den Förderzeitraum von 2014 bis 2020 ist ein Fördervolumen von 70 Mrd. Euro vorgesehen; s. auch die vom BMBF zu Horizont2020 herausgegebenen Informationen, abrufbar unter http://www.horizont2020.de/ (zuletzt abgerufen am 30.01.2019).

182 Britz, in Dreier, GG, Band I, Art. 5 III (Wissenschaft), Rn. 7.

183 Ausführlich hierzu Groß, EuR 2010, 299ff. und auch Lindner, Die Europäisierung des Wissenschaftsrechts, S. 63f. sowie Groß/Karaalp/Wilden, Regelungsstrukturen der Forschungsförderung, S. 95ff.

184 Im Jahr 2014 lagen die bundesweiten Drittmittelförderungen aus der gewerblichen Wirtschaft bei 19,5 %. Daneben flossen den Hochschulen aus Stiftungen und dergleichen 6,6 % der Mittel zu; Zahlen entnommen aus der Fachserie 11 Reihe 4.3.2 des Statistischen Bundesamtes für das Jahr 2014, S. 190.

oder Fördervereine, oft sind die Zahlungen aber auch aus eigennützigen Zwecken veranlasst, etwa wenn seitens eines Unternehmens als Gegenleistung für die Gelder bestimmte Fragen zur wissenschaftlichen Klärung an die Hochschulen herangetragen werden.[185] Bezüglich des Mitteleinsatzes werden Zahlungen von Stiftungen und Fördervereinen häufig zur institutionellen Finanzierung herangezogen, wohingegen unternehmerische Zahlungen fast ausschließlich zur Finanzierung einzelner Projekte erfolgen.[186] Insofern kann bei den privaten Drittmitteln, wie auch bei der Drittmittelförderung durch den Staat, zwischen Projektförderung und institutioneller Förderung unterschieden werden.

III. Körperschaftsmittel und sonstige Verwaltungseinnahmen

Als Körperschaft des öffentlichen Rechts sind die Hochschulen zugleich auch juristische Personen, die als solche Träger von eigenen Rechten und Pflichten sein können.[187] In einigen Fällen haben Hochschulen entsprechend auch eigenes Körperschaftsvermögen gebildet. Ein solches Vermögen stammt aus Stiftungen, Schenkungen oder auch aus eigenem Erwerb.[188] Die Erträge aus diesem Vermögen werden als Körperschaftsmittel bezeichnet.[189] Daneben können die Hochschulen eigenständig weitere Verwaltungseinnahmen erwirtschaften. Diese setzen sich insbesondere aus Entgelten und Gebühren sowie Verkaufserlösen zusammen.[190] Als privatrechtsfähige Körperschaften können die Hochschulen über derart erwirtschaftete Mittel im Großen und Ganzen frei und selbstständig verfügen.[191] Sie dienen als Ergänzung der zur Verfügung gestellten

185 Löwer, in Hailbronner/Geis, Hochschulrecht in Bund und Ländern, § 25 HRG, Rn. 7.
186 Heinrichs, Hochschulmanagement, S. 180.
187 Bley, Die Universitätskörperschaft als Vermögensträger, S. 53.
188 Karpen, Wissenschaftsfreiheit und Hochschulfinanzierung, S. 48; Seidler, in Hartmer/Detmer, Hochschulrecht, 2004, 478 (480).
189 Karpen, Wissenschaftsfreiheit und Hochschulfinanzierung, S. 41.
190 Behnisch, Universitäten im Dienstleistungswettstreit, S. 81. So fielen insb. die zu zahlenden Studiengebühren unter die Kategorie der Verwaltungseinnahmen.
191 Bley, Die Universitätskörperschaft als Vermögensträger, S. 54 und 60; Karpen, Wissenschaftsfreiheit und Hochschulfinanzierung, S. 48f. Beschränkungen können bspw. bei einem seitens der Zuwendenden mit den Mitteln verknüpften Zweck, durch die generelle Aufgabenbeschreibung der Hochschulen in den Landeshochschulgesetzen, bspw. § 2 LHG BW, oder aber durch die Beachtung des Zweckmäßigkeitsgrundsatzes unter Beobachtung durch die Rechtsaufsicht auftreten.

Grundfinanzierung der zusätzlichen Förderung von Lehre und Forschung, aber häufig auch der Erfüllung von sonstigen Aufgaben, vor allem im sozialen Bereich.[192] Im Vergleich zur übrigen Finanzierung spielen derartige Mittel allerdings eine nur untergeordnete Rolle.[193]

---

192 Karpen, in Hailbronner/Geis, Hochschulrecht in Bund und Ländern, § 5 HRG, Rn. 13. Vgl. auch die Regelung in § 14 LHG BW.

193 Karpen, in Hailbronner/Geis, Hochschulrecht in Bund und Ländern, § 5 HRG, Rn. 13; Bley, Die Universitätskörperschaft als Vermögensträger, S. 102 f.; Seidler, in Hartmer/Detmer, Hochschulrecht, 2004, 478 (480).

Kapitel 2: Gleichstellung als Kriterium der Mittelvergabe

Im Zusammenhang mit der Übertragung des New Public Management hat ein System der leistungsorientierten Mittelvergabe in das Hochschulgeschehen Einzug genommen, nach dem in Forschung und Lehre erbrachte Erfolge direkten Einfluss auf die den Hochschulen zugewiesenen Grundmittel haben.[194] Gängige Indikatoren des neuen Anreizsystems sind beispielsweise Studierendenzahlen, Anzahl der abgelegten Prüfungen, Promotionen und Habilitationen sowie die Höhe der eingeworbenen Drittmittel.[195] Neben diesen üblichen Parametern können die Länder auch zusätzliche Kriterien aufstellen, um die Mittelvergabe nach leistungsorientierten Gesichtspunkten zu steuern. Als ein solches Zusatzkriterium werden insbesondere auch Gleichstellungsaspekte herangezogen.[196] § 5 S. 2 HRG hält explizit fest, dass bei der staatlichen Finanzierung auch Fortschritte bei der Erfüllung des Gleichstellungsauftrages zu berücksichtigen sind.[197]

Ebenso wie bei der staatlichen Grundfinanzierung nehmen gleichstellungsfördernde Aspekte auch bei der Zuweisung von Drittmitteln öffentlicher und privater Art eine immer bedeutendere Rolle ein. So sind zahlreiche projektfördernde Finanzierungsunterstützungen mit dem Ziel der Gleichstellung verbunden. Dieses hat sich – gerade in Anbetracht der stets angespannten staatlichen

---

194 S. S. 18f.

195 S. bspw. den Beschluss der Kultusministerkonferenz vom 26. Januar 1996, abgedruckt in Forschung & Lehre 1996, 426 (427); Seidler, in Hartmer/Detmer, Hochschulrecht, 2004, 478 (501).

196 Seidler, in Hartmer/Detmer, Hochschulrecht, 2004, 478 (501); Karpen, in Hailbronner/Geis, Hochschulrecht in Bund und Ländern, § 5 HRG, Rn. 88ff.

197 Der Gleichstellungsauftrag an Hochschulen findet seine einfachgesetzl. Grundlage in § 3 HRG, der die Durchsetzung der tatsächlichen Gleichheit zw. Frau und Mann festschreibt und insofern eine Ausgestaltung des Gleichheitssatzes des Art. 3 II GG darstellt. Die Verortung des Berücksichtigungsgebotes in Satz 2 des § 5 HRG zeigt allerdings, dass die Leistungen auf Ebene von Forschung, Lehre und Förderung des wissenschaftlichen Nachwuchses Priorität genießen und Gleichstellungsaspekte lediglich zusätzlich herangezogen werden sollen. Eine entspr. Regelung findet sich in § 13 II 2 LHG BW. In den USA wurde die Thematik bereits zuvor im Rahmen sog. „affirmative actions" behandelt; hierzu grdl. Peters/Birkhäuser, ZaöRV 65 (2005), 1 (11f.); s. auch Schneider, Die Gleichstellung von Frauen in Mitwirkungsgremien der öffentlichen Verwaltung, S. 105.

Finanzlage und damit verbundener Unterfinanzierung der Hochschulen – zu einem thematischen Dauerbrenner entwickelt, den die Hochschulen in ihrer Profilbildung nicht mehr unberücksichtigt lassen können. Entsprechend haben diese ihre Bemühungen zur Förderung der Gleichstellung von Frauen und Männern in den letzten Jahren deutlich ausgebaut.

A. Geschlechterverhältnisse an deutschen Hochschulen

Die grundsätzliche Notwendigkeit einer Berücksichtigung von gleichstellungsfördernden Indikatoren in der Hochschulfinanzierung und daraus resultierenden Fördermaßnahmen der Hochschulen wird deutlich, wenn man die aktuellen Zahlen der Geschlechterverteilung an deutschen Hochschulen betrachtet.

I. Studium

Im Wintersemester 2017/18 waren in Deutschland 2.842.225 Studierende eingeschrieben.[198] Der Anteil der weiblichen Studierenden machte dabei 48,5 % aus, wobei die Geschlechterverteilung je nach Studienfach stark variierte. So wurden beispielsweise in der Kunstwissenschaft 62,3 % der Abschlüsse von Frauen erworben und in den Geisteswissenschaften waren dies sogar 67,2 %, wohingegen weibliche Studierende in der Sportwissenschaft lediglich 38,5 % und in den Ingenieurwissenschaften sogar nur 23,1 % der Abschlüsse ausmachten. Vergleicht man die Studierendengesamtzahlen mit dem Wintersemester 2012/13, so waren damals insgesamt 2.497.819 Studierende eingeschrieben, sodass deren Anzahl über einen Zeitraum von nur drei Jahren um knapp 344.406 gestiegen ist.[199] Unabhängig von diesem deutlichen Zuwachs war der weibliche Anteil der Studierenden jedoch schon damals mit 47,4 % auf einem annähernd gleichen Niveau wie im Wintersemester 2017/18. Dieses Ergebnis kann in der Gesamtbetrachtung unter Berücksichtigung der vergangenen Erhebungen bestätigt werden: Die Zahl der Studierenden lag im Wintersemester 2005/06 bei 1.976.978, wobei der weibliche Anteil schon damals mit 944.604 studierenden Frauen

198 Sämtliche Zahlen für das Wintersemester 2017/18 entnommen aus dem Statistischen Jahrbuch 2018, Kapitel 3 (Bildung), S. 103f., abrufbar unter file:///C:/Users/mm22816/AppData/Local/Temp/statistisches-jahrbuch-2018-dl.pdf (zuletzt abgerufen am 14.11.2019).

199 Sämtliche Zahlen für das Wintersemester 2012/13 entnommen aus dem Statistischen Jahrbuch 2013, Kapitel 3 (Bildung), S. 88f., abrufbar unter file:///C:/Users/mm22816/AppData/Local/Temp/1010110137004.pdf%3Bjsessionid=3E40F45FF790A81E6948D609C3DB9A7C.pdf (zuletzt abgerufen am 14.11.2019).

47,8 % ausmachte.[200] In der Gesamtheit hat sich die Zahl der Studierenden somit in den letzten zwölf Jahren um gut 865.000 Studierende erhöht, wobei der Anteil der weiblichen Studierenden nahezu unverändert geblieben ist. Auf Ebene der Studierenden kann folglich – bis auf einzelne fächerspezifische Ausnahmen – ein nahezu ausgewogenes und konstantes Verhältnis von Frauen und Männern festgestellt werden.

II. Promotion

Der Gleichlauf der Geschlechter setzt sich auf Ebene der Promotion fort. So konnten im Wintersemester 2014/15 196.200 Promovierende verzeichnet werden.[201] Der weibliche Anteil daran lag mit 87.000 Promovierenden bei 44,3 %.[202] Wie bei den Studierendenzahlen sind jedoch auch bei der konkreten Präsenz von promovierenden Frauen große Fächerunterschiede zu beobachten. So waren in der Fächergruppe Kunst, Kunstwissenschaft mit 64 % am meisten weibliche Promovierende festzustellen. Eine Mehrheit an promovierenden Frauen war auch in den Fächergruppen Sprach- und Kulturwissenschaften, Humanmedizin, Gesundheitswissenschaften sowie Agrar-, Forst- und Ernährungswissenschaften gegeben. Hingegen waren Frauen beispielsweise in der Fächergruppe Ingenieurwissenschaften lediglich zu 21 % vertreten. Auch in den Fächergruppen Rechts-,

---

200 Sämtliche Zahlen für das Wintersemester 2005/06 entnommen aus dem Statistischen Jahrbuch 2006, Kapitel 6 (Bildung und Wissenschaft), S. 142, abrufbar unter file:///C:/Users/mm22816/AppData/Local/Temp/1010110067004.pdf%3Bjsessionid=916DF32181F91375BB58ABBA4C7997A9.pdf (zuletzt abgerufen am 14.11.2019).

201 Promovierende in Deutschland, Statistisches Bundesamt 2016, S. 7, abrufbar unter file:///C:/Users/mm22816/AppData/Local/Temp/5213104149004.pdf%3Bjsessionid=368028D5623459AFF42D8033D6D08CD3.pdf (zuletzt abgerufen am 14.11.2019).

202 Sämtliche Zahlen entnommen aus Promovierende in Deutschland, Statistisches Bundesamt 2016, S. 26, abrufbar unter file:///C:/Users/mm22816/AppData/Local/Temp/5213104149004.pdf%3Bjsessionid=368028D5623459AFF42D8033D6D08CD3.pdf (zuletzt abgerufen am 14.11.2019). Auffällig ist dabei, dass die Zahl der Promovierenden im Vergleich zum Wintersemester 2013/14 insg. deutlich zurückgegangen ist: rund 214.700 Promovierende wurden damals noch betreut, wobei auch hier ein annähernd ähnlich hoher weibl. Anteil von 44,2 % auszumachen war, s. Promovierende in Deutschland, Statistisches Bundesamt 2016, S. 19, und auch https://www.destatis.de/DE/Themen/Gesellschaft-Umwelt/Bildung-Forschung-Kultur/Hochschulen/Tabellen/frauenanteile-akademischelaufbahn.html (zuletzt abgerufen am 14.11.2019).

Wirtschafts- und Sozialwissenschaften sowie Mathematik, Naturwissenschaften waren mehr männliche Promovierende vorzufinden.

Betrachtet man die konkrete Art der Promotion, so waren 114.400 aller Promotionen als interne Promotion ausgestaltet, was einem Anteil von 58 % entspricht.[203] Dies bedeutet, dass über die Hälfte der Promovierenden auch an der Hochschule angestellt waren, an der sie ihre Promotion anstreben.[204] Mit Blick auf die einzelnen Fächergruppen fällt jedoch auf, dass der Anteil der männlichen Promovierenden in einem solchen Angestelltenverhältnis die Gruppe der weiblichen Promovierenden deutlich übersteigt. So befanden sich 74 % aller Promovierenden der Fächergruppen Ingenieurwissenschaften in einer internen Promotion, gefolgt von 68 % in Mathematik und Naturwissenschaften. Beide Fächergruppen sind durch eine erhöhte männliche Promotionsquote gekennzeichnet. Demgegenüber gab es insbesondere in Kunst und Kunstwissenschaft (beträchtliche 81 %) sowie Sprach- und Kulturwissenschaften die größten Anteile an externen Promotionen. Bedenkt man, dass gerade in diesen Fächern promovierende Frauen überdurchschnittlich vertreten sind, so muss dies insbesondere auch für die geschlechtliche Verteilung auf Ebene der akademischen Mitarbeiter[205] bedeuten, dass der weibliche Anteil hier – in Anbetracht des Anteils an der Gesamtzahl der Promovierenden von 44,3 % – vermutlich 35 % nicht übersteigen kann.[206]

III. Habilitation

Die negative Tendenz der akademischen Mitarbeiter zeichnet sich auch auf Ebene der Habilitation ab. So habilitierten sich im Jahr 2017 in Deutschland

---

203 Sämtliche Zahlen entnommen aus Promovierende in Deutschland, Statistisches Bundesamt 2016, S. 35f.

204 Insg. betrachtet waren sogar 124.900 Promovierende und damit 64 % an einer Hochschule angestellt, s. Promovierende in Deutschland, Statistisches Bundesamt 2016, S. 39.

205 Zugunsten einer besseren Lesbarkeit wurde in Fällen, in denen eine geschlechtsneutrale Formulierung nicht möglich war, eine männliche Schreibweise gewählt, von der Frauen konsequenterweise mitumfasst sind.

206 Konkrete Geschlechterverhältnisse auf Ebene der akademischen Mitarbeiter sind nicht öffentl. zugänglich. Im Bundesbericht Wissenschaftlicher Nachwuchs 2017 werden für das Jahr 2014 allerdings 177.528 wissenschaftliche und künstlerische Mitarbeiter an dt. Hochschulen verzeichnet, s. S. 98 des Berichts, abrufbar unter file:///C:/Users/mm22816/AppData/Local/Temp/buwin-2017.pdf (zuletzt abgerufen am 14.11.2019). Der weibliche Anteil hieran lag bei 41 %, s. S. 99 des Berichts.

insgesamt 1586 Wissenschaftler, wobei der weibliche Anteil hieran bei lediglich 29,3 % lag.[207] Im Vergleich zum Vorjahr blieb die Anzahl der erfolgreichen Habilitation damit nahezu unverändert. Den Anteil der weiblichen Habilitanden hingegen lag 2016 noch bei 30,4 % und hat sich somit im Laufe des letzten Jahres sogar verringert. Dies widerspricht der Entwicklung der letzten zehn Jahre, in denen sich der weibliche Anteil von 24,3 % im Jahr 2007 nahezu jedes Jahr kontinuierlich verbessern konnte.

IV. Professuren

Die deutliche Abnahme der weiblichen Wissenschaftler ab Ebene der Habilitation, welche mit der Metapher der „Leaky Pipeline“[208], der „undichten Leitung“ umschrieben wird, wird bei den Professuren noch einmal deutlich verstärkt.[209] So gab es im Jahr 2016 insgesamt 46.835 hauptberufliche Professoren an deutschen Hochschulen.[210] Hiervon waren lediglich 10.955 Professuren von Frauen besetzt, sodass der weibliche Anteil bei gut 23,4 % lag. Im Vergleich zum Vorjahr, wo von 46.344 Professuren 10.535 und somit 22,7 % weiblich besetzt waren, konnte jedoch erneut eine Steigerung des weiblichen Anteils erreicht werden. Diese Entwicklung ist kennzeichnend für das letzte Jahrzehnt: Stellt man etwa die Zahlen aus dem Jahr 2007 gegenüber, so fielen hier bei 38.020 Professuren insgesamt nur 6.173 auf eine Frau, was einem Anteil von 16,2 % entspricht. In der zahlenmäßigen Gesamtgegenüberstellung konnten somit im Laufe der letzten 10 Jahre 8.815 neue Professuren geschaffen werden, wobei sich die Anzahl der weiblichen Professuren um 4.782 erhöht und somit nahezu um 75 % erhöht hat.[211]

---

207 Sämtliche Zahlen entnommen aus einer Pressemitteilung des Statistischen Bundesamtes vom 03.07.2018, abrufbar unter https://www.destatis.de/DE/Presse/Pressemitteilungen/2018/07/PD18_242_213.html (zuletzt abgerufen am 14.11.2019).

208 Begrifflichkeit erstmalig verwendet von Berryman, Who Will Do Science?, S. 39f.

209 Zur Problematik auch Langenfeld, DVBl 2010, 1019 (1021).

210 Sämtliche Zahlen entnommen aus der Fachserie 11 Reihe 4.4 des Statistischen Bundesamtes aus dem Jahr 2017, S. 22f., abrufbar unter file:///C:/Users/mm22816/AppData/Local/Temp/personal-hochschulen-2110440177004.pdf (zuletzt abgerufen am 14.11.2019).

211 Zu beachten ist allerdings, dass bzgl. der weiblichen Anteile teilweise große Fächerunterschiede festzustellen sind; s. hierzu die Fächerauflistungen auf S. 24f. der Fachserie 11 Reihe 4.4 des Statistischen Bundesamtes aus dem Jahr 2017.

Die positive Gesamtbewertung muss letztlich jedoch mit Blick auf die einzelnen Besoldungsgruppen relativiert werden.[212] So machen weibliche Professoren auf Ebene der Juniorprofessur im Jahr 2016 mit 677 von 1563 Juniorprofessuren insgesamt den höchsten prozentualen Anteil von 43,3 % aus. Auf Ebene der W2-Professuren verfügen sie lediglich über einen Anteil von 26,6 %. Noch unterrepräsentierter sind Frauen bei den W3-Professuren, wo sie bundesweit nur über 22,4 % aller Professuren verfügen. Diese Ungleichverteilung sorgt dafür, dass die bestehende Schere zwischen Frauen und Männern in der Wissenschaft noch immer allgegenwertig ist. So konnte der weibliche Anteil auf Ebene der Professuren im Jahr 2012 zwar erstmalig die Hürde von 20,0 % überspringen, von einem ausgeglichenen Verhältnis der Geschlechter ist jedoch auch dieses Ergebnis noch weit entfernt. Es gilt somit festzuhalten, dass der Frauenanteil in der Wissenschaft auch heute noch umso niedriger ausfällt, je höher die Position in der akademischen Laufbahn ist.

B. Aktuelle Programme zur Förderung der Gleichstellung an deutschen Hochschulen

In Anbetracht der dargestellten Zahlen der Geschlechterverteilung an deutschen Hochschulen ist es nicht verwunderlich, dass gleichstellungspolitische Maßnahmen seit den achtziger Jahren in der Wissenschaftspolitik auf der Agenda stehen.[213] Die Effektivität derartiger Frauenförderinstrumente blieb allerdings überwiegend aus, sodass die Zahl der weiblichen Wissenschaftler zumindest bis vor etwa 10 Jahren nicht erkennbar erhöht werden konnte.[214] Dies war Grund

---

212 Sämtliche Zahlen entnommen aus der Fachserie 11 Reihe 4.4 des Statistischen Bundesamtes aus dem Jahr 2017, S. 36f.

213 Färber, Frauenförderung an Hochschulen, S. 11. Häufig laufen die Maßnahmen unter dem allg. Titel der Gleichberechtigung der Geschlechter und sollen sich zugunsten des unterrepräsentierten Geschlechts auswirken. Die aufgezeigten Zahlen der Geschlechterverteilung verdeutlichen allerdings, dass in der wissenschaftlichen Praxis in aller Regel Frauen zum unterrepräsentierten Geschlecht gezählt werden müssen. Die durchgeführten Maßnahmen zur Förderung der Gleichberechtigung sind daher vielmehr als Maßnahmen der Frauenförderung zu verstehen und sollen im Folgenden entspr. auch so bezeichnet werden. Davon unabhängig sind Gleichberechtigungsmaßnahmen für den Fall einer fachspezifisch umgekehrten Geschlechterverteilung ebenso auf das männliche Geschlecht zu übertragen. So auch nachzulesen in der amtl. Begründung des Landtages von BW zum 3. HRÄG, Drucks. 15/4684, zu § 4 V 2, S. 271.

214 So heißt es in den Empfehlungen zur Gestaltung von Steuerungssystemen auf der Ebene Land/Hochschule, Ergebnisse des Arbeitskreises der deutschen

dafür, dass sowohl von den zuständigen Ministerien auf Bundes- und Landesebene als auch von den großen Wissenschaftsorganisationen eine weitere Welle an Fördermaßnahmen gestartet wurde. Zahlreiche Projekte zur Erhöhung der Zahl der Hochschullehrerinnen wurden ausgebaut, andere neu geschaffen. Ein Großteil der Maßnahmen beinhaltet dabei Empfehlungen und Hinweise, die sich durch Appellcharakter auszeichnen und auf Eigeninitiative seitens der Hochschulen bauen. Als deutlich effektiver erweisen sich hingegen die aktuell im Vormarsch befindlichen Programme in Form finanzieller Anreizsysteme, die die endogenen Potenziale seitens der Hochschulen nutzen wollen, um das Thema Gleichstellung in den Hochschulalltag zu integrieren. Dabei wird in aller Regel die Ausschüttung von Geldern an gleichstellungsfördernde Maßnahmen geknüpft. Auf Bundesebene zählen das Professorinnenprogramm des Bundes und der Länder und die Forschungsorientierten Gleichstellungsstandards der DFG in den letzten Jahren zu den beiden Vorreitern derartiger Gleichstellungsinitiativen.[215]

I. Grundsätzliches zur staatlichen Gleichstellungsförderung

Auf Ebene des Bundes und der Länder bietet Art. 91b GG eine rechtliche Grundlage für das Voranbringen gemeinsamer Förderprojekte.[216] Dies gilt auch auf dem Gebiet der Gleichstellung. Entscheidendes Handlungskomitee ist hierbei die GWK, die über mögliche Programme beschließt und die Herstellung von Chancengleichheit in Wissenschaft und Forschung als das gemeinsame Anliegen

---

Universitätskanzler(innen) „Leistungsorientierte Mittelvergabe und Zielvereinbarungen", 2009, S. 25: „Die Erfahrungen der letzten Jahre haben gezeigt, dass die Anreizmechanismen des Staates zur Gleichstellung von Frauen und Männern nur bedingt Wirkung entfalten und kaum in die Hochschulen hineinwirken.", abrufbar unter http://docplayer.org/34692692-Wissenschaft-rechtliche-grundlagen-fuer-massnahmen-zur-foerderung-der-chancengleichheit-in-der-wissenschaft.html (zuletzt abgerufen am 30.01.2019).

215 Daneben wurde erstmals für das Jahr 2018 das Leibniz-Professorinnen-Programm aufgelegt; s. hierzu Sacksofsky/Völzmann, Frauenförderung in der Wissenschaft durch Professorinnenprogramme, S. 7ff. Darüber hinaus werden bspw. auch im Rahmen der Exzellenzinitiative gleichstellungsfördernde Aspekte bei der Mittelverteilung berücksichtigt, s. § 3 I 3 der Bund-Länder Vereinbarung von 2005 bzw. § 3 I V der Bund-Länder-Vereinbarung von 2009. Ebenso soll die Verwendung der Fördermittel aus dem Hochschulpakt 2020 dazu genutzt werden, den Anteil von Frauen bei der Besetzung von Professuren und sonstigen Stellen auszubauen, s. Art. 1 § 1 Abs. 4 der Bund-Länder-Vereinbarung von 2007.

216 S. hierzu S. 22f.

von Bund und Ländern vereint.[217] Gefördert werden hierdurch einerseits außeruniversitäre Forschungseinrichtungen, wie die großen Wissenschafts- und Forschungsorganisationen in Deutschland – DFG, Max-Planck-Gesellschaft, Leibniz-Gemeinschaft, Fraunhofer-Gesellschaft, Helmholtz-Gemeinschaft – bei denen die jährlich getroffenen Zuwendungen mit der Erwartung verknüpft sind, dass Fortschritte in Bezug auf das Thema „Chancengleichheit" gemacht werden. Hierzu sollen die Forschungsorganisationen nicht nur mit eigenen gleichstellungsfördernden Programmen ansetzen, sondern auch in ihren eigenen Führungspositionen den Frauenanteil deutlich steigern.[218] Neben derartigen Fördermöglichkeiten unter Heranziehung der großen Forschungsorganisationen treten aber auch eigene Gleichstellungsprogramme der GWK, die sich unmittelbar an die Hochschulen selbst richten. Als ein solches Programm ist das Professorinnenprogramm einzustufen.

II. Das Professorinnenprogramm – Förderung durch Bund und Länder

1. Inhalt des Programms

Das Professorinnenprogramm wurde am 19.11.2007 in einer Bund-Länder-Vereinbarung nach Art. 91b Abs. 1 Nr. 2 GG a.F. vom Bundesministerium für Bildung

---

217 In § 4 II der Anlage zum GWK-Abkommen vom 11.09.2007 heißt es: „Die Vertragsabschließenden fördern die Gleichstellung von Frauen und Männern in den von ihnen gemeinsam geförderten Einrichtungen und Vorhaben entsprechend den in den Gleichstellungsgesetzen des Bundes und der Länder und in Vereinbarungen zwischen Bund und Ländern über die Gleichstellung von Frauen und Männern bei der gemeinsamen Förderung zum Ausdruck kommenden Grundsätzen und wirken auf die Beseitigung bestehender sowie die Verhinderung künftiger Diskriminierungen wegen des Geschlechts hin.".

218 S. hierzu den GWK-Beschluss vom 07.11.2011, in dem den Forschungsorganisationen flexible Zielquoten i.S.d. Kaskadenmodells der „Forschungsorientierten Gleichstellungsstandards" der DFG auferlegt werden. Die Forderung knüpft insoweit an die Idee der Offensive für Chancengleichheit an, die bereits am 29.11.2006 von den fünf großen Wissenschafts- und Forschungsorganisationen gemeinsam mit der Hochschulrektorenkonferenz und dem Wissenschaftsrat beschlossen wurde, nachdem sich der Wissenschaftsrat bereits in seinen Empfehlungen aus dem Jahr 1998 für ein derartiges Modell ausgesprochen hatte, s. Empfehlungen zur Chancengleichheit von Frauen in Wissenschaft und Forschung, 1998, S. 124, abrufbar unter file:///C:/Users/mm22816/AppData/Local/Temp/3534-98.pdf%3Bjsessionid=EB6AB3D14B9D11B59A71E59CF6C5E26A.delivery1-master.pdf (zuletzt abgerufen am 14.11.2019). Näher zum Kaskadenmodell sogleich unter Punkt III 1.

und Forschung (BMBF) und den Ländern verabschiedet.[219] Ziel des zunächst bis 2012 angesetzten Programms war es, die Gleichstellung an den Hochschulen zu unterstützen, die Repräsentanz von Frauen im Wissenschaftssystem nachhaltig zu verbessern und die Anzahl der Wissenschaftlerinnen in den Spitzenfunktionen der Wissenschaft zu steigern.[220] Hierfür wurden den Hochschulen auf der Grundlage von zukunftsorientierten Gleichstellungskonzepten in erster Linie für die vorgezogene Berufung von Professorinnen zusätzliche Mittel als Anschubfinanzierung zur Verfügung gestellt.[221] Das Programm wurde je zur Hälfte von Bund und Ländern getragen und umfasste für den Programmzeitraum von 2008 bis 2012 insgesamt 150 Mio. Euro, wobei die höchstmögliche Fördersumme je Berufung 150.000 Euro jährlich betrug.[222] Diese Finanzierung hatte ausschließlich Gültigkeit für Berufungen auf unbefristete W2- und W3-Stellen, wobei je Hochschule bis zu drei Erstberufungen von Frauen über einen Zeitraum von höchstens fünf Jahren gefördert werden konnten.[223] Die maximale Fördersumme einer Hochschule betrug für die Programmlaufzeit somit 2.250.000 Euro.[224]

Auf Grundlage der in § 7 I 2 der Vereinbarung vom 19.11.2007 enthaltenen Verlängerungsmöglichkeit hat die GWK nach der positiven Evaluation des ersten Durchlaufes am 29.06.2012 die Fortführung des Professorinnenprogramms beschlossen (Professorinnenprogramm II).[225] Inzwischen befindet sich das Programm in seiner dritten Phase (Professorinnenprogramm III).[226] Der Professorinnenanteil soll mit der Fortführung des Programms weiter erhöht und strukturelle Gleichstellungswirkungen weiter verstärkt werden.[227] Für die Jahre

---

219 Bekanntmachung vom 10.03.2008, BAnz. 2008, Nummer 46, S. 1073f.

220 Präambel der Bund-Länder-Vereinbarung zum Professorinnenprogramm, BAnz. 2008, Nummer 46, S. 1073.

221 Präambel der Bund-Länder-Vereinbarung zum Professorinnenprogramm, BAnz. 2008, Nummer 46, S. 1073. Unterschieden wird insoweit zw. einer Berufung, die im Vorgriff auf eine künftig frei werdende oder zu schaffende Stelle erfolgt (vorgezogene Berufung) oder auf eine vorhandene freie Stelle (Regelberufung), s. § 1 I der Bund-Länder-Vereinbarung zum Professorinnenprogramm.

222 § 2 I 1 und § 5 I 1 der Bund-Länder-Vereinbarung zum Professorinnenprogramm.

223 § 1 I 2 und § 2 IV der Bund-Länder-Vereinbarung zum Professorinnenprogramm.

224 § 5 I 2 der Bund-Länder-Vereinbarung zum Professorinnenprogramm.

225 Bekanntmachung über die Verlängerung der Bund-Länder-Vereinbarung zum Professorinnenprogramm II vom 06.12.2012, BAnz. AT 27.12.2012 B7.

226 Bund-Länder-Vereinbarung zum Professorinnenprogramm III vom 10.11.2017, BAnz. AT 21.02.2018 B4; Ende der Laufzeit der aktuellen Programmphase ist der 31.12.2022.

227 Präambel der Bund-Länder-Vereinbarung zum Professorinnenprogramm II und III.

2013 bis 2017 wurden hierfür erneut 150 Mio. Euro – je hälftig getragen von Bund und Ländern – zur Verfügung gestellt.[228] Das Fördervolumen für die Jahre 2018 bis 2022 beträgt sogar 200 Mio. Euro.[229]

Inhaltlich haben sich in den fortführenden Vereinbarungen des Professorinnenprogramms im Vergleich zum Beschluss vom 19.11.2007 kaum Änderungen ergeben. Zuwendungsfähig sind weiterhin in erster Linie Personalausgaben für die Berufene und ggf. wissenschaftliches Personal sowie Ausgaben für Dienstreisen und Geräte, soweit sie nicht zur Grundausstattung gehören.[230] Antragsteller und Empfänger der Fördermittel sind die Hochschulen, welche die über die zusätzliche Finanzierung frei werdenden Finanzmittel für die Durchführung von zusätzlichen Gleichstellungsmaßnahmen einzusetzen haben.[231] Voraussetzung für eine Förderung ist bei erstmaliger Programmteilnahme ein von den Hochschulen erarbeitetes Gleichstellungskonzept zur Verbesserung der Repräsentanz von Frauen, welches von einem speziellen Begutachtungsgremium positiv bewertet worden sein muss.[232] Darin festzuhalten sind entsprechende Gleichstellungsbemühungen und deren bisherige Erfolge.[233] Hierbei werden insbesondere die Erhöhung der Anteile von Frauen in wissenschaftlichen Spitzenpositionen, die Karriere- und Personalentwicklung für Nachwuchswissenschaftlerinnen und die Akquirierung von Studentinnen für Fächer, in denen Frauen unterrepräsentiert sind, begutachtet.[234] Bei zweimaliger Teilnahme erfolgt die Förderung auf Grundlage einer Dokumentation der erfolgreichen Umsetzung des positiv

---

228 § 2 I 1 der Bund-Länder-Vereinbarung zum Professorinnenprogramm II.

229 § 2 I 1 der Bund-Länder-Vereinbarung zum Professorinnenprogramm III.

230 Punkt 5 der Richtlinien zur Umsetzung des Professorinnenprogramms I, ebenfalls abgedruckt in BAnz. 2008, Nummer 46, S. 1075f.

231 S. § 1 II und § 2 II 2 der Bund-Länder-Vereinbarungen zum Professorinnenprogramm I, II und III. Regelberufungen wurden bereits zuvor im regulären Haushalt der Hochschule eingeplant.

232 § 3 I der Bund-Länder-Vereinbarung zum Professorinnenprogramm III.

233 Punkt 4 der Richtlinien zur Umsetzung des Professorinnenprogramms I.

234 S. die Anlage zur Bund-Länder-Vereinbarung zum Professorinnenprogramm I. Die an den Hochschulen verankerten Gleichstellungsbemühungen sollen darüber hinaus in den Punkten Situations- und Defizitanalyse, Zielvorgaben, strukturelle Verankerung des Konzepts und Einbindung in die Profil- und Leitbildentwicklung der Hochschule, Qualität des Maßnahmenpakets, bedarfsorientierte Auswahl und inhaltliche Abstimmung der Maßnahmen, personelle und finanzielle Ausstattung der getroffenen Maßnahmen unter Berücksichtigung von Größe und Finanzkraft der Hochschule, Qualitätsmanagement zur Überprüfung der gleichstellungspolitischen Aktivitäten, familiengerechte Hochschule (Work-Life-Balance) durch flexible Arbeitsformen und Arbeitsortwahl, Kinderbetreuungsangebote, Beteiligung von Frauen in Gremien und

bewerteten Gleichstellungskonzepts und bei drittmaliger Teilnahme auf Grundlage eines Gleichstellungszukunftskonzepts.[235]

Die Förderung wird ausgezahlt, sobald die Hochschule die Ernennung einer Wissenschaftlerin nachweist.[236] Die Vergabe der Förderung für die einzelnen Professuren erfolgt nach einem wettbewerblichen Prinzip, bei dem die Reihenfolge des zeitlichen Eingangs der Berufungsnachweise entscheidendes Kriterium sein soll.[237] Es besteht kein Rechtsanspruch auf Gewährung einer Zuwendung seitens der Hochschule; vielmehr steht die Entscheidung im pflichtgemäßen Ermessen der Zuwendungsgeber, die im Rahmen der verfügbaren Haushaltsmittel entscheiden.[238]

2. *Erfolge*

Eine im Jahr 2012 im Auftrag des BMBF durchgeführte Evaluation, die als Grundlage für die Entscheidung über eine Fortführung des Programms dienen sollte, ist zu dem Ergebnis gekommen, dass sich das Professorinnenprogramm sowohl bezüglich verwirklichten Gleichstellungskonzepte an den Hochschulen als auch im Hinblick auf die Anzahl der dort mit Frauen besetzten Professuren durch Erfolg ausgezeichnet hat.[239] In der ersten Förderphase von 2007 bis 2012 haben sich bundesweit rund 152 Hochschulen am Professorinnenprogramm beteiligt und ein erarbeitetes Gleichstellungskonzept eingereicht. Dies entspricht knapp zwei Drittel (63,3 %) aller staatlichen Hochschulen in Deutschland.[240]

---

der Evaluierung und Auswertung der Maßnahmen mit dem Ziel einer Weiterentwicklung des Gleichstellungskonzepts bewertet werden.

235 § 3 I der Bund-Länder-Vereinbarung zum Professorinnenprogramm III.

236 § 4 VI 3 der Bund-Länder-Vereinbarung zum Professorinnenprogramm I, II und III.

237 Sog. „Windhundprinzip", festgeschrieben in Punkt 4 der Richtlinien zur Umsetzung des Professorinnenprogramms I.

238 Punkt 1.2 der Richtlinien zur Umsetzung des Professorinnenprogramms I.

239 S. den Arbeitsbericht zur Evaluation des Professorinnenprogramms von Zimmermann, Bericht zur Evaluation des „Professorinnenprogramm des Bundes und der Länder", abrufbar unter https://www.hof.uni-halle.de/publikation/bericht-zur-evaluation-des-professorinnen-programm-des-bundes-und-der-lander/ (zuletzt abgerufen am 14.11.2019). Die Evaluation erfolgte auf Grundlage einer Befragung der 16 Länderministerien sowie aller 369 deutscher Hochschulen in staatlicher, kirchlicher und privater Trägerschaft (davon beteiligten sich tatsächlich jedoch nur 145). Ähnlich formuliert auch in Punkt 1.1 der Richtlinien zur Umsetzung des Professorinnenprogramms II vom 06.12.2012, BAnz. AT 27.12.2012 B8.

240 Zimmermann, Bericht zur Evaluation des „Professorinnenprogramm des Bundes und der Länder", S. 5.

Von allen eingereichten Konzepten wurden 124 positiv bewertet, damit waren 81,6 % aller Einreichungen erfolgreich und erhielten in Folge eine Unterstützung für bis zu drei Professuren. Im Ergebnis konnten so im Rahmen der ersten Kampagne 274 mit Frauen besetzte Professuren gefördert werden.[241]

Auch die Evaluation der zweiten Programmphase kam zu dem Ergebnis, dass das Professorinnenprogramm seine wesentlichen Ziele – die Erhöhung des Professorinnenanteils und die Verstärkung von strukturellen Gleichstellungswirkungen – umfassend erreicht hat.[242] 184 Hochschulen reichten in der zweiten Phase ein Gleichstellungskonzept oder eine Dokumentation zur Umsetzung des Gleichstellungskonzepts ein, was zwei Drittel aller Hochschulen entspricht, die Mitglied in der Hochschulrektorenkonferenz sind.[243] Im Vergleich zum Professorinnenprogramm I konnte die bereits sehr hohe Beteiligung somit noch einmal um 10 % gesteigert werden. 80 % der Gleichstellungskonzepte bzw. Dokumentationen wurden positiv bewertet.[244] Im Rahmen des Professorinnenprogramms II und III konnten so bis Ende Oktober 2018 insgesamt 255 Professuren gefördert werden.[245]

---

241 So die Pressemitteilung der GWK vom 04.07.2014, abrufbar unter file:///C:/Users/mm22816/AppData/Local/Temp/pm2014-05.pdf (zuletzt abgerufen am 14.11.2019).

242 Löther/Glanz, Evaluation des Professorinnenprogramms des Bundes und der Länder: Zweite Programmphase und Gesamtevaluation, abrufbar unter https://www.gwk-bonn.de/fileadmin/Redaktion/Dokumente/Papers/Evaluation_des_Professorinnenprogramms-Bericht_Januar_2017.pdf (zuletzt abgerufen am 14.11.2019).

243 Löther/Glanz, Evaluation des Professorinnenprogramms des Bundes und der Länder: Zweite Programmphase und Gesamtevaluation, S. 3.

244 Löther/Glanz, Evaluation des Professorinnenprogramms des Bundes und der Länder: Zweite Programmphase und Gesamtevaluation, S. 3.

245 Stand 26.10.2018, s. Pressemitteilung des BMBF, abrufbar unter https://www.bmbf.de/de/dasprofessorinnenprogramm-236.html (zuletzt abgerufen am 21.01.2019). Die Förderungen verteilen sich dabei weitgehend in gleicher Weise wie die Professorinnen insgesamt auf die Besoldunggruppen W2 und W3 sowie auf die Fächergruppen, so Löther/Glanz, Evaluation des Professorinnenprogramms des Bundes und der Länder: Zweite Programmphase und Gesamtevaluation, S. 3.

III. Die Forschungsorientierten Gleichstellungsstandards der DFG

1. Ursprünglicher Inhalt

Auch die Forschungsorientierten Gleichstellungsstandards wollten über ein Anreizsystem die Gleichstellung von Frauen und Männern an deutschen Hochschulen fördern.[246] Das Programm wurde im Jahr 2008 von der DFG-Mitgliederversammlung verabschiedet und beinhaltete eine Selbstverpflichtung seitens der unterzeichnenden Hochschulen, den Anteil von Wissenschaftlerinnen auf allen wissenschaftlichen Qualifikationsstufen zu steigern und breit angelegte personelle und strukturelle Gleichstellungsmaßnahmen umzusetzen.[247] Die Qualität in der Forschung sollte auf diesem Weg mittels durchgängiger, transparenter, wettbewerbsfähiger, zukunftsorientierter und kompetenter Herstellung von Gleichstellung gesichert werden.[248] Hierzu hatten die Mitgliedshochschulen zunächst alle zwei Jahre Berichte zur Umsetzung der Gleichstellungsstandards vorzulegen. Ein bereitgestellter Instrumentenkasten mit Beispielen aus der Praxis sollte hierbei als Anregung für mögliche Umsetzungsmaßnahmen dienen. Zusätzlich begleitete und unterstützte eine Arbeitsgruppe, die vom zuständigen Vizepräsidenten geleitet wurde, die Mitgliedshochschulen bei der Umsetzung der Gleichstellungsstandards. Einrichtungen, die ihre aufgestellten Anforderungen erfüllt hatten, wurden dafür entsprechend belohnt. So wurde insbesondere der Erfolg in der Umsetzung der Gleichstellungsstandards als eines der entscheidungsrelevanten Kriterien bei der Bewilligung von Forschungsverbünden berücksichtigt, bei denen Mitgliedseinrichtungen Antragsteller sind.[249]

---

246 S. hierzu die seitens der DFG herausgegebenen Informationen zu den Forschungsorientierten Gleichstellungsstandards, abrufbar unter http://www.dfg.de/foerderung/grundlagen_rahmenbedingungen/chancengleichheit/gleichstellungsstandards/ (zuletzt abgerufen am 15.11.2019).

247 Wortlaut der Ursprungsfassung abrufbar unter http://www.dfg.de/download/pdf/foerderung/grundlagen_dfg_foerderung/chancengleichheit/forschungsorientierte_gleichstellungsstandards_2008.pdf (zuletzt abgerufen am 15.11.2019).

248 Die Gleichstellungsstandards unterscheiden sich insofern vom Professorinnenprogramm, welches sich der Kritik aussetzen musste, als Sonderprogramm zu punktuell zu greifen und die in der Wissenschaft vorherrschenden strukturellen Barrieren nicht systematisch beseitigen zu können; s. hierzu u.a. Blome/Erfmeier/Gülcher/Smykalla, Handbuch zur Gleichstellungspolitik an Hochschulen, S. 138.

249 S. den Wortlaut der Ursprungsfassung der Gleichstellungsstandards von 2008, abrufbar unter http://www.dfg.de/download/pdf/foerderung/grundlagen_dfg_foerderung/chancengleichheit/forschungsorientierte_gleichstellungsstandards_2008.pdf (zuletzt abgerufen am 15.11.2019).

2. *Insbesondere: Das Kaskadenmodell*

Die Mitgliedhochschulen hatten sich im Wege der Herstellung des Status Gleichstellung eigene Ziele zu definieren, die sie im Wege der Erreichung echter Gleichstellung erfüllen wollten. Als Indikator für diese Zielsetzung wurde den Hochschulen in den Forschungsorientierten Gleichstellungsstandards das sogenannte Kaskadenmodell empfohlen.[250] Ein derart aufgebautes Modell basiert auf der Idee, dass sich die Zielwerte des Frauenanteils auf jeder Karrierestufe an den Istwerten der darunter liegenden Karrierestufe orientieren sollten.[251] Dabei wurden folgende Karrierestufen als relevant eingestuft und als Messgröße operationalisiert: Anzahl Immatrikulationen, Anzahl Studienabschlüsse, Anzahl Promovierende bzw. Anzahl Promotionen. Die nächste Stufe umfasste die Juniorprofessuren, Leitung von Nachwuchs- oder Arbeitsgruppen, Habilitierende/Habilitationen. Darüber hinaus wurden die W2/C3-Professuren, die hinsichtlich Funktion und/oder Ausstattung herausgehobenen W3/C4-Professuren sowie Leitungspositionen (Rektorat, Präsidien, Senat, Hochschulrat) erfasst.[252] Die Hochschulen sollten zu jeder Karrierestufe für die Einrichtung insgesamt und auf Fakultätsebene selbst Zielvorgaben formulieren. Das Kaskadenmodell war hierfür eine Richtschnur; die Hochschulen waren jedoch frei darin, ihre Ziele zu formulieren.[253]

3. *Erfolge und Programmentwicklung*

Im Jahr 2010 wurden die von den Mitgliedseinrichtungen ausgearbeiteten Erstberichte, die den jeweiligen Status des Umsetzungsvorgangs dokumentieren sollten, der DFG zur Bewertung vorgelegt.[254] Im Folgenden wurde die Umsetzung der Standards von der Arbeitsgruppe untersucht und die erreichten

---

250 S. 10 des Berichts zur Umsetzung und den Wirkungsweisen der Forschungsorientierten Gleichstellungsstandards, abrufbar unter http://www.dfg.de/download/pdf/dfg_im_profil/geschaeftsstelle/publikationen/studien/studie_gleichstellungsstandards.pdf (zuletzt abgerufen am 15.11.2019).

251 S. 15 des Berichts zur Umsetzung und den Wirkungsweisen der Forschungsorientierten Gleichstellungsstandards.

252 S. 21 des Berichts zur Umsetzung und den Wirkungsweisen der Forschungsorientierten Gleichstellungsstandards.

253 S. 21 des Berichts zur Umsetzung und den Wirkungsweisen der Forschungsorientierten Gleichstellungsstandards.

254 Es handelte sich insgesamt um 64 Berichte, 2 davon von außeruniversitären Mitgliedseinrichtungen.

Gleichstellungsfortschritte in vier unterschiedliche Erfolgsstadien eingeordnet: Im Stadium 1 wurden erste Schritte zur Umsetzung eingeleitet; in Stadium 2 sind einige erfolgversprechende Maßnahmen bereits etabliert worden, weitere befinden sich noch in der Planung; in Stadium 3 wurde ein überzeugendes Gesamtkonzept überwiegend bereits implementiert und in Stadium 4 wurde letztlich ein bereits erfolgreich etabliertes Konzept weitergeführt und durch weitere innovative Ansätze ergänzt.[255] Die erzielten Ergebnisse wurden den einzelnen Mitgliedseinrichtungen im Juni 2010 mitgeteilt und von der Arbeitsgruppe im Juli 2010 in einer Mitgliedsversammlung vorgestellt. Danach befanden sich 2010 10 Hochschulen in Stadium 1, 20 Hochschulen in Stadium 2, 21 Hochschulen in Stadium 3 und 12 Hochschulen in Stadium 4.[256] Auch die bis 2011 zu erarbeitenden Zwischenberichte, die den weiteren Umsetzungsprozess verdeutlichen sollten, wurden von der Arbeitsgruppe bewertet. Insgesamt beteiligten sich 68 Mitgliedshochschulen, von denen vier zum ersten Mal am Umsetzungsprozess der Forschungsorientierten Gleichstellungsstandards teilnahmen. Hinzu kamen ein Bericht einer außeruniversitären Mitgliedseinrichtung sowie ein Bericht eines Nicht-DFG-Mitglieds.[257] Im Ergebnis befanden sich hiervon 5 Hochschulen in Stadium 1, 23 Hochschulen in Stadium 2 und 20 Hochschulen in Stadium 3. In Stadium 4 wurden 20 besonders erfolgreiche Hochschulen eingestuft.[258] Letztlich waren die Abschlussberichte von den Mitgliedseinrichtungen Anfang 2013 einzureichen. Die hierzu ergangenen Bewertungsberichte wurden

255 S. die seitens der DFG veröffentlichten Informationen zum Entstehungs- und Umsetzungsprozess der Forschungsorientierten Gleichstellungsstandards, abrufbar unter http://www.dfg.de/foerderung/grundlagen_rahmenbedingungen/chancengleichheit/gleichstellungsstandards/umsetzungsprozess/index.html (zuletzt abgerufen am 15.11.2019).

256 Diese 12 Hochschulen wurden damit als vorbildlich eingestuft und deren Namen im Folgenden unter http://www.dfg.de/download/pdf/foerderung/grundlagen_dfg_foerderung/chancengleichheit/hochschulen_stadium_4.pdf veröffentlicht (zuletzt abgerufen am 15.11.2019). Blome/Erfmeier/Gülcher/Smykalla, Handbuch zur Gleichstellungspolitik an Hochschulen betonen auf S. 141, dass Ziele und Erfolge im Hinblick auf dem Gebiet der Gleichstellung auf diesem Weg sichtbar gemacht wurden und im Wettbewerb unter den Hochschulen seither auch vergleichbar waren.

257 Übersicht abrufbar unter http://www.dfg.de/foerderung/grundlagen_rahmenbedingungen/chancengleichheit/gleichstellungsstandards/umsetzungsprozess/index.html#anker29007274 (zuletzt abgerufen am 15.11.2019).

258 Veröffentlichung der Ergebnisse unter http://www.dfg.de/foerderung/grundlagen_rahmenbedingungen/chancengleichheit/gleichstellungsstandards/berichte/index.html (zuletzt abgerufen am 15.11.2019).

im Juli 2013 auf einer Mitgliedsversammlung vorgestellt, im Zuge dessen auch über die Weiterentwicklung der Gleichstellungsstandards beraten.

Die Arbeitsgruppe gelangte bei ihren Auswertungen zu dem Ergebnis, dass insgesamt betrachtet die zu Beginn des Programms erhoffte Erhöhung des Frauenanteils auf den unterschiedlichen Karrierestufen trotz fortgeschrittener institutioneller und organisatorischer Umsetzungsmaßnahmen an den Mitgliedseinrichtungen nicht erreicht werden konnte. Anstatt das Programm in seiner ursprünglichen Form weiterzuführen, wurde daher auf der Mitgliederversammlung beschlossen, auf die ausführliche Berichterstattung seitens der Hochschulen und die anschließende Bewertung durch die Arbeitsgruppe zu verzichteten und stattdessen ein doppeltes Reporting-Verfahren vorzuziehen: Nach diesem sollten bei Anträgen bzgl. einer Förderung für Sonderforschungsbereiche, Graduiertenkollegs und andere Forschungsverbünde genau angegeben werden, wie viele Wissenschaftlerinnen auf welchen Qualifizierungsstufen daran beteiligt werden sollten. Daneben sollten die Hochschulen über diese einzelnen Anträge hinaus einmal im Jahr ihre aktuelle Gleichstellungssituation der DFG offenlegen.

2017 erneuerten die DFG-Mitglieder ihre Selbstverpflichtung auf die Forschungsorientierten Gleichstellungsstandards.[259] Daneben wurde eine erneute Änderung der Berichtspflicht durch die Mitgliederversammlung beschlossen. Die jährlichen quantitativen Abfragen sind seither entfallen. Die Daten werden von den Hochschulen nun vielmehr aufgrund des Hochschulstatistikgesetzes und mit Blick auf den Kerndatensatz Forschung vorgehalten.[260] Seit 2018 existiert ein neues Berichtswesen, im Rahmen dessen die Mitglieder künftig alle zwei Jahre qualitative, schlanke Berichte zu wechselnden Scherpunktthemen einreichen und sich kollegial zu erfolgreichen und weniger erfolgreichen Gleichstellungsmaßnahmen austauschen.[261]

---

259 Zuvor hatte eine 2017 durchgeführte Studie zu Umsetzung und Wirkungsweisen der Forschungsorientierten Gleichstellungsstandards deren positive Auswirkungen auf die Gleichstellung im deutschen Wissenschaftssystem gezeigt, so http://www.dfg.de/foerderung/grundlagen_rahmenbedingungen/chancengleichheit/gleichstellungsstandards/ (zuletzt abgerufen am 15.11.2019).

260 S. hierzu http://www.dfg.de/foerderung/grundlagen_rahmenbedingungen/chancengleichheit/gleichstellungsstandards/jaehrliche_abfrage/index.html (zuletzt abgerufen am 15.11.2019).

261 S. hierzu http://www.dfg.de/foerderung/grundlagen_rahmenbedingungen/chancengleichheit/gleichstellungsstandards/ (zuletzt abgerufen am 15.11.2019).

C. Maßnahmen der Hochschulen

I. Entwicklung der Gleichstellungsmaßnahmen an deutschen Hochschulen

Unabhängig von den aufgezeigten Förderprogrammen von Bund und Land oder der DFG und den damit eingeforderten Gleichstellungsbemühungen ist auch auf einfachgesetzlicher Ebene ein an die Hochschulen gerichteter Förderauftrag festgehalten. Gemäß § 3 HRG sollen die Hochschulen die tatsächliche Durchsetzung der Gleichberechtigung von Frauen und Männern fördern und auf die Beseitigung bestehender Nachteile hinwirken. Daneben schreibt § 42 S. 2 HRG fest, dass (…) Frauen zur Durchsetzung der Gleichberechtigung unter Beachtung des Vorrangs von Eignung, Befähigung und fachlicher Leistung gefördert werden sollen.[262] Auch § 4 LHG BW beinhaltet eine umfassende Regelung zur Chancengleichheit von Frauen und Männern für den Bereich der Hochschule.[263] Gleichstellungspolitische Maßnahmen sind deshalb in den letzten Jahren auch an den Hochschulen selbst immer mehr in den Fokus gerückt. Die Gleichberechtigung der Geschlechter hat sich im Wege dessen zu einem klaren Querschnittsziel entwickelt, was dazu führt, dass eine intensive Gleichstellungsarbeit gemäß des Gender Mainstreaming-Konzeptes mittlerweile in den Profilen der Hochschulen fest verankert ist.[264] Sie ist zu einem eigenen Aufgabenbereich herangewachsen, der auch über ein eigenes Budget verfügt.

262 So aufgenommen durch das 4. Gesetz zur Änderung des Hochschulrahmengesetzes vom 20. August 1998, BGBl. I, S. 2190ff.

263 Weitestgehend überarbeitet mit dem 3. HRÄG vom 04.02.2014, Drucks. 15/4684. Entspr. Regelungen der Länder finden sich bspw. in Art. 4 BayHSchG, § 5 HHG oder § 3 IV, § 11c und § 37a HG NW.

264 Unter dem Gender Mainstreaming-Konzept versteht man eine integrative Vorgehensweise, bei der das anvisierte Ziel der Gleichstellung bei allen zu treffenden Entscheidungen zu berücksichtigen und somit nicht mehr als Spezialthema, sondern vielmehr als Querschnittsaufgabe zu verstehen ist, so Blome/Erfmeier/Gülcher/Smykalla, Handbuch zur Gleichstellungspolitik an Hochschulen, S. 125f., unter Verweis auf eine vom Europarat 1998 gefasste Definition, nach der Gender Mainstreaming „in der (Re-) Organisation, Verbesserung, Entwicklung und Evaluierung der Entscheidungsprozesse mit dem Ziel (besteht), dass die an der politischen Gestaltung beteiligten Akteure und Akteurinnen den Blickwinkel der Gleichstellung zwischen Frauen und Männern in allen Bereichen und auf allen Ebenen einnehmen“. So auch abgedruckt in Bergmann, Handlexikon der Europäischen Union, S. 453 und in Doblhofer/Küng, Gender Mainstreaming, S. 26.

Finanziell verknüpfte Programme wie die Forschungsorientierten Gleichstellungsstandards der DFG oder das Professorinnenprogramm des Bundes und der Länder wirken aktuell als Katalysator dieser Entwicklung: Die finanzielle Belohnung für Gleichstellungsbemühungen hat in der grundsätzlichen Entwicklung der hochschulinternen Gleichstellungspolitik einen fruchtbaren Boden gefunden und sich dabei als richtungsweisender Impuls herauskristallisiert. Hochschulen, welche die Erfüllung der aufgestellten Programmvoraussetzungen anstreben, werden durch die in Aussicht gestellten Gelder zum Ausbau ihrer gleichstellungsfördernden Maßnahmen veranlasst.[265] Als besonders effektiv haben sich hier die Forschungsorientierten Gleichstellungsstandards der DFG erwiesen, die im Gegensatz zum punktuell wirkenden Professorinnenprogramm tiefgehende Veränderungen der gleichstellungsfördernden Strukturen fordern und diese entsprechend bei der Mittelausschüttung berücksichtigen. Die hochschulinterne Gleichstellungspolitik wird demgemäß vielerorts auf die laufenden Programmvoraussetzungen zugeschnitten: So waren bis vor einigen Jahren klassische Gleichstellungspläne das zentrale und oft auch einzige gleichstellungspolitische Instrument an deutschen Hochschulen.[266] Diese halten den aktuellen Zustand der Geschlechterverteilung fest und verknüpfen ihn mit möglichen Handlungszielen und konkreten Maßnahmen zur Zielerreichung.[267] Gleichstellungspläne zeichnen sich allerdings grundsätzlich durch eine fehlende rechtliche Verbindlichkeit aus und sind deshalb eher als einrichtungsverbindliche Selbstverpflichtung anzusehen.[268] Um der damit verbundenen fehlenden Durchschlagskraft entgegenzuwirken, haben viele Hochschulen auf Grundlage der mit den Forschungsorientierten Gleichstellungsstandards eingegangenen Selbstverpflichtung die bestehenden gleichstellungsfördernden Regelungen ausgebaut. So ist der klassische Gleichstellungsplan heute oft eingebettet in ein Geflecht aus detaillierten Gleichstellungskonzepten, welche auf den verschiedenen Ebenen der Hochschule und in unterschiedlicher Art und Weise gleichstellungsfördernd

---

265 So auch Löther/Glanz, Evaluation des Professorinnenprogramms des Bundes und der Länder: Zweite Programmphase und Gesamtevaluation, S. 28.

266 Insoweit auch gesetzl. durch Landeshochschulgesetze vorgeschrieben, wie etwa gem. § 4 V LHG BW.

267 Zu unterscheiden sind insoweit der sog. Rahmenplan, der für die gesamte Hochschule Geltung erlangt, und dezentrale Gleichstellungspläne, die auf dessen Grundlage für die einzelnen Fakultäten erstellt werden, hierzu Blome/Erfmeier/ Gülcher/Smykalla, Handbuch zur Gleichstellungspolitik an Hochschulen, S. 205.

268 Blome/Erfmeier/ Gülcher/Smykalla, Handbuch zur Gleichstellungspolitik an Hochschulen, S. 210.

ansetzen. Die Verflechtung der parallel laufenden Programme ermöglicht dabei die Nutzung von Synergieeffekten, sodass der fördernde Aspekt bezüglich der investierten Gleichstellungsbemühungen meist doppelte Wirkung entfalten und insbesondere die Verbindlichkeit des Gleichstellungsplans erhöht werden kann.[269]

Die voranschreitende Entwicklung ist dabei im engen Zusammenhang mit den aktuellen Reformbewegungen der grundsätzlichen Hochschulpolitik zu sehen. So ist der damit einhergehende Wettbewerbsgedanke auch im Hinblick auf erzielte Gleichstellungserfolge zu berücksichtigen. Erfolgreich umgesetzte Gleichstellungskonzepte sind in der Hochschullandschaft inzwischen zu einer Art Gütesiegel für die Reputation einer Hochschule und damit zu einem entscheidenden Wettbewerbsvorteil geworden.[270] Auch die gestärkte Autonomie der Hochschulen und die damit verbundene Einführung von Globalhaushalten haben Konsequenzen für die Gleichstellungsarbeit und insbesondere für deren Finanzierung. Die Förderung von Gleichstellung und die damit oft verbundene Bezuschussung von finanziellen Mitteln hat infolgedessen erhöhte ökonomische Hintergedanken, sodass die Motivation der Hochschulen wohl immer mehr im erhofften Wettbewerbsvorteil und dem finanziellen Bonus als im grundsätzlichen Ziel des Erreichens von einem Zustand der Gleichstellung zu sehen ist.[271]

Spiegelbildlich zu den in Aussicht gestellten finanziellen Mitteln von außen wirken sich auch innerhalb der Hochschulen gleichstellungsfördernde Aspekte insbesondere auf die interne Finanzverteilung aus. Gerade im Verhältnis von Hochschulleitung zu den dezentralen Organisationseinheiten der einzelnen Fachbereiche ergibt sich die Möglichkeit, die Ressourcenzuteilung mit der

---

269 So wurden etwa die im Rahmen des Professorinnenprogramms ausgearbeiteten Gleichstellungskonzepte auch seitens der DFG für die Forschungsorientierten Gleichstellungsstandards anerkannt, s. hierzu Zimmermann, Bericht zur Evaluation des „Professorinnenprogramm des Bundes und der Länder", S. 31.

270 So auch Wanka, Bundesministerin für Bildung und Forschung, in ihrem Grußwort zur Fachtagung zum Professorinnenprogramm am 18. und 19.06.2012 in Berlin, abrufbar unter https://www.uni-bremen.de/fileadmin/user_upload/sites/zentrale-frauenbeauftragte/Berichte/Dokumentation_Professorinnenprogramm.pdf (zuletzt abgerufen am 22.01.2019).

271 Dies wird nicht zuletzt auch daran liegen, dass § 5 S. 2 HRG die Berücksichtigung von gleichstellungspolitischen Fortschritten bei der staatlichen Finanzierung festschreibt; s. zu der aktuellen Entwicklung auch Blome/Erfmeier/Gülcher/Smykalla, Handbuch zur Gleichstellungspolitik an Hochschulen, S. 17 und S. 96, wo von einem Wandel zu einer ressourcenorientierten Perspektive die Rede ist.

Erfüllung des Gleichstellungsauftrages zu verknüpfen.[272] Insbesondere der aufgestellte Gleichstellungsplan kann als Verhandlungsgrundlage für mögliche Inhalte von Zielvereinbarungen dienen und dessen Verbindlichkeit auf diesem Wege zugleich erhöht werden.[273]

II. Ausgewählte Maßnahmen

1. Maßnahmen an der Universität Mannheim

An der Universität Mannheim wird die Gleichstellung von Frauen und Männern in Wissenschaft und Gesellschaft als vorrangiges hochschulpolitisches und konkretes Ziel betrachtet.[274] Entsprechend ist im Leitbild der Universität festgehalten, dass alle Anstrengungen unternommen werden, um bestehende Benachteiligungen von Frauen insbesondere in wissenschaftlichen Karrieren abzubauen und die Kompetenzen von Frauen in Lehre, Forschung und Verwaltung umfassend zu nutzen. Die Universität setzt insofern einen Schwerpunkt in der Förderung von jungen Wissenschaftlerinnen von der Promotion bis zur Berufung auf eine Professur. Zentraler Akteur zur Umsetzung der aufgestellten Gleichstellungsziele ist die Stabsstelle Gleichstellung und soziale Vielfalt, welche 2010 eingerichtet wurde.[275] Ihr kommt die Aufgabe zu, in enger Zusammenarbeit mit den Gleichstellungsbeauftragten und den Beauftragten für Chancengleichheit das Arbeitsfeld Gleichstellung zu konzipieren, strategisch zu verankern und nachhaltige Strukturen kontinuierlich auszubauen. Die Stabsstelle orientiert sich hierbei vor allem an den Forschungsorientierten Gleichstellungsstandards der DFG, dem Leitbild der Universität und deren Struktur- und Entwicklungsplan.

a) Struktur- und Entwicklungsplan (StEP)

Der StEP umfasst die strategischen Ziele der Universität, der Fakultäten, zentralen Einrichtungen und universitären Institute.[276] Inhaltlich orientiert er sich am

---

272 So vom Wissenschaftsrat bereits im Jahr 1998 in seinen Empfehlungen zur Chancengleichheit von Frauen in Wissenschaft und Forschung auf S. 123 f. gefordert.

273 Degethoff de Campos/Haase/Koreuber/Kriszio, Zielvereinbarungen als Instrument erfolgreicher Gleichstellungspolitik, S. 26.

274 So festgehalten im Leitbild der Universität Mannheim, abrufbar unter https://www.uni-mannheim.de/universitaet/profil/ (zuletzt abgerufen am 15.11.2019).

275 S. hierzu die Homepage der Stabsstelle, abrufbar unter http://sgsv.uni-mannheim.de/Die%20Stabsstelle%20Gleichstellung%20und%20soziale%20Vielfalt/ (zuletzt abgerufen am 15.11.2019).

276 So beschrieben unter http://dezi.uni-mannheim.de/struktur_und_entwicklungsplanung/ (zuletzt abgerufen am 15.11.2019). Seine rechtl. Grundlage findet der StEP in

Leitbild und Profil der Universität. Der Plan hat Gültigkeit über einen Zeitraum von fünf Jahren (aktuell 2013–2018). Unter Punkt C 1.4 finden sich Ausführungen zur Verbesserung von Familienfreundlichkeit, Chancengleichheit und Nachwuchsförderung.[277] Dabei wird betont, dass sich diese an der Bewertung der Universität durch die DFG im Rahmen der Forschungsorientierten Gleichstellungsstandards orientieren. In dieser wurde die Universität Mannheim im Rahmen der Zwischenberichtserstattung aus dem Jahr 2011 im oberen Bereich der Stufe 2 eingeordnet, in der einige erfolgversprechende Maßnahmen bereits etabliert wurden und sich weitere noch in der Planung befinden.[278] Als Konsequenz aus diesem noch nicht zufriedenstellenden Ergebnis soll im Geltungsbereich des aktuellen StEP das Gebiet der Chancengleichheit weiter gestärkt und eine Positionierung auf der Entwicklungsstufe 4 der von der DFG aufgestellten Skala erreicht werden. Hierbei sollen Konzepte des Gender Mainstreamings und des Diversity Managements in die Entwicklung einfließen.[279] Betont wird insbesondere, dass eine Steigerung der Zahl der Professorinnen angestrebt wird. Ermöglicht werden soll dies durch eine aktive Berufungspolitik und die Teilnahme am Professorinnenprogramm.

b) Gleichstellungsplan

Der aktuelle Gleichstellungsplan für die Jahre 2013–2018 ist als Ergänzung zu den aufgeführten Gleichstellungspassagen im StEP zu sehen.[280] Auch hier wird betont, dass die bestehenden Gleichstellungsmaßnahmen weiter ausgebaut werden sollen. Insbesondere soll der Frauenanteil auf allen wissenschaftlichen Karrierestufen nach Maßgabe des Kaskadenmodells erhöht werden.[281] Was die genaue Umsetzung der Gleichstellungsprogramme anbelangt, so ist der Plan vor allem im Hinblick auf eine mögliche finanzielle Unterstützung von weiblichen Wissenschaftlern zurückhaltend formuliert.[282] Insbesondere wird die

---

§ 7 I LHG BW. Der Plan selbst ist nicht veröffentlicht, wurde vielmehr zur internen Begutachtung ggü. der Verfasserin offengelegt.

277 S. S. 13 f. des StEP der Universität Mannheim.

278 Zu den Beurteilungsstufen der Forschungsorientierten Gleichstellungsstandards s. auch S. 41.

279 S. den Punkt „Gleichstellung" auf S. 14 des StEP.

280 Abzurufen ist er unter http://gleichstellung.uni-mannheim.de/download/gleichstellungsplan_2013-_2018.pdf (zuletzt abgerufen am 30.01.2019). Er findet seine rechtl. Grundlage in § 4 V LHG BW und ist nach § 7 I Hs. 2 LHG BW Teil des StEP.

281 S. S. 14 des Gleichstellungsplans.

282 So heißt es auf S. 20 zu möglichen Fellowship- und Anschubfinanzierungen für Forschungsvorhaben von Wissenschaftlerinnen, dass die Möglichkeiten zur Schaffung

Einführung von gendersensiblen Anreizsystemen angedacht, um die Berufung von Frauen seitens der Fakultäten voranzutreiben. So wird ein Modell, welches die Fakultät für eine berufene Professorin mit der Ausschüttung von vorher festgelegten Geldern – gestaffelt nach der Wertigkeit der besetzten Professur – belohnt, als „vorstellbar" eingestuft.[283] Ebenso denkt man an die Honorierung von Fakultäten, falls sich erfolgreiche Frauen dort habilitieren oder habilitationsäquivalente Leistungen erbringen. Eine zusätzliche Gewichtung soll über verbindliche Zielvereinbarungen zwischen den einzelnen Fakultäten und dem Rektorat erreicht werden.

c) Berücksichtigung von Chancengleichheit im Berufungsverfahren

Unter Verweis auf § 4 LHG BW hat der Senat der Universität Mannheim am 26.04.2017 die Richtlinie zur Herstellung von Chancengleichheit in Berufungsverfahren beschlossen.[284] Daneben existiert ein umfangreicher Leitfaden für Berufungsverfahren.[285]

Die Richtlinien sehen in Ziff. I. für die Funktionsbeschreibung eine ausdrückliche Aufforderung zur Bewerbung von entsprechend qualifizierten Frauen vor. Aus Ziff. III. ergibt sich, dass die Universität bei der Zusammensetzung der Berufungskommission einen Frauenanteil von mindestens 30 % anstrebt. Die Berufungskommission erstellt nach Ziff. IV. 2. auf Grundlage des Anforderungsprofils der Stellenausschreibung einen Kriterienkatalog, der vor Sichtung der Bewerbungen feststehen muss. Bei Fakultäten, die über ein unausgeglichenes Geschlechterverhältnis verfügen, sollen nach Ziff. IV. 3. mindestens 10 % mehr Bewerberinnen und Bewerber bei gleicher Qualifikation eingeladen werden, als der Anteil der jeweiligen Professuren des unterrepräsentierten Geschlechts liegt. Die Beurteilung der Qualifikation erfolgt nach Ziff. IV. 5. Auch unter

---

dieser Unterstützung intensiv geprüft und nach Möglichkeit realisiert werden sollen. Wenig später wird auf den unklaren europa- und verfassungsrechtl. Rahmen von Frauenfördermaßnahmen verwiesen.

283 S. S. 20 des Gleichstellungsplans der Universität Mannheim.

284 Richtlinie abrufbar unter https://www.uni-mannheim.de/media/Universitaet/Dokumente/Forschung_Senatsrichtlinie_fuer_Chancengleichheit_in_Berufungsverfahren_04__2017.pdf (zuletzt abgerufen am 15.11.2019). Sie ersetzt die zuvor am 23.10.2013 vom Senat beschlossene Richtlinie zur Herstellung von Chancengleichheit in Berufungsverfahren.

285 Leitfaden abrufbar unter https://www.uni-mannheim.de/media/Universitaet/Dokumente/Forschung/Berufungsleitfaden_Stand_04.10.2017_Endversion.pdf (zuletzt abgerufen am 15.11.2019).

Berücksichtigung von strukturellen Bedingungen der Vereinbarkeit von Familie und Beruf, wie z.B. Eltern- oder Pflegezeiten. Im Hinblick auf die eingesetzten auswärtigen Gutachterinnen und Gutachter soll gemäß Ziff. IV. 6. bei Fakultäten mit unausgeglichenem Geschlechterverhältnis mindestens eine Gutachterin bzw. ein Gutachter des unterrepräsentierten Geschlechts zurate gezogen werden.[286]

d) Ausgewählte Gleichstellungsmaßnahmen

aa) WOVEN[287]

Das WOVEN Programm (Women in Academia Visibility and Career Enhancement Programm) ist ein Personalentwicklungsprogramm für Studentinnen und Nachwuchswissenschaftlerinnen. Es wurde 2010 entwickelt und seitdem Stück für Stück ausgebaut. Ziel des Programms ist es, weibliche Nachwuchswissenschaftlerinnen für eine Karriere in der Wissenschaft zu begeistern und ihnen hierfür die notwendige Unterstützung zu bieten. Diese Unterstützung ist dabei in einzelne Module unterteilt, die den unterschiedlichen Karrierestufen angepasst sind. So gibt es insbesondere Angebote für Studentinnen (WOVEN Start), Absolventinnen (WOVEN Honors), Promovendinnen (WOVEN Pro), Promovierte (WOVEN Postdoc) und Habilitandinnen (WOVEN habil).

bb) Insbesondere WOVEN Postdoc-Programm

Bei WOVEN Postdoc handelt es sich um ein Programm, welches an die Qualifikationsphase nach der Promotion anknüpft und darauf abzielt, den Nachwuchs der HochschullehrerInnen zu fördern und insbesondere den weiblichen Mittelbau zu stärken. Im Rahmen des Programms gleichstellung 2020 soll durch

---

286 Die ausgebauten gleichstellungsfördernden Maßnahmen auf Ebene des Berufungsverfahrens entsprechen insoweit dem Grundgedanken des im Januar 2015 neu abgeschlossenen Finanzierungsvertrages auf Landesebene, der die Entwicklung von hochschulübergreifenden Standards bei der Durchführung von Berufungsverfahren bis zum Ende des Sommersemesters 2014 vorsieht; s. S. 9f. des Vertrages und auch Fn. 126.

287 Informationen zum WOVEN-Programm abrufbar unter http://sgsv.uni-mannheim.de/Karriere/ (zuletzt abgerufen am 30.01.2019) und auch auf S. 13f. des Abschlussberichts der Universität Mannheim zur Umsetzung der Forschungsorientierten Gleichstellungsstandards, abrufbar unter http://dfg.de/down-load/pdf/foerderung/grundlagen_dfg_foerderung/chancengleichheit/abschlussberichte/gleichstellungsstandards_mannheim_uni_2013.pdf (zuletzt abgerufen am 30.01.2019).

die Schaffung von mehrjährigen Qualifikations- oder aber auch kurzfristigen Überbrückungspositionen entsprechend qualifizierten WissenschaftlerInnen eine Weiterqualifikation und damit eine wissenschaftliche Karriere nach der Promotion ermöglicht und so in den jeweiligen Fächern für Geschlechterparität gesorgt werden.[288] Hierbei kann die Förderung auf unterschiedliche Weise gewährt werden: Zum einen über ein zunächst auf zwei Jahre befristetes Beschäftigungsverhältnis nach TV-L 13 oder aber, sofern eine offene W1-Stelle an der Einrichtung vorhanden ist, über die Finanzierung der ersten drei Jahre einer Juniorprofessur.[289] Bei erfolgreicher Zwischenevaluation der besetzten Stelle kann eine Verlängerung der Förderung um weitere zwei bzw. drei Jahre erfolgen. Finanziert wird das Programm über Mittel aus dem Hochschulpakt 2020, der explizit auch gleichstellungsfördernde Maßnahmen zugunsten des benachteiligten Geschlechts vorsieht.[290]

2. *Maßnahmen anderer Hochschulen in Deutschland*[291]

a) Vorreiter im Anreizsystem: Freie Universität Berlin

Die FU Berlin gilt als Vorreiter der hochschulinternen Gleichstellungsförderung. Das auf Landesebene bereits 1989 ins Leben gerufene „C1/C2-Programm", durch welches zusätzliche C1-Stellen für Habilitandinnen und C2-Stellen für habilitierte Frauen geschaffen werden sollten, war seit jeher zentraler Bestandteil durchgeführter Frauenförderinstrumente.[292] In der FU konnten auf diesem

288 S. S. 9 des Gleichstellungsplans und auch die entspr. Ausschreibung aus dem HWS 2013/14, abrufbar unter http://sgsv.uni-mannheim.de/Karriere/WOVEN%20Postdoc/Download/Ausschreibung.pdf (zuletzt abgerufen am 22.01.2019).

289 S. die Richtlinien zum WOVEN-Programm, abrufbar unter http://sgsv.uni-mannheim.de/Karriere-/WOVEN%20Postdoc/Download/Richtlinien.pdf (zuletzt abgerufen am 22.01.2019).

290 Insgesamt sind für den Zeitraum 2013–2018 zwei Mio. € veranschlagt, so nachzulesen auf S. 14 des Abschlussberichts der Universität zur Umsetzung der Forschungsorientierten Gleichstellungsstandards.

291 Dargestellt an einer exemplarischen Auswahl an dt. Hochschulen, die sich durch eine besonders aktive Frauenförderungspolitik auszeichnen, welche insb. über bloße Coaching- oder Mentoring-Programme hinausgehen und vielfach mittels der Schaffung von gesonderten Stellen oder aber auch finanziellen Anreizsystemen die Anzahl der weiblichen Wissenschaftler erhöhen wollen.

292 Näheres hierzu unter http://www.fu-berlin.de/sites/frauenbeauftragte/gestalten/historie/c1c2/index.html (zuletzt abgerufen am 15.11.2019); s. auch Koreuber, Frauenförderung als Querschnittsaufgabe, S. 98. Ausgangspunkt für das Programm war die Koalitionsvereinbarung der neuen Berliner rot-grünen Landesregierung

Weg rund 90 Wissenschaftlerinnen gefördert werden, bis das Programm 2005, bedingt durch die Neufassung des HRG und der damit einhergehenden Abschaffung der Stellenpositionen C1 und C2, modifiziert wurde. Seit 2007 beinhaltet es nun die Förderung von W2-Professuren auf Zeit und trägt seither entsprechend den Namen „W2-Programm".[293] Fachbereiche und Zentralinstitute können seitdem die Zuweisung einer Stelle zur Förderung von Nachwuchswissenschaftlerinnen beantragen, sofern die Ausschreibung universitätsintern erfolgt.[294] Das Auswahlverfahren selbst läuft über die Kommission zur Förderung von Nachwuchswissenschaftlerinnen (KFN), die für die abschließende Entscheidung durch das Präsidium eine Empfehlung ausspricht. Im Anschluss an diese Entscheidung und die Zuweisung der Stelle an den jeweiligen Bereich erfolgt dann die Ausschreibung der Stellen über das W2-Programm im Wege eines regulären Berufungsverfahrens.[295]

Daneben wurde 1995 ein hochschulinternes Anreizsystem entwickelt, welches 1996 erstmalig umgesetzt wurde.[296] Bei diesem konkurrierten die einzelnen Fachbereiche über ein hochschulinternes Steuerungssystem um die Qualifikationsstufen von Absolventinnen, Promovendinnen, Habilitandinnen und

---

vom 13.03.1989, abrufbar unter http://archiv.spd-berlin.de/w/files/spd-geschichte/koa-_1989quer.pdf (zuletzt abgerufen am 31.01.2019), wo es auf S. 50 explizit heißt, dass das Ziel der hochschulinternen Frauenförderung u.a. mit der Einführung eines Frauenförderprogramms erreicht werden soll, „mit dem zusätzlich Stellen (Mittelbaustellen, Professuren) ausschließlich für Frauen in den einzelnen Hochschulbereichen zur Verfügung gestellt werden."; s. hierzu auch den Bericht der zentralen Frauenbeauftragten der Universität aus dem Jahr 2010, S. 75, abrufbar unter http://www.fu-berlin.de/sites/frauenbeauftragte/publikationen/bericht/bericht_7.pdf?1307221566 (zuletzt abgerufen am 15.11.2019).

293 Näheres unter http://www.fu-berlin.de/sites/frauenbeauftragte/foerdern/programme/w2/index.html (zuletzt abgerufen am 15.11.2019).

294 Zur Bewilligung des Antrages muss der jeweilige Bereich die Stelle zu 50 % gegenfinanzieren. Zudem sollte die Stelle in einen drittmittelfinanzierten Forschungszusammenhang integriert sein. Letztlich muss mindestens eine Bewerberin mit herausragender Qualifizierung nachgewiesen werden können.

295 S. zu den Förderungsvoraussetzungen auch die entspr. Ausschreibung des Programms vom 04.12.2008, abrufbar unter file:///C:/Users/mm22816/AppData/Local/Temp/W2_Ausschreibung-KFN.pdf (zuletzt abgerufen am 15.11.2019) und auch den Bericht der zentralen Frauenbeauftragten der Universität auf S. 21f. Mit Einführung der Juniorprofessur greift das Programm auch auf W1-Ebene und trägt dort entsprechend den Namen „W1-Programm".

296 Näheres unter http://www.fu-berlin.de/sites/frauenbeauftragte/gestalten/historie/anreiz/index.html (zuletzt abgerufen am 15.11.2019).

Professorinnen.[297] Im Jahr 1997 wurde außerdem erstmals ein Hochschulvertrag zwischen dem Land Berlin und der Freien Universität geschlossen, der ihre Leistungsfähigkeit und die Attraktivität national und international sichern sollte und bei dem der Aspekt der Frauenförderung in den darauf folgenden Jahren durch mehrere Ergänzungsverträge als zentrales Element Berücksichtigung fand.[298] Daraus resultierend wurde im Jahr 2002 ein System der leistungsbezogenen Mittelbemessung eingeführt und erstmalig 2006 realisiert, bei dem Erfolge von über Gesetze oder Hochschulverträge gesetzten Gleichstellungszielen durch eine entsprechende Mittelzuweisung honoriert werden.[299] Im Detail ergibt sich so eine Verteilung der leistungsorientierten Mittelvergabe unter den Bereichen Forschung, Lehre und Gleichstellung im Verhältnis von 47,5 %, 47,5 % und 5 %.[300] Das seit 1995 bestehende Anreizsystem wurde auf diesem Wege abgelöst und gleichzeitig die Summe der ausgeschütteten Gelder deutlich erhöht.[301] Die einzelnen Fachbereiche stehen bei der Neuauflage des Modells zwar immer noch untereinander im Wettbewerb um die zu verteilenden Mittel, der Schwerpunkt des laufenden Programms liegt nun aber allein auf der weiblichen Neuberufungs- und Besetzungsquote von professoralen Stellen, der Besetzung von Qualifizierungsstellen und der jeweiligen Promotionsquote.[302]

---

297 S. hierzu Koreuber, Frauenförderung als Querschnittsaufgabe, S. 78.

298 S. zB § 9 des Hochschulergänzungsvertrages für die Jahre 2001–2002, der Zielvereinbarungen zur Frauenförderung vorschreibt, oder auch § 7 des Hochschulergänzungsvertrages für die Jahre 2003–2005, abgedruckt in Koreuber, Frauenförderung als Querschnittsaufgabe, S. 75f.

299 S. Näheres unter http://www.fu-berlin.de/sites/frauenbeauftragte/gestalten/leistungsorientierte/index.html (zuletzt abgerufen am 15.11.2019) und auch Koreuber, Frauenförderung als Querschnittsaufgabe, S. 76.

300 Für das Jahr 2010 wurden auf diesem Wege insgesamt 1.025.127 € zugewiesen, die den jeweiligen Bereichen ausschließlich für Projekte der Frauenförderung zur Verfügung standen.

301 S. hierzu auch S. 40f. des Berichts der zentralen Frauenbeauftragten der Universität, abrufbar unter http://www.fu-berlin.de/sites/frauenbeauftragte/publikationen/bericht/bericht_7.pdf?1307221566 (zuletzt abgerufen am 15.11.2019).

302 Hierbei wird bei den jeweiligen Indikatoren der entspr. Schwierigkeitsfaktor für die Besetzung der Position mit einer Frau berücksichtigt. Bei der Besetzung von Professuren, Qualifikationsstellen – also Juniorprofessuren und C2- bzw. W2-Stellen – oder Promotionen erfolgt dies über ein Kreis-Modell, welches grob zw. Geistes- und Sozialwissenschaften einerseits und Naturwissenschaften andererseits unterscheidet. Bei der Neuberufung von Professorinnen hingegen greift ein spezielles Gruppensystem: Der bestehende weibliche Anteil in den jeweiligen Fachbereichen wird hierfür ins Verhältnis zum Frauengesamtanteil in der jeweiligen Position gesetzt. Im Folgenden wird

b) *Goethe-Universität Frankfurt/Main*

Der für den Zeitraum 2008–2014 aufgestellte Frauenförderplan der Goethe-Universität sieht insbesondere bezüglich Stellenausschreibung und Auswahlverfahren konkrete frauenfördernde Maßnahmen vor.[303] So sind beispielsweise zum Vorstellungsgespräch in Bereichen, in denen Frauen unterrepräsentiert sind, mindestens genauso viele Frauen wie Männer oder alle Bewerberinnen einzuladen, sofern sie die aufgestellten Anforderungen für die Stelle erfüllen. Sollten sich nach der ersten Ausschreibung bei der Auswahl der einzuladenden Bewerber keinerlei geeignete Frauen finden lassen, so ist die Ausschreibung auf Verlangen der Frauenbeauftragten der Universität im Benehmen mit der Frauenbeauftragten/dem Frauenrat des Fachbereichs noch einmal zu wiederholen.[304] Festgehalten ist darüber hinaus auch eine Präferenzregelung für Bereiche, in denen Frauen unterrepräsentiert sind. Hier sind weibliche Bewerber bei gleichwertiger Qualifikation bis zur Beendigung der Unterrepräsentation im Verhältnis zu einem männlichen Bewerbern zu bevorzugen, falls in der Person des männlichen Bewerbers keine besonderen Gründe überwiegen.[305] Für die Gruppe der Professorinnen wird unter Punkt II. (Bestandsanalyse und Zielvorgaben) bestimmt, dass der Anteil der Juniorprofessorinnen nicht unter 40 % fallen und der weibliche Anteil an Neuberufungen mindestens bei 33 % liegen soll – entsprechend dem Anteil auf Postdoc-Ebene. Auf Ebene der W-2- und W-3-Professuren soll der weibliche Anteil in allen Fachbereichen mindestens 10 % betragen. Zur Erreichung dieses Zieles sind die neu zu besetzenden Professuren notfalls hälftig für eine Besetzung mit Frauen vorzusehen.[306] Sollten die Zielvorgaben

---

den Fachbereichen nach der Zuteilung in Gruppe 1–3 (Gruppe 1 bei sehr geringem weiblichem Anteil im Vergleich zu Gruppe 3 mit relativ hohem weiblichem Anteil) und der erfolgreichen Besetzung durch eine Frau eine bestimmte Geldsumme zugewiesen; s. hierzu S. 42f. des Berichts der zentralen Frauenbeauftragten der Universität.

303 S. I. Punkt 6 des Frauenförderplans auf S. 9 f. (Grundsätze zur Frauenförderung und Gleichstellung), abrufbar unter https://www.uni-frankfurt.de/41019788/Frauenf__rderplan_2008Fassung_Versand.pdf (zuletzt abgerufen am 15.11.2019).

304 S. I. Punkt 6 (f) des Frauenförderplans.

305 S. I. Punkt 6 (g) des Frauenförderplans. Gleiches gilt nach I. Punkt 7 (b) auch für den wissenschaftlichen Nachwuchs. Entgegen des Unterrepräsentanzverständnisses in den übrigen Bereichen, welches eine 50 prozentige Quote vorsieht, ist auf Ebene des wissenschaftlichen Nachwuchses von einer Wertung entspr. dem Kaskadenmodell auszugehen, s. insoweit Fn. 2 auf S. 11 des Frauenförderplans und die entspr. Zielvorgaben.

306 S. II. Punkt 6 auf S. 25f. des Frauenförderplans.

des Planes nicht erfüllt werden, so muss die Präsidentin/der Präsident der Universität bis zur Erfüllung dieser Anforderungen jeder weiteren Einstellung oder Beförderung eines Mannes in einem von Frauen unterrepräsentierten Bereich zustimmen.[307] Zur Erreichung der im Frauenförderplan festgehaltenen Ziele soll die an der Universität aktiv betriebene Frauenförderung insbesondere durch den Ausbau des bereits bestehenden hochschulinternen Anreizsystems nachhaltig optimiert werden. Dies geschieht in erster Linie durch eine entsprechende Gestaltung der internen Mittelvergabe, bei der auch der Frauenanteil auf den unterschiedlichen Stufen des Hochschulgeschehens von Bedeutung sein soll.[308] Frauenförderung und Gleichstellung sind insbesondere Gegenstand der zwischen Präsidium und den Fachbereichen geschlossenen Zielvereinbarungen und werden so unter anderem zur Erhöhung des Anteils von Frauen an Postdoc-Stellen und Professuren mit einer entsprechenden Bonierung, mit Innovationsmitteln oder auch mit negativen Sanktionen verknüpft.[309]

c) FernUniversität Hagen

Auch nach dem Rahmenplan zur Gleichstellung von Frauen und Männern an der FernUniversität Hagen vom 21.01.2016 sind konkrete Maßnahmen zur Steigerung der Anzahl der weiblichen Wissenschaftler festgehalten. So sind Stellenausschreibungen in Bereichen, in denen Frauen unterrepräsentiert sind, mit dem Zusatz zu versehen, dass diese bei gleicher Eignung, Befähigung und fachlicher Leistung bevorzugt berücksichtigt werden, sofern nicht in der Person eines Mitbewerbers liegende Gründe überwiegen.[310] Daneben sollen die Berufungskommissionen bei der Besetzung von Professuren in jeder Statusgruppe zur Hälfte mit Frauen besetzt sein, wobei der Kommission mindestens eine Professorin angehören muss.[311] Darüber hinaus nehmen Gender-Aspekte auch in der konkreten

---

307 S. I. Punkt 6 (l) des Frauenförderplans.

308 S. I. Punkt 3 (b) des Frauenförderplans auf S. 7.

309 S. III. (Maßnahmen und Projekte zur Umsetzung der Zielvorgaben und Ziele) Punkt 1 auf S. 31.

310 S. Punkt 4.1 (Stellenausschreibung), Abs. 4 des Rahmenplans, abrufbar unter https://www.fernuni-hagen.de/imperia/md/content/gleichstellung/fernuni/rahmenplan_gleichstellung_2016.pdf (zuletzt abgerufen am 15.11.2019).

311 S. Punkt 4.2 (Professuren), Abs. 2 des Rahmenplans und auch den Leitfaden zur Berücksichtigung der Gleichstellung in Berufungsverfahren, abrufbar unter http://www.fernuni-hagen.de/imperia/md/images/gleichstellung/berufungsleitfaden2013.pdf (zuletzt abgerufen am 15.11.2019). Ist die Besetzung der Berufungskommission mit einer Professorin nicht möglich, so muss mindestens eine Professorin des gleichen Faches einer anderen Universität der Berufungskommission angehören. Ist auch dies

Bewerberauswahl um eine Professur einen hohen Stellenwert ein, gelten als ein Kriterium bei der Bewertung der Qualifikation und haben somit direkten Einfluss auf die letztendliche Listenentscheidung durch die Berufungskommission und das Rektorat.[312] Die Berufungskommission darf zudem bei der Beurteilung der wissenschaftlichen Qualifikation Teilzeitarbeit, Unterbrechungen der wissenschaftlichen Tätigkeit oder Verzögerungen bei Qualifikationsabschlüssen aus familiären Gründen sowie deren Konsequenzen (z.B. geringere Anzahl der Publikationen, weniger Drittmitteleinwerbungen, weniger Lehrerfahrung) nicht qualifikationsmindernd bewerten.[313] Im Hinblick auf Vorstellungsgespräche und Probevorträge sollen grundsätzlich alle Bewerberinnen, welche die Kriterien der Stellenausschreibung erfüllen, eingeladen werden.[314] Was die tatsächliche Aufstellung der Berufungsliste angeht, so sind Frauen bei gleichwertiger Eignung, Befähigung und fachlicher Leistung bevorzugt zu berücksichtigen.[315] Letztlich wird auch erwähnt, dass die Hochschule die Entwicklung von Anreizsystemen zur Verwirklichung von Gleichstellung voranbringen möchte.[316] Konkrete Ausführungen hierzu sind im Gleichstellungskonzept der Hochschule zu finden.[317] So soll im Rahmen von Habilitandinnen-Stipendien ein Anreizsystem gemischt finanzierter Stellen zur Steigerung der Zahl der Habilitandinnen geschaffen werden. Hierzu stellt die Hochschule zehn halbe Stellen für Habilitandinnen zur Verfügung, mittels derer – zunächst auf 3 Jahre beschränkt – eine halbe Stelle,

---

nicht möglich, soll eine Wissenschaftlerin des betreffenden Faches oder des gleichen Faches einer anderen Universität in die Berufungskommission gewählt werden.

312 S. Punkt 4.2 (Professuren), Abs. 3 des Rahmenplans. Entspr. sind die Stellenausschreibungen für Professuren mit dem Hinweis zu versehen, dass genderspezifische Aspekte in Forschung und Lehre sowie bei der Förderung des wissenschaftlichen Nachwuchses bei der Bewerbung zu berücksichtigen sind.

313 S. Punkt 4.2 (Professuren), Abs. 4 des Rahmenplans.

314 S. Punkt 4.2 (Professuren), Abs. 5 des Rahmenplans. Ist dies wegen der großen Zahl von Bewerberinnen nicht praktikabel, sind mindestens ebenso viele Frauen wie Männer zum Vorstellungsgespräch einzuladen.

315 S. Punkt 4.2 (Professuren), Abs. 6 des Rahmenplans. Eine derartige Regelung existiert auch für den Bereich des wissenschaftlichen Nachwuchses, wo es in Punkt 3 Abs. 3 des Rahmenplans heißt: „Stellen für wissenschaftlich Beschäftigte und wissenschaftliche Hilfskräfte werden bei einer Unterrepräsentanz von Frauen und bei gleicher Qualifikation vorrangig an Frauen vergeben.".

316 S. die Präambel und Punkt 11 (Gleichstellungskonzept) Abs. 1 des Rahmenplans.

317 Aktuelles Gleichstellungskonzept für die Jahre 2014–2017, abrufbar unter http://www.fernuni-hagen.de/imperia/md/content/arbeiten/gleichstellung/gleichstellungskonzept2014-2017.pdf (zuletzt abgerufen am 15.11.2019).

die zur Besetzung mit einer geeigneten Habilitandin vorgesehen ist, durch Universitätsmittel auf eine ganze Stelle aufgestockt werden kann.[318] Daneben können u.a. Frauenförderleistungen der Fakultäten mit zusätzlichen Mitteln in Höhe von 30.000 € für Frauenfördermaßnahmen honoriert werden.[319]

d) TU München

Der Gleichstellungsplan der TU München sieht zur Förderung des wissenschaftlichen Nachwuchses neben einer leistungsbezogenen Mittelvergabe unter Berücksichtigung der Fortschritte bei der Erfüllung des Gleichstellungsauftrages insbesondere die Schaffung einer vollen und einer halben TV-L E13-Stelle vor.[320] Finanziert werden sollen die zunächst auf 12 Monate befristeten Stellen über Mittel, die der Universität für Gleichstellungsarbeit und Frauenförderung zur Verfügung stehen. Nach Bewerbung der (angehenden) wissenschaftlichen Mitarbeiterinnen und Assistentinnen soll ein Drittmittelantrag gestellt werden. Ziel ist es, dass dieser Forschungsantrag genehmigt und die Stelle als Drittmittelstelle am Lehrstuhl weitergeführt wird. Die Universität möchte auf diesem Weg zur Erhöhung der Drittmittelstellen speziell für Frauen beitragen. Daneben sieht der

318 S. Punkt 2 (Handlungsfeld „Wissenschaftlicher Nachwuchs“) Unterpunkt 6 auf S. 12 des Gleichstellungskonzepts für die Jahre 2014–2017.

319 S. Punkt 4 (Handlungsfeld „Gender in der Lehre“) Unterpunkt 22 auf S. 24 des Gleichstellungskonzepts für die Jahre 2014–2017. Detailliertere Maßnahmen sah das Gleichstellungskonzept für die Jahre 2010–2013 vor, abrufbar unter https://www.fernuni-hagen.de/imperia/md/content/gleichstellung/fernuni/gsk_2010-2013.pdf (zuletzt abgerufen am 15.11.2019). Hier waren zur Erhöhung des Anteils der Professorinnen noch finanzielle Anreize zugunsten der Fakultäten bei der Berufung von Frauen und auch generell für Frauenförderleistungen vorgesehen. Die Fakultäten sollten demnach bei der Einstellung einer Professorin zusätzl. Mittel i.H.v. 30.000 € zur freien Verfügung erhalten. Ebenso waren zusätzl. Mittel i.H.v. 20.000 € eingeplant, die bei der erfolgreichen Umsetzung der Maßnahmen und Ziele der Frauenförderpläne ausgeschüttet werden sollten und für Frauenfördermaßnahmen einzusetzen waren. Letztlich sollte auch das Engagement einzelner Professoren in der weiblichen wissenschaftlichen Nachwuchsförderung finanzielle Berücksichtigung in Form von besonderen Leistungsbezügen finden, die zuvor mittels Zielvereinbarungen mit den Professoren festgeschrieben wurden. Im aktuellen Gleichstellungskonzept sind diese Passagen nicht mehr zu finden.

320 S. S. 18 des Gleichstellungsplans der TU München unter „Maßnahmen und Ziele“, abrufbar unter http://www.diversity.tum.de/fileadmin/w00blt/www/Download/Gleichstellungsplaene/glplan_edu10.pdf (zuletzt abgerufen am 15.11.2019).

Gleichstellungsplan eine Prämie für Lehrstühle vor, die ein Fachmentorat für eine Habilitandin einrichten.[321]

D. Zusammenfassung

Die Hochschulen haben ihre gleichstellungsfördernden Maßnahmen in den letzten Jahren stark ausgebaut. Nach ihrer inhaltlichen Ausgestaltung können diese grob in zwei Richtungen aufgeteilt werden: Zum einen wurden als Reaktion auf die von außen gesetzten Anreize – insbesondere in Form des Professorinnenprogramms und Forschungsorientierten Gleichstellungsstandards – seitens der Hochschulen selbst konkrete Maßnahmen zur Förderung der weiblichen Wissenschaftler entwickelt. Diese sind in den allgemeinen Gleichstellungsplänen festgehalten und beanspruchen somit hochschulweite Geltung. Teilweise haben die Hochschulen die Reaktion auf die finanziellen Anreize jedoch auch lediglich an die jeweiligen Fakultäten weitergeleitet, indem sie selbst ein hochschulinternes Anreizsystem entwickelt haben, in dessen Rahmen die Fortschritte der Frauenförderung bei der Verteilung der Hochschulfinanzmittel Berücksichtigung finden. In derart ausgestalteten Fällen wird die Entwicklung konkreter Fördermaßnahmen auf die einzelnen Fakultäten verlagert. Die aufgezeigten Beispiele aus der Praxis zeigen, dass beide Förderstrategien häufig parallel angewendet.[322]

321 S. S. 19 des Gleichstellungsplans unter „Maßnahmen und Ziele".

322 So etwa aktuell an der FU Berlin und der Goethe-Universität Frankfurt/Main. Zumindest in Planung befindet sich ein Anreizsystem an der FernUniversität Hagen. An der Universität in Mannheim wird ein solches System als denkbar bezeichnet.

Kapitel 3: Die verfassungsrechtliche Bewertung der Gleichstellungsmaßnahmen

A. Die rechtliche Problematik: Das Geschlecht als Faktor in der Stellenbesetzung

Das Setzen eines finanziellen Anreizes an sich, sei es nun auf Seiten von Bund und Ländern, DFG oder aber den Hochschulen selbst, findet in der hochschulinternen Geschlechterverteilung keinen direkten Niederschlag.[323] Allein die tatsächlich umgesetzten Fördermaßnahmen seitens der Hochschulen oder Fakultäten können unmittelbar Wirkung entfalten und die Zahlen weiblicher Wissenschaftler aktiv voranbringen. Es können hierbei zwei unterschiedliche Herangehensweisen ausgemacht werden: Einerseits existieren Maßnahmen, die in erster Linie die persönlichen und fachlichen Kompetenzen der weiblichen Kräfte stärken wollen und die nicht in direktem Zusammenhang mit einer Auswahlentscheidung stehen. Hierzu zählen beispielsweise spezielle Coaching- oder Mentoring-Programme, die sich ausschließlich an Frauen richten und deren männliche Kollegen insofern auslassen. Sie sollen im Folgenden als „weiche" Maßnahmen bezeichnet werden. Demgegenüber bestehen aber auch zahlreiche Programme, die es nicht allein bei einer Stärkung der Konkurrenzfähigkeit der weiblichen Wissenschaftler belassen. Sie greifen vielmehr aktiv in die Stellenbesetzungsentscheidung ein und bevorzugen die weiblichen Wissenschaftler dort in unterschiedlicher Art und Weise. Derartige Maßnahmen sollen im Folgenden als „scharfe" Maßnahmen bezeichnet werden.

Unabhängig von der hinter den Fördermaßnahmen stehenden Idee, für ein ausgewogenes Geschlechterverhältnis in der Wissenschaft zu sorgen, stellt sich

323 So auch Sacksofsky/Völzmann, Frauenförderung in der Wissenschaft durch Professorinnenprogramme, S. 26f. zur Vereinbarkeit des Leibniz-Professorinnen-Programms mit dem GG, die ebenfalls betonen, dass die Belastung der männlichen Wissenschaftler wenn überhaupt im Zurückstehenmüssen bei der Besetzung einer konkreten Stelle besteht und die Einrichtung eines Anreizes lediglich möglicherweise deren Bewerbungschancen verringert, nicht aber eine fixe Anzahl von Stellen nur für Frauen vorsieht. S. insofern auch Detmer, in Hartmer/Detmer, Hochschulrecht, ^{3}2017, 139 (166), der unter Verweis auf das Professorinnenprogramm von einer „(erlaubten) staatlichen Förderung von Professorinnen" spricht.

die Frage nach der verfassungsrechtlichen Zulässigkeit einer solchen Gleichstellungspolitik. Die Besserstellung der weiblichen Wissenschaftler birgt Konfliktpotenzial mit den Gleichheitsrechten der männlichen Konkurrenten, welche auf nationaler Ebene und im Unionsrecht gewährleistet sind. Da das Ziel einer erhöhten weiblichen Beteiligung im Wissenschaftsbetrieb effektiv nur über die vermehrte Besetzung von wissenschaftlichen Positionen mit weiblichen Kandidaten erreicht werden kann, soll sich die Untersuchung im Folgenden nur auf „scharfe" Maßnahmen beschränken, die ihre Wirkung auf Ebene der Auswahlentscheidung entfalten.[324] Wie die aufgeführten Beispiele an deutschen Hochschulen gezeigt haben, setzen derartige Maßnahmen an den unterschiedlichen Qualifikationsebenen an.[325] Nicht allein aufgrund der Ausgestaltung des Professorinnenprogramms stehen jedoch die tatsächliche Vergabe einer vakanten Professur und damit die deutliche Erhöhung der Zahl der Professorinnen im Mittelpunkt der Entwicklung. Entsprechend knüpfen viele Maßnahmen im Zeitpunkt des Berufungsverfahrens an, das aufgrund seines mehrstufigen Aufbaus verschiedene Anknüpfungspunkte zur Berücksichtigung des Fördergedankens bietet und dessen Ausgang zugunsten einer weiblichen Kandidatin entsprechend vielseitig beeinflusst werden kann.[326] Eine solche Vorgehensweise gerät

324 Zur rechtl. Zulässigkeit von sog. „weichen" Maßnahmen s. Papier/Heidebach, DVBl 2015, 125 (132, 133), die entsprechende Instrumente als „Gleichstellungsvorsorgemaßnahmen" bezeichnen, welche allein das Potential der weiblichen Bewerberinnen erhöhen wollen, nicht aber zugleich die Position der Männer verschlechtern. Zur Unterscheidung nach dem Grad der Maßnahme s. auch Rebhahn, in Schwarze, EU-Kommentar, Art. 157 AEUV, Rn. 50.

325 S. S. 47f.

326 So kann insb. die schnelle Durchführung des Entscheidungsprozesses um eine Professur entscheidendes Kriterium im wettbewerblichen Zusammenspiel der Hochschulen sein. Der rechtlich festgeschriebene Ablauf des Berufungsverfahrens droht so verkürzt bzw. auch gänzlich umgangen zu werden. Zu denken ist etwa an das „Windhundverfahren" des Professorinnenprogramms, bei dem das Datum der Rufannahme entscheidendes Kriterium für eine Förderung sein soll. Konsequenz hieraus ist, dass der Dauer des Berufungsverfahrens entscheidungsrelevante Bedeutung zukommen kann. Dies kann insb. für die großen Universitäten oder Fachhochschulen von Vorteil sein, die in Anbetracht einer hohen Anzahl von laufenden Berufungsverfahren im Vergleich zu kleineren Hochschulen bevorteilt sein könnten. S. hierzu auch Zimmermann, Bericht zur Evaluation des „Professorinnenprogramm des Bundes und der Länder", S. 39. Im Detail bieten die zu durchlaufenden Schritte des Berufungsverfahrens bei der Ausschreibung der Stelle, bei der Einsetzung der Berufungskommission, bei der Auswahl der einzuladenden BewerberInnen, bei der Begutachtung der einzelnen Kandidaten, bei der Aufstellung der Berufungsliste und bei der letztendlichen Entscheidung über

zwangsläufig in Konflikt mit dem Recht auf Gleichbehandlung der männlichen Konkurrenten. Im Folgenden soll untersucht werden, ob die Fördermaßnahmen mit dem GG zu vereinbaren sind oder die Gleichheitsrechte in unzulässiger Weise eingeschränkt werden.

B. Der verfassungsrechtliche Beurteilungsmaßstab

Die in Art. 3 GG festgehaltenen Gleichheitssätze dienen auf nationaler Ebene als grundlegender Maßstab für die Bewertung von Frauenfördermaßnahmen. Daneben existiert mit Art. 33 II GG ein spezieller Gleichheitssatz, der den Zugang zu öffentlichen Ämtern regelt.

I. Art. 3 GG

Art. 3 GG verfügt über drei Absätze. Der erste Absatz beinhaltet den allgemeinen Gleichheitssatz. Es folgen in Absatz 2 und 3 spezielle Gleichheitssätze, die insbesondere auch die Gleichstellung zwischen den Geschlechtern regeln.

1. Art. 3 I GG: Der allgemeine Gleichheitssatz

Nach dem allgemeinen Gleichheitssatz in Art. 3 I GG sind alle Menschen vor dem Gesetz gleich.[327] Diese Kernaussage wird dahingehend ausgelegt, dass wesentlich Gleiches nicht willkürlich ungleich und wesentlich Ungleiches nicht willkürlich gleich behandelt werden darf.[328] Ausgangspunkt der konkreten Prüfung ist die Bildung von Vergleichsgruppen, die anschließend auf eine gleiche oder unterschiedliche Behandlung zu untersuchen sind.[329] An das Merkmal der Vergleichbarkeit werden hierbei allerdings keine sonderlich hohen Anforderungen

---

die Ruferteilung durch die Hochschulleitung Konfliktpotenzial; hierzu näher auf S. 76f.

327 Eine derartige Gleichheit vor dem Gesetz legte bereits die Weimarer Reichsverfassung vom 11. August 1919 fest. Dort hieß es in Art. 109 I WRV: „Alle Deutschen sind vor dem Gesetze gleich. Männer und Frauen haben grundsätzlich dieselben staatsbürgerlichen Rechte und Pflichten.".

328 So in ständiger Rspr. seit BVerfGE 4, 144 (155). Hierzu auch Heun, in Dreier, GG, Band I, Art. 3, Rn. 20; Pietzcker, in Hdb. der Grundrechte V, § 125 Rn. 3; s. auch schon den Allgemeinen Redaktionsausschuß vom 16.11.1948, in Doemming/Füsslein/Matz, Entstehungsgeschichte der Artikel des Grundgesetzes, JöR NF1 (1951), 1ff. (68). Entscheidend ist, dass die Ungleichbehandlung vom selben Hoheitsträger ausgeht, s. bspw. BVerfGE 21, 54 (68) und 76, 1 (73).

329 Jarass, in Jarass/Pieroth, GG, Art. 3, Rn. 10.

gestellt.[330] Sie soll nur dann nicht gegeben sein, wenn die jeweiligen Sachverhalte „anderen rechtlichen Ordnungsbereichen angehören und in anderen systematischen Zusammenhängen stehen“[331]. Die Frage, ob die verglichenen Sachverhalte dann auch tatsächlich „wesentlich“ gleich bzw. ungleich sind, ist auf Stufe der Rechtfertigung zu beantworten.[332] Im Rahmen dessen ist auch nach einer möglichen Begründung für die Ungleichbehandlung zu fragen. Diese soll gemäß der zunächst negativ umschreibenden Willkürformel des BVerfG dann nicht gerechtfertigt sein, „wenn sich ein vernünftiger, sich aus der Natur der Sache ergebender oder sonst wie sachlich einleuchtender Grund für die gesetzliche Differenzierung oder Gleichbehandlung nicht finden läßt, kurzum, wenn die Bestimmung als willkürlich bezeichnet werden muss“[333]. Zur Rechtfertigung einer Ungleichbehandlung kann damit grundsätzlich jede vernünftige Erwägung seitens des Hoheitsträgers herangezogen werden.[334] Entsprechend kommt diesem ein Gestaltungsspielraum zu, der erst überschritten sein soll, wenn die getroffene Entscheidung schlechthin nicht mehr vertretbar ist.[335]

Auch heute noch kann diese weite Beurteilungsmöglichkeit als maßgeblicher Grundsatz der Rechtsprechung des BVerfG angesehen werden. In der Praxis dient das Willkürverbot tatsächlich aber nur noch als äußerste Grenze, die zur Wahrung des Gleichheitssatzes zwingend einzuhalten ist.[336] Als weiterentwickelter Bewertungsansatz von Ungleichbehandlungen tritt heute die „neue Formel“ hinzu, die das Verhältnis von Ungleichbehandlung und Grund zur Ungleichbehandlung berücksichtigt und damit eine gestufte Überprüfung der

---

330 BVerfGE 11, 283 (293); 40, 121 (139f.); hierzu auch Jarass, in Jarass/Pieroth, GG, Art. 3, Rn. 11.

331 BVerfGE 11, 283 (293); 40, 121 (139f.); 133, 1 (21).

332 Jarass, in Jarass/Pieroth, GG, Art. 3, Rn. 11.

333 Ständige Rspr. seit BVerfGE 1, 14 (52); zurückzuführen auf Leibholz, Die Gleichheit vor dem Gesetz, S. 72f.

334 Jarass, in Jarass/Pieroth, GG, Art. 3, Rn. 19.

335 Rüfner, in BK-GG, Art. 3 Abs. 1, Rn. 17; Jarass, in Jarass/Pieroth, GG, Art. 3, Rn. 19. Entsp. kann der Hoheitsträger auch grds. frei wählen, wenn mehrere sachgerechte Lösungen in Frage kommen, s. BVerfGE 90, 145 (196); 94, 241 (260); Kirchhof, in HStR VIII ³2010, § 181; Rn. 242.

336 Rüfner, in BK-GG, Art. 3 Abs. 1, Rn. 18f., der betont, dass ein gewillkürtes Handeln der Hoheitsträger in einem demokratisch organisierten Rechtsstaat im Normalfall nicht vorkommen wird. Das Willkürverbot dient damit in erster Linie der Korrektur von gesetzgeberischen Versehen unter Nichtbeachtung der Interessen kleinerer Gruppen. So auch Böckenförde, Der allgemeine Gleichheitssatz und die Aufgabe des Richters, S. 51.

Ungleichbehandlung ermöglicht. So sind insbesondere bei Ungleichbehandlungen von Personengruppen erhöhte Anforderungen an den Differenzierungsgrund zu stellen.[337] Sie sollen in Anlehnung an den Verhältnismäßigkeitsgrundsatz nur dann gerechtfertigt sein, wenn sie von ihrer Art und ihrem Umfang dem Grund für die Ungleichbehandlung entsprechen.[338] Der von der Willkürformel angelegte Kontrollmaßstab wird auf diesem Weg über die „neue Formel" intensiviert.[339]

2. *Art. 3 II, III GG: Die speziellen Gleichheitssätze*

a) Inhalt

In Art. 3 GG finden sich neben dem allgemeinen Gleichheitssatz Regelungen zur Gleichberechtigung der Geschlechter. Nach Art. 3 II 1 GG sind Männer und Frauen gleichberechtigt. Art. 3 II 2 GG ergänzt dies dahingehend, dass der Staat die tatsächliche Durchsetzung der Gleichberechtigung von Frauen und Männern fördert und auf die Beseitigung bestehender Nachteile hinwirkt. Abschließend besagt das Diskriminierungsverbot aus Art. 3 III 1 Var. 1 GG, dass niemand wegen seines Geschlechts benachteiligt oder bevorzugt werden darf. Die Regelungen können in ihrer Gesamtbetrachtung als ein einheitliches Grundrecht der Geschlechtergleichberechtigung gewertet werden.[340] Es beinhaltet ein grundsätzliches Anknüpfungsverbot, nach dem das Merkmal Geschlecht als Grundlage einer unterschiedlichen Behandlung keine Verwendung finden darf.[341] Entgegen der historischen Motive der Norm, die zunächst auf die Bekämpfung

---

337 So insb. der Erste Senat des BVerfG, s. BVerfGE 118, 1 (26); 121, 317 (369); Jarass, in Jarass/Pieroth, GG, Art. 3, Rn. 19f. Heun, in Dreier, GG, Band I, Art. 3, Rn. 22 merkt an, dass die Unterscheidung nach einer Ungleichbehandlung zw. Personen und bloßen Sachverhalten zweifelhaft erscheint, da jeder Sachverhalt letztlich einen personalen Bezug aufweisen würde; so auch Osterloh/Nußberger, in Sachs, GG, Art. 3, Rn. 27.

338 Der Erste Senat des BVerfG sieht das Grundrecht aus Art. 3 I GG insb. dann als verletzt an, „wenn eine Gruppe von Normadressaten im Vergleich zu Normadressaten anders behandelt wird, obwohl zwischen beiden Gruppen keine Unterschiede von solcher Art und solchem Gewicht bestehen, daß sie die ungleiche Behandlung rechtfertigen könnten", so BVerfGE 55, 72 (88); 60, 123 (133f.); 84, 348 (359); hierzu auch Rüfner, in BK-GG, Art. 3 Abs. 1, Rn. 25f.; Heun, in Dreier, GG, Band I, Art. 3, Rn. 22.

339 Rüfner, in BK-GG, Art. 3 Abs. 1, Rn. 28.

340 Jarass, in Jarass/Pieroth, GG, Art. 3, Rn. 100f.

341 BVerfGE 85, 191 (206); König/Peters, in Dörr/Grote/Marauhn (Hrsg.), EMRK/GG II ^{2}2013, Kap. 21, Rn. 236; Sachs, in HStR, VIII ^{3}2010, § 182, Rn. 10; ähnlich auch Richter, in Hdb. der Grundrechte V, § 126, Rn. 47.

von Benachteiligungen zulasten der Frauen gerichtet war, soll sie heutzutage beiden Geschlechtern zugutekommen.[342] Damit liegt eine Beeinträchtigung des Grundrechts vor, wenn vergleichbare Sachverhalte durch ein und denselben Hoheitsträger in Abhängigkeit der Eigenschaft des Grundrechtsträgers als Frau oder als Mann eine unterschiedliche Behandlung erfahren.[343]

Eine derartige geschlechtsbezogene Ungleichbehandlung kann entweder direkt erfolgen, indem das eingesetzte Differenzierungskriterium unmittelbar an die Eigenschaft als Frau oder als Mann anknüpft, oder indirekt, wenn objektiv betrachtet eine geschlechtsneutrale Anknüpfung erfolgt, die tatsächlichen Auswirkungen aber im Ergebnis überwiegend Vertreter des einen oder des anderen Geschlechts treffen.[344] Eine Rechtfertigung derartiger direkter und indirekter geschlechtsbezogener Ungleichbehandlungen kann mangels Gesetzesvorbehalt prinzipiell nur aufgrund von kollidierendem Verfassungsrecht erfolgen.[345] Da es sich bei dem Grundrecht allerdings lediglich um ein grundsätzliches und somit nicht um ein striktes Anknüpfungsverbot handelt, ist darüber hinaus in Sonderfällen anerkannt, dass das Geschlecht als Unterscheidungskriterium angewendet werden kann.[346] So ist eine unmittelbare Differenzierung aufgrund des Geschlechts zulässig, „soweit sie zur Lösung von Problemen, die ihrer Natur nach nur bei Männern oder nur bei Frauen auftreten können, zwingend erforderlich ist“[347]. Direkte Ungleichbehandlungen können damit neben kollidierendem Verfassungsrecht ausnahmsweise über biologische Unterschiede gerechtfertigt sein, sofern sie im Übrigen einer strengen Verhältnismäßigkeitsprüfung gerecht werden.[348] Anders verhält es sich bei indirekten Ungleichbehandlungen aufgrund

342 S. BVerfGE 31, 1 (4); Richter, in Hdb. der Grundrechte V, § 126, Rn. 41; Jarass, in Jarass/Pieroth, GG, Art. 3, Rn. 101, der zugleich darauf verweist, dass es in der Praxis aber auch heute noch in erster Linie um die Gleichbehandlung der Frauen geht.

343 Jarass, in Jarass/Pieroth, GG, Art. 3, Rn. 107.

344 BVerfGE 104, 373 (393); 121, 241 (254f.); Richter, in Hdb. der Grundrechte V, § 126, Rn. 47ff.; Jarass, in Jarass/Pieroth, GG, Art. 3, Rn. 108f.; Sodan, in Sodan, GG, Art. 3, Rn. 23; Osterloh/Nußberger, in Sachs, GG, Art. 3, Rn. 260.

345 BVerfGE 92, 91 (109); Jarass, in Jarass/Pieroth, GG, Art. 3, Rn. 115.

346 BVerfGE 85, 191 (206); Jarass, in Jarass/Pieroth, GG, Art. 3, Rn. 115.

347 BVerfGE 132, 72 (97f.); 85, 191 (207); 92, 91 (109); 114, 357 (367).

348 Rüfner, in BK-GG, Art. 3 Abs. 2 und 3, Rn. 616f.; Jarass, in Jarass/Pieroth, GG, Art. 3, Rn. 95. Funktionale Unterschiede, die aus der gesellschaftlich geprägten Arbeitsteilung zw. Frau und Mann resultieren, können eine direkte geschlechtsbezogene Ungleichbehandlung hingegen nicht rechtfertigen, s. Sachs, in HStR VIII ³2010, § 182, Rn. 91; Jarass, in Jarass/Pieroth, GG, Art. 3, Rn. 95; a.A. noch BVerfGE 68, 384 (390); offen gelassen in BVerfGE 84, 9 (18) und letztlich verneint im Nachtarbeitsurteil, BVerfGE

des Geschlechts. Hier ist ein weniger strenger Maßstab anzusetzen, sodass eine Zulässigkeit bereits anzunehmen ist, wenn die Ungleichbehandlung „auf hinreichenden sachlichen Gründen" beruht und deren Verhältnismäßigkeit bejaht werden kann.[349]

b) Verhältnis zu Art. 3 I GG und das Verhältnis der Normen untereinander

Gegenüber Art. 3 I GG stellen die Gleichheitssätze der Art. 3 II GG und Art. 3 III 1 Var. 1 GG Spezialregelungen hinsichtlich des Merkmals Geschlecht dar und gehen dem allgemeinen Gleichheitssatz auf diesem Gebiet entsprechend vor.[350] Daraus folgt, dass eine Differenzierung im Schutzbereich der Art. 3 II 1 GG und Art. 3 III 1 Var. 1 GG nach Bejahung ihrer Zulässigkeit nicht auch noch auf einen möglichen Verstoß von Art. 3 I GG überprüft werden darf.[351] Was das Verhältnis der beiden speziellen Gleichheitssätze des Art. 3 GG untereinander anbelangt, so wurden diese lange Zeit parallel angewendet: Sowohl Art. 3 II GG a.F. als auch Art. 3 III 1 Var. 1 GG wurden schlicht als „Differenzierungsverbote"[352] gedeutet und somit dahingehend ausgelegt, dass bei einer rechtlichen Ungleichbehandlung eine Anknüpfung an das Geschlecht nicht zulässig war.[353] Teilweise wurde Art. 3 II GG a.F. sogar als redaktionelles Versehen des Verfassungsgebers ohne

---

85, 191, wo die zusätzliche Belastung mit Hausarbeit und Kinderbetreuung der Frau als „kein hinreichend geschlechtsspezifisches Merkmal" im Hinblick auf die Rechtfertigung einer unterschiedlichen Regelung zur Verrichtung von Nachtarbeit für Frauen und Männer eingestuft wurde.

349 BVerfGE 113, 1 (20); Jarass, in Jarass/Pieroth, GG, Art. 3, Rn. 96, der zugleich betont, dass die Verhältnismäßigkeitsprüfung hier aber im Gegensatz zu direkten Ungleichbehandlungen aufgrund des Geschlechts weniger streng erfolgen muss.

350 Sachs, in HStR VIII ³2010, § 182, Rn. 19; Richter, in Hdb. der Grundrechte V, § 126, Rn. 34; Langenfeld, in Maunz/Dürig, GG, Art. 3 Abs. 2, Rn. 12; Jarass, in Jarass/Pieroth, GG, Art. 3, Rn. 83; Heun, in Dreier, GG, Band I, Art. 3, Rn. 100.

351 Entspr. heißt es in BVerfGE 59, 128 (156): „(...) für eine Prüfung am Maßstab des allgemeinen Gleichheitssatzes (bleibt) kein Raum mehr, wenn die zu prüfende einfache Gesetzesnorm einer speziellen Grundrechtsnorm zuwiderläuft". Hierzu auch Jarass, in Jarass/Pieroth, GG, Art. 3, Rn. 2, der eine Parallele zum Verhältnis der allgemeinen Handlungsfreiheit zu den besonderen Freiheitsgrundrechten zieht; s. auch Sachs, in HStR, VIII ³2010, § 182, Rn. 19; Langenfeld, in Maunz/Dürig, GG, Art. 3 Abs. 2, Rn. 14; Paehlke-Gärtner, in Umbach/Clemens, GG, Art. 3 I, Rn. 20.

352 So z.B. BVerfGE 10, 59 (74).

353 Richter, in Hdb. der Grundrechte V, § 126, Rn. 34; Heun, in Dreier, GG, Band I, Art. 3, Rn. 101.

jegliche eigenständige Bedeutung angesehen.[354] An dieser Auslegung kamen jedoch im Laufe der Zeit Zweifel auf. Die anhaltenden gesellschaftlichen Rollenverhältnisse zwischen den Geschlechtern ließen die Erkenntnis reifen, dass eine rechtliche Gleichheit nicht automatisch auch die tatsächliche Gleichheit zwischen Frau und Mann sichern könne und diese entsprechend gefördert werden müsse.[355] Dies fand Niederschlag in der höchstrichterlichen Rechtsprechung, die in Art. 3 II GG a.F. entgegen der zuvor herrschenden Meinung kein reines Diskriminierungsverbot mehr sah, als welches Art. 3 III 1 Var. 1 GG weiterhin eingestuft wurde, sondern dessen Regelungsgehalt erweiterte.[356] Unter Anerkennung der Doppelfunktion des Art. 3 II GG a.F. wurde ein darin enthaltenes Gleichberechtigungsgebot bejaht.[357] Art. 3 II GG a.F. wolle nicht nur rechtlich bestehende und sich aus den unterschiedlichen Geschlechtern ergebende Vor- und Nachteile beseitigen, sondern vielmehr die Durchsetzung der Gleichberechtigung sichern.[358] Hierfür dürften auch „faktische Nachteile, die typischerweise Frauen treffen, (…) durch begünstigende Regelungen ausgeglichen werden“[359].

Diese weiterreichende Deutung des Art. 3 II GG a.F. erhielt schließlich auch Berücksichtigung im Verfassungstext, als nach der deutschen Wiedervereinigung und den damit einhergehenden Grundgesetzänderungen Art. 3 II GG auf Anregung der Gemeinsamen Verfassungskommission (GVK)[360] um einen

---

354 BVerfGE 39, 169 (185); 43, 213 (225); 74, 163 (179); a.A. schon früh Ramm, JZ 1968, 41 (43) und Lange, NJW 1988, 1174 (1175).

355 Richter, in Hdb. der Grundrechte V, § 126, Rn. 34; Friauf, Gleichberechtigung der Frau als Verfassungsauftrag, S. 8f.; Rademacher, Diskriminierungsverbot und „Gleichstellungsauftrag“, S. 38ff.; Battis/Schulte-Trux/Weber, DVBl 1991, 1165 (1169f.); a.A. Schmitt Glaeser, DÖV 1982, 381 (388) und di Fabio, AöR 122 (1997), 404 (406f.).

356 Erstmalig, wenn auch nicht klar positionierend in BVerfGE 74, 163 (179) – Rentenaltersentscheidung, deutlicher dann in BVerfGE 85, 191 (207) – Nachtarbeitsverbot; zur Entwicklung der Rechtsprechung s. Schumann, Faktische Gleichberechtigung, S. 30f.

357 BVerfGE 85, 191 (207). Noch weitgehender insoweit Slupik, Die Entscheidung des Grundgesetzes für Parität im Geschlechterverhältnis, S. 135f., die in Art. 3 II GG a.F. allein den kollektivrechtl. Verfassungsauftrag zur Gleichstellung sieht und diesen strikt von dem in Art. 3 III GG verankerten individualrechtl. Diskriminierungsverbot unterscheidet; dem zustimmend nur Raasch, Frauenquoten und Männerrechte, S. 148ff.

358 BVerfGE 85, 191 (207); vgl. auch BVerfGE 15, 337 (345); 48, 327 (340); 57, 335 (345f.).

359 BVerfGE 85, 191 (207); vgl. auch BVerfGE 74, 163 (180).

360 S. hierzu den Bericht der Gemeinsamen Verfassungskommission, BT-Drs. 12/6000 v. 5.11.1993, S. 49f.

neuen Satz 2 ergänzt wurde: „Der Staat fördert die tatsächliche Durchsetzung der Gleichberechtigung von Frauen und Männern und wirkt auf die Beseitigung bestehender Nachteile hin.“.[361] Das GG enthält seither neben einer Förderklausel in Art. 3 II 2 Hs. 1 GG eine zusätzliche Kompensationsklausel in Art. 3 II 2 Hs. 2 GG, auf deren Grundlage nachteilsausgleichende Maßnahmen verfassungsrechtlich legitimiert werden können.[362] Der Gehalt des Art. 3 II GG wurde entsprechend im Vergleich zur rein negativen Komponente des Art. 3 III 1 Var. 1 GG um den positiven Aspekt der Förderung einer Gleichberechtigung der Geschlechter angereichert. Für das Verhältnis der beiden Regelungen hat dies zur Folge, dass es im Hinblick auf die Abwehr von Ungleichbehandlungen aufgrund des Geschlechts auch zukünftig bei einer parallelen Heranziehung von Art. 3 II 1 GG und Art. 3 III 1 Var. 1 GG bleibt, die die Gleichstellung zwischen den Geschlechtern vorschreiben. Das Gebot des Art. 3 II 1 GG und das Verbot des Art. 3 III 1 Var. 1 GG sind inhaltsgleich.[363] Positive Fördermaßnahmen lassen sich hingegen auf Art. 3 II 2 GG stützen, der insofern über den Schutzbereich des Art. 3 III 1 Var. 1 GG hinausgeht.[364]

---

361 42. Gesetz zur Änderung des Grundgesetzes vom 27.10.1994 (BGBl. I S. 3146). Zuvor wurden bereits zahlreiche Gleichstellungs- und Frauenfördergesetze auf einfachgesetzl. Ebene erlassen, wie das FFG NW vom 31.10.1989, GVBl. S 567 oder das BremLGG vom 20.11.1990, GBl. S. 433 auf Landesebene bzw. das 2. GleiBG vom 24.06.1994, BGBl. I S. 1406. Bei Art. 3 II 2 GG wurde auf eine Unterscheidung im Gesetzestext zw. rechtl. und tatsächlicher Gleichberechtigung bewusst verzichtet, so Bericht der Gemeinsamen Verfassungskommission, BT-Drs. 12/6000 v. 5.11.1993, S. 50 und Richter, in Hdb. der Grundrechte V, § 126, Rn. 1, 36.

362 Im Ergebnis handelte es sich hierbei um einen Kompromiss, der die unterschiedlichen Meinungen in der GVK in Einklang bringen sollte. Zur geführten Diskussion s. die Übersicht bei Rademacher, Diskriminierungsverbot und „Gleichstellungsauftrag“, S. 72ff.

363 Boysen, in v. Münch/Kunig, GG, Band 1, Art. 3, Rn. 162; Heun, in Dreier, GG, Band I, Art. 3, Rn. 142; Krieger, in Schmidt-Bleibtreu/Hofmann/Henneke, GG, Art. 3, Rn. 66. A.A. Sacksofsky, in Umbach/Clemens, GG, Art. 3 II, III 1, Rn. 332f., die Art. 3 II GG im Gegensatz zu dem Anknüpfungsverbot aus Art. 3 III GG als Dominierungsverbot einstuft und die Diskriminierung entspr. aus der Opfersicht begreifen will.

364 BVerfGE 85, 191 (206f.); Heun, in Dreier, GG, Band I, Art. 3, Rn. 142; Boysen, in v. Münch/Kunig, GG, Band 1, Art. 3, Rn. 162; Krieger, in Schmidt-Bleibtreu/Hofmann/Henneke, GG, Art. 3, Rn. 66.

c) Insbesondere: Das Förderungsgebot aus Art. 3 II 2 GG

Der neu eingefügte Art. 3 II 2 GG soll also die rechtlich garantierte Gleichberechtigung zwischen Männern und Frauen auch in der Lebenswirklichkeit stärker durchsetzen. Die tatsächliche Durchsetzung ist aber nicht derart weit zu interpretieren, dass ein Zustand der Ergebnisgleichheit hergestellt werden müsste. Vielmehr zielt die Regelung darauf ab, Chancengleichheit zwischen den Geschlechtern zu erreichen.[365] Frauen und Männern sind lediglich in Bezug auf die Ausgangssituation die gleichen Chancen einzuräumen; auf die tatsächliche Gleichheit im Ergebnis kommt es nicht an.[366] Eine derart enge Auslegung des Normzwecks entspricht der Schutzrichtung des Art. 3 II 1 GG, der mit seinem individualrechtlichen Charakter dem Einzelnen das Recht auf Gleichberechtigung zukommen lässt, nicht aber als Gruppengrundrecht in Bezug auf die gesamte Gruppierung der Frauen und Männer zu verstehen ist.[367]

Der neu aufgenommene Zusatz des Art. 3 II 2 GG wurde dabei bewusst als Staatsziel formuliert.[368] Darunter sind Verfassungssätze zu verstehen, die für die Staatsgewalt eine rechtsverbindliche Verpflichtung aufstellen, ein bestimmtes Ziel zu verfolgen, ohne jedoch die genauen Mittel vorzugeben, mit denen dieses Ziel erreicht werden soll.[369] Mit der Norm werden alle drei Staatsgewalten angesprochen, um eine tatsächliche Gleichberechtigung durch eine sachgerechte Förderungspolitik auf Bundes-, Landes- und kommunaler Ebene zu erreichen.[370]

---

365 Rüfner, BK-GG, Art. 3 Abs. 2 und 3, Rn. 694; Jarass, in Jarass/Pieroth, GG, Art. 3, Rn. 112 und auch Sacksofsky, in Umbach/Clemens, GG, Art. 3 II, III 1, Rn. 355, die zurecht darauf verweist, dass es die Mittel eines freiheitlichen Staates gar nicht ermöglichen, für eine exakt gleiche Anzahl von Frauen und Männern in sämtlichen Bereichen der Gesellschaft zu sorgen. Ausführlich hierzu auch Schweizer, Der Gleichberechtigungsgrundsatz – neue Form, alter Inhalt?, S. 128ff. und Schumann, Faktische Gleichberechtigung.

366 Karpen, in Hailbronner/Geis, Hochschulrecht in Bund und Ländern, § 5 HRG spricht in Rn. 93 auch von „Verteilungsgerechtigkeit" und betont in Rn. 94, dass die Gleichheit am Anfang bestehen muss, nicht jedoch am Schlusspunkt.

367 Rüfner, BK-GG, Art. 3 Abs. 2 und 3, Rn. 694f.

368 Bericht der Gemeinsamen Verfassungskommission, BT-Drs. 12/6000 v. 5.11.1993, S. 50; s. hierzu auch die Ausführungen bei Rademacher, Diskriminierungsverbot und „Gleichstellungsauftrag", S. 93ff. und Schumann, Faktische Gleichberechtigung, S. 62f.

369 Sommermann, Staatsziele und Staatszielbestimmungen, S. 5; Rademacher, Diskriminierungsverbot und „Gleichstellungsauftrag", S. 92.

370 Bericht der Gemeinsamen Verfassungskommission, BT-Drs. 12/6000 v. 5.11.1993, S. 50; Jarass, in Jarass/Pieroth, GG, Art. 3, Rn. 113; Krieger, in Schmidt-Bleibtreu/Hofmann/Henneke, GG, Art. 3, Rn. 75; Pfarr, Quoten und Grundgesetz, S. 82; Rademacher, Diskriminierungsverbot und „Gleichstellungsauftrag", S. 107; Schweizer,

In der Praxis erfolgt die Umsetzung der Staatszielbestimmung jedoch in erster Linie über die gesetzgebende Gewalt.[371] Alle Institutionen, die zur Normsetzung befugt sind, sollen zur Realisierung der tatsächlichen Gleichberechtigung tätig werden, also nicht zwangsläufig nur der Bundesgesetzgeber, sondern gerade auch Selbstverwaltungskörperschaften.[372] Der handelnden Staatsgewalt kommt dabei aufgrund der demokratischen Legitimation im Hinblick auf die in Frage kommenden Fördermaßnahmen Gestaltungsfreiheit zu.[373] Hierbei können politische Schwerpunkte und letztendlich auch finanzielle Fragen von entscheidender Bedeutung sein.[374] Art. 3 II 2 Hs. 1 GG schreibt nicht vor, wie die erlassenen Regelungen konkret auszusehen haben.[375] Klar ist nur, und dies macht schon die Wahl der Worte „Durchsetzung“ und „fördern“ deutlich, dass der Staat durch geeignete Maßnahmen das Ziel der Gleichberechtigung aktiv verfolgen muss.[376] Demgegenüber wird durch die gewählte Formulierung auch klargestellt, dass gerade kein individueller Anspruch gewährt wird, der ein bestimmtes staatliches Handeln zusichern soll.[377]

Der Gleichberechtigungsgrundsatz – neue Form, alter Inhalt?, S. 106; Hofmann, FamRZ 1995, 257 (261).

371 So auch Rademacher, Diskriminierungsverbot und „Gleichstellungsauftrag“, S. 108 und i. E. auch Schweizer, Der Gleichberechtigungsgrundsatz – neue Form, alter Inhalt?, S. 107ff., die von einem „de facto-Vorrang“ seitens der Legislative spricht.

372 Vgl. Pfarr, Quoten und Grundgesetz, S. 83; Schweizer, Der Gleichberechtigungsgrundsatz – neue Form, alter Inhalt?, S. 106. S. zur Einordnung der staatlichen Hochschulen als Selbstverwaltungskörperschaft und der damit verbundenen autonomen Rechtssetzung oben S. 7f.

373 Hofmann, FamRZ 1995, 257 (261). So auch schon Friauf, Gleichberechtigung der Frau als Verfassungsauftrag, S. 33f. zu Art. 3 II GG a.F.

374 Hofmann, FamRZ 1995, 257 (261).

375 Insoweit ist die getroffene Konfliktlösung der Verfassungsänderung der Kritik zugänglich, die aufgekommenen Diskussionen um Art. 3 II GG a.F. nur verlagert zu haben. So Isensee, NJW 1993, 2583 (2585) und Merten, DÖV 1993, 368, der bei Staatszielbestimmungen von einem „dilatorischen Formelkompromiss“ spricht; s. hierzu auch Rademacher, Diskriminierungsverbot und „Gleichstellungsauftrag“, S. 87.

376 Rademacher, Diskriminierungsverbot und „Gleichstellungsauftrag“, S. 113, 123. Nicht ausreichend ist somit das bloße Unterlassen von Maßnahmen seitens des Staates, welche den Zustand der tatsächlichen Gleichberechtigung vereiteln würden.

377 Bericht der Gemeinsamen Verfassungskommission, BT-Drs. 12/6000 v. 5.11.1993, S. 50; Jahn, DVBl 1994, 177 (183); Rademacher, Diskriminierungsverbot und „Gleichstellungsauftrag“, S. 92f.

II. Art. 33 II GG

Die Gleichheitssätze des Art. 33 GG treten auf dem Gebiet des öffentlichen Dienstes neben Art. 3 GG. Es stellt sich die Frage, ob die zu untersuchenden Fördermaßnahmen zur Steigerung der Wissenschaftlerinnen an deutschen Hochschulen damit auch an Art. 33 II GG zu messen sind, wonach jeder Deutsche nach seiner Eignung, Befähigung und fachlichen Leistung gleichen Zugang zu jedem öffentlichen Amte hat.[378] Der Begriff des „öffentlichen Amtes" ist dabei weit zu verstehen, sodass sämtliche öffentlich-rechtlichen Funktionen bei Bund, Land, Gemeinden und sonstigen juristischen Personen des öffentlichen Rechts erfasst werden.[379] Der Regelungsgehalt der Norm schließt somit grundsätzlich den gesamten öffentlichen Dienst ein, sodass alle Beamten – ob haupt-, neben- oder ehrenamtlich –, Richter, Berufssoldaten sowie die im öffentlichen Dienst beschäftigten Arbeiter und Angestellten in dessen persönlichen Schutzbereich fallen.[380] Entsprechend weit ist auch der Inhalt der Norm zu beurteilen, die sich nicht nur auf deren erstmalige Einstellung, sondern darüber hinaus auch auf Stellenbesetzungen innerhalb des öffentlichen Dienstes bezieht, also insbesondere auch Beförderungen einschließt.[381] Bei den hier thematisierten Professuren

---

378 Der Rechtsgrundsatz des Art. 33 II GG ist zurückzuführen auf das 19. Jahrhundert. So fand sich eine entspr. Regelung schon in der Paulskirchenverfassung vom 28. März 1849. Dort hieß es in Art. 137 VI: „Die öffentlichen Ämter sind für alle Befähigten gleich zugänglich." Dem folgte auch die WRV vom 11. August 1919, wo Art. 128 I festhielt: „Alle Staatsbürger ohne Unterschied sind nach Maßgabe der Gesetze und entsprechend ihrer Befähigung und ihren Leistungen zu den öffentlichen Ämtern zuzulassen.". Entspr. Regelungen finden sich auch in verschiedenen Landesverfassungen, so z.B. in Art. 94 II, 116 BV oder Art. 19 II VvB. In Baden-Württemberg hingegen existiert keine entspr. Norm in der Landesverfassung. Insb. Art. 77 LV erwähnt das Leistungsprinzip nicht. Einfachgesetzl. wird der Leistungsgrundsatz in § 9 BeamtStG bzw. in den jeweiligen landesrechtl. Regelungen konkretisiert.

379 Jarass, in Jarass/Pieroth, GG, Art. 33, Rn. 12; Jachmann-Michel/Kaiser, in v. Mangoldt/Klein/Starck, GG, Band 2, Art. 33 II, Rn. 15; Höfling, in BK-GG, Art. 33 Abs. 1 bis 3 GG, Rn. 75.

380 Jachmann-Michel/Kaiser, in v. Mangoldt/Klein/Starck, GG, Band 2, Art. 33 II, Rn. 15; Dollinger/Umbach, in Umbach/Clemens, GG, Band I, Art. 33, Rn. 36 und auch Höfling, in BK-GG, Art. 33 Abs. 1 bis 3 GG, Rn. 74f., der zugleich betont, dass die Begriffe des öff. Amtes und des öff. Dienstes tatbestandl. nicht gleichzusetzen sind. So sind zwar fast alle Positionen des öff. Dienstes als öff. Ämter i.S.d. Art. 33 II GG einzustufen, umgekehrt gilt dies jedoch nicht zwangsläufig.

381 BVerwGE 115, 58 (59); BVerfG, ZBR 2008, 164 (165); OVG Münster, Beschluss vom 10.3.2009 – 1 B 1518/08; Battis, in Sachs, GG, Art. 33, Rn. 26; Höfling, in BK-GG, Art. 33 Abs. 1 bis 3, Rn. 76.; Eck, RiA 2012, 16; Kämmerling, DÖD 2010, 213.

handelt es sich um öffentliche Positionen bei einem Träger in mittelbarer Selbstverwaltung. Da den Hochschulen als einen solchen Träger Dienstherrnfähigkeit zukommt, sind die Stellen als öffentliche Ämter im Sinne des Art. 33 II GG einzustufen, dessen Schutzbereich damit eröffnet ist.[382]

1. Inhalt

a) Das Leistungsprinzip

Eignung, Befähigung und fachliche Leistung sollen über den Zugang zu öffentlichen Ämtern entscheiden.[383] Grundgedanke dieses Leistungsprinzips ist die Sicherstellung der Chancengleichheit bei der Besetzung von öffentlichen Ämtern.[384] Die strenge Auswahl nach Eignung soll sicherstellen, dass lediglich geeignete Kandidaten Zugang zu einem öffentlichen Amt erhalten und unter einer Vielzahl von geeigneten Bewerbern der am besten geeignete ausgewählt wird.[385] Hierdurch wird einerseits das objektive Interesse der Funktionsfähigkeit der Verwaltung geschützt, deren fachliche Qualität mit der bestmöglichen Besetzung der ausgeschriebenen Stellen gewährleistet werden soll.[386] Andererseits ist aber auch das subjektiv-rechtliche Interesse eines jeden Bewerbers an einer sachgerechten Auswahl nach leistungsbezogenen Kriterien vom Schutzumfang erfasst (sog. Bewerbungsverfahrensanspruch).[387] Es handelt sich hierbei

382 So auch Kunig, in v. Münch/Kunig, GG, Band 1, Art. 33, Rn. 23; Thieme, Der öffentliche Dienst in der Verfassungsordnung des Grundgesetzes, S. 35 unter Verweis auf BVerfGE 3, 58 (141); vgl. auch Höfling, in BK-GG, Art. 33 Abs. 1 bis 3, Rn. 74; Dollinger/Umbach, in Umbach/Clemens, GG, Band I, Art. 33, Rn. 36 und kürzlich auch Kümper, JZ 2017, 105 (108), der insb. betont, dass sich die Geltung des Art. 33 II GG nicht nur auf Berufungsverfahren für Professuren, sondern auch für die Bestellung von Lehrbeauftragten sowie die Einstellung wissenschaftlicher Mitarbeiter und Hilfskräfte erstreckt. S. hierzu auch § 49 I LHG und § 130 BBG.

383 Damit legt Art. 33 II GG als einziger Gleichheitssatz die anzulegenden Vergleichskriterien positiv fest. Hierzu Höfling, in BK-GG, Art. 33 Abs. 1 bis 3 GG, Rn. 132; Sachs, ZBR 1994, 133.

384 Battis, in Sachs, GG, Art. 33, Rn. 19; Merten, in Hdb. der Grundrechte, V, § 114, Rn. 15f.; Wendt, Hdb. der Grundrechte V, § 127, Rn. 50; Isensee, in HdbVerfR, § 32, Rn. 34, der von einer Chancengleichheit als Auslese nach Eignung spricht.

385 Isensee, in HdbVerfR, § 32, Rn. 35.

386 BVerfGE 56, 146 (163); BVerwGE 122, 147 (149); Höfling, in BK-GG, Art. 33 Abs. 1 bis 3, Rn. 67f.; Jarass, in Jarass/Pieroth, GG, Art. 33, Rn. 9; Badura, in Maunz/Dürig, GG, Art. 33, Rn. 26.

387 BVerfGE 56, 146 (162f.); BVerwGE 145, 237 (243f.); BVerfG, NVwZ 2008, 69; Wendt, in Hdb. der Grundrechte V, § 127, Rn. 50; Jarass, in Jarass/Pieroth, GG, Art. 33, Rn. 9;

um ein grundrechtsgleiches Recht in Form eines Gleichheitsgrundrechts, dessen Verletzung nach Art. 93 I Nr. 4a GG im Wege der Verfassungsbeschwerde geltend gemacht werden kann.[388] Der über das allgemeine staatsbürgerrechtliche Verhältnis hinausgehende objektiv-rechtliche Charakter der Norm führte dazu, dass die Vorschrift im II. Kapitel des GG aufgeführt ist, welches den Bund und die Länder regelt.[389]

Die Kriterien der Eignung, Befähigung und fachlichen Leistung werden in ihrer Gesamtschau auch als „Eignung im weiteren Sinne" bezeichnet und stellen die Grundlage für das Leistungsprinzip dar.[390] Dieses ist nicht etwa als Prinzip der Mindestqualifikation ausgestaltet, sondern vielmehr als Prinzip

---

Badura, in Maunz/Dürig, GG, Art. 33, Rn. 26; Eck, RiA 2012, 16. Jachmann-Michel/Kaiser, in v. Mangoldt/Klein/Starck, GG, Band 2, Art. 33 Rn. 12 knüpfen diese subjektiv-rechtl. Schutzfunktion des Art. 33 II GG allein an die objektive Komponente der Funktionstüchtigkeit der Verwaltung. Höfling, in BK-GG, Art. 33 Abs. 1 bis 3, Rn. 63f., 71 geht hingegen allein schon aufgrund des klar formulierten Wortlauts davon aus, dass auch der grundrechtl. Gehalt des Art. 33 II GG eigenständigen Charakter besitzt. So auch Schmidt-Aßmann, NJW 1980, 16 (17), der gerade im Hinblick auf die Zugangsregelung des Art. 33 II GG betont, dass der subjektiv-rechtl. Gehalt der Norm gerade kein Annex zu den staatsorganisationsrechtl. Interessen ist.

388 Die Beschränkung des persönl. Schutzbereichs des Art. 33 II GG auf „Deutsche" divergiert insoweit mit der Regelung des § 7 BeamtStG, der auch Personen ohne deutsche Staatsangehörigkeit die Möglichkeit des Zugangs zum öffentlichen Dienst gewährt. Dies bedeutet allerdings nicht, dass Letztere nicht dem Leistungsprinzip des Art. 33 II GG unterliegen. Ihnen kommt insoweit nur in subjektiv-rechtl. Sicht nicht der gleiche Umfang zu wie Deutschen i.S.d. Art. 116 GG, die den Gehalt des Art. 33 II GG über Art. 93 I Nr. 4a GG geltend machen können. EU-Ausländer werden Deutschen insoweit in europarechtskonformer Auslegung des Art. 33 II GG gleichgesetzt, da Art. 45 I AEUV Anwendungsvorrang genießt; hierzu grundlegend Eschmann, Die Freizügigkeit der EG-Bürger und der Zugang zur öffentlichen Verwaltung, S. 112ff.; Wagner, Das Prinzip der Bestenauslese im öffentlichen Dienst, S. 2f.; Ziekow, DÖV 2014, 765 (766) und Jachmann-Michel/Kaiser, in v. Mangoldt/Klein/Starck, GG, Band 2, Art. 33 II, Rn. 14, die aber zugleich auf die – wenn auch eng auszulegende – Ausnahme des Art. 45 IV AEUV verweisen, der zumindest für die klassische Eingriffsverwaltung Geltung erlangt. Insg. kritisch in Bezug auf eine so weite Auslegung des Art. 33 II GG entgegen dessen klarem Wortlaut Höfling, in BK-GG, Art. 33 Abs. 1 bis 3, Rn. 269f., der in der Deutschen-Eigenschaft des Art. 33 II GG keinen Widerspruch zum Unionsrecht sieht.

389 Battis, in Sachs, GG, Art. 33, Rn. 2; Doemming/Füsslein/Matz, Entstehungsgeschichte der Artikel des Grundgesetzes, JöR NF1 (1951), 1ff. (307); Wendt, in Hdb. der Grundrechte V, § 127, Rn. 35.

390 Battis, in Sachs, GG, Art. 33, Rn. 27; Jarass, in Jarass/Pieroth, GG, Art. 33, Rn. 18.

der Bestenauslese zu verstehen.[391] Die verschiedenen Aspekte sind bei der Auswahl der Bewerber angemessen und unter Berücksichtigung des Einzelfalles zu gewichten.[392] Dabei werden die drei Komponenten jedoch häufig nicht getrennt voneinander, sondern vielmehr im Einklang unter wechselseitiger Berücksichtigung zu beurteilen sein.[393] Das Merkmal der Eignung umfasst insbesondere die körperlichen, intellektuellen und psychischen Persönlichkeitsmerkmale eines Bewerbers, die für das jeweilige Amt bedeutsam sind und nicht unter den Begriff der Befähigung und fachlichen Leistung fallen.[394] Dies sind u.a. geistige Anlagewerte oder der Gesundheitszustand des Bewerbers.[395] Demgegenüber soll Befähigung insbesondere die Fähigkeiten und Kenntnisse des Bewerbers umfassen, die für dessen dienstliche Verwendung erforderlich sind.[396] Im Mittelpunkt steht eine zukunftsorientierte Prognose der fachlichen Qualifikation des Bewerbers, die aber größtenteils auf dem erlernten beruflichen Können und damit auf dessen Ausbildung gründet.[397] Fachliche Leistung schließlich ist insbesondere nach

---

391 BVerfGE 56, 146 (163); BVerwGE 24, 235 (239); 86, 244 (249); 86, 169 (171); 136, 204 (205); BVerfG NVwZ 2011, 746 (747); Isensee, Der Zugang zum öffentlichen Dienst, in Festgabe aus Anlaß des 25jährigen Bestehens des Bundesverwaltungsgerichts, 1978, S. 337 (342); Sachs, HStR VIII [3]2010, § 182, Rn. 172; Wendt, in Hdb. der Grundrechte V, § 127, Rn. 54; Sachs, ZBR 1994, 133 (134).

392 BVerfGE 96, 152 (169); 110, 304 (322f., 332f.); Sachs, HStR VIII [3]2010, § 182, Rn. 172.

393 Isensee, Der Zugang zum öffentlichen Dienst, in Festgabe aus Anlaß des 25jährigen Bestehens des Bundesverwaltungsgerichts, 1978, S. 337 (342); Isensee, in HdbVerfR, § 32, Rn. 38; Günther, ZBR 1979, 93 (96). Höfling, in BK-GG, Art. 33 Abs. 1 bis 3 GG verweist in Rn. 135 zu Recht darauf, dass sich die Kriterien großteils auch überschneiden.

394 Dollinger/Umbach, in Umbach/Clemens, GG, Art. 33, Rn. 43; Jachmann-Michel/Kaiser, in v. Mangoldt/Klein/Starck, GG, Band 2, Art. 33 Abs. 2, Rn. 17; Höfling, in BK-GG, Art. 33 Abs. 1 bis 3 GG, Rn. 134. Vgl. insofern auch die einfachgesetzl. Definition in § 2 II BLV, der mangels Laufbahnorientierung für Hochschullehrer allerdings keine Anwendung findet.

395 Günther, ZBR 1979, 93 (96); Battis, in Sachs, GG, Art. 33 Rn. 28; Wendt, in Hdb. der Grundrechte V, § 127, Rn. 57. Nach Höfling, in BK-GG, Art. 33 Abs. 1 bis 3, Rn. 150 soll das Merkmal der Eignung derart umfassend sein, dass die zwei anderen Qualifikationsmerkmale des Art. 33 II GG schon darin mit umfasst sind.

396 Dollinger/Umbach, in Umbach/Clemens, GG, Art. 33, Rn. 55; Jachmann-Michel/Kaiser, in v. Mangoldt/Klein/Starck, GG, Band 2, Art. 33 Abs. 2, Rn. 17; vgl. insofern auch die Definition in § 2 III BLV.

397 Höfling, BK-GG, Art. 33 Abs. 1 bis 3, Rn. 228f.; Jachmann-Michel/Kaiser, in v. Mangoldt/Klein/Starck, GG, Band 2, Art. 33 Abs. 2, Rn. 17; Kunig, in v. Münch/Kunig, GG, Band 1, Art. 33, Rn. 26; Dollinger/Umbach, in Umbach/Clemens, GG, Art. 33, Rn. 55; Günther, DÖD 2006, 146.

den vorzuweisenden Arbeitsergebnissen und dem bisherigen Arbeitsverhalten zu beurteilen.[398] Entscheidend ist insbesondere bei Beförderungsentscheidungen, wie sich der jeweilige Bewerber im Hinblick auf seine bisherigen Leistungen im Dienst bewährt hat, sodass vorgelegten dienstlichen Beurteilungen ein großer Stellenwert zukommt.[399] Es handelt sich um eine vergangenheitsbezogene Bewertung, die jedoch Prognoserelevanz aufweisen kann.[400]

b) Die besondere Bedeutung des Anforderungsprofils

Die tatsächliche Eignung eines einzelnen Bewerbers ergibt sich immer erst im Lichte des konkret ausgeschriebenen Amtes.[401] Die Gesichtspunkte Eignung, Befähigung und fachliche Leistung werden daher maßgeblich durch die vom Dienstherrn jeweils festgelegten Eignungsanforderungen geprägt, die dieser im Vorhinein im Hinblick auf die jeweilige Stelle nach seinen Bedürfnissen und Möglichkeiten aufstellen kann.[402] Erst unter Berücksichtigung der vorgegebenen Auswahlkriterien ergibt sich, wer unter Beachtung des Leistungsprinzips aus Art. 33 II GG als der geeignetste Bewerber erscheint.[403] Hierbei kommt dem Dienstherrn ein weitreichender Ermessens- und Organisationsspielraum zu, der es ihm ermöglicht, einzelne Eignungskriterien unterschiedlich zu gewichten.[404]

---

398 Dollinger/Umbach, in Umbach/Clemens, GG, Art. 33, Rn. 56; Jachmann-Michel/Kaiser, in v. Mangoldt/Klein/Starck, GG, Band 2, Art. 33 Abs. 2, Rn. 17; vgl. insofern auch die Definition in § 2 IV BLV.

399 Höfling, in BK-GG, Art. 33 Abs. 1 bis 3 GG, Rn. 134, 234; Günther, DÖD 2006, 146. S. auch Dollinger/Umbach, in Umbach/Clemens, GG, Art. 33, Rn. 56, die zugleich darauf verweisen, dass der fachlichen Leistung entspr. mit fortgeschrittenem Dienstalter eine stärkere Bedeutung zukommt.

400 Höfling, in BK-GG, Art. 33 Abs. 1 bis 3, Rn. 233; Jachmann-Michel/Kaiser, in v. Mangoldt/Klein/Starck, GG, Band 2, Art. 33 Abs. 2, Rn. 17; Leisner, Grundlagen des Berufsbeamtentums, S. 66; Günther, DÖD 2006, 146.

401 BVerfGE 96, 205 (211); 92, 140 (155); BVerfG, NVwZ 2011, 746 (747); Jarass, in Jarass/Pieroth, GG, Art. 33, Rn. 19; Kämmerling, DÖD 2010, 213 (214). Entspr. heißt es auch in § 9 I 1 BGleiG, dass die Qualifikation einer Bewerberin oder eines Bewerbers anhand der Anforderungen des zu besetzenden Arbeitsplatzes ermittelt wird, insb. aus der hierfür erforderlichen Ausbildung, dem Qualifikationsprofil der Laufbahn oder des Funktionsbereichs sowie aus den beruflichen Erfahrungen.

402 BVerfG, NVwZ 2011, 746 (747); BVerfG NVwZ 2008, 69 (70); Badura, in Maunz/Dürig, GG, Art. 33, Rn. 27; Wendt, in Hdb. der Grundrechte V, § 127, Rn. 54; Ziekow, DÖV 2014, 765 (767); Günther, ZBR 1979, 93 (96).

403 BVerwGE 115, 58 (60f.); BVerfG, NVwZ 2008, 69 (70); Günther, ZBR 1979, 93 (96).

404 BVerwGE 15, 3 (7); BVerfG, NVwZ 2011, 746; VGH München, ZBR 1994, 350 (351); HessVGH, NJW 1985, 1103 (1104).

Hat sich der Dienstherr allerdings auf ein Anforderungsprofil festgelegt, so kann er dieses nicht im Nachhinein durch zusätzliche Kriterien verschärfen. Es behält vielmehr seine Verbindlichkeit für das gesamte Besetzungsverfahren.[405] Da das von ihm aufgestellte Anforderungsprofil somit schon den entscheidenden Wegweiser in der Auswahlentscheidung darstellt, ist bereits dieser vorgelagerte Prozess – zumindest eingeschränkt – der gerichtlichen Kontrolle zugänglich.[406] Dabei soll für die Garantie eines ordnungsgemäßen Auswahlverfahrens entscheidend sein, dass bei der Aufstellung des jeweiligen Anforderungsprofils sachliche Erwägungen zugrunde gelegt werden, die sich ihrerseits ebenfalls am Prinzip der Bestenauslese orientieren, welches anderenfalls unterlaufen werden könnte.[407] Fehler bei der Aufstellung des Anforderungsprofils begründen dementsprechend grundsätzlich auch eine Fehlerhaftigkeit des Auswahlverfahrens, da die jeweils getroffene Entscheidung im Ergebnis mit dem Leistungsgrundsatz nicht zu vereinbaren ist.[408]

Demgegenüber ist eine Ergänzung der in Art. 33 II GG aufgezählten Kriterien durch den einfachen Gesetzgeber, wie dies im Wege der Willkürprüfung etwa bei Art. 3 I GG der Fall sein soll, aufgrund der Exklusivität der Merkmale bei

405 BVerwGE 115, 58 (60f.); Jachmann-Michel/Kaiser, in v. Mangoldt/Klein/Starck, GG, Band 2, Art. 33 Abs. 2, Rn. 22; Kämmerling, DÖD 2010, 213 (214). Für die Berücksichtigung von zusätzlichen Kriterien muss das Besetzungsverfahren notfalls abgebrochen und die Stelle unter Berücksichtigung dieser Kriterien neu ausgeschrieben werden, hierzu BayVGH, RiA 2008, 36 (38) und unten auf S. 106f.

406 BVerfG, NVwZ 2011, 746 (747); BVerfG, NVwZ 2008, 69 (70); OVG Münster, Beschluss vom 10.3.2009 – 1 B 1518/08; OVG Lüneburg, Beschluss vom 24.08.2004, BeckRS 2004, 24415; OVG Lüneburg, NVwZ-RR 1996, 677; OVG Koblenz, DÖD 1994, 294 (295).

407 BVerfG, NVwZ 2011, 746 (747); BVerfG, NVwZ 2008, 69 (70); BVerfG, NVwZ 2007, 693 (694); BVerfG, ZBR 2000, 377; OVG Münster, Beschluss vom 10.3.2009 – 1 B 1518/08; Badura, in Maunz/Dürig, GG, Art. 33, Rn. 27; Ziekow, DÖV 2014, 765 (767). Daran soll es insb. fehlen, „wenn dem Dienstposten eine Leistungsbeschreibung zugeordnet würde, die den tatsächlich auf diesem Dienstposten anfallenden Tätigkeiten nicht oder im Wesentlichen nicht entspricht, sondern den Zweck verfolgt, ‚Alleinstellungsmerkmale' für einen bevorzugten Bewerber zu schaffen, um eine Auswahlentscheidung zu seinen Gunsten zu erreichen", so BVerwGE 141, 361 (364f.).

408 BVerfG, NVwZ 2011, 746 (747); BVerfG, NVwZ 2008, 69 (70); OVG Münster, Beschluss vom 10.3.2009 – 1 B 1518/08; VGH München, ZBR 1994, 350 (351); Jachmann-Michel/Kaiser, in v. Mangoldt/Klein/Starck, GG, Band 2, Art. 33 Abs. 2, Rn. 22; Kämmerling, DÖD 2010, 213 (215).

Art. 33 II GG ausgeschlossen.[409] Diese sind vielmehr abschließend und damit der gesetzgeberischen Ausgestaltung entzogen.[410] Für „vertretbare Erwägungen", „vernünftige Gründe" oder „beachtliche Belange des Gemeinwohls" ist kein Raum.[411] Wie auch bei schrankenlos gewährleisteten Grundrechten können bei der Stellenbesetzung folglich neben der Eignung, Befähigung und fachlichen Leistung eines Bewerbers wenn überhaupt nur andere Belange von Verfassungsrang Berücksichtigung finden, die der Bestenauslese entsprechen.[412] Grundvoraussetzung für eine derartige Ergänzung der Auswahlentscheidung muss jedoch die ansonsten drohende ersthafte Gefährdung der Funktionsfähigkeit des öffentlichen Dienstes sein, die nur über die Einschränkung des Leistungsgrundsatzes abzuwenden ist.[413]

2. *Schutzumfang des Art. 33 II GG*

Der Grundsatz der Bestenauslese wird gemäß Art. 33 II GG ohne jede Beschränkung oder jeden Vorbehalt gewährleistet.[414] Entsprechend ist eine Beeinträchtigung des Art. 33 II GG zu bejahen, wenn die Auswahl des Bewerbers um ein öffentliches Amt auf andere Erwägungen als dessen Eignung, Befähigung und fachlichen Leistung gestützt wird, mithin wenn eine Ungleichbehandlung gegeben ist, die dem festgeschriebenen Leistungsprinzip widerspricht.[415] Art. 33 II GG ist damit als umfassendes Unterscheidungsverbot zu interpretieren, nach dem sonstige Eigenschaften der jeweiligen Bewerber abseits von Eignung, Befähigung

---

409 BVerfG, NVwZ 2008, 69; Höfling, in BK-GG, Art. 33 Abs. 1 bis 3 GG, Rn. 137; Isensee, Der Zugang zum öffentlichen Dienst, in Festgabe aus Anlaß des 25jährigen Bestehens des Bundesverwaltungsgerichts, 1978, S. 337 (343); Schmidt-Aßmann, NJW 1980, 16 (17); Ziekow, DÖV 2014, 765 (766).

410 Günther, ZBR 1979, 93 (95); Schmidt-Aßmann, NJW 1980, 16 (17); Neuhäuser, NVwZ 2013, 176 (179).

411 Schmidt-Aßmann, NJW 1980, 16 (17); Bochmann, ZBR 2008, 397 (398).

412 So ausdrücklich BVerfG, NVwZ 2008, 69; BVerfG NVwZ 2011, 746 (747); BVerfG, NVwZ 2007, 693 (694); BVerwGE 145, 237 (244); Kämmerling, DÖD 2010, 213; Neuhäuser, NVwZ 2013, 176 (179); vgl. auch BVerwGE 122, 147 (149f.); 124, 99 (102).

413 BVerwGE 145, 237 (244); Ziekow, DÖV 2014, 765 (767).

414 BVerwGE 138, 102 (106); BVerfG, NVwZ 2008, 194; BVerfG, NVwZ 2011, 746 (747); BVerfG, NVwZ 2015, 1279 (1281); OVG RP, DVBl 2013, 259; Bochmann, ZBR 2008, 397 (407); Neuhäuser, NVwZ 2013, 176 (177).

415 BVerwGE 138, 102 (106); BVerfG, NVwZ 2013, 573; Höfling, in BK-GG, Art. 33 Abs. 1 bis 3, Rn. 279; Jarass, in Jarass/Pieroth, GG, Art. 33, Rn. 16.

und fachlicher Leistung keine Berücksichtigung finden dürfen.[416] Der Regelungsgehalt der Norm kann damit prinzipiell nur gewahrt werden, wenn der nach den vorgegebenen Kriterien tatsächlich am besten geeignetste Kandidat für die Besetzung des öffentlichen Amtes ausgewählt wird. Eine Ausnahme gilt für Auswahlverfahren, in denen die Feststellung einer unterschiedlichen Qualifikation der Bewerber nach den in Art. 33 II GG vorgegebenen Kriterien trotz aller Bemühungen nicht möglich ist, weil tatsächlich mehrere Bewerber über die gleiche bzw. wesentlich gleiche Qualifikation verfügen.[417] In einem solchen Fall kann zwischen den gleichwertig qualifizierten Bewerbern unter dem Aspekt der in Art. 33 II GG festgehaltenen Kriterien im Rahmen einer sachgerechten Beurteilung grundsätzlich frei gewählt werden.[418] Alternativ können in einer solchen Pattsituation neben den durch Art. 33 II GG festgeschriebenen Eignungskriterien auch weitere Hilfskriterien zur Kandidatenauswahl herangezogen werden.[419] Dabei kommt dem Dienstherrn bei der Auswahl der zusätzlichen Kriterien ein weiter Ermessensspieltraum zu, sodass lediglich unsachgerechte Merkmale als Unterstützung der Auswahlentscheidung ausgeschlossen sind.[420]

416 So auch Jachmann-Michel/Kaiser, in v. Mangoldt/Klein/Starck, GG, Band 2, Art. 33 Abs. 2, Rn. 12.

417 S. BVerwGE 80, 123 (126), wo eine „wesentlich gleiche" Eignung der Bewerber angenommen und die Verwendung von Hilfskriterien trotz Vorliegen eines geringfügigen Beurteilungsunterschieds als zulässig erachet wurde; so auch BVerwG, NVwZ-RR 2013, 267 (269); BVerwG, NVwZ 2011, 1270; OVG Magdeburg, LKV 2011, 517f.; hierzu auch Domgörgen, in Hömig/Wolff, GG, Art. 33, Rn. 4. A.A. Badura, in Maunz/Dürig, GG, Art. 33, Rn. 32, der die Anwendung von Hilfskriterien nur bei absolut gleich geeigneten Bewerbern für zulässig erachtet.

418 BVerwGE 86, 244 (249f.); BVerwG, NJW 1989, 921 (922); HessVGH, NJW 1985, 1103 (1104); Sachs, HStR VIII ³2010, § 182, Rn. 173; Sachs, ZBR 1994, 133 (134).

419 BVerwGE 80, 123 (126); 122, 147 (150); BVerwG, DVBl. 1994, 118 (119); Jachmann-Michel/Kaiser, in v. Mangoldt/Klein/Starck, GG, Band 2, Art. 33 II, Rn. 12, 20f.; Pieper, in Schmidt-Bleibtreu/Hofmann /Henneke, GG, Art. 33, Rn. 68; Brosius-Gersdorf, in Dreier, GG, Band II, ³2015, Art. 33, Rn. 116ff.

420 BVerwG, DVBl. 1994, 118 (119); BVerwG, NJW 1989, 921 (922); Jachmann-Michel/Kaiser, in v. Mangoldt/Klein/Starck, GG, Band 2, Art. 33 II, Rn. 20; Kämmerling, DÖD 2010, 213 (214). Klassische Hilfskriterien sind etwa das Dienstalter oder aber die Schwerbehinderteneigenschaft, so Dollinger/Umbach, in Umbach/Clemens, GG, Art. 33, Rn. 58 unter Verweis auf BVerwGE 80, 123 (126) und BVerwGE 86, 244 (249f.). Im Ermessen des Dienstherrn steht neben der Auswahl der in Erwägung gezogenen Hilfskriterien auch grds. deren Reihenfolge, sodass er nur dann über das Willkürverbot auf eine bestimmte Abfolge festgelegt sein soll, wenn er bei der Anwendung der seine Entscheidung unterstützenden Merkmale eine bestimmte

Dies führt dazu, dass prinzipiell auch Umstände Berücksichtigung finden können, die vorab bei der Qualifikationseinstufung aufgrund der positiven Formulierung des Art. 33 II GG keine Rolle spielen durften.[421] Eine Beeinträchtigung des Art. 33 II GG ist in einem solchen Fall zu verneinen.[422]

III. Das Verhältnis von Art. 3 und Art. 33 II GG

Im Verhältnis zum allgemeinen Gleichheitssatz aus Art. 3 I GG ist das in Art. 33 II GG festgehaltene Gleichheitsrecht im Anwendungsbereich des Ämterzugangs als lex specialis anzusehen.[423] Berücksichtigung findet die Wertung des Art. 3 I GG allerdings insbesondere dann, wenn nach den in Art. 33 II GG festgeschriebenen Kriterien keine eindeutige Auswahl unter mehreren Bewerbern getroffen werden kann. Auf diesem Wege werden sachlich nicht angemessene Hilfskriterien und eine willkürliche Vorgehensweise ausgeschlossen.[424]

Das Verhältnis von Art. 33 II GG zu den besonderen Gleichheitssätzen aus Art. 3 II und III 1 Var. 1 GG erscheint indes problematischer. Art. 33 II GG unterscheidet sich vom Gleichstellungsgebot aus Art. 3 II 1 GG und dem Diskriminierungsverbot aus Art. 3 III 1 Var. 1 GG dahingehend, dass für den Zugang zu öffentlichen Ämtern positive Merkmale aufgeführt werden, auf deren Grundlage allein eine Differenzierung getroffen werden darf. Im Gegensatz dazu nennen die Regelungen aus Art. 3 II 1 und III 1 Var. 1 GG negative Merkmale, die gerade keinen Differenzierungsgrund darstellen dürfen. Dieser strukturelle Unterschied der Normen wird teilweise dahingehend gedeutet, dass eine Spezialität von Art. 33 II GG im Verhältnis zu Art. 3 II 1 und III GG ausscheidet

---

Praxis eingeschlagen hat und diese auch weiterhin fortbesteht, hierzu OVG Münster, Beschluss v. 4.6.2008, 6 B 728/08; Kämmerling, DÖD 2010, 213 (214).

421 BVerwGE 145, 237 (244); OVG Münster, NVwZ 1991, 501 (502); Sachs, HStR VIII ³2010, § 182, Rn. 173; Sachs, ZBR 1994, 133 (134); Battis/Schulte-Trux/Weber, DVBl 1991, 1165 (1167). So auch Lindner, ZBR 2012, 181 (184), der aber unter Verweis auf BVerwGE 140, 83 betont, dass die dienstliche Beurteilung selbst voll ausgeschöpft werden muss und nicht vorschnell auf derartige Hilfskriterien zurückgegriffen werden darf.

422 Jarass, in Jarass/Pieroth, GG, Art. 33, Rn. 17; Sachs, HStR VIII ³2010, § 182, Rn. 173; Sachs, ZBR 1994, 133 (134).

423 Sachs, in HStR VIII ³2010, § 182, Rn. 166; Wendt, in Hdb. der Grundrechte V, § 127, Rn. 3; Jachmann-Michel/Kaiser, in v. Mangoldt/Klein/Starck, GG, Band 2, Art. 33, Rn. 13; Jarass, in Jarass/Pieroth, GG, Art. 33, Rn. 11; Dollinger/Umbach, in Umbach/Clemens, GG, Band I, Art. 33, Rn. 20.

424 Sachs, HStR VIII ³2010, § 182, Rn. 175; Sachs, ZBR 1994, 133 (134).

und stattdessen von einem komplementären Verhältnis der Gleichheitssätze ausgegangen werden muss.[425] In der Umsetzung fänden die Art. 3 II 1 und III GG neben Art. 33 II GG Anwendung.[426]

Für eine solche Parallelität der Art. 3 II 1, III GG und Art. 33 II GG ist jedoch keine rechtliche Notwendigkeit gegeben. Eine zusätzliche Prüfung von Art. 3 II, III GG neben der Vereinbarkeit mit dem Leistungsprinzip wäre nur dann erforderlich, wenn Art. 3 II, III GG einen über den Art. 33 II GG hinausgehenden Gehalt aufweisen würde. Tatsächlich sind die in Art. 33 II GG festgehaltenen positiven Kriterien aufgrund der mit einem öffentlichen Amt zusammenhängenden staatsdienstlichen Verantwortlichkeit aber im Lichte der gesamten Verfassung zu interpretieren.[427] Darunter fällt der Anspruch des einzelnen Bürgers auf Einhaltung der ihm durch das GG gewährten Rechte, wozu auch der Anspruch auf gleiche Behandlung nach Art. 3 II, III GG zu zählen ist.[428] Zur Sicherstellung dieses Anspruchs hat der Staat dafür Sorge zu tragen, dass die für ihn repräsentativ handelnden Personen bei der Ausführung von öffentlichen Ämtern den in Art. 3 II, III GG gewährleisteten Gehalt beachten, was durch den hergebrachten Grundsatz des Berufsbeamtentums zur Verfassungstreue deutlich wird.[429] Zu diesem Zwecke hat der Staat seinerseits den in Art. 3 II, III GG festgehaltenen Normgehalt bei der Besetzung von öffentlichen Ämtern zu berücksichtigen, um auf diesem Wege sicherzustellen, dass die ausgewählten Kandidaten die in Art. 3

425 Die Normen sollen entspr. ineinander greifen und sich auf diesem Wege dahingehend ergänzen, dass die verpönten Merkmale aus Art. 3 II 1, III GG bei der Bestimmung der in Art. 33 II GG niedergelegten Eigenschaften keine Berücksichtigung finden dürfen; so Battis, in Sachs, GG, Art. 33, Rn. 10; Jachmann-Michel/Kaiser, in v. Mangoldt/Klein/Starck, GG, Art. 33, Rn. 13; Merten, in Hdb. der Grundrechte, V, § 114, Rn. 37f.; Wendt, in Hdb. der Grundrechte V, § 127, Rn. 6; Sachs, HStR VIII ³2010, § 182, Rn. 166; Kingreen/Poscher, Grundrechte Staatsrecht II, S. 156, Rn. 568; Jachmann, ZBR 1996, 161 (164) und einschränkend auch Jarass, in Jarass/Pieroth, GG, Art. 33, Rn. 11, der aber bei einer Ungleichbehandlung wegen politischer oder religiöser Anschauungen im öffentlichen Dienst eine Spezialität des Art. 33 II GG bejaht.

426 So OVG Münster, NVwZ 1991, 501 (502); Sachs, ZBR 1994, 133; Jarass, in Jarass/Pieroth, GG, Art. 33, Rn. 8; wohl auch Höfling, in BK-GG, Art. 33 Abs. 1 bis 3, Rn. 139; vgl. auch BVerwGE 61, 325 (330).

427 Dürig, in Maunz/Dürig, GG, 70. EGL, Art. 3 Abs. III, Rn. 8f.; zurückhaltender inzw. Langenfeld, in Maunz/Dürig, GG, Art. 3 Abs. 3, Rn. 101, der sich nicht klar positioniert.

428 So auch Laubinger, VerwArch 87 (1996), 473 (521), nach dem Art. 3 II 1, III 1 GG durch das Wort „gleich" in Art. 33 II GG inkorporiert werden.

429 BVerwGE 47, 330 (353); Isensee, HdbVerfR, § 32, Rn. 40.

II, III GG beinhalteten Werte stellvertretend für ihn schützen.[430] Indem Art. 33 II GG nun eine Auswahl lediglich anhand der positiven Kriterien der Eignung, Befähigung und fachlichen Leistung vorschreibt, legt er spiegelbildlich dazu im Sinne einer Vorbildfunktion fest, dass auch bei der Auswahl der öffentlichen Ämter die in Art. 3 II, III GG aufgeführten Differenzierungsverbote keine Rolle spielen dürfen.[431] Dies wird durch den positiv formulierten Wortlaut des Art. 33 II GG deutlich, der sich im Gegensatz zu den anderen Gleichheitssätzen nicht im Verbot einzelner Kriterien erschöpft und insofern einzigartig ist.[432]

Die Gleichberechtigung zwischen den Geschlechtern findet damit im Wege einer strikten Handhabung des Art. 33 II GG hinreichend Berücksichtigung, da das Merkmal Geschlecht aufgrund der positiven Formulierung der Verfassungsnorm keine Berücksichtigung finden darf.[433] Für das Verhältnis der beiden Normen bedeutet dies, dass die allgemein geltenden Gleichheitssätze des Art. 3 GG für das Gebiet des öffentlichen Dienstes von dem konkretisierenden Gleichheitsrecht des Art. 33 II GG verdrängt werden. Art. 33 II GG ist als lex specialis im Verhältnis zu Art. 3 II, III 1 Var. 1 GG zu werten.[434] Entscheidend für die

---

430 Dürig, in Maunz/Dürig, GG, 70. EGL, Art. 3 Abs. III, Rn. 8f. und auch Isensee, HdbVerfR, § 32, Rn. 40, nach dem aus dem Grundsatz der Verfassungstreue resultieren soll, dass das GG den Zugang zu einem öffentlichen Amt nur den Bewerbern eröffnet, welche die Gewähr für die Erfüllung dieser Pflicht bieten. Ähnlich in Bezug auf die politische Anschauung auch BVerwGE 47, 330 (353), wonach der Beamtenbewerber dann nicht für ein öffentliches Amt geeignet sein soll, wenn ihn seine politische Überzeugung voraussichtlich in Konflikt mit seiner Treuepflicht ggü. der freiheitlich demokratischen Grundordnung bringen würde; so auch Leibholz/Rinck, GG, Art. 33, Rn. 32.

431 Dürig, in Maunz/Dürig, GG, 70. EGL, Art. 3 Abs. III, Rn. 8f., der die Problematik in Rn. 15 mit den Worten beschreibt: „Ich der Staat stelle bei Dir Beamten deswegen und nur deswegen nicht auf Geschlecht, Abstammung, Rasse usw. ab, damit auch Du Beamter dem Bürger gegenüber nicht nach diesen Merkmalen differenzierst, denn dies fordert der Bürger von mir gem. Art. 3 III als grundrechtsverpflichtendem Staat.".

432 Wagner, Das Prinzip der Bestenauslese im öffentlichen Dienst, S. 26.

433 So zuletzt OVG Münster, Beschluss vom 21.02.2017 – 6 B 1109/16, Rn. 93 und auch BVerwGE 47, 330 (353), wo es heißt, dass die Grundrechte des Bürgers aus Art. 3 III GG das Amtsrecht aus Art. 33 II GG bestimmen. Entspr. muss auch Sachs in HStR VIII ³2010, § 182 Rn. 167 und in ZBR 1994, 133 eingestehen, dass die in Art. 3 II, III GG festgehaltenen verbotenen Merkmale für die positive Auswahl des Art. 33 II GG grundsätzlich bedeutungslos sind.

434 So schon BVerwGE 19, 252 (260f.); s. auch Heun, in Dreier, GG, Band I, Art. 3, Rn. 142; Masing, in Dreier, GG, Band II, ²2006, Art. 33, Rn. 94; Leisner, in Sodan, GG, Art. 33, Rn. 7; Isensee, in HdbVerfR, § 32, Rn. 40 und 49; Eschmann, Die Freizügigkeit der

Besetzung eines öffentlichen Amtes ist somit allein, ob die Auswahl den Regeln der Bestenauslese gefolgt ist. Ist dies zu verneinen, liegt ein Eingriff in Art. 33 II GG vor, da der Leistungsgrundsatz nicht gewahrt wurde. Art. 3 GG kann entsprechend der Spezialität nur in Fällen Berücksichtigung finden, in denen eine Auswahl anhand der in Art. 33 II GG aufgestellten Kriterien vorgenommen und der Leistungsgrundsatz folglich gewahrt wurde. Für eine parallele Prüfung der Gleichheitsrechte aus Art. 3 II, III GG neben einer Vereinbarkeit mit Art. 33 II GG verbleibt im Rahmen dessen Schutzbereichs kein Raum.[435]

C. Verfassungsrechtliche Subsumption: Gleichstellungspolitische Maßnahmen an deutschen Hochschulen und deren Vereinbarkeit mit dem GG

Die Überprüfung der Vereinbarkeit der Gleichstellungsförderung an deutschen Hochschulen mit den einschlägigen Gleichheitsrechten des GG erfolgt in einem zweistufigen Verfahren: Zunächst ist nach einer Beeinträchtigung der Gleichheitsrechte zu fragen. Eine solche ist zu bejahen, wenn vergleichbare Sachverhalte eine unterschiedliche Behandlung erfahren. Im Anschluss ist die Beeinträchtigung auf ihre mögliche Rechtfertigung hin zu untersuchen.[436]

I. Gleichstellungspolitische Maßnahmen als Ungleichbehandlung im Sinne des GG

Die verschiedenen Gleichstellungsmaßnahmen bergen im Normengeflecht der Art. 33 II GG und Art. 3 II, III 1 Var. 1 GG ein unterschiedlich großes Konfliktpotenzial. Aufgrund des aufgezeigten Spezialitätsverhältnisses des Art. 33 II GG zu Art. 3 II, III GG ist notwendige Ausgangsfrage für die Verfassungsmäßigkeitsprüfung der Maßnahmen, ob diese den in Art. 33 II GG festgeschriebenen

---

EG-Bürger und der Zugang zur öffentlichen Verwaltung, S. 119; Benda, Notwendigkeit und Möglichkeit positiver Aktionen zugunsten von Frauen im öffentlichen Dienst, S. 159; Schmitt Glaeser, DÖV 1982, 381 (387); Kempen, ZRP 1989, 367 (370); Schwarz, JuS 2009, 417 (421); Papier/Heidebach, Rechtsgutachten zur Frage der Zulässigkeit von Zielquoten für Frauen in Führungspositionen im öffentlichen Dienst sowie zur Verankerung von Sanktionen bei Nichteinhaltung, S. 20, abrufbar unter file:///C:/Users/mm22816/AppData/Local/Temp/Gutachten_Zielquoten.pdf (zuletzt abgerufen am 15.11.2019).

435 Masing, in Dreier, GG, Band II, [2]2006, Art. 33, Rn. 94.

436 In Bezug auf Art. 33 II GG s. Höfling, in BK-GG, Art. 33 Abs. 1 bis 3, Rn. 294. In Bezug auf die Prüfung des Art. 3 GG s. Heun, in Dreier, GG, Band I, Art. 3, Rn. 24f.

Beurteilungskriterien der Eignung, Befähigung und fachlichen Leistung folgen. Muss die Frage verneint werden, etwa weil die Kandidatenauswahl unter anderen Gesichtspunkten als Eignung, Befähigung und fachlicher getroffen wird oder zumindest die in Art. 33 II GG festgehaltenen Kriterien nicht allein ausschlaggebend sind, so ist die jeweilige Maßnahme und deren Vereinbarkeit mit den Gleichheitsrechten des GG allein am Maßstab des Art. 33 II GG zu messen. Für eine Beurteilung im Lichte der Art. 3 II, III 1 Var. 1 GG kann aufgrund der Spezialität des Art. 33 II GG nur dort Raum bleiben, wo zwar eine Wahrung des Leistungsprinzips gegeben ist, das Merkmal des Geschlechts aber dennoch in der Auswahlentscheidung Berücksichtigung findet.

1. Beeinträchtigungen des Art. 33 II GG

a) Problemaufriss und Herangehensweise

Das Gleichheitsrecht des Art. 33 II GG schützt vor der ungleichen Behandlung von vergleichbaren Sachverhalten in Bezug auf den Zugang zu öffentlichen Ämtern.[437] Da es sich bei den in Art. 33 II GG festgehaltenen Kriterien der Eignung, Befähigung und fachlichen Leistung um einen abschließenden Anforderungskatalog handelt, kann die Überprüfung einer möglichen Ungleichbehandlung dahin verkürzt werden, dass eine Beeinträchtigung der Norm bei jeder Kandidatenauswahl zu bejahen ist, die auf davon abweichende Auswahlkriterien gestützt wird.[438] Sowohl das nach Art. 33 II GG geschützte objektive Interesse an einer bestmöglichen Besetzung von öffentlichen Ämtern, als auch das subjektive Interesse eines jeden Kandidaten an einer sachgerechten Auswahl nach leistungsbezogenen Kriterien werden durch ein Auswahlverfahren beeinträchtigt, das nicht strikt den Vorgaben des Leistungsprinzips folgt.[439] Eine rechtfertigungsbedürftige Ungleichbehandlung ist somit grundsätzlich auch bei einer Kandidatenauswahl zu bejahen, bei der dem Merkmal des Geschlechts aufgrund von gleichstellungsfördernden Aspekten neben der Eignung, Befähigung und fachlichen Leistung ein entscheidender Einfluss zukommt.

---

437 Pieper, in Schmidt-Bleibtreu/Hofmann/Henneke, GG, Art. 33, Rn. 23.

438 BVerwGE 81, 22 (24); 89, 260 (265); Höfling, in BK-GG, Art. 33 Abs. 1 bis 3, Rn. 279; Pieper, in Schmidt-Bleibtreu/Hofmann/Henneke, GG, Art. 33, Rn. 66; Richter, Die Berücksichtigung des Geschlechts bei der Vergabe und Schaffung öffentlicher Ämter in der Wissenschaft, S. 49; Liebert, Quotenregelungen im öffentlichen Dienst, S. 93.

439 Höfling, in BK-GG, Art. 33 Abs. 1 bis 3, Rn. 279.

Bei der Beurteilung einer solchen Auswahlentscheidung ist allerdings zu berücksichtigen, dass den Entscheidungsträgern im Rahmen des Art. 33 II GG in Anlehnung an sonstige Prüfungsentscheidungen ein gewisser Beurteilungsspielraum in Bezug auf Qualifikationseinschätzungen zugestanden wird.[440] Dies muss in Anbetracht der Wissenschaftsfreiheit nach Art. 5 III 1 GG gerade auch für die am Auswahlverfahren beteiligten Hochschulorgane gelten.[441] Entsprechend soll auch hier eine getroffene Entscheidung erst dann nicht mehr in den gewährten Spielraum fallen, wenn unrichtige Tatbestände zugrunde gelegt, allgemeingültige Wertmaßstäbe missachtet oder aber sachwidrige Erwägungen angestellt wurden.[442] Im Ergebnis gilt es daher zu untersuchen, ob der von Art. 33 II GG gesteckte Rahmen bei den aktuellen Gleichstellungsprogrammen an deutschen Hochschulen noch eingehalten oder bereits überschritten wurde.

Für die Beantwortung dieser Frage ist die konkrete Ausgestaltung der Fördermaßnahmen entscheidend. Die aktuellen Maßnahmen an deutschen Hochschulen zeichnen sich in Bezug auf ihre tatsächliche Durchführung und auf ihren Einfluss auf die tatsächliche Personalentscheidung durch eine unterschiedliche Wirkung aus. Ihre größte Bedeutung entfalten sie auf der Position der Hochschullehrer, die aufgrund ihrer persönlichen Forschungsschwerpunkte das Profil einer Hochschule maßgeblich mitbestimmen und diese im internationalen Wettbewerb um Studenten und Wissenschaftler entsprechend positionieren können.[443] Das Berufungsverfahren kann dabei als entscheidender Moment im Wettkampf um qualifizierte Wissenschaftler bezeichnet werden.[444] Es ist daher nicht verwunderlich, dass zumindest den hier thematisierten „scharfen" Maßnahmen gemein ist, dass sie mit dem Ziel einer Steigerung der Zahl an

---

440 BVerfGE 39, 334 (354); BVerwGE 61, 325 (330); 11, 139 (140); Brosius-Gersdorf, in Dreier, GG, Band II, ³2015, Art. 33, Rn. 90; Martens, ZBR 1992, 129 (130).

441 SächsOVG, SächsVBl. 2016, 152 (153).

442 BVerwGE 11, 139 (140); SächsOVG, SächsVBl. 2016, 152 (153); Brosius-Gersdorf, in Dreier, GG, Band II, ³2015, Art. 33, Rn. 90.

443 So auch der Wissenschaftsrat in seinen Empfehlungen zur Ausgestaltung von Berufungsverfahren vom 20.05.2005, abrufbar unter https://www.wissenschaftsrat.de/download/archiv/6709-05.pdf (zuletzt abgerufen am 15.11.2019).

444 So bereits im Jahr 1998 auch schon der Wissenschaftsrat, in Empfehlungen zur Chancengleichheit von Frauen in Wissenschaft und Forschung, S. 94. Zur besonderen Bedeutung des Berufungsverfahrens für die Profilbildung der Hochschulen s. auch Brüggen, Handbuch des Sächsischen Hochschulrechts, § 60 SächsHSFG, Rn. 711.

Professorinnen allesamt in diesem Zeitpunkt und somit im tatsächlichen Auswahlprozess ansetzen.[445]

Das Berufungsverfahren ist gekennzeichnet durch seinen mehrstufigen Ablauf, an dem die unterschiedlichsten Akteure beteiligt sind und bietet entsprechend bei der Berücksichtigung von gleichstellungsfördernden Aspekten an verschiedenen Punkten Konfliktpotenzial mit dem Prinzip der Bestenauslese. Die Entscheidung, dass eine vakante Stelle neu bzw. wiederbesetzt werden soll, dient dabei als Anstoß des Verfahrens. Es folgt grundsätzlich die öffentliche Ausschreibung als tatsächlicher Beginn des Besetzungsverfahrens einer jeden Professur.[446] An diese schließt die Einsetzung der Berufungskommission gemäß § 48 III LHG BW an. Aus den eingegangenen Bewerbungen werden die Personen ausgewählt, die vor der Berufungskommission persönlich angehört werden sollen.[447] Nach erfolgter Anhörung wird von der eingesetzten Berufungskommissionen auf der Grundlage externer Gutachten in aller Regel eine sogenannte Dreierliste erstellt, in der die in Frage kommenden Kandidaten ihrer Qualifikation nach gereiht aufgelistet sind, die wiederum der Fakultät zur Beschlussfassung vorgelegt wird.[448] Nimmt diese den Vorschlag der Berufungskommission an, so wird die Liste

---

445 Auch auf den darunter liegenden Qualifikationsstufen setzen die „scharfen" Maßnahmen im Zeitpunkt des Auswahlprozesses an. Die zum Berufungsverfahren gemachten Äußerungen sind insofern – soweit eine Deckungsgleichheit im Ablauf der Auswahl gegeben ist – auf das vereinfachte Auswahlverfahren der akademischen Mitarbeiter zu übertragen.

446 So auch § 45 I HRG bzw. § 48 I LHG BW. Ausnahmen zu diesem Grundsatz finden sich bspw. in § 48 I 3 bis 6 LHG BW. Auf Bundesebene findet sich eine allgemein gefasste Formulierung für alle Bundesbeamte in § 8 I BBG. Entspr. ist die Ausschreibungspflicht auf Landesebene in § 11 I LBG BW geregelt.

447 Färber/Spangenberg, Wie werden Professuren besetzt?, S. 16.

448 Detmer, in Hartmer/Detmer, Hochschulrecht, ^{3}2017, 139 (162). Im Ergebnis liegt die Hauptverantwortung für den Berufungsvorschlag bei einem intakten Fakultätsklima aber tatsächlich bei der Berufungskommission. Hinsichtlich deren Zusammensetzung finden sich nähere Regelungen in den LHG und Berufungssatzungen der Hochschulen, zumindest müssen aber die Professoren die absolute Mehrheit der Stimmen innehaben, s. Detmer, in Hartmer/Detmer, Hochschulrecht, ^{3}2017, 139 (173). Hierzu können, abhängig vom jeweiligen Bundesland, auch Professoren von anderen Hochschulen gehören, s. Krüger/Leuze, in Hailbronner/Geis, Hochschulrecht in Bund und Ländern, § 45 HRG, Rn. 19. Zur genaueren Zusammensetzung der Berufungskommission s. sogleich unten auf S. 86f.

gemäß § 48 II 1 LHG an den Rektor weitergeleitet, der im Einvernehmen mit dem Wissenschaftsministerium über die Besetzung der Professur entscheidet.[449]

Diese Mehrstufigkeit des Berufungsverfahrens ermöglicht es, dass über gezielt gewählte und durch den Aspekt der Gleichstellungsförderung motivierte Entscheidungen Einfluss auf den Ausgang des Verfahrens zugunsten von Frauen als vorwiegend unterrepräsentiertes Geschlecht genommen werden kann. So klar die Vorgabe aus Art. 33 II GG auch sein mag, lediglich den bestmöglichen Bewerber auszuwählen, so unklar ist dessen tatsächliche Anwendung im konkreten Berufungsverfahren. Da Art. 33 II GG sämtliche Stufen des Auswahlverfahrens beherrscht und die Kriterien des Art. 33 II GG nicht nur in der letztendlichen Entscheidung durch den Rektor, sondern vor allem auch im vorgelagerten Auswahlprozess zu berücksichtigen sind, bergen die unterschiedlichen Verfahrensstufen jeweils für sich betrachtet Potenzial, das Prinzip der Bestenauslese zu unterlaufen, um die Stelle letztlich mit einer Frau zu besetzen.[450] Betrachtet man die beispielhaft aufgeführten Maßnahmen insbesondere unter der Berücksichtigung des Konzepts des finanziellen Anreizsystems, so wird deutlich, dass jede einzelne Stufe des Berufungsverfahrens die Möglichkeit beinhaltet, gleichstellungsfördernde Aspekte in die Auswahl einfließen zu lassen. Auch wenn zahlreiche Hochschulen in den aufgestellten Gleichstellungsplänen eine klare Formulierung scheuen, so hängt den durchgeführten Programmen und dem damit verbundenen Ziel einer Steigerung des Anteils der weiblichen Wissenschaftler in Anbetracht der finanziellen Förderungen des Bundes und der Länder bzw. der DFG zumindest der Verdacht an, dass die Kandidatenauswahl unter gleichstellungsfördernden Gesichtspunkten und damit nicht allein nach den Faktoren der Eignung, Befähigung und fachlichen Leistung vorgenommen wird.[451] Der rechtlich festgeschriebene Ablauf des Berufungsverfahrens droht

---

449 Gem. § 45 II 1 HRG a.F. lag die letztliche Entscheidung über eine Stellenbesetzung noch beim zuständigen Minister, vgl. hierzu das HRG in der Fassung des Vierten Gesetzes zur Änderung des Hochschulrahmengesetzes vom 20.08.1998. In zahlreichen Bundesländern wurde die Kompetenz der Ruferteilung aber inzwischen im Wege der durchgeführten Reformen und der damit verbundenen Stärkung der Hochschulleitung auf diese übertragen, sodass sie mittlerweile direkt über die Besetzung einer Professur entscheiden kann.

450 Erfasst sind sowohl die Sammlung der Bewerber als auch die Auswahl aus dem so gefundenen Bewerberkreis, s. Jachmann-Michel/Kaiser, in v. Mangoldt/Klein/Starck, GG, Band 2, Art. 33 II, Rn. 16 unter Verweis auf BVerwGE 89, 260 (265, 269); hierzu auch Masing, in Dreier, GG, Band II, [2]2006, Art. 33, Rn. 39.

451 Da es schließlich auch in § 42 II HRG heißt, dass Frauen „zur Durchsetzung der Gleichberechtigung von Frauen und Männern (…) unter Beachtung des Vorrangs von

im Einzelfall gänzlich umgangen bzw. zumindest verkürzt zu werden, da die schnelle Durchführung des Entscheidungsprozesses um eine Professur entscheidendes Kriterium im wettbewerblichen Zusammenspiel der Hochschulen sein kann.[452]

Chronologisch durchleuchtet drohen die Auswahlkriterien der Eignung, Befähigung und fachlichen Leistung bereits mit der Ausschreibung der vakanten Professur beeinträchtigt zu werden. Gleiches gilt jedoch auch bei der Einsetzung der Berufungskommission, der Auswahl der einzuladenden Bewerber, der Begutachtung der einzelnen Kandidaten, der Aufstellung der Berufungsliste und auch bei der letztendlichen Entscheidung über die Ruferteilung durch den Rektor. In der Gesamtbetrachtung setzt sich das Berufungsverfahren somit durch die Vielfalt an rechtlichen Fragestellungen von den übrigen Fördermöglichkeiten auf den darunterliegenden Karrierestufen in der Wissenschaft ab und soll daher im Folgenden für die Problemdarstellung der Verfassungsmäßigkeit der Fördermaßnahmen beispielhaft und in chronologischer Reihenfolge des Berufungsverfahrens zur Beantwortung der Frage nach möglichen Beeinträchtigungen des Art. 33 II GG herangezogen werden.

b) Konfliktpunkte im Berufungsverfahren

aa) Problemfeld 1: Die Ausschreibung der Stelle

Bereits im Jahr 2005 forderte der Wissenschaftsrat, dass insbesondere auch geeignete Wissenschaftlerinnen mittels der Stellenausschreibung dazu aufgefordert werden sollten, an einem Berufungsverfahren teilzunehmen, um auf diesem Weg einen hinreichenden weiblichen Anteil am Bewerberkreis sicherzustellen.[453]

Eignung, Befähigung und fachlicher Leistung (Artikel 33 Abs. 2 des Grundgesetzes) gefördert" werden sollen, wird es nur in Ausnahmefällen zu einem offenen Verstoß gegen das Leistungsprinzip kommen.

452 Zu denken ist etwa nur an das „Windhundverfahren" des Professorinnenprogramms, bei dem das Datum der Rufannahme entscheidendes Kriterium für eine Förderung sein soll. Konsequenz hieraus ist, dass der Dauer des Berufungsverfahrens entscheidungsrelevante Bedeutung zukommen kann. Dies kann insb. für die großen Universitäten oder Fachhochschulen von Vorteil sein, die in Anbetracht einer hohen Anzahl von laufenden Berufungsverfahren im Vergleich zu kleineren Hochschulen bevorteilt sind; s. hierzu auch Zimmermann, Bericht zur Evaluation des „Professorinnenprogramm des Bundes und der Länder", S. 39.

453 S. die Empfehlungen des Wissenschaftsrates zur Ausgestaltung von Berufungsverfahren vom 20.05.2005, S. 58.

Auch die heutige Praxis zeigt, dass zahlreiche Ausschreibungen mit einer derart expliziten Aufforderung versehen sind.[454] Da bei derart offenen Formulierungen nicht von vornherein darauf geschlossen werden kann, dass weibliche Bewerber ihren männlichen Konkurrenten in der konkreten Entscheidungssituation tatsächlich vorgezogen würden, ist eine verfassungsrechtliche Konfliktsituation mit Art. 33 II GG hier nicht gegeben.[455] Es fehlt an einer hinreichenden Kausalität zwischen Formulierung im Ausschreibungstext und einer später Besetzung der Professur.[456]

Dennoch lassen sich im Hinblick auf mögliche gleichstellungsfördernde Programme auf Ebene der Stellenausschreibung diverse Konstellationen finden, die entgegen der bloßen Aufforderung zur Bewerbung Konfliktpotenzial mit dem Leistungsgrundsatz bergen: Problematisch sind zum einen Vorgehensweisen, die auf die Besetzung der Professur mit einer speziellen weiblichen Person abzielen. Dies wäre zunächst bei einem generellen Verzicht der Ausschreibung möglich, mit der Konsequenz, dass die Besetzung der offenen Stelle ohne jegliche Bewerberauswahl und somit zugunsten einer vorausgewählten Frau erfolgen könnte. Ähnlich gelagert ist der Fall, bei dem die Stelle zwar öffentlich ausgeschrieben, das aufgestellte Anforderungsprofil aber derart speziell gefasst wird, dass es nur von einer einzigen Bewerberin erfüllt werden kann, auf die die Ausschreibung zugeschnitten wurde. Davon zu unterscheiden sind allgemein gefasstere Ausschreibungen, die sich lediglich an das weibliche Geschlecht richten, also zwar nicht für eine spezielle weibliche Person ausgerichtet sind, aber zumindest die männlichen Bewerber ausschließen.

(1) Verzicht auf die Ausschreibung

Die öffentliche Ausschreibung der zu besetzenden Stelle und damit verbunden auch die Aufstellung des Anforderungsprofils sind als der entscheidende Schritt im Hinblick auf die Bewerberauswahl anzusehen und daher in § 45 I HRG und entsprechenden landesgesetzlichen Regelungen klar vorgeschrieben.[457] Gerade in Anbetracht von in Aussicht gestellten finanziellen Zuschüssen sind jedoch auf

---

454 So beinhalten auch Ausschreibungen der Universität Mannheim den allg. Zusatz, dass diese „die Erhöhung des Frauenanteils in Forschung und Lehre" anstrebt und daher entspr. qualifizierte Wissenschaftlerinnen ausdrücklich zur Bewerbung auffordert.

455 SchlH OVG, NVwZ 1994, 1229 (1230); LAG Düsseldorf, ZTR 2009, 271 (272); Schnellenbach, ZBR 1997, 169 (177).

456 Zu einem möglichen Konflikt der Bewerbungsaufforderung mit den Regelungen aus Art. 3 II, III GG und deren Kategorisierung als weiche bzw. neutrale Fördermaßnahmen s. Fn. 584.

457 Öffentlich ist die Ausschreibung der Stelle, wenn sie in Tages- oder Wochenzeitungen, einschlägigen Fachzeitschriften und mittlerweile auch im Internet, auf der Homepage

dem Gebiet der Frauenförderung zumindest theoretisch Extremfälle denkbar, in denen eine Professur nicht ausgeschrieben, sondern vielmehr mit einer konkret vorausgewählten Kandidatin besetzt wird, ohne dass sich andere Personen um das Amt beworben haben, da diese mangels Ausschreibung von der geplanten Besetzung keine Kenntnis erlangt haben. Es stellt sich die Frage, ob ein derartiges Vorgehen als Beeinträchtigung des Art. 33 II GG gewertet werden kann. Dieser schreibt seinem Wortlaut nach lediglich die Besetzung von öffentlichen Ämtern nach Eignung, Befähigung und fachlicher Leistung vor. Tatsächlich lässt sich der beste Kandidat nach aller Lebenserfahrung jedoch nur dann finden, wenn ein möglichst großer Pool an infrage kommenden Kandidaten zur Verfügung steht, unter denen der geeignetste Kandidat ausgesucht werden kann.[458] Voraussetzung für eine hohe Anzahl an Bewerbern wiederum ist, dass möglichst viele potentiell geeignete Personen Kenntnis von der zu besetzenden Stelle erlangen. Gerade dies soll die gesetzlich vorgesehene Ausschreibungspflicht sicherstellen.[459] Gleiches muss auch mit Blick auf die subjektive Komponente des Art. 33 II GG gelten, welche neben dem objektiven Interesse an der Funktionsfähigkeit der Verwaltung einem jeden Bewerber den Schutz einer sachgerechten Auswahl gewährleistet.[460] Dieser Bewerbungsverfahrensanspruch kann ohne zuvor ergangene Ausschreibung gar nicht ausgeübt werden, da Grundvoraussetzung hierfür die Kenntnis von der zu besetzenden Stelle ist.[461] Hierzu muss aber unumgänglich zunächst die Information des infrage kommenden Bewerbers erfolgen, der in hinreichendem Umfang nur über den Weg der Ausschreibung

---

der Hochschule oder aber online Stellenmärkten erfolgt, s. Wichmann/Langer, Öffentliches Dienstrecht, Rn. 94.

458 Battis, BBG, § 8, Rn. 2; v. Hippel, Gleicher Zugang zu öffentlichen Ämtern durch Stellenausschreibung, S. 43; Bochmann, ZBR 2008, 397 (405); Neuhäuser, NVwZ 2013, 176 (179); Höfling, ZBR 1999, 73 (74).

459 Höfling, in BK-GG, Art. 33 Abs. 1 bis 3, Rn. 248; Jachmann-Michel/Kaiser, in v. Mangoldt/Klein/Starck, GG, Band 2, Art. 33 II, Rn. 16; Dellian, in Dallinger/Bode/Dellian (Hrsg.), HRG-Kommentar, § 45, Rn. 2; Krüger/Leuze, in Hailbronner/Geis, Hochschulrecht in Bund und Ländern, § 45 HRG, Rn. 9; v. Hippel, Gleicher Zugang zu öffentlichen Ämtern durch Stellenausschreibung, S. 47; Neuhäuser, NVwZ 2013, 176 (178).

460 S. S. 68.

461 Art. 33 II GG ist im Hinblick auf seine subjektive Komponente insofern eine besonders verfahrensabhängige Vorschrift, bei der die jedem Bewerber zukommende Rechtsposition den Beginn des Verfahrens und damit die Bewerbung notwendig voraussetzt; so auch OVG Schleswig, NJW 2001, 3495 (3498); s. auch Höfling, in BK-GG, Art. 33 Abs. 1 bis 3, Rn. 248.

entsprochen werden kann.[462] Folglich ist der völlige Verzicht der Ausschreibung als eine Beeinträchtigung des Art. 33 II GG zu werten.[463]

(2) Speziell zugeschnittene Ausschreibungen

Neben dem völligen Verzicht der Ausschreibung sind Fälle denkbar, in denen die zu besetzende Professur derart speziell ausgeschrieben wird, dass das gesuchte Profil nur auf eine einzige weibliche Person zutrifft. Ergebnis in beiden Fällen ist, dass die offene Stelle durch eine zuvor ausgewählte Person besetzt wird, ohne dass eine eigentliche Auswahl von verschiedenen Bewerbern stattgefunden hat.

Im Gegensatz zu der gesetzlich festgeschriebenen Ausschreibungspflicht ist der Inhalt des aufzustellenden Anforderungsprofils im Gesetz nicht näher geregelt. § 48 I 2 LHG BW besagt lediglich, dass die Ausschreibung Art und Umfang der zu erfüllenden Aufgaben beschreiben muss.[464] Dem jeweiligen Fachbereich kommt folglich eine weite Dispositionsbefugnis zu, inwiefern der Kreis der Bewerber eine sachbezogene Abgrenzung und Einengung durch stellenbezogene Anforderungen erfährt.[465] Auch hierbei ist der Gehalt des Art. 33 II GG

---

462 BremStGH, NVwZ-RR 1993, 417 (418); OVG Schleswig, NJW 2001, 3495 (3498); Wichmann/Langer, Öffentliches Dienstrecht, Rn. 94.

463 So auch Pieper, in Schmidt-Bleibtreu/Hofmann/Henneke, GG, Art. 33, Rn. 43f. Von diesem Grundsatz ausgenommen sind allerdings die in § 48 I LHG BW festgehaltenen Ausnahmefälle, in denen das Berufungsverfahren vereinfacht und unter bestimmten Voraussetzungen auch von einer Ausschreibung abgesehen werden kann. Insbes. soll dies gem. § 48 I 5 LHG BW mit Zustimmung des Wissenschaftsministeriums möglich sein, wenn nur eine herausragend qualifizierte Persönlichkeit zur Verfügung steht. In einem solchen Fall hätte der ausgewählte Kandidat aber auch mit an Sicherheit grenzender Wahrscheinlichkeit in einem regulären Berufungsverfahren den Ruf erhalten, sodass es sich lediglich um eine zeitliche Verkürzung eines Verfahrens handelt, dessen Ausgang im Vorhinein schon feststeht. Sandberger, LHG BW, § 48 LHG BW, Rn. 3 nennt hierfür beispielhaft Träger des Leibnitz- oder Nobelpreises. Basiert der Ausschreibungsverzichts allerdings zumindest auch auf frauenfördernden Motiven, so handelt es sich hierbei in aller Regel nicht notwendig um den geeignetsten Bewerber. Gegenteiliges müsste für eine Vereinbarkeit mit Art. 33 II GG dargelegt werden können.

464 Hierzu Detmer, in Hartmer/Detmer, Hochschulrecht, [3]2017, 139 (168).

465 Vgl. BVerwGE 68, 109 (113); BVerwG, ZBR 1981, 228; BVerfG, ZBR 2000, 377; OVG Münster, DÖD 2004, 205 (206); OVG Lüneburg, NdsVBl 2009, 91; Höfling, in BK-GG, Art. 33 Abs. 1 bis 3, Rn. 249; Wichmann/Langer, Öffentliches Dienstrecht, Rn. 94; Bochmann, ZBR 2008, 397 (399). Der Umfang dieses Gestaltungsspielraums lässt sich dabei nicht abstrakt formulieren, sondern ist vielmehr bereichsspezifisch anhand des jeweiligen Fachrechts unter Berücksichtigung grundgesetzl. Vorgaben näher zu bestimmen, so ThürOVG, ThürVBl. 2013, 79 (80).

allerdings streng zu berücksichtigen.[466] Ziel der Ausschreibung soll es sein, den bestgeeignetsten Kandidaten für die Professur zu finden. Dies kann in erster Linie durch eine offen, weit und flexibel gewählte Formulierung des Ausschreibungstextes gewährleistet werden, da so ein möglichst breiter Kreis an geeigneten Kandidaten angesprochen wird.[467] Demgegenüber ist eine Beeinträchtigung des Art. 33 II GG zu bejahen, wenn der Dienstherr das Organisationsermessen willkürlich ausübt und den Ansprüchen von pflichtgemäßem Ermessen nicht gerecht wird.[468] Dies ist insbesondere für solche Fälle anzunehmen, in denen die Formulierung der Ausschreibung ohne sachliche Begründung derart eng gewählt wird, dass nur ein einziger im Vorhinein ausgewählter Kandidat das Anforderungsprofil vollständig erfüllen kann.[469] Auf diesem Wege wird die ausgewählte Person im Vergleich zu anderen Bewerbern unrechtmäßig bevorzugt und das Auswahlverfahren manipuliert.[470] Dies muss gerade dann gelten, wenn aufgrund der Verengung des Anforderungsprofils solche Kandidaten aus der Auswahl herausfallen, die objektiv betrachtet aufgrund ihrer herausstechenden Qualitäten für die Stellenbesetzung ernsthaft in Frage gekommen wären.[471] Gerade das ist aber die Konsequenz, wenn das Anforderungsprofil derart eng zugeschnitten wird, dass nur eine einzige Bewerberin die aufgestellten Bedingungen erfüllen kann.[472] Eine Beeinträchtigung von Art. 33 II GG ist in einem solchen Fall zu bejahen.[473]

---

466 Zu möglichen Konflikten mit Art. 33 II GG s. auch Zeiler, ZBR 2010, 191 (195).

467 Dellian, in Dallinger/Bode/Dellian (Hrsg.), HRG-Kommentar, § 45, Rn. 3; Detmer, in Hartmer/Detmer, Hochschulrecht, ^{3}2017, 139 (168).

468 OVG Lüneburg, NdsVBl 2009, 91; ThürOVG, ThürVBl. 2013, 79 (80).

469 ThürOVG, ThürVBl. 2013, 79 (80) und auch Dollinger/Umbach, in Umbach/Clemens, GG, Art. 33, Rn. 41, die beispielhaft Ausschreibungen für Naturwissenschaften anführen, welche nicht selten derart speziell ausgeschrieben werden, dass die Zugangskriterien nur auf einen Bewerber zutreffen, der bereits im Vorhinein ausgewählt wurde; hierzu auch Wichmann/Langer, Öffentliches Dienstrecht, Rn. 94 und Bochmann, ZBR 2008, 397 (399).

470 VG Wiesbaden, NVwZ-RR 2003, 582 (583); ThürOVG, ThürVBl. 2013, 79 (80); Dellian, in Dallinger/Bode/Dellian (Hrsg.), HRG-Kommentar, § 45, Rn. 2.

471 ThürOVG, ThürVBl. 2013, 79 (80).

472 Etwas anderes muss nur gelten, wenn die zuvor ausgewählte Kandidatin auch in einem regulär durchgeführten Auswahlverfahren mit an Sicherheit grenzender Wahrscheinlichkeit im Hinblick auf die ausgeschriebene Stelle am besten geeignet gewesen wäre, s. insofern auch Fn. 463 zur Regelung des § 48 I 5 LHG BW.

473 S. hierzu auch Hebeler, Verwaltungspersonal, S. 126.

(3) Nur an Frauen gerichtete Ausschreibungen

Vom generellen Verzicht der Ausschreibung bzw. dem speziell auf gewisse Personen zugeschnittenen Ausschreibungstext sind die Fälle zu unterscheiden, in denen die vorgesehene Stelle auf weibliche Bewerber beschränkt ausgeschrieben wird.[474] Das Auswahlverfahren wird so zwar nicht auf eine spezielle Person zugeschnitten, zumindest aber nur für weibliche Kandidaten eröffnet, sodass männliche Bewerber von der Stellenbesetzung ausgeschlossen sind.[475] So sieht etwa der Frauenförderplan der Goethe-Universität Frankfurt/Main vor, dass neu zu besetzende Professuren notfalls hälftig für eine Besetzung mit Frauen vorzusehen sind, sofern die aufgestellten Ziele der Geschlechterverteilung auf Ebene der Juniorprofessuren und Neuberufungen anderweitig nicht eingehalten werden kann.[476] Auch bei einer solchen Vorgehensweise stellt sich die Frage, ob sich die vom Dienstherrn vorgenommene Einengung des Anforderungsprofils noch im gewährleisteten Gestaltungsspielraum befindet. Bedenkt man, dass sich die Aufstellung des Anforderungsprofils an den von Art. 33 II GG vorgegebenen

474 Das VG Göttingen hatte einen Fall zu entscheiden, der auf dem Hochschulsonderprogramm II beruhte. Hierbei hatte die Universität Göttingen eine Stelle für eine „Universitätsprofessorin" ausgeschrieben, die zuvor von Seiten des Ministeriums zur ausschließlichen Besetzung mit einer Frau freigegeben worden war. Nachdem sich fünf weibliche und ein männlicher Wissenschaftler auf die Stelle beworben hatten, wurde eine Dreierliste erstellt, bei der die Bewerbung des Mannes noch nicht einmal berücksichtigt worden war, VG Göttingen, Beschluss vom 23.05.1996 – 3 B 3106/96, Bericht in Forschung & Lehre 1996, 611; zur Problematik s. auch schon Mengel, JZ 1982, 530 (534f.).

475 Dies kann zum einen durch eine klar nur an weibliche Bewerber gerichtete Stellenausschreibung erfolgen, oder aber unter Bezugnahme von Frauenförderprogrammen, die eine Besetzung durch eine Frau zwangsläufig voraussetzen. So heißt es etwa in der Stellenausschreibung für eine W 2-Professur an der FH Bielefeld: „An der Fachhochschule Bielefeld ist im Fachbereich Wirtschaft und Gesundheit zum nächstmöglichen Zeitpunkt folgende Professur zu besetzen: W 2-Professur für das Lehrgebiet Betriebswirtschaftslehre, insbesondere Marketing. Für die Professur ist eine Finanzierung durch das Professorinnenprogramm III vorgesehen. Ziel des Professorinnenprogramms III ist es, die Gleichstellung von Frauen und Männern in Hochschulen zu unterstützen, die Repräsentanz von Frauen auf allen Qualifikationsstufen im Wissenschaftssystem nachhaltig zu verbessern und die Anzahl der Wissenschaftlerinnen in den Spitzenfunktionen im Wissenschaftsbereich zu steigern."; erschienen am 10.01.2019 in DIE ZEIT, online abrufbar unter https://jobs.zeit.de/jobs/professur-w2-fuer-das-lehrgebiet-betriebs-wirtschaftslehre-insbesondere-marketing-fachhochschule-bielefeld-bielefeld-1002116 (zuletzt abgerufen am 31.01.2019).

476 S. Punkt II. Punkt 6 auf S. 25f. des Frauenförderplans und auch S. 54 dieser Arbeit.

Auswahlkriterien orientieren muss,[477] so kann eine mögliche Einengung des Kreises der nach Eignung, Befähigung und fachlicher Leistung zu vergleichenden Bewerber um ein öffentliches Amt nur aufgrund sachlicher Erwägungen erfolgen.[478] Auswahlerwägungen, die allein auf dem Geschlecht der Bewerber gründen, beruhen allerdings auf Gesichtspunkten, die sich nicht am Leistungsgrundsatz orientieren.[479] Auch unter Berücksichtigung der damit verbundenen Beteiligung an Förderprogrammen zugunsten von Frauen stellt das Geschlecht kein sachliches Kriterium dar, um ein Anforderungsprofil einzuengen.[480] Entsprechend legt auch § 6 I 1 und 2 BGleiG fest, dass Ausschreibungen von Arbeitsplätzen geschlechtsneutral erfolgen müssen und es insbesondere unzulässig ist, Arbeitsplätze nur für Männer oder nur für Frauen auszuschreiben. Da männliche Bewerber die geschlechtsspezifischen Einstellungsvoraussetzungen nicht erfüllen können, wird ihnen auf diesem Wege gleich zu Beginn der Auswahl und unabhängig von ihren tatsächlichen Qualifikationen die Möglichkeit auf die Besetzung der Stelle genommen.[481] Damit stellt auch die lediglich an weibliche Bewerber gerichtete Ausschreibung eine klare Beeinträchtigung des Art. 33 II GG dar.[482]

bb) Problemfeld 2: Die Einsetzung der Berufungskommission

(1) Die gesetzlich vorgeschriebene Zusammensetzung der Berufungskommission

Im Anschluss an die Ausschreibung der Professur bildet das Rektorat gemäß § 48 III 1 Hs. 1 LHG BW im Benehmen mit der Fakultät zur Vorbereitung des Berufungsvorschlags eine Berufungskommission, die von einem Rektoratsmitglied oder einem Mitglied des Dekanats der Fakultät geleitet wird. Der betroffenen Fakultät steht gemäß § 48 III 1 Hs. 2 LHG BW ein Vorschlagsrecht für

477 BVerfG, NVwZ 2007, 693 (694); BVerfG, NVwZ 2008, 69 (70).

478 BVerfG, NVwZ 2007, 693 (694); BVerfG, NVwZ 2008, 69 (70).

479 BVerfG, NVwZ 2008, 69 (70).

480 BVerfG, NVwZ 2008, 69 (70); Domgörgen, in Hömig/Wolff, GG, Art. 33, Rn. 8.

481 So auch VG Göttingen, NVwZ 1998, 100 (101) und VG Frankfurt, NVwZ 2002, 505 (506).

482 Irrtümlich insofern Färber, Chancengleichheit und Qualitätsmanagement in Berufungsverfahren, S. 13, die die Zulässigkeit von lediglich an weibliche Bewerber gerichteten Ausschreibungen allein unter Verweis auf Art. 3 II 2 GG bejaht und hierbei anscheinend die Geltung des 33 II GG verkennt.

die Besetzung der Berufungskommission zu.[483] Hierbei müssen die Professoren gemäß § 48 III 2 Hs. 1 LHG BW über die Mehrheit der Stimmen verfügen.[484] Daneben müssen der Berufungskommission gemäß § 48 III 2 Hs. 2 LHG BW mindestens eine hochschulexterne sachverständige Person, zwei fachkundige Frauen, die Gleichstellungsbeauftragte sowie eine Studierende oder ein Studierender angehören.[485] Die nähere Zusammensetzung der Berufungskommission ist darüber hinaus gesetzlich nicht vorgegeben. Aufgrund ihrer Aufgabe, den geeignetsten Kandidaten für die Besetzung der Professur ausfindig zu machen, wird sich die Auswahl der Mitglieder in der Praxis in aller Regel nach fachlichen Kriterien bestimmen. Im Idealfall sollte die Berufungskommission das für die notwendige Einschätzung mit dem bestmöglichen Sachverstand versehene Gremium darstellen.[486]

In der realen Umsetzung mündet dies in aller Regel in einer Berufungskommission, die sich durch eine klare Männerdominanz auszeichnet. Grund dafür war und ist bis heute die männliche Prägung gerade in den oberen Wissenschaftsstufen, die es erschwert, weibliche Mitglieder für eine Berufungskommission ausfindig zu machen.[487] Männliche Entscheidungsträger bewirken aber in aller Regel, dass frauenspezifische Inhalte und Interessen im Auswahlverfahren keine Berücksichtigung finden.[488] Dies führt dazu, dass männerdominierte Berufungskommissionen zumindest unbewusst dazu tendieren, unter Verletzung von Art. 33 II GG männliche Wissenschaftler zu berufen und somit die ohnehin

483 Für die Gewährleistung eines hinreichenden Einfluss der Hochschullehrer auf das Berufungsverfahren ist das Vorschlagsrecht der Fakultät im Wege einer verfassungskonformen Interpretation als für das Rektorat bindend einzustufen, so Sandberger, LHG BW, § 48 LHG BW, Rn. 4 unter Verweis auf BVerfGE 127, 87 (Rn. 109ff.).

484 Hierzu OVG Münster, NWVBl. 2009, 358 und auch BVerfG, NVwZ-RR 2001, 587f., wo es heißt, dass ein hinreichender Einfluss der Gruppe der Hochschullehrer zu gewährleisten ist, soweit gruppenmäßig zusammengesetzte Hochschulorgane über unmittelbar wissenschaftsrelevante Angelegenheiten zu entscheiden haben.

485 Die Gleichstellungsbeauftragte darf dabei nicht gleichzeitig als eine der geforderten zwei fachkundigen Frauen gewertet werden, s. LT-Drucks. 13/3640, S. 218. Ebenso wenig können der Sachverständige, die Gleichstellungsbeauftragte oder die fachkundige Frauen der Gruppe der Professoren zugerechnet werden, s. Sandberger, LHG BW, § 48 LHG BW, Rn. 4.

486 So OVG Münster, Beschluss vom 03.02.2011, 6 B 1420/10 und auch OVG Münster, NWVBl. 2009, 358.

487 S. die Zahlen der Geschlechterverteilung an dt. Hochschulen auf S. 32f.

488 Wissenschaftsrat, Empfehlungen zur Chancengleichheit von Frauen in Wissenschaft und Forschung, 1998, S. 121.

bestehende männliche Dominanz in der Wissenschaft weiter auszubauen.[489] Dies resultiert zum einen aus einer Rekrutierungspraxis, die durch ebenfalls männerdominierte Förderbeziehungen und informelle Netzwerke gekennzeichnet ist. Zum anderen sind jedoch auch geschlechtsbezogene Verzerrungseffekte in Bezug auf die Bewertung wissenschaftlicher Qualität von weiblichen Bewerbern festzustellen (sogenannte gender bias), welche die Wahrscheinlichkeit der Berufung einer weiblichen Wissenschaftlerin durch eine verstärkt mit Männern besetzte Berufungskommission verringern.[490]

(2) Das Ziel einer geschlechterparitätischen Zusammensetzung der Berufungskommission

Der Wissenschaftsrat hat das Problem der männlichen Entscheidungsträger bereits 1998 erkannt und eine Erhöhung der entscheidungsbefugten Frauen gefordert, um so auf Ebene der Berufungskommissionen, aber langfristig auch im Hinblick auf den Gesamtbereich Wissenschaft für eine gerechtere Verteilung der Geschlechter zu sorgen.[491] Diese Forderung hat er 2012 dahin konkretisiert, dass eine geschlechterparitätische Besetzung von Berufungskommissionen angestrebt werden sollte, bei der eine Mindestbeteiligung weiblicher Entscheidungsträger in Höhe von 40 % vorliegt.[492] Gesetzlich festgehalten ist eine gremieninterne Geschlechterverteilung seit dem 01.01.2005 in § 10 II 2 LHG, der eine gleichberechtigte Berücksichtigung von Frauen und Männer bei der Besetzung von Gremien vorschreibt und insofern grundsätzlich auch für die Berufungskommission Berücksichtigung finden muss.[493] Für diese findet sich mit § 48 III 2 Hs. 2 LHG jedoch eine speziellere Regelung, die § 10 II LHG vorgeht.

---

489 Wissenschaftsrat, Fünf Jahre Offensive für Chancengleichheit von Wissenschaftlerinnen und Wissenschaftlern – Bestandsaufnahme und Empfehlungen, vom 25.05.2012, S. 25f., abrufbar unter https://www.wissenschaftsrat.de/download/archiv/2218-12.pdf (zuletzt abgerufen am 15.11.2019).

490 Wissenschaftsrat, Fünf Jahre Offensive für Chancengleichheit von Wissenschaftlerinnen und Wissenschaftlern – Bestandsaufnahme und Empfehlungen, vom 25.05.2012, S. 25f.

491 Wissenschaftsrat, Empfehlungen zur Chancengleichheit von Frauen in Wissenschaft und Forschung, 1998, S. 120.

492 Wissenschaftsrat, Fünf Jahre Offensive für Chancengleichheit von Wissenschaftlerinnen und Wissenschaftlern – Bestandsaufnahme und Empfehlungen, vom 25.05.2012, S. 27. Ein möglicher gender bias soll auf diesem Weg von vornherein minimiert und damit eine nachhaltige Wirkung in der Gremienkultur erzielt werden.

493 Eine Parallelvorschrift enthält auch § 7 III BGleiG, der bei Auswahlkommissionen ebenso eine hälftige Besetzung der Geschlechter anordnet.

Neben der Gleichstellungsbeauftragten sind darin mindestens zwei fachkundige Frauen in der Kommissionsbesetzung vorgesehen.[494] Die Anzahl von drei Frauen entspricht in der gesetzlich vorgesehenen elfköpfigen Mindestbesetzung einem prozentualen Anteil von gut 27 %, der sich mit einer gesteigerten Mitgliederanzahl entsprechend verringert.

Die in § 48 III 2 Hs. 2 LHG festgeschriebene Mindestanzahl wird in der Praxis oftmals im Wege gleichstellungspolitischer Maßnahmen nach oben abgeändert. So hat beispielsweise die Universität Mannheim die gesetzlichen Besetzungsvorgaben unter Verweis auf die Umsetzung des gesetzlichen Auftrags aus § 4 LHG BW in ihren Richtlinien zur Herstellung von Chancengleichheit in Berufungsverfahren konkretisiert und ausgebaut.[495] Danach ist i.d.R. ein Frauenanteil von mindestens 30 % vorgesehen.[496] Die Universität Mannheim bleibt damit zwar hinter dem vom Wissenschaftsrat im Jahr 2012 geforderten Anteil von 40 % zurück, übersteigt die im LHG vorgesehene Mindestanzahl von drei Frauen aber zumindest minimal.

Derartige Regelungen weisen kein Konfliktpotenzial mit Art. 33 II GG auf. Die hinter der Norm stehenden Interessen an einem fairen Auswahlverfahren, welches sich an den Kriterien der Eignung, Befähigung und fachlichen Leistung orientieren soll, werden durch einen im Vergleich zur gesetzlichen Lage erhöhten weiblichen Anteil der Mitglieder des Auswahlgremiums nicht gefährdet. Dies trifft auch dann zu, wenn man aufgrund der Problematik des gender bias davon ausgehen müsste, dass auch weibliche Entscheidungsträger im Zweifel unterbewusst zur Auswahl einer weiblichen Bewerberin tendieren. Regelungen zur Besetzung der Berufungskommission mit mehr weiblichen Mitgliedern sind zum aktuellen Zeitpunkt allein als Ausgleich zur bisher männerdominierten

---

494 In der Ursprungsfassung des § 48 LHG vom 01.01.2005 war in § 48 IV 2 Hs. 2 LHG lediglich eine fachkundigen Frau vorgeschrieben. Eine Gleichstellungsbeauftragte war nicht vorgesehen. Zum Vergleich dazu ist in § 26 II 5 NHG festgehalten, dass mindestens 40 vom Hundert der stimmberechtigten Mitglieder Frauen sein sollen.

495 S. auch S. 49f.

496 S. Punkt III. der Richtlinien zur Herstellung von Chancengleichheit in Berufungsverfahren der Universität Mannheim und S. 49f. dieser Arbeit. Der Rahmenplan der FernUniversität Hagen sieht sogar eine hälftige Besetzung der Berufungskommission mit Frauen vor, s. Punkt 4.2 (Professuren), Abs. 2 des Rahmenplans der FernUniversität Hagen. Er steht insoweit in Einklang mit dem Leitfaden zur Berücksichtigung der Gleichstellung in Berufungsverfahren der Fern-Universität, welcher auf § 9 Abs. 2 LGG NRW verweist, der eine hälftige Besetzung mit Frauen bei Auswahlkommissionen vorschreibt.

Entscheidungsgewalt zu sehen. Auf diesem Weg nimmt ein erhöhtes Interesse für frauenspezifische Fragen Einzug in die Berufungskommission, was insofern auch auf die männlichen Mitglieder übertragen werden kann. Eine geschlechtsunabhängige Auswahl, die sich abseits von geschlechtsbedingten Sympathien allein auf die Eignungskriterien eines Bewerbers beschränken soll, wird so gerade ermöglicht. Der Gehalt des Art. 33 II GG wird nicht gemindert, sondern vielmehr gestärkt, da die aktuell vorherrschende, einseitig beeinflussende Wirkung des Geschlechts auf die Auswahlentscheidung abgeschwächt wird. Eine Beeinträchtigung des Art. 33 II GG durch eine erhöhte Beteiligung von Frauen in Berufungskommissionen ist damit zu verneinen.[497]

cc) Problemfeld 3: Die Auswahl der einzuladenden Bewerber

Nach der Ausschreibung der zu besetzenden Professur sind die eingegangenen Bewerbungen auszuwerten und die in Frage kommenden Bewerber zur weiteren Sichtung zu einem Bewerbungsgespräch und einem damit verbundenen Berufungsvortrag einzuladen. Es handelt sich hierbei um einen weiteren weichenstellenden Abschnitt für die spätere Besetzung der vakanten Professur, da mit der Nicht-Einladung zum Bewerbungsgespräch erste Kandidaten aus dem Auswahlverfahren ausgesiebt werden.[498] Entsprechend finden gleichstellungsfördernde Motive der Hochschulen auch auf dieser Ebene Berücksichtigung.[499] So heißt es in den Richtlinien zur Herstellung von Chancengleichheit in Berufungsverfahren der Universität Mannheim, dass bei Fakultäten, die über ein unausgeglichenes Geschlechterverhältnis verfügen, mindestens 10 % mehr Bewerberinnen und Bewerber bei gleicher Qualifikation eingeladen werden sollen, als der Anteil der

---

497 Auch darüber hinausgehende Beeinträchtigungen des GG – insb. von Art. 3 GG – sind nicht ersichtlich.

498 Vgl. Kugele, BGleiG, § 7, Rn. 1.

499 Die bevorzugte Berücksichtigung von Frauen bei der Einladung zu Bewerbungsgesprächen findet sich auch in gesetzl. Regelungen des öffentlichen Dienstes wieder. So besagt bspw. § 7 I BGleiG, dass bei der Besetzung von Arbeitsplätzen in einem Bereich, in dem Frauen unterrepräsentiert sind, mindestens ebenso viele Frauen wie Männer zu Bewerbungsgesprächen oder besonderen Auswahlverfahren eingeladen werden müssen, wenn in ausreichender Zahl Bewerbungen von Frauen vorliegen, welche die in der Ausschreibung vorgegebene Qualifikation aufweisen. Auf Landesebene hält § 10 I ChancenG fest, dass in Bereichen, in denen Frauen unterrepräsentiert sind, soweit möglich mindestens ebenso viele Frauen wie Männer oder alle Bewerberinnen zum Bewerbungsgespräch zu laden sind, soweit sie das in der Ausschreibung vorgegebene Anforderungs- und Qualifikationsprofil aufweisen.

Professuren des unterrepräsentierten Geschlechts liegt.[500] Der Frauenförderplan der Goethe-Universität Frankfurt/Main geht noch weiter und ordnet für Bereiche, in denen Frauen unterrepräsentiert sind, an, dass zum Vorstellungsgespräch mindestens genauso viele Frauen wie Männer oder alle Bewerberinnen einzuladen sind, sofern sie die gesetzlich oder sonst vorgesehenen Voraussetzungen für die Besetzung der Personalstelle oder des zu vergebenen Amtes erfüllen.[501] Ähnlich formuliert es auch der Rahmenplan der FernUniversität Hagen, nach dem grundsätzlich alle Bewerberinnen, die die Kriterien der Stellenausschreibung erfüllen, zu einem Probevortrag eingeladen werden sollen, zumindest aber ebenso viele Frauen wie Männer zum Vorstellungsgespräch einzuladen sind, wenn dies wegen der großen Zahl der Bewerberinnen nicht praktikabel ist.[502]

Unabhängig von ihrer konkreten Ausgestaltung ist den Fördermaßnahmen auf Ebene der Bewerbungsgespräche gemein, dass sie unmittelbaren Einfluss auf die Auswahl der potenziellen Kandidaten für die spätere Besetzung der vakanten Professur haben. Deahalb fällt auch die Auswahl der einzuladenden Bewerber als vorbereitendes Auswahlverfahren in den Schutzbereich des Art. 33 II GG. Auch diese muss folglich anhand der Kriterien der Eignung, Befähigung und fachlicher Leistung erfolgen. Konsequenz hieraus ist, dass nur die geeignetsten Kandidaten zu einem Bewerbungsgespräch eingeladen werden dürfen. Indem nun auch das Geschlecht als leistungsfremdes Merkmal bei der Bewerberauswahl Berücksichtigung findet, weisen die Maßnahmen zwangsläufig Konfliktpotenzial mit dem Leistungsrundsatz aus Art. 33 II GG auf.[503] Dieses Potenzial ist umso höher, je tiefgreifender der Aspekt der Frauenförderung für die Auswahl der einzuladenden Bewerber ausfällt und je leistungsabhängiger diese entsprechend gestaltet ist. Damit dient die geforderte Qualifikation als Voraussetzung für die Einladung zu einem Bewerbungsgespräch im Hinblick auf die Bewertung der Beeinträchtigung des Art. 33 II GG als entscheidendes Element. Unter strenger Anlegung des Leistungsgrundsatzes muss eine Beeinträchtigung

---

500 S. Punkt IV. 3. der Richtlinie zur Herstellung von Chancengleichheit in Berufungsverfahren der Universität Mannheim.

501 S. den Frauenförderplan der Goethe-Universität Frankfurt/Main, S. 10. Dies wird dahingehend ergänzt, dass die Ausschreibung auf Verlangen der Frauenbeauftragten zu wiederholen ist, wenn nach der ersten Ausschreibung keine Bewerbungen von Frauen vorliegen, die die gesetzl. und die in der Ausschreibung definierten Voraussetzungen für die Besetzung der Stelle erfüllen.

502 S. Punkt 4.2 (Professuren) Abs. 5 des Rahmenplans der FernUniversität Hagen.

503 So auch Höfling, in BK-GG, Art. 33 Abs. 1 bis 3, Rn. 254 unter Verweis auf § 7 I BGleiG.

des Art. 33 II GG stets dann angenommen werden, wenn die Anforderungen der vorzuweisenden Qualifikationen von weiblichen Bewerbern niedriger sind als die ihrer männlichen Konkurrenten, um zu einem Bewerbungsgespräch eingeladen zu werden.[504] Die Universität Mannheim wird dem insofern gerecht, als dass sie nur bei Vorliegen gleicher Qualifikation 10 % mehr Bewerberinnen und Bewerber zu weiterführenden Gesprächen einlädt, als der Anteil der Professuren des unterrepräsentierten Geschlechts liegt. Das Merkmal der Qualifikation wird über eine derartige Ausgestaltung der Fördermaßnahme vollumfänglich berücksichtigt. Diese greift nur für den Fall der gleichen Qualifikation und steht daher nicht in Konflikt zu Art. 33 II GG. Anders verhält es sich hingegen bei den Regelungen der Goethe-Universität Frankfurt/Main und der FernUniversität Hagen. Dort soll lediglich die Erfüllung der gesetzlich oder sonst vorgesehenen Voraussetzungen für die Besetzung der Personalstelle oder des zu vergebenen Amtes bzw. die Erfüllung der in der Stellenausschreibung formulierten Kriterien Voraussetzung für die Einladung zu Vorstellungsgespräch und Probevortrag sein. Es werden damit nicht zwangsläufig die am besten geeigneten Bewerber zum Bewerbungsgespräch geladen, sondern Frauen können auch dann mit einer Einladung rechnen, wenn sie lediglich die erforderliche Mindestqualifikation erfüllen. Entsprechend kann sich aus den Regelungen der Goethe-Universität und der FernUniversität Hagen ergeben, dass andere männliche Bewerber, die im Vergleich zu eingeladenen Frauen über eine bessere Qualifikation verfügen, nicht zum Vorstellungsgespräch eingeladen werden. Das Ergebnis ist, dass besser geeignete Bewerber schon frühzeitig aus dem Auswahlverfahren ausscheiden. Eine solche Vorgehensweise lässt sich mit Art. 33 II GG nicht vereinbaren, der das öffentliche Amt strikt nach Eignung, Befähigung und fachlicher Leistung und damit an den am besten geeignetsten Bewerber vergeben will. Werden nun Bewerber zu Bewerbungsgesprächen aufgrund geschlechts- und somit nicht nur aus rein leistungsbedingten Motiven eingeladen, ist eine Beeinträchtigung des Art. 33 II GG zu bejahen.

dd) Problemfeld 4: Die Aufstellung der Berufungsliste

Gemäß § 48 III 4 LHG BW stellt die Berufungskommission als Abschluss ihrer auswertenden Arbeit einen Berufungsvorschlag auf, der drei Namen enthalten soll. Dieser bildet die wichtigste Grundlage für die spätere Berufung. So werden Professoren nach § 48 II 1 Hs. 1 LHG BW vom Rektor der Hochschule im

504 So Höfling, in BK-GG, Art. 33 Abs. 1 bis 3, Rn. 254; Dollinger/Umbach, in Umbach/Clemens, GG, Band 1, Art. 33, Rn. 60.

Einvernehmen mit dem Wissenschaftsministerium auf der Grundlage des Berufungsvorschlags berufen. Gemäß § 48 II 1 Hs. 2 LHG kann dabei nur in begründeten Fällen vom Berufungsvorschlag abgewichen werden.[505] In Vertrauen auf die fachliche Kompetenz der Berufungskommission und um die hochschulinterne Harmonie zu wahren, erhält in der praktischen Umsetzung der auf dem ersten Listenplatz geführte Kandidat grundsätzlich auch den letztendlichen Ruf an die Hochschule.[506] Zumindest aber kommen Bewerber, die in der Dreierliste nicht aufgeführten sind, in aller Regel nicht für eine Berufung in Frage.[507] Die Berufungsliste ist somit nicht als bloßer „Vorschlag" zu werten, sondern hat zumindest in negativer Hinsicht einen verbindlichen Gehalt.[508] Es handelt sich hierbei in den meisten Fällen um die unmittelbare Vorentscheidung für die spätere Ämtervergabe. Diese muss folglich auf die Kriterien der Eignung, Befähigung und fachlichen Leistung gestützt sein und fällt somit in den Schutzbereich des Art. 33 II GG.[509]

Der Leistungsgrundsatz hat damit in der praktischen Umsetzung direkten Einfluss auf die genaue Listenreihung, an deren Spitze der am besten qualifizierte Kandidat zu setzen ist.[510] Im Rahmen des Berufungsverfahrens gilt es demnach, den für die ausgeschriebene Professur am besten geeigneten Kandidaten zu finden. Als Grundlage für die Kandidatenbewertung und die Ausgestaltung des Berufungsvorschlags dienen anzufertigende Gutachten, welche die Lehr- und Forschungsleistungen der zu Berufenden in eine entsprechende Reihung bringen sollen.[511] Daneben äußert sich gemäß § 48 III 5 LHG BW auch der Studiendekan zu den Fähigkeiten und Erfahrungen der Bewerber im Bereich der Lehre. Auf Basis dieser Erkenntnisse hat die Berufungskommission letztlich den fachwissenschaftlich am besten geeigneten Kandidaten ausfindig zu machen.

505 Näheres dazu sogleich auf S. 99f.

506 Auch der VGH München, NJW 2003, 1682 (1683) betont das besondere Gewicht des Berufungsvorschlags gerade im Hinblick auf die Bewertung der fachlichen Qualifikation der Bewerber und spricht von einer Bindungswirkung desselben.

507 Wagner, Das Prinzip der Bestenauslese im öffentlichen Dienst, S. 70.

508 Wagner, Das Prinzip der Bestenauslese im öffentlichen Dienst, S. 70.

509 So auch VGH München, NJW 2003, 1682 (1683); Wagner, Das Prinzip der Bestenauslese im öffentlichen Dienst, S. 70.

510 BVerwG, DVBl. 1985, 1233 (1236); Wagner, Das Prinzip der Bestenauslese im öffentlichen Dienst, S. 71.

511 Gem. § 48 III 4 LHG BW sind bei der Besetzung von W3-Professuren auswärtige und vergleichende Gutachten einzuholen, auf deren Grundlage die Berufungskommission einen Berufungsvorschlag aufstellt; hierzu auch Sandberger, LHG BW, § 48 LHG BW, Rn. 4.

Ihr kommt dabei eine besondere Beurteilungskompetenz zu, die über Art. 5 III 1 GG verfassungsrechtlich garantiert ist und insofern nur der eingeschränkten gerichtlichen Kontrolle unterliegt.[512] Entsprechend ist eine Vereinbarkeit der Auswahlentscheidung mit dem Leistungsgrundsatz nur dann zu verneinen, wenn sie an Verfahrensfehlern leidet oder der Beurteilungsspielraum tatsächlich überschritten ist.[513] Dies ist der Fall, wenn der Auswahl durch die Berufungskommission ein falscher Sachverhalt zugrunde gelegt wurde, oder sachfremde Erwägungen in die Entscheidung eingeflossen sind.[514] Frauenfördernde Motive sind grundsätzlich als derart sachfremde Erwägungen einzustufen, wenn sie statt oder zumindest neben qualitativen Erwägungen in den Prozess der Aufstellung der Berufungsliste einfließen. Art. 18 IV 7 BayHSchPG beispielsweise ordnet dennoch an, dass bei der Erstellung des Berufungsvorschlags auf die Erhöhung des Anteils der Frauen in der Wissenschaft hinzuwirken ist.[515] Es stellt sich die Frage, wie eine solche Frauenförderung im Rahmen der Aufstellung der Berufungsliste gestaltet sein kann, ohne hierbei die in Art. 33 II GG gesteckten Grenzen zu überschreiten.

(1) Leistungsunabhängige Bevorzugung

Der problematischste Fall der Frauenförderung im Rahmen der Verabschiedung des Berufungsvorschlages ist anzunehmen, wenn ein Platz in der beschlossenen Berufungsliste aus geschlechtsspezifischen Gründen mit einer Frau besetzt wird,

---

512 BVerwG, DVBl. 1985, 1233 (1235f.); VGH München, Beschluss vom 05.01.2012 – 7 CE 11.1432; OVG Münster, DÖD 2014, 304 (305); VG Düsseldorf, Urteil vom 03.12.2015 – 15 K 7734/13.

513 VGH München, Beschluss vom 05.01.2012 – 7 CE 11.1432; OVG Münster, DÖD 2014, 304 (305); VG Düsseldorf, Urteil vom 03.12.2015 – 15 K 7734/13.

514 So zuletzt insb. BVerfG, Beschluss vom 20.09.2016 – 2 BvR 2453/15, Rn. 19 und auch OVG Münster, Beschluss vom 21.02.2017 – 6 B 1109/16, Rn. 10. Das OVG Berlin-Brandenburg betont in seinem Beschluss vom 29.03.2007 – OVG 4 S 16.06, dass der Schutzumfang des Art. 5 III 1 GG nicht derart weit gehen kann, dass eine Beeinträchtigung des Art. 33 II GG nur bei einer „offensichtlich rechtswidrigen, letztlich nicht haltbaren und schlechterdings willkürlichen" Auswahlentscheidung zu bejahen wäre; hierzu auch VGH München, NJW 2003, 1682 (1683); VGH München, Beschluss vom 05.01.2012 – 7 CE 11.1432; OVG Münster, DÖD 2014, 304 (305); VG Düsseldorf, Urteil vom 03.12.2015 – 15 K 7734/13.

515 In Baden-Württemberg besteht eine solche landesgesetzl. Regelung nicht. In Punkt IV. 1. der Richtlinie zur Herstellung von Chancengleichheit in Berufungsverfahren der Universität Mannheim heißt es lediglich, dass der Vorsitzende der Berufungskommission zu Beginn des Verfahrens den gesetzl. Gleichstellungsauftrag erläutert und auf die Richtlinie hinweist.

obwohl diese im Vergleich zu ihren männlichen Bewerbern über eine schlechtere Qualifikation verfügt. Ein derartiges Vorgehen ist eine klare Beeinträchtigung des Art. 33 II GG, da die Auswahl gerade nicht anhand der exklusiven Merkmale der Eignung, Befähigung und fachlichen Leistung erfolgt.[516] Auf diesem Wege könnte der weibliche Professorenanteil zwar schnellstmöglich, nicht aber auch im Einklang mit der Verfassung erhöht werden.

Eine so offensichtliche Ungleichbehandlung in Form einer leistungsunabhängigen Bevorzugung ist in den konkreten Förderrichtlinien der Hochschulen allerdings auch nicht zu finden. Diese scheuen die Fixierung einer so effektiven, aber eben auch offensichtlich verfassungswidrigen Maßnahme.[517] Unabhängig von einer fehlenden hochschulinternen Regelung sind in der praktischen Umsetzung jedoch durchaus Berufungsverfahren denkbar, in denen eine entsprechende Entscheidung zugunsten einer weiblichen Kandidatin und so zugleich gegen einen besser qualifizierten männlichen Bewerber gefällt wird.[518] Dies stellt eine Beeinträchtigung des Art. 33 II GG dar.

(2) Leistungsabhängige Bevorzugung

Die Bevorzugung von weiblichen Bewerbern bei gleicher bzw. wesentlich gleicher Eignung, Befähigung und fachlicher Leistung für den Fall einer weiblichen Unterrepräsentation ist hingegen in vielen Gleichstellungsplänen festgehalten. So heißt es etwa im Frauenförderplan der Goethe-Universität Frankfurt/Main, dass weibliche Bewerber bei gleichwertiger Qualifikation bis zur Beendigung der Unterrepräsentation im Verhältnis zu einem männlichen Bewerber zu

516 Krüger/Leuze, in Hailbronner/Geis, Hochschulrecht in Bund und Ländern, § 45 HRG, Rn. 25.

517 A.A. Färber, Chancengleichheit und Qualitätsmanagement in Berufungsverfahren, S. 19, welche unter wiederholter Verkennung der Geltung des Art. 33 II GG Ergebnisquoten und in diesem Zusammenhang auch die Ausschreibung von Professuren nur für Frauen als einzige Möglichkeit sieht, in einem angemessenen Zeitraum Gleichstellung zu erreichen.

518 So wird bspw. im Bericht der zentralen Frauenbeauftragten der FU Berlin angedeutet, dass die Auswahl der geeigneten Kandidaten im Berufungsverfahren bei Kenntnis von möglichen Fördergeldern eher auf eine Frau fallen würde. Dort heißt es in Bezug auf eine gescheiterte Berufung einer Frau im Rahmen des Berliner Chancengleichstellungsprogramms: „Die an den Berufungsverfahren beteiligten Professoren waren sich nicht immer bewusst, dass es sich um ein Ausschreibungsverfahren im Kontext eines Chancengleichstellungsprogramms handelte, obwohl die durch die vorgezogene Berufung entstehende Doppelfinanzierung von den Bereichen selbst zu tragen ist.", s. S. 60 des Berichts der zentralen Frauenbeauftragten der FU Berlin.

bevorzugen sind, falls in der Person des männlichen Mitbewerbers keine besonderen Gründe überwiegen.[519] Ähnlich ist es auch im Rahmenplan zur Gleichstellung von Frauen und Männern an der FernUniversität Hagen formuliert, laut dem Frauen bei gleichwertiger Eignung, Befähigung und fachlicher Leistung auf Berufungslisten bevorzugt zu berücksichtigen sind.[520] Derartige Regelungen können unter den Oberbegriff der leistungsabhängigen Bevorzugung zusammengefasst werden. Diesen ist gemein, dass sie erst im Fall einer gleichen bzw. nahezu gleichen Qualifikation der Kandidaten greifen und damit auch erst im Anschluss an die vorzunehmende Auswahl nach Leistung, Befähigung und fachlicher Eignung. Stellt sich bei dieser Auswahl heraus, dass mehrere Kandidaten über eine exakt gleiche Qualifikation verfügen, so sind die von Art. 33 II GG aufgestellten Anforderungen an eine Kandidatenauswahl erfüllt und eine Beeinträchtigung gar nicht möglich.

Es stellt sich allerdings die Frage, ob dies auch bei einer lediglich wesentlich gleichen Qualifikation angenommen werden kann. Entscheidend ist hier, dass der Schutzbereich des Art. 33 II GG nicht umgangen werden darf. Entsprechend können Hilfskriterien in einem derart gelagerten Fall nur herangezogen werden, wenn es sich um Beurteilungsunterschiede handelt, die von der Komplexität des Auswahlverfahrens begründet werden und ein geringfügiges Maß nicht überschreiten.[521] Aufgrund der Absolutheit des Leistungsprinzips lässt sich die Herabstufung der Anforderungen an die Verwendung von Hilfskriterien nur für Fälle begründen, in denen kein klarer Vorsprung in der Qualifikationsbewertung festzustellen ist.[522] Im jeweiligen Einzelfall muss daher ermittelt werden, ob die Unterschiede in der Bewertung als zu schwerwiegend einzustufen sind und entsprechend eine Auswahl anhand der Kriterien der Eignung, Befähigung und fachlichen Leistung möglich ist, oder aber ob der festgestellte Leistungsunterschied als derart geringfügig zu bewerten ist, dass die Möglichkeit von hinzuziehenden Hilfskriterien besteht.[523] Da somit im Ergebnis stets das Vorliegen

---

519 S. 10 des Frauenförderplans der Goethe-Universität Frankfurt/Main.

520 S. Punkt 4.2 (Professuren), Abs. 6 des Rahmenplans der FernUniversität Hagen.

521 Auch in BVerfGE 80, 123 (126) ist von „geringfügigen Beurteilungsunterschied(en)" die Rede; eine derartige Geringfügigkeit muss etwa verneint werden, wenn sich im Hinblick auf die Gesamtnote der Leistungsbewertung der Bewerber ein Unterschied von einer vollen Notenstufe ergibt, so BVerwG, ZBR 1994, 52 (53).

522 OVG Magdeburg, LKV 2011, 517 (518); VG Gelsenkirchen, NVwZ-RR 2009, 174 (175).

523 So zuletzt OVG Münster, Beschluss vom 21.02.2017 – 6 B 1109/16, Rn. 22f. und insb. 42; s. auch BVerwG, ZBR 1994, 52 (53); OVG Magdeburg, LKV 2011, 517 (518).

einer qualitativen Pattsituation Grundvoraussetzung für eine leistungsabhängige Bevorzugung ist, liegt eine Beeinträchtigung des Art. 33 II GG bei der Heranziehung des Hilfskriteriums „Geschlecht" bei gleicher bzw. nahezu gleicher Qualifikation nicht vor.[524] Es verbleibt in einem solchen Fall jedoch die Möglichkeit einer Verletzung von Art. 3 II 1, III 1 Var. 1 GG, deren Schutzbereich eröffnet ist.[525]

(3) Eignungsbewertung unter Berücksichtigung von Gender-Aspekten

Teilweise werden die Förderabsichten zugunsten von Frauen auch als Teil der geforderten Qualifikationen berücksichtigt und nehmen so Einfluss auf die Eignungsbewertung der Kandidaten.[526] Hier ist der Schutzbereich des Art. 33 II GG unmittelbar betroffen, da die geschlechtsspezifischen Motive direkt in die Auswahlentscheidung nach Eignung, Befähigung und fachlicher Leistung mit einfließen und der Auswahlprozess an sich noch nicht abgeschlossen ist. Bei der rechtlichen Bewertung ist zwischen einer positiven und einer negativen Herangehensweise zu unterscheiden: So können die angelegten Kriterien zum einen positiv formuliert sein, sodass geschlechtsspezifische Anforderungen zu einer besseren Beurteilung der Qualifikation der Bewerber führen. Im Rahmenplan der FernUniversität Hagen heißt es beispielsweise, dass gender- und diversityspezifische Aspekte in Forschung und Lehre und die Förderung des wissenschaftlichen Nachwuchses als ein Kriterium bei der Bewertung der Qualifikation gelten und entsprechenden Einfluss auf die letztendliche Listenentscheidung durch die Berufungskommission und das Rektorat haben.[527] Demgegenüber

524 So Hebeler, Verwaltungspersonal, S. 148 und auch OVG NRW, das in seinem Beschluss vom 21.02.2017 – 6 B 1109/16 die leistungsabhängige Vorzugsregelung des § 19 VI 1,2 LBG NRW als unbedenklich und insb. mit Art. 33 II GG vereinbar einstuft. Eine Verfassungswidrigkeit nimmt das Gericht insoweit nur für die neue Regelung des § 19 VI 3 LBG NRW an, der die maßgebliche Frage der „im Wesentlichen gleichen Eignung, Befähigung und fachlichen Leistung" nur anhand der in den aktuellen Beurteilungen ausgewiesenen Gesamturteile beantwortet und weiteren leistungsbezogenen Kriterien von vornherein keine Relevanz beimisst (s. Rn. 9 des Urteils).

525 So auch Hebeler, Verwaltungspersonal, S. 148; s. S. 109f. zur Vereinbarkeit mit Art. 3 II 1, III 1 Var. 1 GG.

526 Zur davon zu unterscheidenden Problematik der geschlechtsabhängigen Eignung, bei der das Merkmal Geschlecht tatsächlich entscheidend für die qualitative Bewertung der Bewerber sein soll, s. unten S. 110f.

527 So heißt es in Punkt 4.2 (Professuren) Abs. 3 des Rahmenplans der FernUniversität Hagen: „In Stellenausschreibungen für Professuren werden die Bewerber und Bewerberinnen aufgefordert, auch die genderspezifischen Aspekte in Forschung und Lehre sowie bei der Förderung des wissenschaftlichen Nachwuchses zu berücksichtigen.

ist eine Berücksichtigung von genderspezifischen Anforderungen aber auch in negativer Weise möglich, indem insbesondere familienbedingte Auswirkungen auf die Beurteilung der wissenschaftlichen Qualifikation keinen nachteiligen Einfluss haben dürfen. So führt etwa der Rahmenplan der FernUniversität Hagen weiter aus: „Bei der Beurteilung der wissenschaftlichen Qualifikation darf die Berufungskommission Teilzeitarbeit, Unterbrechungen der wissenschaftlichen Tätigkeit oder Verzögerungen bei Qualifikationsabschlüssen aus familiären Gründen sowie deren Konsequenzen (z.B. geringere Anzahl der Publikationen, weniger Drittmitteleinwerbungen, weniger Lehrerfahrung) nicht qualifikationsmindernd bewerten."[528]. Ähnlich ist es auch in der Richtlinie zur Herstellung von Chancengleichheit in Berufungsverfahren der Universität Mannheim zu finden, nach der die Beurteilung der Qualifikation der Bewerberinnen und Bewerber „auch unter Berücksichtigung von strukturellen Bedingungen der Vereinbarkeit von Familie und Beruf, wie zum Beispiel Elternzeiten, in einem standardisierten Beurteilungsverfahren" erfolgt.[529] Auch hier dürfen familienbedingte Auszeiten im Ergebnis nicht negativ in die Bewertung der Bewerber einfließen.

Im Hinblick auf eine Vereinbarkeit mit Art. 33 II GG führen die negativ ausgestalteten Regelungen letztendlich nur im positiven Sinne dazu, dass dessen Tatbestand volle Wirkung entfalten kann: Die Bewertung von Eignung, Befähigung und fachlicher Leistung erfolgt losgelöst von Faktoren, die dem familiären Bereich zuzuordnen sind, und beschränkt sich somit allein auf die fachlichen Kompetenzen. Gerade dies fordert auch Art. 33 II GG, nach dem allein der am besten für das öffentliche Amt geeignete Kandidat auszuwählen ist. Bei strikt objektiver Herangehensweise wird dies in der Praxis aber in vielen Fällen dazu

---

In der Stellenausschreibung für Professuren wird daher folgender Satz aufgenommen: „Die Bewerberinnen und Bewerber sind aufgefordert, auch gender- und diversityspezifische Aspekte in Forschung und Lehre sowie bei der Förderung des wissenschaftlichen Nachwuchses in fachlich angemessener Weise zu berücksichtigen. Diese Gender-Aspekte gelten als ein Kriterium bei der Bewertung der Qualifikation. Sollte in der wissenschaftlich-fachlichen Ausrichtung keine genderspezifische Fragestellung erkennbar sein, sollte die Bewerberin/der Bewerber dies erläutern können. Die Erläuterung, warum keine genderspezifische Fragestellung erkennbar ist, wird dokumentiert. Der Berufungsbericht der/des Berufungskommissionsvorsitzenden dokumentiert inwieweit der Kandidat/die Kandidatin die Gender-Aspekte tatsächlich berücksichtigt. Die Berufungskommission und das Rektorat beziehen das Kriterium Gender-Aspekte auch in die Listenentscheidung mit ein.".

528 S. etwa Punkt 4.2 (Professuren) Abs. 4 des Rahmenplans der FernUniversität Hagen.

529 S. Ziff. IV. 5. der Richtlinie zur Herstellung von Chancengleichheit in Berufungsverfahren der Universität Mannheim.

führen, dass Frauen schlechter beurteilt werden müssen, da diese auch heute noch in aller Regel erhöhte familiäre Verpflichtungen haben und entsprechend rein quantitativ betrachtet schwerlich die gleiche Arbeit erbringen können, wie ihre männliche Konkurrenz.[530] Wird nun die familienbedingte Mehrbelastung bzw. Auszeit im Wege des Auswahlverfahrens berücksichtigt, so kommt es zu einer Neutralität des Bewertungsvorgangs, der nun rein qualitativ und unabhängig von einer möglichen Verzerrung durch familiäre Einflüsse erfolgen kann. Damit wird der Gleichheitsgedanke des Art. 33 II GG gestärkt und nicht geschmälert. Eine Beeinträchtigung des Leistungsgrundsatzes liegt demzufolge bei der negativen Herangehensweise an die Ausgestaltung der Qualifikationskriterien nicht vor.[531]

Die positive Festlegung von geschlechtsspezifischen Qualifikationsanforderungen hingegen führt nicht zu einer gleichberechtigten Bewertung der Geschlechter, sondern bevorzugt vielmehr die Wissenschaftler mit geschlechtsgeprägtem Forschungsprofil. Die von Art. 33 II GG aufgestellten Kriterien werden insofern aber nicht in ihrer Bedeutung geschmälert. Vielmehr werden sie inhaltlich dahingehend ausgestaltet, dass Kandidaten mit einer entsprechenden geschlechtsspezifischen Ausrichtung qualitativ besser einzustufen sind. Im Ergebnis führen derartige Regelungen dazu, dass die aufgestellten Anforderungsprofile, welche als Konkretisierung des Leistungsgrundsatzes gesehen werden können, um den Aspekt der Genderforschung angereichert werden. Eine Beeinträchtigung des Art. 33 II ist darin nicht zu sehen.[532]

ee) Problemfeld 5: Die endgültige Entscheidung des Rektors

Nachdem gem. § 48 III 7 Hs. 1 LHG BW der Fakultätsrat oder der Örtliche Senat dem Berufungsvorschlag zugestimmt hat, obliegt dem Rektor gemäß § 48 II 1 LHG im Einvernehmen mit dem Wissenschaftsministerium die letztliche

530 So kürzlich auch OVG Münster, Beschluss vom 21.02.2017 – 6 B 1109/16, Rn. 105. Zur Problematik des strukturell diskriminierenden Berufungsverfahrens s. unten S. 124f.

531 Da insofern auch keine geschlechtsbedingte Ungleichbehandlung erfolgt, sondern mit derartigen Regelungen vielmehr eine geschlechtliche Gleichberechtigung erzielt wird, ist darüber hinaus auch eine Beeinträchtigung des Art. 3 II 1, III 1 Alt. 1 GG zu verneinen. S. insofern auch OVG Münster, Beschluss vom 21.02.2017 – 6 B 1109/16, Rn. 105f. (Rn. 106), das derartige Regelungen ebenfalls als rechtlich unbedenklich einstuft.

532 Trotz der verneinten Ungleichbehandlung i.S.d. Art. 33 II GG stellt sich allerdings die Frage, ob eine Beeinträchtigung des Art. 3 II 1, III 1 Alt. 1 GG bejaht werden muss, hierzu S. 117.

Entscheidung über die Besetzung einer vakanten Professur. Sie stellt das Ergebnis des Auswahlvorgangs dar und ist damit zwangsläufig an den von Art. 33 II GG aufgestellten Maßstab gebunden. Da dies jedoch auch für die zuvor aufgezeigten Schritte des Berufungsverfahrens gilt, entwickelt Art. 33 II GG für die Entscheidung des Rektors nur dann ein eigenständiges rechtliches Gewicht, wenn dieser an den Vorschlag der Berufungsliste nicht gebunden ist. Ist eine Bindungswirkung hingegen zu bejahen, so kann eine eigenständige Beeinträchtigung des Leistungsprinzips durch den Rektor gar nicht in Frage kommen, da er insofern nur eine zuvor getroffene Auswahl verkündet. Eine tatsächliche Beeinträchtigung des Art. 33 II GG kann entsprechend nur bejaht werden, wenn ihm ein Abweichen vom Berufungsvorschlag zugestanden wird und ein solches in eignungsfremder Art und Weise erfolgt.[533]

(1) Die Bindung des Rektors an den Berufungsvorschlag

Nach früherer Rechtslage lag die Entscheidungsgewalt für die Besetzung einer Professur gemäß § 45 II 1 HRG a.F. bei der nach Landesrecht zuständigen Stelle.[534] Die Berufungsentscheidung befand sich im Konflikt zwischen der Autonomie der Hochschule und dem Einfluss des Staates.[535] Im sogenannten „Hochschulurteil" hatte das BVerfG damals bezüglich einer Bindungswirkung des seitens der Fakultät erstellten Berufungsvorschlages und des damit verbundenen Gestaltungsspielraumes des Ministeriums festgestellt, dass es der allgemeinen Erfahrung entspreche, „daß in der Berufungspraxis den Universitätsvorschlägen größte Bedeutung zukommt (…)".[536] Begründet wurde dies mit der in Art. 5 III 1 GG garantierten Wissenschaftsfreiheit, mit der das Berufungsverfahren besonders eng verknüpft und die maßgebliche Beteiligung der Hochschullehrer deshalb unverzichtbar sei.[537] Dem Ministerium waren in seiner Entscheidungsgewalt

---

533 Wagner, Das Prinzip der Bestenauslese im öffentlichen Dienst, S. 71 spricht davon, dass die ergangene Vorentscheidung der Berufungskommission in einem solchen Fall durchkreuzt und Art. 33 II GG entspr. „seiner Wirkkraft beraubt" würde.

534 S. HRG in der Fassung des Vierten Gesetzes zur Änderung des Hochschulrahmengesetzes vom 20.08.1998. I.d.R. lag die Entscheidungsgewalt damit beim zuständigen Minister bzw. Senator, sodass in den meisten Bundesländern eine Zuständigkeit des Wissenschaftsministeriums gegeben war.

535 Eingehend zur damaligen Problematik Siekmann, DÖV 1979, 82ff. und Brocker, RiA 1993, 271ff.; s. hierzu auch die Ausführungen auf S. 5f.

536 BVerfGE 35, 79 (133f.).

537 Konkret heißt es in BVerfGE 35, 79 (133): „Besondere Anforderungen sind jedenfalls an das Berufungsverfahren der Hochschullehrer wegen der hervorragenden Bedeutung dieses Vorgangs für die Struktur der heutigen deutschen Universität zu stellen. Dieses Auswahlverfahren bestimmt die eigentlichen Träger der freien Forschung und

insbesondere in Bezug auf die Beurteilung der fachwissenschaftlichen Eignung der Bewerber Grenzen gesetzt. So stand ihm etwa nicht die Möglichkeit zu, die eingeschätzte Qualifikation der gelisteten Kandidaten anzuzweifeln und beispielsweise mittels eigenhändig durchgeführter Gutachten erneut zu überprüfen.[538]

Es stellt sich die Frage, ob die reformierte Rechtslage an diesem Grundsatz etwas geändert hat. Die Entscheidungsträger gehen nun aus den Hochschulen selbst hervor und verfügen entsprechend über eine daraus resultierende Nähe zum zuvor ergangenen Entscheidungsprozess. Dies könnte rein theoretisch für eine höhere Flexibilität bei der letztendlichen Besetzungsentscheidung sprechen, da insofern keine Konfliktsituation mehr zwischen Hochschulautonomie und staatlichem Einfluss gegeben ist. Eine derartige Interpretation legt zum Teil auch die praktische Umsetzung in den neuen hochschulrechtlichen Regelungen nahe, die im landesweiten Vergleich allerdings unterschiedlich formuliert sind: Kann der Rektor gemäß § 48 II 1 Hs. 2 LHG BW nur in begründeten Fällen vom Berufungsvorschlag abweichen, legt demgegenüber beispielsweise § 60 IV 4 SächsHSFG fest, dass der Rektor an den Beschluss des Fakultätsrates nach § 60 I 4 SächsHSFG nicht gebunden ist. Auch die im „Hochschulurteil" getroffenen Aussagen zur damaligen Rechtslage lassen einen umfassenden Gestaltungsspieltraum des Rektors heute zumindest möglich erscheinen. Das BVerfG hatte hier die in Art. 5 III 1 GG gewährleistete Wissenschaftsfreiheit als maßgebliche Begründung gegen einen dem Wissenschaftsministerium zukommenden Gestaltungsspielraum angeführt. Eine derart klare Grundrechtsträgerzuordnung kann nach der aktuellen Rechtslage aber gar nicht mehr erfolgen.[539] Zwar können die Professoren noch immer als die eigentlichen Träger der freien Forschung und Lehre innerhalb der Universität bezeichnet werden,[540] genauso kommt aber auch

---

Lehre innerhalb der Universität und ist deshalb mit der Garantie der Wissenschaftsfreiheit besonders eng verknüpft.".

538 Epping, WissR 25 (1992), 166 (174ff.); ders., WissR 28 (1995), 211 (213f.); Detmer, WissR 30 (1997), 193 (199); Tomerius, S. 106 f. Möglich war hingegen ein Abweichen des Ministeriums als Dienstherr des künftigen Hochschullehrers aufgrund einer Überprüfung der allg. Eignung des Kandidaten aus personalrechtl. Sicht, wie bspw. die fehlende Verfassungstreue eines vorgeschlagenen Kandidaten, so BVerwG NVwZ 1986, 374 (375).

539 So auch Sandberger, LHG BW, § 48 LHG BW, Rn. 7; Kurz, in Nolden/Rottmann/Brinktrine/Kurz, Sächsisches Hochschulgesetz, S. 289f.; Brüggen, Handbuch des Sächsischen Hochschulrechts, § 60 SächsHSFG, Rn. 743f.

540 So in Bezug auf Art. 20 I LV BW auch VerfGH BW, Urteil v. 14.11.2016 – 1 VB 16/15.

dem Rektor als Entscheidungsträger ein entsprechender Schutz zu, da er in der Eigenschaft als Organ der Hochschule handelt, welche wiederum nach Art. 5 III 1 GG grundrechtsberechtigt ist.[541]

Unabhängig von der organisatorischen Umgestaltung und der damit verbundenen rechtlichen Stellung der neuen Entscheidungsträger hat sich die Verteilung der wissenschaftlichen Kompetenz durch die neue Gesetzeslage nicht verändert. Diese liegt auch heute noch auf Seiten der Berufungskommission, welche durch die rechtlich angeordnete Mehrheit der Professoren weiterhin über die fachliche Verantwortlichkeit verfügt.[542] Im Lichte der Wissenschaftsfreiheit muss daher auch nach heutiger Rechtslage den am Berufungsverfahren beteiligten Professoren die Entscheidungsgewalt bezüglich der Einschätzung der Fachkompetenz der Bewerber zukommen.[543] Zumindest § 48 II 1 Hs. 2 LHG BW wird diesem überlegenen Fachwissen auf landesrechtlicher Ebene gerecht, indem er anordnet, dass Abweichungen des Rektors vom Berufungsvorschlag nur in begründeten Fällen möglich sind. Es stellt sich dann allerdings die Frage, wie § 60 IV 4 SächsHSFG zu interpretieren ist, der die Voraussetzungen, unter denen der Rektor vom Beschluss des Fakultätsrates tatsächlich abweichen darf, nicht näher regelt. Die Lösung findet sich in einer verfassungskonformen Auslegung der Norm, da der fachwissenschaftlichen Autorität der Berufungskommission nur so entsprochen werden kann.[544] Dies hat zur Konsequenz, dass der Rektor auch in einem Fall des § 60 IV 4 SächsHSFG die fachliche Entscheidung der Berufungskommission akzeptieren muss, wie auch schon das Wissenschaftsministerium unter § 45 II 1 HRG a.F. Trotz eines unterschiedlichen Wortlauts wird so eine Inhaltsgleichheit der landesrechtlichen Normen hergestellt: Ein Abweichen vom Berufungsvorschlag ist dem Rektor lediglich in besonders begründeten Fällen möglich, die nicht dem fachlichen Entscheidungsbereich zuzuordnen sind.[545] Im Ergebnis können so lediglich personalwirtschaftliche oder personalpolitische

---

541 SächsOVG, SächsVBl. 2016, 152 (154); VG Leipzig, Beschluss vom 17.03.2014 – 4 L 72/14, Rn. 35.

542 Sandberger, LHG BW, § 48 LHG BW, Rn. 7.

543 Das SächsOVG, SächsVBl. 2016, 152 (154) führt dazu aus, dass „die fachliche Einschätzungsprärogative der am Auswahlverfahren beteiligten Fakultätsmitglieder hinsichtlich der Eignung der Bewerber" gewahrt werden muss; so auch VG Leipzig, Beschluss vom 17.03.2014 – 4 L 72/14, Rn. 35.

544 SächsOVG, SächsVBl. 2016, 152 (154).

545 So auch Sandberger, LHG BW, § 48 LHG BW, Rn. 7 unter Verweis auf Kurz, in Nolden/Rottmann/Brinktrine/Kurz, Sächsisches Hochschulgesetz, S. 290; s. hierzu auch VG Leipzig, Beschluss vom 17.03.2014 – 4 L 72/14, Rn. 34.

Gründe eine vom Berufungsvorschlag abweichende Wahl durch den Rektor rechtfertigen.[546] Dieser kann folglich bei der konkreten Personalauswahl nur in seiner Funktion als Manager der Hochschule in Erscheinung treten.[547] Entscheidend ist, dass die fachliche Beurteilung durch die Berufungskommission nicht in Frage gestellt werden darf. Es ist ihm also nicht möglich, einen Kandidaten vorzuziehen, den er für fachlich geeigneter hält, als die von der Berufungskommission ausgewählten Kandidaten. Der Rektor verfügt somit lediglich über Gestaltungsspielraum, solange es um Entscheidungen des Personaleinsatzes geht, die er in seiner Funktion als Vertreter der Hochschule für diese zur Steigerung der hochschulinternen Personaleffizienz zu treffen hat.

(2) Mögliche Beeinträchtigungen des GG durch die Entscheidung des Rektors

Für die rechtliche Beurteilung einer vom Berufungsvorschlag abweichenden Entscheidung des Rektors bedeutet dies, dass eine solche zumindest mit der in Art. 5 III 1 GG gewährleisteten Wissenschaftsfreiheit der am Berufungsverfahren Beteiligten nicht zu vereinbaren ist, sofern fachliche und nicht personalwirtschaftliche oder personalpolitische Gründe ausschlaggebend für die letztendliche Kandidatenauswahl waren.[548] Auch personalwirtschaftliche oder personalpolitische Gründe können ein Abweichen von der Berufungsliste jedoch nur dann rechtfertigen, wenn sie ein hinreichendes Gewicht aufweisen. Dies muss umso klarer gelten, je weniger der Rektor die von der Berufungskommission eingereichte Liste beachtet.[549] Zu unterscheiden sind insofern Fälle, in denen der Rektor lediglich die Reihung der Berufungsliste abändert und Fälle, in denen er die Liste mit seiner Entscheidung gänzlich übergeht. Entscheidungen der zweiten Fallgruppe lassen sich – unabhängig von ihrer fehlenden Praxisrelevanz – auch über personalwirtschaftliche oder personalpolitische Gründe nicht rechtfertigen und stellen somit stets einen Verstoß gegen Art. 5 III 1 GG dar.[550]

Eine Beeinträchtigung von Art. 33 II GG muss darüber hinaus für beide Fallgruppen angenommen werden, wenn eignungsfremde Motive Grund für die

---

546 VG Leipzig, Beschluss vom 17.03.2014 – 4 L 72/14, Rn. 34; SächsOVG, SächsVBl. 2016, 152.

547 S. hierzu die auf S. 14 gemachten Ausführungen.

548 Auf eine mögliche Verletzung von Art. 5 III 1 GG soll hier im Folgenden nicht weiter eingegangen werden. Es wird insoweit aber auf die Ausführungen zu Beginn der Arbeit verwiesen, s. S. 5f.

549 SächsOVG, SächsVBl. 2016, 152 (154); Brüggen, Handbuch des Sächsischen Hochschulrechts, § 60 SächsHSFG, Rn. 740f.

550 SächsOVG, SächsVBl. 2016, 152 (154, 155).

Abweichung von der eingereichten Berufungsliste waren. Dies muss sowohl für ein fachliches als auch ein rein personalwirtschaftliches bzw. personalpolitisches Abweichen seitens des Rektors gelten. Er darf aufgrund des in Art. 33 II GG festgehaltenen Leistungsprinzips auch im Rahmen seines Gestaltungsspielraumes keinen Kandidaten auswählen, den er für die zu besetzende Professur weniger geeignet hält.[551] Der vom Rektor entgegen dem Beschluss der Berufungskommission ausgewählte Kandidat muss insoweit auch unter personalwirtschaftlichen oder personalpolitischen Gesichtspunkten der objektiv am besten geeignetste Bewerber sein. Die Rechtmäßgkeit einer vom konkreten Berufungsvorschlag abweichenden Auswahl durch den Rektor ist jedoch schon deshalb fraglich, weil bei einem regulär durchgeführten Berufungsverfahren bereits im Vorhinein eine eignungsorientierte Überprüfung der Kandidaten durchgeführt und dementsprechend der am besten geeignete Kandidat ausgewählt wurde.[552] Dies muss zumindest in fachlicher Hinsicht gelten, deren Überprüfung allein der Berufungskommission zusteht. Beruft sich der Rektor auf personaltaktische Gründe, die ihn dazu bewegen, von der ihm zugebrachten Reihung abzuweichen, so bedarf es einer strikten Kontrolle, ob bei dieser Entscheidung eignungsfremde Motive eine Rolle gespielt haben oder nicht.

Im Hinblick auf die aktuellen Gleichstellungsbemühungen ist die getroffene Auswahl insbesondere dann als eignungsfremd einzustufen, wenn der Rektor durch frauenfördernde Motive fernab von Eignung, Befähigung und fachlicher Leistung beeinflusst wurde. So bergen insbesondere das Professorinnenprogramm des Bundes und der Länder sowie die Forschungsorientierten Gleichstellungsstandards der DFG Konfliktpotenzial bei der Entscheidung durch den Rektor. Beide Programme versprechen im Ergebnis finanzielle Vorteile für die Hochschulen bei der Berufung einer Frau.[553] Somit können bei der erfolgreichen Teilnahme an einem derartigen Programm auch personalwirtschaftliche Gründe für die Bevorzugung der weiblichen Kandidatin angebracht werden, da der Rektor als Vertreter der Hochschule dieser als Empfängerin der Fördergelder einen finanziellen Vorteil verschafft. Dies ändert jedoch nichts daran, dass die Entscheidung auch bei einer beabsichtigten Förderung mit Art. 33 II GG in

551 SächsOVG, SächsVBl. 2016, 152 (154); Brüggen, Handbuch des Sächsischen Hochschulrechts, § 60 SächsHSFG, Rn. 740.

552 Ausgenommen hiervon sind lediglich Fälle des § 48 I 5 LHG BW. Dazu kritisch Geis, in Hdb. der Grundrechte IV, § 100, Rn. 12, der in derartigen Regelungen einen klaren Verfassungsverstoß sieht.

553 S. hierzu die Ausführungen auf S. 37f.

Einklang zu bringen ist.[554] Soweit die Kandidatin zuvor rechtmäßig nicht auf dem ersten Platz der Berufungsliste geführt wurde und nur durch ein nachträgliches Eingreifen des Rektors berücksichtigt wird, werden Qualifikationsanforderungen zu Gunsten von einer finanziellen Besserstellung der Hochschule aufgegeben. Da die Entscheidung somit nicht durch eine entsprechende Eignung, Befähigung und fachliche Leistung der ausgewählten Kandidatin begründet werden kann, ist eine Beeinträchtigung des Art. 33 II GG in einem derart gelagerten Fall zu bejahen.[555]

ff) Sonderprobleme

Die aufgezeigten Problemfelder müssen nicht zwingend separat vorliegen, sondern können im Rahmen des Berufungsverfahrens auch durchaus parallel auftreten. Als zusammenfassendes Sonderproblem können förderabhängige Stellen angesehen werden, die in ihrer Gesamtheit Konfliktpotenzial mit dem Leistungsgrundsatz bergen. Sie haben das gemeinsame Ziel, den weiblichen Anteil an Professuren zu erhöhen, sind in ihrer konkreten Ausgestaltung jedoch recht unterschiedlich ausgestaltet.[556] So entfaltet ein Teil der Programme seine Wirkung nicht unmittelbar auf Ebene der Professorenschaft, sondern in vorgelagerten Qualifikationsphasen.[557] Darüber hinaus gibt es auch im Programmablauf

---

554 Auch Detmer betont in Hartmer/Detmer, Hochschulrecht, [3]2017, 139 (166) unter explizitem Verweis auf das Professorinnenprogramm, dass das Leistungsprinzip durch finanziell verknüpfte Förderprogramme seitens des Staates nicht relativiert wird.

555 In der Praxis wird diese Beeinträchtigung jedoch nur schwer dem Beweis zugänglich sein, da der Rektor das Geschlecht der Kandidatin erfahrungsgemäß nicht offen als Argument für deren letztliche Bevorzugung anführen wird; zu dieser Problematik auch schon Detmer, WissR 28 (1995), 1 (7), der ebenfalls anmerkt, dass stattdessen fachliche Gründe für eine Berufung der Frau vorgebracht werden.

556 S. bspw. das aktuelle WOVENpostdoc-Programm der Universität Mannheim oder das C1/C2-Programm bzw. das heutige W2-Programm an der FU Berlin. Pilotprojekte gab es bereits in den 90er Jahren, wie etwa das Sonderprogramm zur Förderung des weiblichen wissenschaftlichen Nachwuchses an der Universität Bremen, welches 1994 ins Leben gerufen wurde und bis heute fortbesteht.

557 Das WOVENpostdoc-Programm bspw. knüpft an die Phase nach der Promotion an und sieht Fördermöglichkeiten sowohl über ein befristetes Beschäftigungsverhältnis nach TV-L 13 als auch über eine W1-Stelle im Rahmen einer Finanzierung der ersten drei Jahre einer Juniorprofessur vor. Demgegenüber sah das damalige C1/C2-Programm der FU Berlin C1-Stellen für Habilitandinnen als auch C2-Stellen für habilitierte Frauen vor. Das aktuelle W2-Programm besteht in der Förderung von W2-Professuren auf Zeit.

Differenzen, sodass die Förderprogramme unterschiedlich hohes Konfliktpotenzial mit Art. 33 II GG aufweisen. Grob kann hierbei zwischen zwei verschiedenen Ausgestaltungen unterschieden werden: Zum einen handelt es sich um regulär ausgeschriebene Stellen, die sich sowohl an weibliche als auch an männliche Wissenschaftler richten.[558] Die Fördermöglichkeiten greifen hier nur, sofern eine Frau das Auswahlverfahren für sich entscheiden kann. Demgegenüber beinhalten die Förderprogramme jedoch teilweise auch außerplanmäßige Stellen, die neben die regulär ausgeschriebenen Stellen treten und sich darüber hinaus häufig explizit nur an weibliche Wissenschaftler richten.[559]

(1) Außerplanmäßige Stellen für weibliche Wissenschaftler

Außerplanmäßige Stellen, die mit dem Ziel der Gleichstellungsförderung ausgeschrieben wurden, stehen insbesondere dann im Konflikt mit Art. 33 II GG, wenn sie sich explizit nur an weibliche Wissenschaftler richten.[560] So werden männliche Bewerber bereits mit einer geschlechtsspezifischen Ausschreibung vom Auswahlverfahren ausgeschlossen, sodass auch geeignete Kandidaten keine Berücksichtigung finden. Bei den zuvor thematisierten regulären Stellen war eine allein an Frauen gerichtete Ausschreibung im Rahmen des Problemfeldes 1 eine Beeinträchtigung des Art. 33 II GG.[561] Eine Übertragung der Problematik auch auf außerplanmäßige Stellen könnte allerdings an einem fehlenden kausalen Nachteil der männlichen Konkurrenten scheitern. Die zusätzlichen Stellen wären ohne den Aspekt der Frauenförderung gar nicht geschaffen worden und standen somit den männlichen Kandidaten nie zur Verfügung. Damit würden die männlichen Bewerber gleichen Zugang zu einer Stelle begehren, welche nur aufgrund der frauenfördernden Aspekte ausgeschrieben wurde.[562] Die Position der Männer würde sich folglich gar nicht verschlechtert, sondern vielmehr im Hinblick auf die regulär zugänglichen Stellen gestärkt werden, da die weibliche Konkurrenz, die sich zusätzlich auf die Sonderstellen verteilt, hier entsprechend

---

558 So bedürfen bspw. Anträge für Förderungen von Juniorprofessuren beim WOVENpostdoc-Programm des Nachweises einer vorhandenen W1-Stelle. Ähnlich ist es auch beim W2-Programm der FU Berlin ausgestaltet, wo nach Zuweisung der Stelle an den Bereich ein reguläres Berufungsverfahren erfolgt.

559 So sind bspw. die im WOVENpostdoc-Programm der Universität Mannheim vorgesehenen TV-L 13-Stellen als zusätzliche Stellen zu werten.

560 Im Übrigen sei auf die bereits aufgezeigten Problemfelder 1–5 verwiesen, s. S. 81f.

561 S. S. 85f.

562 In diese Richtung Richter, in Hdb. der Grundrechte V, § 126, Rn. 106.

kleiner wäre.[563] Eine derartige Argumentation wäre allerdings nur möglich, wenn die Finanzierung der Sonderstellen tatsächlich nur aus Mitteln der Frauenförderung erfolgen würde und keine weiteren regulären Mittel hinzugezogen werden müssten.[564] In der praktischen Umsetzung sind die Programme allerdings so ausgestaltet, dass eine Anschubfinanzierung aus Sondermitteln erfolgt, die im späteren Verlauf durch reguläre Mittel ersetzt wird.[565] Eine rein aus Fördermitteln stammende Finanzierung muss entsprechend verneint werden. Unabhängig von der Finanzierung derartiger Programme lässt sich gegen einen nicht vorhandenen Nachteil seitens der männlichen Konkurrenten darüber hinaus anbringen, dass sich der Bedarf an Wissenschaftlern in der Gesamtbetrachtung nicht erhöhen wird. Entsprechend bewirken die zusätzlich nur für Frauen ausgeschriebenen Stellen, dass in Bezug auf die bestehenden regulären Stellen früher oder später Einsparungen erfolgen.[566] Im Ergebnis ist ein Nachteil der männlichen Konkurrenz durch die speziell an Frauen gerichteten Förderprogramme der zweiten Gruppe und damit auch eine Beeinträchtigung des Art. 33 II GG zu bejahen, sofern sich diese explizit nur an Frauen richten.[567]

---

563 Zumindest theoretisch angedacht von Richter, Die Berücksichtigung des Geschlechts bei der Vergabe und Schaffung öffentlicher Ämter in der Wissenschaft, S. 48.

564 So auch Richter, Die Berücksichtigung des Geschlechts bei der Vergabe und Schaffung öffentlicher Ämter in der Wissenschaft, S. 48.

565 So etwa beim WOVENpostdoc-Programm der Universität Mannheim, das nur die Finanzierung der ersten drei Jahre einer Juniorprofessur über hochschuleigene Sondermittel beinhaltet und die Fakultät/Abteilung im Anschluss bei positiver Zwischenevaluation zur Finanzierung der verbleibenden drei Jahre der W1-Professur verpflichtet. Ähnlich ist auch die Förderung der TV-L 13-Stelle ausgestaltet, wo bei Ausschöpfung des gesamten Förderzeitraums eine Anschlussförderung von der aufnehmenden Einrichtung/Fakultät zu gewährleisten ist. Beim W2-Programm der FU Berlin ist die Stelle sogar von Beginn an zu 50 % durch den jeweiligen Bereich zu finanzieren.

566 So auch Richter, Die Berücksichtigung des Geschlechts bei der Vergabe und Schaffung öffentlicher Ämter in der Wissenschaft, S. 48.

567 So auch Richter, Die Berücksichtigung des Geschlechts bei der Vergabe und Schaffung öffentlicher Ämter in der Wissenschaft, S. 47f. Allein die Entscheidung darüber, tatsächlich eine Stelle nur für Frauen zu schaffen, ist unabhängig von der Wertentscheidung des Art. 33 II GG zu beurteilen. Derartige haushaltspolitische Vorentscheidungen werden vom Schutzbereich des Art. 33 II GG nicht erfasst, sind diesem quasi vorgelagert; so Battis, in Sachs, GG, Art. 33 Rn. 21 und Isensee, in HdbVerfR, § 32, Rn. 36. Damit beginnen die verfassungsrechtl. Problematiken zusätzlicher Stellenschaffung erst mit der Ausschreibung der zu besetzenden Stelle. Auch insofern kann auf die Ausführungen zu Problemfeld 1 verwiesen werden, s. S. 85f.

(2) Reguläre Stellen mit Förderoption

Im Hinblick auf eine mögliche Beeinträchtigung des Art. 33 II GG ist die zweite Gruppe der regulär ausgeschriebenen Stellen allein von ihrer objektiven Ausgestaltung als mit dem Leistungsprinzip vereinbar einzustufen, da über den Weg eines regulären Auswahlverfahrens der geeignetste Kandidat ausfindig gemacht werden soll und somit die Besetzung mit einer weiblichen Kandidatin nicht von vornherein feststeht. Eine Beeinträchtigung des Art. 33 II GG ist jedoch trotz der objektiven Vereinbarkeit mit dem Leistungsgrundsatz anzunehmen, soweit dieser über die konkrete Umsetzung der Fördermaßnahmen umgangen wird. Mit Blick auf einen möglichen Verstoß gegen Art. 33 II GG sind dabei wiederum zwei Konstellationen zu unterscheiden: Zum einen kann das Berufungsverfahren regulär ablaufen, sodass die Stelle tatsächlich nach Leistung und nicht nach Geschlecht vergeben wird. Entsprechend greifen die Fördermöglichkeiten, sofern eine Frau als am besten geeignete Kandidatin ausfindig gemacht wird bzw. greifen entsprechend nicht, falls ein männlicher Kandidat den Vorzug bekommt. In einem derartigen Fall ist eine Vereinbarkeit der Maßnahme mit Art. 33 II GG zu bejahen, da die Auswahl der Kandidaten allein nach Eignung, Befähigung und fachlicher Leistung erfolgt.

Anders verhält es sich allerdings für die Fälle, in denen das durchlaufene Berufungsverfahren entgegen der gesetzlichen Regelungen tatsächlich nicht regulär erfolgt, sondern entscheidendes Gewicht vielmehr dem Geschlecht statt der Leistung zukommt. In einem solchen Fall ist ein Konflikt mit Art. 33 II GG gegeben, sofern objektiv betrachtet ein männlicher Kandidat für die Stelle am besten geeignet ist, dieser am Ende des Verfahrens die ausgeschriebene Stelle aber nicht erhält. Dass der Mann für die ausgeschriebene Stelle nicht ausgewählt wird, kann auf zweierlei Gründen beruhen: Entweder wird die Stelle trotz der besseren Qualitäten des Mannes an eine weibliche Kandidatin vergeben oder aber entgegen der früheren Absicht überhaupt nicht besetzt. Im ersten Fall muss nach der noch regulär, da geschlechtsneutral erfolgten Ausschreibung eine durch das Geschlecht beeinflusste Auswahlentscheidung zuungunsten des männlichen Bewerbers getroffen worden sein. Aufgrund der Vielschichtigkeit des Berufungsverfahrens sind hierbei mehrere Ansatzpunkte denkbar, in denen das Geschlecht den Vorzug vor der tatsächlichen Eignung der Kandidaten erhalten kann. Im Hinblick auf eine damit verbundene Beeinträchtigung des Art. 33 II GG kann insofern auf die zuvor aufgezeigten Problemfelder 2 bis 5 verwiesen werden.[568]

---

568 S. S. 86f.

Es stellt sich die Frage, ob auch bei einer tatsächlichen Nicht-Besetzung der Stelle eine Beeinträchtigung des Art. 33 II GG angenommen werden muss. Zentraler Ansatzpunkt für derart gelagerte Fälle ist die Problematik des Abbruchs des Berufungsverfahrens. Bei der Besetzung von öffentlichen Ämtern steht es grundsätzlich im Ermessen des Dienstherrn, ob er ein eingesetztes Auswahlverfahren tatsächlich zu Ende führt oder nicht.[569] Die Ausschreibung einer offenen Stelle zwingt ihn nicht dazu, diese auch tatsächlich mit einem der Bewerber zu besetzen.[570] Entscheidet sich der Dienstherr allerdings für den Verfahrensabbruch, so darf ein solcher nicht ermessensfehlerhaft oder gesetzwidrig sein.[571] Es bedarf vielmehr eines sachlichen Grundes, der dagegen spricht, das Verfahren zu Ende zu führen.[572] Auch bei der Berufung von Professoren ist ein solcher Grund Voraussetzung eines Verfahrensabbruchs.[573]

In dem hier aufgezeigten Fall würde das Berufungsverfahren abgebrochen werden, da nach rein qualitativer Betrachtung ein Mann die ausgeschriebene Stelle zugesprochen bekommen müsste. Dies würde in Anbetracht der Ausgestaltung der Fördermaßnahmen allerdings bedeuten, dass die geplante Finanzierung der Stelle scheitern würde, da die Berufung einer Frau Grundlage der Förderung ist. Ausschlaggebend für die Frage nach einer möglichen Beeinträchtigung von

---

569 BVerwGE 101, 112 (115); OVG Lüneburg NVwZ-RR 2007, 404; OVG Münster, NVwZ-RR 2011, 65 (66); Jachmann-Michel/Kaiser, in v. Mangoldt/Klein/Starck, GG, Band 2, Art. 33 II, Rn. 15; so auch Leibholz/Rinck, GG, Art. 33, Rn. 39; Wittkowski, NJW 1993, 817 (820).

570 BVerwGE 101, 112 (115), welches betont, dass die Ausschreibung lediglich „ein Hilfsmittel zur Gewinnung geeigneter Bewerber" sei; so auch VG Leipzig, Beschluss vom 17.03.2014 - 4 L 72/14, Rn. 21.

571 Wittkowski, NJW 1993, 817 (820). Dies ist dem aus Art. 33 II GG folgenden Bewerbungsverfahrensanspruch zu entnehmen, der auch bei der Entscheidung über einen Verfahrensabbruch zu beachten ist, so VG Leipzig, Beschluss vom 17.03.2014 - 4 L 72/14, Rn. 21.

572 BVerwGE 101, 112 (115); VG Leipzig, Beschluss vom 17.03.2014 - 4 L 72/14, Rn. 20; VGH BW, VBlBW 2006, 62 (63); OVG Lüneburg NVwZ-RR 2007, 404; Jachmann-Michel/Kaiser, in v. Mangoldt/Klein/Starck, GG, Band 2, Art. 33 II, Rn. 15; Leibholz/Rinck, GG, Art. 33, Rn. 39; Wittkowski, NJW 1993, 817 (820).

573 VG Leipzig, Beschluss vom 17.03.2014 - 4 L 72/14, Rn. 20; BayVGH, Beschluss vom 05.01.2012 - 7 CE 11.1432, Rn. 18 und auch OVG Münster, NVwZ-RR 2011, 65 (66), das unter Verweis auf BVerwG, NVwZ-RR 2000, 172 (173) betont, dass keine rechtl. Gründe - insb. auch nicht die in Art. 5 III 1 GG verankerte Wissenschaftsfreiheit - ersichtlich sind, die ein Abweichen von diesen Grundsätzen in Bezug auf Professoren rechtfertigen könnten; so auch VG des Saarlandes, Urteil vom 15.02.2011 - 2 K 157/10, Rn. 37.

Art. 33 II GG ist somit, ob die wegfallende Finanzierung einen sachlichen Grund für die Entscheidung des Rektors darstellen kann. Grundvoraussetzung wäre allerdings, dass es sich um Motive handelt, die dem Organisationsermessen des Rektors zuzuordnen sind und sich diese mit dem Leistungsprinzip aus Art. 33 II GG vereinbaren lassen.[574] Entsprechend muss der hinter dem Leistungsprinzip stehende Grundgedanke einer bestmöglichen Besetzung der Stelle ausschlaggebend für den Abbruch des Berufungsverfahrens sein. Ein Auswahlverfahren kann also abgebrochen werden, wenn der am besten geeignete Kandidat dem hinter Art. 33 II GG stehenden Interesse einer bestmöglichen Ämterbesetzung aufgrund mangelnder Qualitäten nicht gerecht und die Funktionsfähigkeit der Verwaltung gefährdet werden würde.[575] So wurde beispielsweise die Zulässigkeit eines Verfahrensabbruchs bejaht, welcher mit der Abänderung des Anforderungsprofils und einer damit einhergehenden Neuausschreibung begründet wurde, da auf diesem Wege ein anderen Kreis von Interessenten angesprochen werden sollte.[576] Dem öffentlichen Interesse ist in einem derart gelagerten Fall im Vergleich zum persönlichen Interesse des Bewerbers der Vorzug zu gewähren.[577]

Die aufgezeigten Argumente können jedoch nicht greifen, wenn eignungsfremde Motive den Verfahrensabbruch begründen. Als unsachlich ist daher insbesondere das Motiv anzusehen, mit dem Abbruch des Auswahlverfahrens einen unerwünschten Bewerber aus leistungsfremden Gründen vom laufenden Verfahren auszuschließen oder aber beim späteren Auswahlverfahren

---

574 BVerwGE 141, 361 (368); OVG LSA, Beschluss vom 18.06.2013 – 1 M 55/13, Rn. 10; VG Leipzig, Beschluss vom 17.03.2014 – 4 L 72/14, Rn. 23; VG des Saarlandes, Urteil vom 15.02.2011 – 2 K 157/10, Rn. 35. S. hierzu auch Kurz, in Nolden/Rottmann/Brinktrine/Kurz, Sächsisches Hochschulgesetz, S. 287, der in Bezug auf § 60 III 8 SächsHSFG auf die entspr. Gesetzesbegründung verweist, nach der ein Abbruch des Berufungsverfahrens durch den Rektor möglich wäre, wenn dies „im Interesse der Hochschule" erforderlich sei.

575 BVerwGE 101, 112 (115); 141, 361 (368); BVerwG, NVwZ-RR 2000, 172 (174); so auch Kurz, in Nolden/Rottmann/Brinktrine/Kurz, Sächsisches Hochschulgesetz, S. 287f. Zu berücksichtigen ist jedoch auch hier, dass dem Rektor kein eigenständiger Entscheidungsspielraum im Hinblick auf die Eignung der Kandidaten zukommt; so richtigerweise betont auch in VG Leipzig, Beschluss vom 17.03.2014 – 4 L 72/14, Rn. 31 und ebenfalls thematisiert von Kurz, in Nolden/Rottmann/Brinktrine/Kurz, Sächsisches Hochschulgesetz, S. 288, nach dem die Möglichkeit des Abbruchs aufgrund von mangelnden Qualitätsanforderungen entspr. restriktiv gehandhabt werden sollte.

576 OVG Münster, NVwZ-RR 2011, 65 (66).

577 BVerwGE 101, 112 (115).

einen bestimmten anderen Bewerber zu begünstigen.[578] Ein derart gelagerter Fall müsste hier aber angenommen werden, da das Scheitern der angedachten Stellenfinanzierung zum Abbruch des Berufungsverfahrens führen würde. Mit einer Wahl zugunsten des männlichen Bewerbers entfällt die Fördermöglichkeit aus Mitteln, die für Gleichstellungsaufgaben vorgesehen sind. Mitteleinsatz und Mittelverwaltung können unter das Organisationsermessen des Rektors gefasst werden. Dabei darf jedoch nicht in Vergessenheit geraten, dass der Aspekt der Frauenförderung eng mit der gescheiterten Finanzierung verknüpft und ausschlaggebend für die Abbruchsentscheidung ist. Konkret würde das Verfahren abgebrochen werden, weil es sich bei dem am besten geeigneten Kandidaten um einen Mann und nicht um eine Frau handelt. Es liegt somit kein Fall vor, bei dem der ausgewählte Kandidat die Qualitätsanforderungen der Stelle nicht erfüllt und daher über den Weg einer Neuausschreibung nach einem besser geeigneten Ersatz gesucht werden soll. Vielmehr soll der am besten geeignete Kandidat mittels eines entsprechend neu aufgestellten Anforderungsprofils im Idealfall durch eine weibliche Kandidatin ersetzt werden, unabhängig von einer damit ggf. einhergehenden Qualitätsabstufung. Derartige Aspekte der Frauenförderung sind mit dem Grundgedanken des Art. 33 II GG nicht zu vereinbaren.[579] Eine solche Vorgehensweise ist entsprechend als leistungsfremd und damit sachwidrig einzustufen.[580] Ein dennoch erfolgter Abbruch des Berufungsverfahrens ist als Beeinträchtigung des Art. 33 II GG zu werten.

c) *Zusammenfassung*

In nahezu sämtlichen Abschnitten des Berufungsverfahrens gibt es Maßnahmen, die im Konflikt zu dem in Art. 33 II GG festgehaltenen Leistungsprinzip stehen. Da dessen Aufzählung der Auswahlkriterien für ein öffentliches Amt abschließend ist, ist zwangsläufig jede Maßnahme als Beeinträchtigung zu werten, die nicht nach den Kriterien der Eignung, Befähigung und fachlicher Leistung der Bewerber ausgerichtet ist. Entsprechend stellen Stellenausschreibungen, die nicht geschlechtsneutral und bewerberoffen ausgestaltet sind, eine Beeinträchtigung von Art. 33 II GG dar. Gleiches muss für eine durch das Geschlecht und

---

578 BVerwGE 141, 361 (368); OVG LSA, Beschluss vom 18.06.2013 – 1 M 55/13, Rn. 10; VG Leipzig, Beschluss vom 17.03.2014 – 4 L 72/14, Rn. 23.

579 VG Leipzig, Beschluss vom 17.03.2014 – 4 L 72/14, Rn. 29.

580 Anders wäre eine Abbruchsentscheidung zu werten, die auf eine geänderte inhaltliche Ausrichtung der jeweiligen Fakultät und einen damit verbundenen Personalbedarf gestützt werden würde, so etwa in SächsOVG, Beschluss vom 22.02.2016 – 2 A 543/15 und auch BVerwG, NVwZ-RR 2000, 172 (173f.).

nicht durch die Qualifikation beeinflusste Einladung zum Bewerbungsgespräch oder Besetzung der Berufungsliste gelten. Die Problematik lässt sich entsprechend auch auf die Entscheidung durch den Rektor übertragen, der ohnehin nur in Ausnahmefällen vom eingereichten Berufungsvorschlag abweichen, sich hierbei aber ebenfalls nicht vom Geschlecht der Bewerber beeinflussen lassen darf. Schließlich sind auch förderabhängige Stellen als Beeinträchtigung des Art. 33 II GG zu werten, sofern sie sich in ihrer objektiven Ausgestaltung nur an Frauen richten bzw. sich in ihrer konkreten Umsetzung nicht an den vom Leistungsprinzip vorgegebenen Kriterien orientieren. Als verfassungskonform sind hingegen die verstärkte weibliche Besetzung von Berufungskommissionen sowie die Nicht-Berücksichtigung von familiär bedingten Defiziten im Forschungsprofil einzustufen. Sie bedürfen entsprechend keiner Rechtfertigung.

2. *Beeinträchtigungen des Art. 3 II 1, III 1 Var. 1 GG*

Neben den aufgezeigten Beeinträchtigungen des Art. 33 II GG durch Gleichstellungsmaßnahmen auf den unterschiedlichen Ebenen des Berufungsverfahrens stellt sich die Frage, ob auch Beeinträchtigungen der Gleichheitssätze aus Art. 3 II 1, III 1 Var. 1 GG zu bejahen sind, welche im Hinblick auf die Abwehr von Ungleichbehandlungen aufgrund des Geschlechts über eine Inhaltsgleichheit verfügen.[581] Aufgrund des bestehenden Spezialitätsverhältnisses von Art. 33 II GG zu Art. 3 II 1, III 1 Var. 1 GG kann dies jedoch nur für Fälle in Betracht kommen, in denen nicht zugleich auch eine Beeinträchtigung des Art. 33 II GG vorliegt.[582] Es muss sich also um Maßnahmen handeln, die mit dem Leistungsgrundsatz zu vereinbaren sind, aber gegen das in Art. 3 II 1, III 1 Var. 1 GG festgehaltene Anknüpfungsverbot verstoßen. Eine derartige Beeinträchtigung ist gegeben, wenn vergleichbare Sachverhalte mit der Berücksichtigung des Geschlechts eine unterschiedliche Behandlung erfahren und der Betroffene hierdurch einen tatsächlichen Nachteil erleidet.[583] Unter Wahrung des Leistungsprinzips ist eine derartige Berücksichtigung von geschlechtsbedingten

581 S. S. 63f.

582 S. oben auf S. 73f.

583 Jarass, in Jarass/Pieroth, GG, Art. 3, Rn. 14 und 88. Hierbei soll es allerdings auf die Qualität des Nachteils nicht ankommen, BVerfGE 71, 39 (50); Jarass in Jarass/Pieroth, GG, Art. 3, Rn. 14. Ein solcher Nachteil kann folglich auch bei einem bloßen Ausschluss von einer begünstigenden Maßnahme vorliegen, BVerfGE 121, 108 (119); 124, 199 (218). Die Rechtfertigung erfolgt im Fall einer solch geringfügigen Beeinträchtigung jedoch großzügig, Jarass, in Jarass/Pieroth, GG, Art. 3, Rn. 14.

Motiven in der Auswahlentscheidung unmittelbar nur in zwei Konstellationen denkbar: das Geschlecht muss entweder entscheidendes Eignungsmerkmal sein, oder aber als Hilfskriterium zur Entscheidungsfindung herangezogen werden.[584] Daneben könnte eine Beeinträchtigung der Art. 3 II 1, III 1 Var. 1 GG auch mittalbar, in Form von positiv festgelegten Qualifikationsanforderungen mit Gender-Aspekt gegeben sein.

a) Das Geschlecht als entscheidendes Eignungsmerkmal

Unter Wahrung des Leistungsgrundsatzes könnte eine Berücksichtigung des Geschlechts in der Auswahlentscheidung und damit zugleich eine mögliche Beeinträchtigung der Art. 3 II 1, III 1 GG zu bejahen sein, wenn es sich um eine geschlechtsabhängige Eignung handelt, das Merkmal des Geschlechts die Eignung für das zu besetzende Amt also maßgeblich mitbestimmt.[585] In einem solchen Fall könnte eine Auswahl nach Eignung, Befähigung und fachlicher Leistung gar nicht ohne die Berücksichtigung des Geschlechts der jeweiligen Bewerber erfolgen, da dieses für die Auswahl des geeignetsten Kandidaten von entscheidender Bedeutung ist.[586] Es stellt sich die Frage, ob es praktische Anwendungsfälle für diese Theorie gibt und insbesondere die hier thematisierten Professuren tatsächlich geschlechtsabhängig gestaltet sein können.[587]

---

584 Darüber hinaus spielen die Art. 3 II, III GG bei Maßnahmen eine Rolle, die ihre gleichstellungsfördernde Wirkung fernab des Stellenbesetzungsverfahrens entfalten sollen – in der bisherigen Bearbeitung als sog. „weiche" Maßnahmen bezeichnet. Zu nennen wären etwa die lediglich an Frauen gerichtete Aufforderung zur Bewerbung oder spezielle Coaching- bzw. Mentoring-Programme, die sich ausschließlich an Frauen richten. Die Rechtfertigungsanforderungen, die sich an solche Maßnahmen stellen, sind jedoch relativ niedrig, s. hierzu BVerwG, NVwZ 2003, 92 (94); Osterloh/Nußberger, in Sachs, GG, Art. 3 Rn. 281f. und auch Ebsen, in HdbVerfR, § 8, Rn. 42, der beispielhaft die alleinige Teilnahme von Frauen an Technikkursen anführt.

585 Höfling, in BK-GG, Art. 33 Abs. 1 bis 3, Rn. 327f.; Masing, in Dreier, GG, Band II, ^{2}2006, Art. 33, Rn. 46, der darauf verweist, dass Anknüpfungen an die in Art. 3 III GG genannten Eigenschaften nicht ausnahmslos verboten sind und entsprechend die Möglichkeit ihrer Eignungsrelevanz begründet; so auch BVerfGE 39, 334 (368).

586 Richter, Die Berücksichtigung des Geschlechts bei der Vergabe und Schaffung öffentlicher Ämter in der Wissenschaft weist auf S. 49 zu Recht darauf hin, dass wenn überhaupt nur das Merkmal der Befähigung geschlechtsabhängig sein kann. Zumindest das Merkmal der Leistung kann demgegenüber in keinem Fall geschlechtsspezifisch bestimmt werden.

587 Davon zu unterscheiden sind die Fälle, in denen geschlechtsspezifische Schwerpunkte in Forschung und Lehre im Rahmen der Eignung Berücksichtigung finden, s. hierzu S. 96f.

Das BVerfG hat eine geschlechtsabhängige Eignung ohne eine nähere Begründung bei der Berufung des Leiters einer Mädchenschule angenommen.[588] Das Gericht verweist lediglich auf die mangelnde Absolutheit der Verbote aus Art. 3 III GG, welche ohnehin nur bei „bezweckten" Benachteiligungen greifen würde.[589] Unabhängig von der Ausgestaltung des Schutzzwecks des Diskriminierungsverbotes verkennt das Gericht jedoch die entscheidendere Frage, ob das Bedürfnis zur Berücksichtigung des Geschlechts als entscheidendes Eignungskriterium bei der Bewerberauswahl überhaupt bestand. In Anbetracht der klaren Aussage der Art. 3 II und III GG und des grundsätzlichen Verständnisses vom Verhältnis der Normen zum Prinzip der Bestenauslese ist diese Vorfrage entgegen der Entscheidung des BVerfG nicht ohne eine stichhaltige Begründung zu bejahen.[590] Vielmehr dürfen die Anknüpfungsverbote des Art. 3 III GG nur herangezogen werden, wenn die besondere Ausgestaltung des zu besetzenden Amtes dazu führt, dass Bewerber, die über die in Frage gestellte Eigenschaft nicht verfügen, als für die Stelle ungeeignet einzustufen wären.[591] Daneben müssen besondere Gründe von Verfassungsrang treten, die für die Ausgestaltung eines Amtes mit derart geschlechtsspezifischen Eignungsanforderungen sprechen.[592] Im Fall der Mädchenschule kam es für die Auswahl der Leitungsfunktion unter Berücksichtigung von Art. 33 II GG also zunächst entscheidend darauf an, wer die Position des Direktors am besten erfüllen kann.[593] Dass die damit verbundenen Aufgaben von einer Frau zwingend besser erbracht werden können, als von einem männlichen Bewerber, ist allein mit der rein weiblichen Schülerschaft nicht zu begründen, ebenso wenig wie bei einer reinen Jungenschule ein männlicher Schulleiter gefordert werden müsste.[594]

---

588 So heißt es in BVerfGE 39, 334 (368), dass es nicht unzulässig sein kann, „bei der Berufung des Leiters einer Mädchenschule einer weiblichen Direktorin den Vorzug zu geben". Ähnlich auch BVerwGE 47, 330 (354), wo als weitere Beispiele die Wärterinnen einer Frauenhaftanstalt oder Sportlehrerinnen genannt werden.

589 BVerfGE 39, 334 (368).

590 Sachs, ZBR 1994, 133; Wagner, Das Prinzip der Bestenauslese, S. 29.

591 Jachmann-Michel/Kaiser, in v. Mangoldt/Klein/Starck, GG, Band 2, Art. 33 II, Rn. 18, die zugleich auf die besondere Rechtfertigungsbedürftigkeit eines so speziellen Amtes verweist; s. auch Masing, in Dreier, GG, Band II, ^{2}2006, Art. 33, Rn. 46 und Jung, Der Zugang zum öffentlichen Dienst nach Art. 33 II GG, S. 52.

592 Masing, in Dreier, GG, Band II, ^{2}2006, Art. 33, Rn. 46.

593 S. auch Wagner, Das Prinzip der Bestenauslese im öffentlichen Dienst, S. 29.

594 Das BVerfG verweist lediglich darauf, dass eine geschlechtsabhängige Wahl hier „auf der Hand liegen sollte"; kritisch hierzu Höfling, in BK-GG, Art. 33 Abs. 1 bis 3, Rn. 328; Wolff, in Hömig/Wolff, GG, Art. 3, Rn. 13, der das Urteil unter Verweis auf

Versucht man diese Argumentation auf den Bereich der Hochschule zu übertragen, so mangelt es hier auf den ersten Blick an der rein weiblichen Schülerschaft einer Mädchenschule. Im Vergleich zur schulischen Stellenbesetzung liegt demgegenüber aber eine verstärkte Prägung zugunsten des männlichen Geschlechts vor, da insbesondere die Professuren größtenteils mit männlichen Wissenschaftlern besetzt sind.[595] Damit das weibliche Geschlecht unter das Eignungskriterium gezählt werden kann, müsste sich die vermehrte Besetzung von wissenschaftlichen Positionen mit weiblichen Bewerbern jedoch auch in einem positiven Einfluss auf den Wissenschaftsbetrieb an sich bemerkbar machen. Zu denken wäre etwa an eine Veränderung der vorherrschenden Arbeitsbedingungen durch den größeren weiblichen Einfluss oder aber die gefestigte Vorbildfunktion weiblicher Wissenschaftler für Studentinnen.[596] Es ist jedoch nicht erkennbar, dass diese Vorzüge tatsächlich ausschlaggebend für die Ausführung einer wissenschaftlichen Position sein könnten.[597]

Man käme im Hinblick auf das nach Art. 3 III GG verpönte Merkmal Geschlecht nur dann zu einem anderen Ergebnis, wenn die in Art. 1 I GG garantierte Menschenwürde der Personen, mit denen der Amtsträger typischerweise in Kontakt gerät, tatsächlich eine geschlechtsabhängige Auswahl bedingen würde.[598] Dies ist insbesondere in Fällen denkbar, in denen die Ausübung des

---

BAGE 123, 366 als „überholt" einstuft; so auch Merten, in Hdb. der Grundrechte, V, § 114, Rn. 27; Wagner, Das Prinzip der Bestenauslese, S. 29; Kingreen/Poscher, Grundrechte Staatsrecht II, S. 157, Rn. 570; Sachs, Grenzen des Diskriminierungsverbots, S. 375 und 396, der von einem „Schuß ins Blaue" spricht, und auch Raasch, Frauenquoten und Männerrechte, S. 284, die auf die Gefahr einer Verstärkung der tradierten Rollenverhältnisse hinweist.

595 Pfarr, Quoten und Grundgesetz, S. 216f.; s. hierzu auch die Zahlen auf S. 38f.

596 In diese Richtung Richter, Die Berücksichtigung des Geschlechts bei der Vergabe und Schaffung öffentlicher Ämter in der Wissenschaft, S. 72 und auch Classen, JZ 1996, 921 (928), der zwar anmerkt, „dass es der Fakultät einer Universität generell gut tut, (…) unterschiedliche Charaktere in ihren Reihen zu vereinen" und sie entsprechend im Zweifelsfall auch davon profitiere, „kein reiner Männerclub zu sein oder nach dem „Schneewittchen-Prinzip" strukturiert zu sein", diese Aussage aber nicht mit belegbaren Gründen untermauert.

597 Allenfalls in extremen Ausnahmefällen kann das Geschlecht als maßgebliches Eignungskriterium in Frage kommen wie bspw. im Bereich Gesang.

598 VG Göttingen, NVwZ 1998, 100 (101); Jachmann-Michel/Kaiser, in v. Mangoldt/Klein/Starck, GG, Band 2, Art. 33 II, Rn. 18; Masing, in Dreier, GG, Band II, ^{2}2006, Art. 33, Rn. 46; Wagner, Das Prinzip der Bestenauslese im öffentlichen Dienst, S. 30. In einem solchen Fall wäre ausnahmsweise auch eine geschlechtsspezifische Ausschreibung möglich, da aufgrund der Eignungsrelevanz des Merkmals Geschlecht

öffentlichen Amtes einen Kontakt erfordert, der eine besondere physische bzw. auch psychische Nähe erfordert, wie beispielsweise bei körperlichen Durchsuchungen oder aber beim Amt der Frauenbeauftragten.[599] Ein derartiges Näheverhältnis ist bei der Besetzung von wissenschaftlichen Positionen allerdings durchweg nicht gegeben. Die geforderte Eignung trifft hier somit nicht mit dem verbotenen Merkmal des Geschlechts zusammen, welches folglich keine unverzichtbare Tätigkeitsvoraussetzung darstellt und entsprechend als entscheidendes Eignungskriterium ausscheidet.[600] Daraus folgt, dass es sich nicht um eine Beeinträchtigung der Art. 3 II 1, III 1 Var. 1 GG, sondern vielmehr um eine Ungleichbehandlung nach Art. 33 II handelt, wenn das Geschlecht bei einer Auswahlentscheidung als Eignungsmerkmal berücksichtigt wird, da das Leistungsprinzip insofern tatsächlich nicht gewahrt wurde, sondern vielmehr unsachgemäße Gründe zum Auswahlergebnis beigetragen haben.

b) Das Geschlecht als Hilfskriterium

Kann mittels der Kriterien Eignung, Befähigung und fachliche Leistung kein geeigneter Kandidat ausfindig gemacht werden, weil mehrere Bewerber tatsächlich über eine gleiche bzw. wesentlich gleiche Eignung verfügen, so können zusätzliche Kriterien zur Beurteilung herangezogen werden.[601] Als ein solches

---

keine Beeinträchtigung des Art. 33 II GG vorliegt; s. hierzu Fn. 486 und auch LAG Berlin, NJW 1998, 1429.

599 Zur körperlichen Durchsuchung s. Jachmann-Michel/Kaiser, in v. Mangoldt/Klein/Starck, GG, Band 2, Art. 33 II, Rn. 18b; Masing, in Dreier, GG, Band II, [2]2006, Art. 33, Rn. 46; Merten, in Hdb. der Grundrechte, V, § 114, Rn. 27; zur Frauenbeauftragten s. NdsStGH, DÖV 1996, 657 (659), der sich bzgl. der Position der Frauenbeauftragten für eine geschlechtsabhängige Auswahl ausspricht, da die Stelle notwendige spezifische Eigenschaften, Erfahrungen und Kenntnissen erfordere, die so aufgrund ihrer gesellschaftlichen Situation nur von einer Frau mitgebracht werden könnten. Die erforderliche Akzeptanz des Amtes in der weiblichen Bevölkerung würde es darüber hinaus gegenwärtig nahezu unausweichlich machen, die Stelle mit einer Frau zu besetzen; so auch LAG Berlin, NJW 1998, 1429 und Erzinger, NVwZ 2016, 359 (361) unter beispielhafter Heranziehung der Beratungstätigkeit in Fällen von sexueller Belästigung; offengelassen insofern von BVerfGE 91, 228 (245). Das BAG merkt in NVwZ 1999, 805 (806) an, dass die Besetzung der Gleichstellungsbeauftragten-Stelle mit einem Mann zumindest von der Verfassung nicht ausgeschlossen wird; in diese Richtung auch Wolff, in Hömig/Wolff, GG, Art. 3, Rn. 13 und Domgörgen, in Hömig/Wolff, GG, Art. 33, Rn. 3, der die Regelung des § 19 I BGleiG als bedenklich einstuft.

600 So auch VG Göttingen, NVwZ 1998, 100 (101) in Bezug auf eine Professur für Forstbotanik/Baumphysiologie.

601 S. bereits oben S. 72f.

Hilfskriterium kommt dabei unter gleichstellungsfördernden Aspekten regelmäßig das Merkmal „Geschlecht" zur Anwendung. Im Ergebnis bekommen Vertreter des unterrepräsentierten Geschlechts so bei Vorliegen einer qualitativen Pattsituation den Vorzug vor ihrem gleichgeeigneten Konkurrenten. Im Rahmenplan der FernUniversität Hagen heißt es etwa, dass Frauen bei gleichwertiger Eignung, Befähigung und fachlicher Leistung auf Berufungslisten bevorzugt zu berücksichtigen sind und auch Stellen für wissenschaftlich Beschäftigte bei einer Unterrepräsentanz von Frauen und bei gleicher Qualifikation vorrangig an Frauen vergeben werden.[602] Da eine Bevorzugung der weiblichen Kandidaten nur bei gleicher bzw. nahezu gleicher Qualifikation erfolgt und der Leistungsgrundsatz insoweit gewahrt wurde, liegt eine Beeinträchtigung des Art. 33 II GG bei derart ausgestalteten Fördermaßnahmen nicht vor.[603] In Betracht kommt allerdings eine Beeinträchtigung der Gleichheitssätze des Art. 3 GG, da eine Anknüpfung entgegen des Verbots der Art. 3 II 1, III 1 Var. 1 GG erfolgt.[604] Mithin gilt es zu klären, ob das Geschlecht ein geeignetes Hilfskriterium darstellen kann und somit vom Auswahlermessen des Dienstherrn gedeckt ist. Vorgelagert stellt sich jedoch die Frage, ob in einem realen Auswahlverfahren überhaupt die Möglichkeit besteht, dass zwei Bewerber tatsächlich gleich oder zumindest wesentlich gleich geeignet sind.

aa) Die gleiche Eignung mehrerer Kandidaten

Das Heranziehen von zusätzlichen Kriterien neben Eignung, Befähigung und fachlicher Leistung wird für den Fall der qualitativen Pattsituation von mehreren Bewerbern anerkannt. Unabhängig von dieser prinzipiellen Ausnahmemöglichkeit des Rückgriffes auf Hilfskriterien stellt sich jedoch die Frage, ob die Umsetzung dieser theoretisch gegebenen Möglichkeit eine praktische Relevanz besitzt. Eine exakte Gleichheit der Qualifikationsmerkmale ist in der Realität

---

602 S. Punkt 4.2 (Professuren) Abs. 6 bzw. Punkt 3 (Wissenschaftlicher Nachwuchs) Abs. 3 des Rahmenplans der FernUniversität Hagen. Ähnlich heißt es auch auf S. 10 des Frauenförderplans der Goethe Universität Frankfurt: „In Bereichen, in denen Frauen unterrepräsentiert sind, werden – sofern nicht besondere Gründe in der Person eines männlichen Mitbewerbers überwiegen – bei gleichwertiger Qualifikation Frauen bei der Besetzung höherwertiger Stellen solange bevorzugt, bis die Unterrepräsentation beendet ist.".

603 Höfling, in BK-GG, Art. 33 Abs. 1 bis 3, Rn. 284; s. auch die Ausführungen auf S. 93f.

604 Grds. hierzu Sacksofsky, in Umbach/Clemens, GG, Art. 3 II, III 1, Rn. 367f.; Höfling, in BK-GG, Art. 33 Abs. 1 bis 3, Rn. 284f.; Schmidt-Aßmann, NJW 1980, 16 (18), der in einem solchen Fall von einer „unechten Konkurrenz" spricht.

des Einstellungsverfahrens nur schwer denkbar.[605] Grund hierfür ist, dass sich eine Eignungsbewertung von Kandidaten nicht nur auf ein einziges feststellbares Merkmal stützt, wie beispielsweise die Note einer Abschlussprüfung. Vielmehr ist die Geeignetheit der Bewerber anhand einer Vielzahl von Merkmalen festzustellen, die wiederum in sich die Möglichkeit zur Verfeinerung bieten. Entsprechend sind in aller Regel bei Qualifikationen von einzelnen Bewerbern, die auf den ersten Blick identisch wirken, weitere Unterscheidungs- und damit auch Abstufungsmöglichkeiten eröffnet.[606] Dies muss gerade mit Blick auf die Besetzung einer vakanten Professur gelten, welches sich durch ein besonders intensives Auswahlverfahren auszeichnet und bei der die Kandidaten zahlreiche Ansatzpunkte für Qualitätsunterscheidungen bieten.[607] Unter diesen Gesichtspunkten erscheint es schwer vorstellbar, dass am Ende des Auswahlverfahrens tatsächlich eine exakte Gleichheit der Qualität festgestellt werden muss.[608] Dennoch sind zumindest theoretisch Situationen denkbar, in denen selbst das Herunterbrechen auf den kleinsten qualifizierenden Nenner eine identische Qualifikation mehrerer Bewerber zum Ergebnis hat.[609] Selbst wenn eine völlig identische Qualifikation in den drei Bereichen Eignung, Befähigung und fachliche Leistung nicht gegeben ist, kann eine Pattsituation auch dadurch entstehen, dass ein Bewerber auf einem der drei Gebiete im Vergleich zu seiner Konkurrenz ein Defizit aufweist, welches er aber durch den Vorsprung in einem anderen Gebiet ausgleichen kann.[610] Die praktische Relevanz von Hilfskriterien

605 So auch OVG Münster, Beschluss vom 21.02.2017 – 6 B 1109/16, Rn. 49.

606 So Isensee, in HdbVerfR, § 32, Rn. 47, der entspr. die Möglichkeit einer Pattsituation im Hinblick auf die Geeignetheit mehrere Kandidaten ablehnt.

607 Für das Vorliegen einer qualitativen Pattsituation und der damit verbundenen Zulässigkeit von Hilfskriterien kann es insb. nicht ausreichen, dass lediglich identische Mindestqualifikationen gegeben sind, da Art. 33 II GG den Anspruch einer Bestenauslese stellt, so auch Sachs, ZBR 1994, 133 (134) und zum Erfordernis der Bestenauslese auch schon oben auf S. 68f.

608 So Battis/Schulte-Trux/Weber, DVBl. 1991, 1165 (1173), die eine generelle Möglichkeit gleicher Qualifikation zwar bejahen, diese aber gerade im Hinblick auf Einstellungen mit besonders aufwändigem Auswahlverfahren wie eben bspw. Professuren anzweifeln. Ähnlich auch Detmer, in WissR 28 (1995), 1 (7), der die rein theoretische Natur einer Patt-Situation im Berufungsverfahren betont.

609 So auch Schmitt Glaeser, Abbau des tatsächlichen Gleichberechtigungsdefizits der Frauen durch gesetzl. Quotenregelungen, S 46.

610 Wagner, Das Prinzip der Bestenauslese im öffentlichen Dienst, S. 26; Benda, Notwendigkeit und Möglichkeit positiver Aktionen zugunsten von Frauen im öffentlichen Dienst, S. 170.

ergibt sich jedenfalls durch einen abgestuften Maßstab, der eine tatsächlich exakt gleiche Qualifikation nicht verlangt, sondern vielmehr auch eine wesentlich gleiche Eignung für die Heranziehung von zusätzlichen Kriterien als ausreichend erachtet.[611]

Damit der Gehalt des Leistungsprinzips nicht unterlaufen wird, muss sich der Dienstherr vor der Anlegung von Hilfskriterien allerdings ernsthaft bemühen, anhand der in Art. 33 II GG aufgeführten Kriterien Leistungsunterschiede nachzuweisen.[612] Die heranzuziehenden Beurteilungskriterien sind voll auszuschöpfen.[613] Entsprechend muss die Anwendbarkeit von Hilfskriterien eine Ausnahme bleiben, insbesondere wenn sie leistungsfremder Natur sind.[614]

bb) Gleichstellungsförderung als Hilfskriterium

Unabhängig von der Anerkennung von Hilfskriterien in einer qualitativen Pattsituation stellt sich jedoch die Frage, ob über den Förderauftrag des Art. 3 II 2

---

611 S. BVerwGE 80, 123 (126) und kürzlich auch OVG Münster, Beschluss vom 21.02.2017 – 6 B 1109/16, Rn. 49. Entspr. stuft auch Wagner, Das Prinzip der Bestenauslese im öffentlichen Dienst, S. 26 die Notwendigkeit von Hilfskriterien als „nicht eben selten“ ein.

612 VGH Kassel in NVwZ-RR 1994, 347 (349), NVwZ-RR 1996, 279 (280) und NVwZ-RR 1996, 49 (51), der betont, dass Hilfskriterien nicht „Tür und Tor“ geöffnet werden darf; hierzu auch Höfling, in BK-GG, Art. 33 Abs. 1 bis 3, Rn. 286 und Merten, in Hdb. der Grundrechte V, § 114, Rn. 30.

613 BVerwGE 140, 83 (88); Masing, in Dreier, GG, Band II, [2]2006, Art. 33, Rn. 52; Pieper, in Schmidt-Bleibtreu/Hofmann/Henneke, GG, Art. 33, Rn. 69; Schnellenbach, ZBR 1997, 169 (173).

614 VGH Kassel, NVwZ-RR 1994, 347 (349) und NVwZ-RR 1996, 49 (51); Masing, in Dreier, GG, Band II, [2]2006, Art. 33, Rn. 52; Schöbener, BayVBl. 2001, 321 (330). Gerade dem aufgestellten Anforderungsprofil kommt entspr. ein hoher Bedeutungsgrad zu: Die Gefahr einer qualitativen Pattsituation steigt umso mehr, je allgemeiner und weiter das Anforderungsprofil gestaltet ist und wird hingegen über konkret aufgestellte Qualifikationskriterien abgeschwächt, durch die sich einzelne Kandidaten von den übrigen Konkurrenten abheben können; so auch Schmitt Glaeser, Abbau des tatsächlichen Gleichberechtigungsdefizits der Frauen durch gesetzl. Quotenregelungen, S 46. Entspr. hat auch die Universität Mannheim in ihrer Richtlinie zur Herstellung von Chancengleichheit in Berufungsverfahren unter Punkt IV. 2 festgelegt, dass sich die Berufungskommission zu Beginn des Verfahrens über ein klares Bewertungsschema der Qualifikation verständigt, welches in der Bewertung der akademischen Leistung und des akademischen Potentials mehrere Faktoren berücksichtigt. Die Richtlinien sprechen insoweit von einem aufzustellenden „Kriterienkatalog“. Zur Problematik der Ausschreibung und dem hierbei aufzustellenden Anforderungsprofil s. auch S. 70f.

GG auch das Geschlecht als ein derart zulässiges Hilfskriterium einzustufen ist. Dagegen könnte der Wortlaut der Art. 3 II 1, III 1 Var. 1 GG sprechen, die eine Gleichberechtigung von Männern und Frauen vorschreiben und eine Benachteiligung oder Bevorzugung wegen des Geschlechts verbieten. Vielfach wird dies dahingehend interpretiert, dass das Merkmal des Geschlechts auch bei Vorliegen einer gleichen Eignung und damit nach einer Wahrung des in Art. 33 II GG festgehaltenen Leistungsgrundsatzes nicht berücksichtigt werden darf.[615] Eine solch absolute Sperrung der geschlechtlichen Auswahlentscheidung in einer qualitativen Pattsituation entspricht jedoch nicht dem GG. Zwar zeichnet sich Art. 33 II GG im Verhältnis zu den geschlechtsspezifischen Gleichheitssätzen der Art. 3 II, III GG durch Spezialität aus;[616] ist nun jedoch bei zwei verschiedenen Bewerbern tatsächlich im Wege der Auswahl nach Eignung, Befähigung und fachlicher Leistung eine exakt gleiche bzw. wesentlich gleiche Qualifikation festzustellen, so ist der Weg für eine Berücksichtigung der Inhalte des Art. 3 II, III GG frei.[617] Unabhängig von dieser prinzipiellen Möglichkeit, das Geschlecht als Hilfskriterium heranzuziehen, ist die weibliche Bevorzugung in einer qualitativen Pattsituation aber als unmittelbare Beeinträchtigung der Rechte der männlichen Konkurrenten aus Art. 3 II 1, III 1 Var. 1 GG zu werten, da diese aufgrund ihres Geschlechts eine für sie nachteilige Behandlung erfahren.[618]

c) *Qualifikationsanforderungen mit Gender-Aspekt*

Potenzial für Konflikte mit Art. 3 II 1, III 1 Var. 1 GG bieten auch Fördermaßnahmen, nach denen Gender-Aspekte in Forschung und Lehre der Kandidaten

---

615 So Pieper, in Schmidt-Bleibtreu/Hofmann/Henneke, GG, Art. 33, Rn. 68; Jachmann-Michel/Kaiser, in v. Mangoldt/Klein/Starck, GG, Band 2, Art. 33 II, Rn. 20; Laubinger, VerwArch 87 (1996), 473 (521) und auch Domgörgen, in Hömig/Wolff, GG, Art. 33, Rn. 4, unter Verweis auf BVerwGE 81, 24 (26), welches sich allerdings nicht mit dem Geschlecht, sondern der Konfession als Hilfskriterium befasst. Zum gleichen Ergebnis kamen im Hinblick auf das Merkmal Geschlecht noch zur Zeit des Art. 3 II GG (a.F.) OVG Münster, NVwZ 1991, 501 (502); VGH Kassel, NVwZ 1994, 1229; Sachs, NJW 1989, 553 (557); Sachs, NVwZ 1991, 437 (441); Sachs, ZBR 1994, 133 (134).

616 S. S. 73f.

617 So zuletzt OVG Münster, Beschluss vom 21.02.2017 – 6 B 1109/16, Rn. 33 und auch Kunig, in v. Münch/Kunig, Band 1, Art. 33, Rn. 34; Liebert, Quotenregelungen im öffentlichen Dienst, S. 73f.; Hansmeyer/Kaltenborn, NWVBl. 2001, 449 (452); Battis/Schulte-Trux/Weber, DVBl. 1991, 1165 (1166); Ebsen, Jura 1990, 515 (520); Holznagel/Schlünder, Jura 1996, 519 (520); Fuchsloch, NVwZ 1991, 442 (443).

618 So auch Hansmeyer/Kaltenborn, NWVBl. 2001, 449 (452); Langenfeld, DVBl 2010, 1019 (1024).

zu einer besseren Beurteilung führen und die somit unmittelbaren Einfluss auf die Bewertung der Qualifikation nehmen.[619] Diese sind objektiv neutral formuliert und sollen in der konkreten Bewertungssituation durch die Berufungskommission den Kandidaten bevorzugen, der über ein geschlechtsgeprägtes Forschungsprofil verfügt. Von solchen Regelungen werden Frauen und Männer gleichermaßen angesprochen, sodass eine unmittelbare Bevorzugung aufgrund des Geschlechts nicht ausgemacht werden kann. Betrachtet man allerdings die tatsächlichen Auswirkungen derartiger Regelungen, so werden in der praktischen Umsetzung deutlich mehr Frauen als Männer von der Maßnahme profitieren, da das Thema Gender in Forschung und Lehre in erster Linie von weiblichen Wissenschaftlern behandelt wird.[620] Es handelt sich somit um eine mittelbare Begünstigung der weiblichen Bewerber. Auch nur mittelbar wirkende Ungleichbehandlungen aufgrund des Geschlechts sind vom Schutzbereich des Art. 3 II 1, III 1 Var. 1 GG erfasst.[621] Entsprechend sind auch neutral gewählte Formulierungen, die eine Bevorzugung von geschlechtsgeprägter Forschungsprofilen in der Qualifikationsbeurteilung vorsehen, als Beeinträchtigung von Art. 3 II 1, III 1 Var. 1 GG zu werten.

d) Zusammenfassung

Aufgrund des bestehenden Spezialitätsverhältnisses von Art. 33 II GG zu Art. 3 II 1, III 1 Var. 1 GG ist für eine Überprüfung der Fördermaßnahmen am Maßstab der Gleichheitsrechte aus Art. 3 GG nur Raum, sofern nicht bereits eine Beeinträchtigung des Leistungsgrundsatzes bejaht werden konnte. Entsprechend kann lediglich die Heranziehung des Geschlechts als Hilfskriterium in einer qualitativen Pattsituation als unmittelbare Beeinträchtigung der Art. 33 II GG zu Art. 3 II 1, III 1 Var. 1 GG gewertet werden, da die Bewerber hier bei Wahrung des Leistungsgrundsatzes eine unterschiedliche Behandlung aufgrund ihres Geschlechts erfahren. Daneben tritt eine bloß mittelbare Beeinträchtigung durch die Bevorzugung von geschlechtsgeprägter Forschungsprofilen, die insoweit aber ebenfalls vom Schutzumfang der Verfassungsnorm gedeckt ist.

---

619 S. hierzu das Bsp. der FernUniversität Hagen auf S. 54f. und die Ausführungen auf S. 96f.

620 So merkt auch Walter, Forschung & Lehre 2016 auf S. 782 an, dass es in Deutschland, Österreich und der Schweiz aktuell 223 Professuren für „Gender Studies" gäbe, von denen lediglich 10 mit Männern besetzt sind.

621 S. S. 62.

II. Rechtfertigung der Ungleichbehandlungen

1. Rechtfertigung der Ungleichbehandlungen nach Art. 33 II GG

Einschränkungen des schrankenlos gewährleisteten Leistungsgrundsatzes sind zulässig, sofern unmittelbar drohende Beeinträchtigungen der Funktionsfähigkeit der Verwaltung nur auf diesem Weg abgewendet werden können.[622] Darüber hinaus können Beeinträchtigungen des Art. 33 II GG auch über verfassungsimmanente Schranken gerechtfertigt sein.[623] Eine Einschränkung des Leistungsgrundsatzes kann somit auch durch kollidierende Grundrechte, grundrechtsgleiche Rechte oder aber Gemeinschaftswerte mit Verfassungsrang erfolgen.[624] Im Wege der praktischen Konkordanz ist mittels einer Abwägung im Rahmen der Verhältnismäßigkeitsprüfung herauszufinden, welcher Verfassungsnorm die höhere Gewichtung zukommt.[625] Hierbei ist jedoch streng darauf zu achten, dass der hinter dem Leistungsgrundsatz stehende objektive Gehalt der Funktionsfähigkeit der Verwaltung nicht gänzlich ausgehebelt wird.[626] Dies soll sichergestellt werden, indem die Entscheidungsbefugnis über die Einschränkungsmöglichkeiten des Art. 33 II GG beim einfachen Gesetzgeber liegt, der in erster Linie dafür verantwortlich ist, kollidierende Normen auf Verfassungsebene in Einklang zu bringen.[627] Entsprechend hat der Parlamentsgesetzgeber

---

622 BVerwGE 122, 237 (239); 124, 99 (102); 145, 237 (244); so auch VG Wiesbaden, NVwZ 2007, 482 (483); Domgörgen, in Hömig/Wolff, GG, Art. 33, Rn. 7; Ziekow, DÖV 2014, 765 (767).

623 BVerwGE 122, 147 (150); 122, 237 (239); 132, 110 (113); Höfling, in BK-GG, Art. 33 Abs. 1 bis 3, Rn. 295; Brosius-Gersdorf, in Dreier, GG, Band II, [3]2015, Art. 33, Rn. 122; Kunig, in v. Münch/Kunig, GG, Band 1, Art. 33, Rn. 30; Pieper, in Schmidt-Bleibtreu/Hofmann/Henneke, GG, Art. 33, Rn. 67; Wagner, Das Prinzip der Bestenauslese im öffentlichen Dienst, S. 3; Jachmann, ZBR 1996, 161 (172).

624 BVerfG, NVwZ 2015, 1279 (1281); vgl. schon BVerfGE 30, 173 (191ff.) zur vorbehaltslos gewährleisteten Kunstfreiheit aus Art. 5 III 1 GG und BVerfGE 93, 1 (21) zur Glaubensfreiheit aus Art. 4 I GG.

625 Jarass, in Jarass/Pieroth, GG, Art. 33, Rn. 21; Raasch, Frauenquoten und Männerrechte, S. 293f.; hierzu auch Ebsen, Jura 1990, 515 (521).

626 BVerwGE 122, 237 (239); 124, 99 (102); 145, 237 (244); VG Wiesbaden, NVwZ 2007, 482 (483); Raasch, Frauenquoten und Männerrechte, S. 293; Bochmann, ZBR 2008, 397 (401).

627 BVerfG, NVwZ 1997, 54 (55); BVerfG, NVwZ 2015, 1279 (1281); Höfling, in BK-GG, Art. 33 Abs. 1 bis 3, Rn. 296.

mögliche Einschränkungen über sachgerechte Fallgruppen herauszubilden und in förmlichen Gesetzen festzuhalten.[628]

a) Art. 3 II 2 GG als verfassungsimmanente Schranke

Eine drohende Beeinträchtigung der Funktionsfähigkeit der Verwaltung aufgrund der aktuellen Geschlechterverteilung an deutschen Hochschulen ist nicht anzunehmen. Die Fördermaßnahmen können daher lediglich über den Weg des kollidierenden Verfassungsrechts gerechtfertigt sein.[629] Art. 3 II 2 GG kommt als verfassungsimmanente Beschränkung des Leistungsprinzips in Frage.[630] Er verpflichtet den Staat, die tatsächliche Durchsetzung der Gleichberechtigung von Frauen und Männern zu fördern und auf die Beseitigung bestehender Nachteile hinzuwirken. Der als Staatsziel gestaltete Zusatz der Gleichberechtigung der Geschlechter nach Art. 3 II 1 GG soll diese auch in der Lebenswirklichkeit umsetzen.[631] Die hier thematisierten Fördermaßnahmen sollen dem an Hochschulen vorherrschenden unausgewogenen Geschlechterverhältnis durch eine bevorzugende Behandlung von weiblichen Bewerbern entgegenwirken und deren Position entsprechend stärken. Sie können folglich als Umsetzungsmaßnahmen im Sinne des Art. 3 II 2 GG eingestuft werden. Für die Zulässigkeit einer solch verfassungsimmanenten Beschränkung des Leistungsgrundsatzes müssten die Gleichstellungsmaßnahmen auf eine einfachgesetzliche Grundlage gestützt werden können, bevor sie im Anschluss auf ihre Verhältnismäßigkeit zu untersuchen sind.

aa) Einfachgesetzliche Grundlage

Im Hinblick auf eine mögliche einfachgesetzliche Grundlage für die Gleichstellungsmaßnahmen stellt sich die Frage, welchem Normgeber überhaupt die Kompetenz zur einschlägigen Materie der Gleichstellung an deutschen Hochschulen zukommt: dem Bund oder den Ländern. Gemäß Art. 70 I GG liegt die Gesetzgebungskompetenz bei den Ländern, soweit das Grundgesetz dem Bund keine Gesetzgebungsbefugnisse verleiht. Eine ausdrückliche, gleichstellungsrechtliche

628 Bochmann, ZBR 2008, 397 (401) unter Verweis auf BVerfGE 33, 1 (11f.); zum Erfordernis einer gesetzl. Grundlage auch VG Wiesbaden, NVwZ 2007, 482 (483).

629 S. Ziekow, DÖV 2014, 765 (770) zur parallelen Problematik der Förderung von Personen mit Migrationshintergrund im öffentlichen Dienst.

630 Kunig, in v. Münch/Kunig, GG, Band 1, Art. 33, Rn. 30; vgl. auch Hansmeyer/Kaltenborn, NWVBl. 2001, 449 (452).

631 S. S. 65f.

Kompetenzregelung zugunsten des Bundes ist insbesondere im GG-Katalog der Art. 71ff. GG nicht enthalten. Gleichstellungsrecht ist somit grundsätzlich Sache der Länder.[632] Betrachtet man die Problematik der Gleichstellungsmaßnahmen allerdings aus statusrechtlicher Sicht, so finden sich in Art. 74 I Nr. 12 und Nr. 27 GG Kompetenzregelungen zugunsten des Bundes, die vorliegend einschlägig sein könnten. Für Gleichstellungsmaßnahmen zugunsten von Professoren, die gemäß § 49 I LHG BW in aller Regel in ein Beamtenverhältnis berufen werden, könnte sich eine konkurrierende Gesetzgebung des Bundes aus Art. 74 I Nr. 27 GG ergeben, welcher u.a. die Statusrechte und -pflichten der Landesbeamten umfasst. Jedoch sind Laufbahnen, Besoldung und Versorgung der Beamten von der Regelung explizit ausgenommen. Zu dieser Ausnahme kann auch der Zugang zu den Laufbahnen gezählt werden.[633] Gerade hier setzen die thematisierten „scharfen" Maßnahmen jedoch an, die in erster Linie den erleichterten Zugang von weiblichen Wissenschaftlern beinhalten. Somit kann Art. 74 I Nr. 27 GG diesbezüglich nicht als Kompetenznorm für eine einfachgesetzliche Grundlage herangezogen werden. Gleiches muss mit Blick auf die akademischen Angestellten als Angestellte des öffentlichen Dienstes in Bezug auf Art. 74 I Nr. 12 GG gelten: Dieser umfasst lediglich das allgemeine Arbeitsrecht, nicht aber auch derart spezifische Materien wie Regelungen zur Frauenförderung im öffentlichen Dienst.[634] Damit ist auch hier der Schutzbereich der Norm nicht eröffnet. Sämtliche Frauenfördermaßnahmen zur Erleichterung des Zugangs von wissenschaftlichen Positionen an der Hochschule fallen somit in die Kompetenz der Länder. Dies muss gerade auch deshalb gelten, weil das Hochschulrecht seit der Föderalismusreform, mit Ausnahme der konkurrierenden Gesetzgebung für die Hochschulzulassung und die Hochschulabschlüsse in Art. 74 I Nr. 33 GG, gänzlich in die Kompetenz der Länder fällt.[635] Von der Gesetzgebungsbefugnis nach Art. 70 I GG sind mithin auch frauenfördernde Maßnahmen an deutschen Hochschulen erfasst, weshalb auf Ebene des Landes eine entsprechende Gesetzesgrundlage für die Fördermaßnahmen bestehen müsste.[636]

---

632 So auch Erzinger, NVwZ 2016, 359.

633 S. BT-Drs. 16/813, S. 14.

634 Benda, Notwendigkeit und Möglichkeit positiver Aktionen zugunsten von Frauen im öffentlichen Dienst, S. 218; Papier/Heidebach, Rechtsgutachten zur Frage der Zulässigkeit von Zielquoten für Frauen in Führungspositionen im öffentlichen Dienst sowie zur Verankerung von Sanktionen bei Nichteinhaltung, S. 6f.

635 S. dazu auch oben S. 10f.

636 Dem Bund verbleibt eine aus Art. 73 I Nr. 8 GG resultierende Gesetzgebungskompetenz über die Rechtsverhältnisse der im Dienste des Bundes und der bundesunmittelbaren Körperschaften des öffentlichen Rechtes stehenden Personen, auf welche das

In Baden-Württemberg findet sich mit dem Chancengleichheitsgesetz eine gleichstellungsrechtliche Gesetzesgrundlage für den öffentlichen Dienst.[637] Gemäß § 1 I ChancenG soll das Gesetz in Erfüllung des Verfassungsauftrags nach Artikel 3 II GG die tatsächliche Durchsetzung der Gleichberechtigung von Frauen und Männern fördern, wobei insbesondere gemäß § 1 II 2 ChancenG bestehende Nachteile für Frauen unter Wahrung des Vorrangs von Eignung, Befähigung und fachlicher Leistung nach Artikel 33 Abs. 2 GG abgebaut oder ausgeglichen werden sollen. Dies wird u.a. von § 11 I ChancenG in Bezug auf Einstellung, beruflicher Aufstieg und Vergabe von Ausbildungsplätzen dahingehend konkretisiert, dass die Dienststellen in Bereichen, in denen Frauen unterrepräsentiert sind, diese unter Wahrung des Vorrangs von Eignung, Befähigung und fachlicher Leistung nach Artikel 33 Abs. 2 GG bei der Besetzung von Stellen vorrangig zu berücksichtigen haben, soweit nicht in der Person des Mitbewerbers liegende Gründe überwiegen.[638] Auch kann die Frauenförderung gemäß § 11 III ChancenG bei gleicher Eignung, Befähigung und fachlicher Leistung als zusätzliches Hilfskriterium berücksichtigt werden. Damit ließen sich die hier problematisierten Fördermaßnahmen aus rein thematischer Sicht unter das ChancenG subsumieren. Die Hochschulen sind gemäß § 3 I Nr. 3 Hs. 1 ChancenG sogar explizit in den Geltungsbereich des Gesetzes miteingeschlossen. Gemäß § 3 I Nr. 3 Hs. 2 ChancenG soll dies jedoch nur gelten, soweit das LHG nicht eigene Regelungen enthält. Mit § 4 LHG BW existiert eine derartige eigenständige Regelung zur Chancengleichheit von Frauen und Männern für den Bereich der Hochschule. Diese fördern gemäß § 4 I LHG BW die tatsächliche Durchsetzung der Chancengleichheit von Frauen und Männern bei der Wahrnehmung aller Aufgaben und wirken auf die Beseitigung bestehender Nachteile hin. So soll insbesondere der Frauenanteile in allen Fächern und auf allen Ebenen, in denen Frauen unterrepräsentiert sind, aktiv erhöht und für eine bessere Vereinbarkeit von Familie und wissenschaftlicher, künstlerischer und medizinischer

---

BGleiG gestützt werden kann. Soweit dieses organisatorische Regelungen enthält, wie bspw. die Bestellung von Gleichstellungsbeauftragten in den Dienststellen des Bundes, besteht eine Gesetzgebungskompetenz kraft Natur der Sache; s. BT-Drucks. 14/5679, S. 17 und auch Kugele, BGleiG, § 1, Rn. 4; Erzinger, NVwZ 2016, 359.

637 Entspr. Regelungen der Länder finden sich bspw. im BayGlG, im HGlG oder im LGG NW.

638 Es handelt sich hierbei um eine leistungsabhängige Vorzugsregelung zugunsten der weiblichen Bewerber, die mit einer Öffnungsklausel zugunsten der männlichen Konkurrenten versehen ist; so auch in § 8 I BGleiG, hierzu Wolff, in Hömig/Wolff, GG, Art. 3, Rn. 12.

Tätigkeit gesorgt werden. Dabei sind bei allen Aufgaben und Entscheidungen die geschlechterspezifischen Auswirkungen zu beachten. § 4 V LHG BW ergänzt dies dahingehend, dass die Hochschulen für die Dauer von fünf Jahren Gleichstellungspläne für das hauptberuflich tätige Personal aufstellen. Diese enthalten konkrete Ziel- und Zeitvorgaben und Festlegungen zu personellen, organisatorischen und fortbildenden Maßnahmen, mit denen die Frauenanteile auf allen Ebenen sowie auf allen Führungs- und Entscheidungspositionen in unterrepräsentierten Bereichen erhöht werden, bis eine paritätische Besetzung erreicht ist. Dabei sollen sich die Zielvorgaben für das wissenschaftliche Personal mindestens an dem Geschlechteranteil der vorangegangenen Qualifizierungsstufe im wissenschaftlichen Dienst orientieren.[639]

In der Gesamtbetrachtung besteht damit auf Ebene der Hochschule eine weitreichende gesetzliche Ermächtigung zur Gleichstellungsförderung. § 4 LHG BW kann in dem von ihm aufgestellten Rahmen als einfachgesetzliche Grundlage für die hier thematisierten Gleichstellungsmaßnahmen herangezogen werden. Die Hochschulen sind durch die Vorschrift zu einer vollumfassenden Gleichstellungspolitik legitimiert.

bb) Abwägung der widerstreitenden Interessen

Die Beschränkung des in Art. 33 II GG festgehaltenen Leistungsprinzips muss in verhältnismäßiger Art und Weise erfolgen. Hierfür müssen die Gleichstellungsmaßnahmen geeignet, erforderlich und angemessen sein, den in Art. 3 II 2 GG festgehaltenen Normzweck zu verwirklichen.

---

639 In der amtl. Begründung zum 3. HRÄG, Drucks. 15/4684, zu § 4 V 3, S. 271 wird dies dahingehend konkretisiert, dass sich die Zielvorgaben für das wissenschaftl. Personal mindestens am sog. „Kaskadenmodell" orientieren sollen. Dabei kommt den Hochschulen die Aufgabe zu, jeweils für ihre spezifischen Anforderungen sinnvolle Anknüpfungspunkte zu erarbeiten, da eine gesetzl. Regelung dieser Vorgaben zu detailliert wäre und den Hochschulen nicht die hierfür erforderlichen Freiheiten geben würde. Gleichzeitig wird betont, dass es sich nur um eine Soll-Regelung für den wissenschaftlichen Bereich handelt. Den Hochschulen steht es mithin offen, weitergehende Differenzierung unter Mitwirkung der Gleichstellungsbeauftragten vorzunehmen; hierzu auch Sandberger, LHG BW, § 4 LHG BW, Rn. 8, der zugleich darauf hinweist, dass der gesetzl. gewählte Schematismus schon im Hinblick auf die unterschiedlichen Verhältnisse in den einzelnen Fächern wenig zielführend erscheint, insbes. wenn die Unterrepräsentation nicht in allen Qualifizierungsstufen besteht. S. zum Kaskadenmodell im Rahmen der Forschungsorientierten Gleichstellungsstandards S. 42.

(1) Geeignetheit

Die soeben aufgezeigten Maßnahmen, welche eine Beeinträchtigung von Art. 33 II GG darstellen, müssen zunächst geeignet sein, das Fördergebot aus Art. 3 II 2 GG durchzusetzen. Eine solche Geeignetheit kann bereits dann bejaht werden, wenn das gewählte Mittel den verfolgten Zweck lediglich fördert. Eine tatsächliche Zweckerreichung ist demgegenüber nicht notwendig.[640]

Die gewählte Formulierung der tatsächlichen Durchsetzung der Gleichberechtigung und die Beseitigung bestehender Nachteile zielt darauf ab, einen Zustand der individuellen Chancengleichheit herzustellen.[641] Ein solcher Zustand ist bereits zu bejahen, wenn Frauen und Männern die gleichen Chancen im Hinblick auf die Ausgangssituation zukommen. Für die Bejahung der Geeignetheit der Fördermaßnahmen gilt es daher zu klären, ob diese den Zustand der Chancengleichheit tatsächlich fördern. Die Maßnahmen sind schon dann ungeeignet, wenn weiblichen und männlichen Wissenschaftlern aktuell bereits die gleichen Chancen im Hinblick auf die Ausgangssituation zustehen.[642] Für die Prüfung der Geeignetheit ist deshalb zunächst zu klären, ob bei weiblichen und männlichen Wissenschaftlern bereits ein Zustand der Chancengleichheit bejaht werden kann, bevor in einem zweiten Schritt gegebenenfalls tatsächlich auf die fördernde Wirkung der Maßnahmen eingegangen werden muss.

(a) Chancengleichheit an deutschen Hochschulen?

Als Grundlage sollen zunächst die statistischen Zahlen des Geschlechterverhältnisses an deutschen Hochschulen herangezogen werden.[643] Diese sind durch eine klare weibliche Unterrepräsentanz in den höheren Stufen der wissenschaftlichen Karriere gekennzeichnet. Derartige Unterschiede in der Repräsentanz von Frauen und Männer können zumindest als Indiz für eine nicht bestehende Chancengleichheit dienen.[644] So wird eine unterschiedliche Chancenverteilung unter Anlehnung an das Kaskadenmodell teilweise bereits dann bejaht, wenn sich der Frauenanteil im Verlauf zwischen Eingangsamt und dazugehöriger Führungsebene drastisch verringert.[645] Übertragen auf das Geschehen an der

---

640 Kingreen/Poscher, Grundrechte Staatsrecht II, S. 93, Rn. 334.

641 S. oben S. 65f.

642 So auch Sacksofsky, in Umbach/Clemens, GG, Art. 3 II, III 1, Rn. 355; hierzu auch Jachmann, ZBR 1996, 161 (167).

643 S. oben S. 32f.

644 Sacksofsky, in Umbach/Clemens, GG, Art. 3 II, III 1, Rn. 355; Hansmeyer/Kaltenborn, NWVBl. 2001, 449 (453).

645 Benda, Notwendigkeit und Möglichkeit positiver Aktionen zugunsten von Frauen im öffentlichen Dienst, S. 34; Papier, Zulässigkeit von Zielquoten für Frauen in

Hochschule wäre folglich die Geschlechterverteilung auf Ebene der akademischen Mitarbeiter und auf Ebene der Hochschulprofessoren von Bedeutung.[646] Bundesweit lag der weibliche Anteil von akademischen Mitarbeitern im Wintersemester 2014/2015 bei etwa 35 %, hingegen waren nur 23,4 % aller Professuren im Jahr 2016 von Frauen besetzt. Insofern kann im Vergleich der Positionen ein klares drastisches Missverhältnis am weiblichen Anteil bejaht werden. Jedoch können bundesweite Zahlen nicht für die Geeignetheit einer konkreten Fördermaßnahme herangezogen werden. Es gilt in der jeweiligen Auswahlsituation zwischen Hochschulen und Fachbereichen zu unterscheiden, da der Förderbedarf im Einzelfall gegeben sein muss und auch frauendominierte Fachbereiche Berücksichtigung finden müssen. Das Kaskadenmodell dient hierfür als Richtwert, der durch einfache praktische Umsetzungsmöglichkeit überzeugt. So schreibt auch § 4 V LHG BW vor, dass sich die Zielvorgaben für das wissenschaftliche Personal mindestens an dem Geschlechteranteil der vorangegangenen Qualifizierungsstufe im wissenschaftlichen Dienst orientieren sollen.

Wird im Einzelfall ein unausgewogenes Geschlechterverhältnis zugunsten männlicher Wissenschaftler bejaht, so spricht dies gegen einen Zustand der Chancengleichheit. Diese Indizwirkung wird verstärkt, wenn man die tatsächlichen Gründe für die Unterrepräsentanz von Frauen im Hochschulwesen betrachtet.[647]

Zusammenfassend können seit jeher zwei Argumentationsstränge ausgemacht werden, weshalb es in der Wissenschaft deutlich weniger Frauen als Männer gibt.[648] Zum einen weil ihnen der Zugang zur wissenschaftlichen Karriere tatsächlich erschwert wird oder aber weil sie das Ziel einer solchen gar nicht erst verfolgen.[649] Es erscheint fraglich, ob sich der zweite Begründungsansatz auch heute noch durch Realitätsnähe auszeichnet.[650] Unabhängig davon

---

Führungspositionen im öffentlichen Dienst, S. 13; Ebsen, Jura 1990, 515 (521); Battis/Schulte-Trux/Weber, DVBl 1991, 1165 (1171) unter Verweis auf die Praxis in den USA; so auch BVerwG, NVwZ 2003, 92 (93f.), das die drastische Unterrepräsentanz als Ausdruck von vielfältigen objektiven und subjektiven Hemmnissen für Frauen wertet.

646 Daneben sind auch Zahlen der Studentenschaft repräsentativ für den zahlenmäßigen Schwund der weiblichen Kräfte. Sie sind insofern aber nicht entscheidend für die Verteilung der Stellenbesetzungen an den Hochschulen.

647 So auch Laubinger, VerwArch 87 (1996), 473 (506ff.).

648 S. zum Meinungsstreit auch Liebert, Quotenregelungen im öffentlichen Dienst, S. 94f.

649 So auch Kempen, ZRP 1989, 367 (370), der anfügt, dass die Wahrheit wohl irgendwo in der Mitte der beiden Argumente liegt.

650 So jedoch auch aktuell noch vertreten von Walter, Forschung & Lehre 2016, 782f., der aber zumindest einen einsetzenden gesellschaftlichen Wandel anerkennt; s. auch

hat letztendlich aber ohnehin nur das erste Argument Auswirkungen auf die Frage, ob Frauen die gleichen Chancen in der Wissenschaft eingeräumt werden wie Männer. Ausgehend von Art. 33 II GG müsste der beste Kandidat – ob nun weiblich oder männlich – das öffentliche Amt zuerkannt bekommen. Der im Hinblick auf das aufzustellende Anforderungsprofil zuerkannte Ermessensspielraum führt jedoch dazu, dass das Verfahren teilweise als nicht nachvollziehbar zu bewerten ist und entsprechend auch heute noch Fälle möglich sind, in denen Frauen in der jeweiligen Entscheidungssituation zumindest verdeckt eine geschlechtsbedingte Benachteiligung erfahren.[651] Es gilt jedoch aufzuzeigen, dass es sich hierbei gerade nicht um einzelne Ausnahmen handelt, sondern die weibliche Schlechterstellung vielmehr planmäßig und gerade nicht nur auf Einzelfallebene erfolgt.[652] Eine solche planmäßige Benachteiligung erscheint auf den ersten Blick in Anbetracht der Beteiligung einer Gleichstellungsbeauftragten am Berufungsverfahren nach § 48 III 2 Hs. 2 LHG BW zweifelhaft, die entsprechend § 4 III 1 LHG BW gerade bei der Durchsetzung der verfassungsrechtlich gebotenen Chancengleichheit von Frauen und Männern und bei der Beseitigung bestehender Nachteile insbesondere für wissenschaftlich tätige Frauen mitwirken soll.[653] Betrachtet man allerdings die Ausgestaltung des an Art. 33 II GG ausgerichteten Auswahlsystems auf wissenschaftlicher Ebene, so ist eine diskriminierende Struktur, die sich mit einer weiblichen Karriere nur schwer vereinbaren lässt, nicht von der Hand zu weisen.[654] So sind größtenteils auch heute noch die angelegten Bewertungsmaßstäbe im wissenschaftlichen Auswahlverfahren

---

schon Harms, DÖD 1991, 49 (54), der das fehlende Karrierestreben mit der andersartigen Prioritätensetzung der Frauen begründet, welche eine Vereinbarung von Familie und Beruf anstreben würden; s. auch Laubinger, VerwArch 87 (1996), 473 (509) und kritischer Jachmann, ZBR 1996, 161 (163, 168), die aber zumindest darauf hinweist, dass die Habilitation typischerweise in den Zeitraum fällt, in dem Frauen Kinder bekommen und die Möglichkeit der Entscheidung einer Frau gegen die eigne Karriere betont.

651 Ebsen, Jura 1990, 515 (521); Laubinger, VerwArch 87 (1996), 473 (509).

652 Laubinger, VerwArch 87 (1996), 473 (509) und auch Jachmann, ZBR 1996, 161 (162), die von schwer fassbaren und regelmäßig nicht an einzelnen Vorkommnissen festzumachenden Diskriminierungsvorgängen spricht.

653 So auch schon Laubinger, VerwArch 87 (1996), 473 (509).

654 Grundlegend hierzu Onnen-Isemann/Oßwald, Aufstiegsbarrieren für Frauen im Universitätsbereich; Richter, Die Berücksichtigung des Geschlechts bei der Vergabe und Schaffung öffentlicher Ämter in der Wissenschaft, S. 9f. und auch schon der Wissenschaftsrat im Jahr 1998, in Empfehlungen zur Chancengleichheit von Frauen in Wissenschaft und Forschung, S. 82.

auf Männer zugeschnitten.[655] Dies macht sich insbesondere an einer möglichst hohen Anzahl an Publikationen und mit einer entsprechend zu investierenden Arbeitszeit bemerkbar.[656] Die angelegten Erfolgsmaßstäbe, welche sich auch heute noch in erster Linie auf die Menge der produzierten wissenschaftlichen Arbeit stützen, gehen eindeutig zulasten der weiblichen Wissenschaftler, die im privaten Bereich noch immer einer stärkeren Einbindung unterliegen als ihre männlichen Kollegen.[657] Frauen haben es schwerer, die aufgestellten Eignungskriterien im Wege des Auswahlverfahrens zu erfüllen.[658] Da sich somit das Gesamtkonzept der Auswahl im wissenschaftlichen Bereich an der Leistungsfähigkeit der männlichen Bewerber orientiert, vermag auch die Beteiligung der Gleichstellungsbeauftragten im Auswahlverfahren an der Tatsache nichts zu ändern, dass weibliche Wissenschaftler schon allein von der Struktur und nicht nur im Einzelfall Benachteiligungen erfahren. In der Zusammenfassung ist der Zustand einer „strukturellen Diskriminierung"[659] auch heute noch an deutschen

655 Richter, Die Berücksichtigung des Geschlechts bei der Vergabe und Schaffung öffentlicher Ämter in der Wissenschaft, S. 10; Wissenschaftsrat, in Empfehlungen zur Chancengleichheit von Frauen in Wissenschaft und Forschung, 1998, S. 85ff.

656 Richter, Die Berücksichtigung des Geschlechts bei der Vergabe und Schaffung öffentlicher Ämter in der Wissenschaft, S. 14; Wissenschaftsrat, in Empfehlungen zur Chancengleichheit von Frauen in Wissenschaft und Forschung, 1998, S. 118f.

657 S. aktuell Engels, Forschung & Lehre 2016, 784; Jachmann, ZBR 1996, 161 (163); Langenfeld, DVBl 2010, 1019 (1022); Richter, Die Berücksichtigung des Geschlechts bei der Vergabe und Schaffung öffentlicher Ämter in der Wissenschaft, S. 14f. und kürzlich auch Erzinger, NVwZ 2016, 359 (361) unter Bezug auf die Arbeitswahrnehmung der Gleichstellungsbeauftragten; a.A. Sachs, NVwZ 1991, 437 (441f.), der zugleich betont, dass auch Fälle von alleinerziehenden Vätern denkbar sind. Dass sich diese jedoch auch heute noch klar in der Minderheit befinden, zeigen die Zahlen zu Alleinerziehenden des Statistischen Bundesamtes aus dem Jahr 2017, nach denen im Jahr 2017 in 84 % der Fällen die Mutter den alleinerziehenden Elternteil darstellt, abrufbar unter C:\Users\mm22816\AppData\Local\Temp\pressebroschuere-alleinerziehende.pdf (zuletzt abgerufen am 15.11.2019).

658 Vereinzelt versuchen die Hochschulen bereits, dieser Tatsache entgegenzuwirken. So enthalten bspw. die Richtlinien zur Herstellung von Chancengleichheit in Berufungsverfahren der Universität Mannheim den Hinweis, dass die Beurteilung der Qualifikation der Bewerberinnen und Bewerber auch unter Berücksichtigung von strukturellen Bedingungen der Vereinbarkeit von Familie und Beruf erfolgt, s. Punkt IV. 6. der Richtlinien.

659 Begriff erstmals verwendet durch Benda, Notwendigkeit und Möglichkeit positiver Aktionen zugunsten von Frauen im öffentlichen Dienst, S. 7.

Hochschulen allgegenwertig.[660] Entsprechend kann ein Zustand der Chancengleichheit an deutschen Hochschulen nicht bejaht werden.[661] Für die rechtliche Bewertung der Fördermaßnahmen bedeutet dies, dass sie nicht von vornherein aufgrund einer eingetretenen Zweckerreichung als ungeeignet einzustufen sind.

(b) Tatsächliche Förderung der Chancengleichheit durch die aufgezeigten Maßnahmen

Entsprechend gilt es im Folgenden zu klären, ob das Ziel der Gleichberechtigung zwischen den Geschlechtern durch die aktuellen Gleichstellungsmaßnahmen tatsächlich gefördert wird. Dabei ist zu berücksichtigen, dass sich Art. 3 II 1 GG durch einen individualrechtlichen Charakter auszeichnet, der dem Einzelnen ein Recht auf Gleichberechtigung gewährt und somit nicht als Gruppengrundrecht für die Gesamtheit aller Männer und Frauen zu verstehen ist.[662] Diesem engen Normzweck wird auch Art. 3 II 2 GG gerecht, der entsprechend auf einen Zustand der individuellen Chancengleichheit abzielt.[663]

Betrachtet man nun die problematisierten Fördermaßnahmen, so entfalten sie ihre Wirkung im Ergebnis im jeweiligen Auswahlverfahren, also auf individueller Ebene. Argumentativer Ausgangspunkt der Maßnahmen ist jedoch das unausgewogene Geschlechterverhältnisse und somit die fehlende Chancengleichheit in Bezug auf das gesamte Hochschulgeschehen. In der tatsächlichen Umsetzung profitieren die geförderten Bewerberinnen im Auswahlverfahren von einer gesamtgesellschaftlichen Lage, der mittels einer bevorzugenden individuellen Behandlung entgegengewirkt werden soll. In Anbetracht der damit einhergehenden individuellen Schlechterstellung des männlichen Konkurrenten sind die Fördermaßnahmen somit dem Einwand ausgesetzt, dass sie ein gesamtgesellschaftliches Problem zulasten eines einzelnen Mannes zu lösen versuchen. Teilweise wird daher die grundsätzliche Geeignetheit der Fördermaßnahmen angezweifelt, tatsächlich einen Zustand individueller Chancengleichheit herstellen zu können.[664] Die Bedenken sind jedoch unbegründet, da

660 So auch Liebert, Quotenregelungen im öffentlichen Dienst, S. 180f.; Langenfeld, DVBl 2010, 1019 (1921f.) und in gesamtgesellschaftlicher Sicht Sacksofsky, in Umbach/Clemens, GG, Art. 3 II, III 1, Rn. 369.

661 Zum gleichen Ergebnis kommt auch der kürzlich erschienene Bundesbericht Wissenschaftlicher Nachwuchs 2017, S. 63.

662 Rüfner, BK-GG, Art. 3 Abs. 2 und 3, Rn. 694f.

663 S. S. 65f.

664 So Isensee, in HdbVerfR, § 32, Rn. 48, der betont, dass Nachteile von weiblichen Wissenschaftlern in der Vergangenheit nicht durch eine individuelle Beeinträchtigung der Gleichheitsrechte eines männlichen Wissenschaftlers in der Gegenwart kompensiert

sich die Maßnahmen nicht darin erschöpfen, das den Frauen in der Vergangenheit widerfahrene Unrecht auszugleichen.[665] Die Förderungen zielen vielmehr darauf ab, die Situation der weiblichen Bewerber für wissenschaftliche Positionen zukunftsorientiert zu stärken, sodass ihnen in Bezug auf einen Zustand der Chancengleichheit zumindest ein mittelbarer Einfluss zugestanden werden kann.[666] Die durch die Fördermaßnahmen vermehrt mit Frauen besetzten wissenschaftlichen Positionen und die daraus resultierenden gesteigerten weiblichen Identifikationsfiguren tragen dazu bei, dass sich die gesamtgesellschaftliche Einstellung verändert, was wiederum dazu führt, dass die vorhandenen diskriminierenden Strukturen aufgelockert werden.[667] Im Ergebnis dienen die Fördermaßnahmen damit einer Angleichung der Ausgangssituation von Bewerbern der unterschiedlichen Geschlechter. Sie fördern folglich deren Chancengleichheit und können in Anbetracht des hinter Art. 3 II 2 GG stehenden Zwecks als geeignet bewertet werden.[668]

---

werden können und alternativ auf den zulässigen Rechtsschutz einer tatsächlich benachteiligten Bewerberin verweist. In diese Richtung auch OVG Münster, ZBR 1996, 27 (29); Kunig, in v. Münch/Kunig, GG, Band 1, Art. 33, Rn. 34 und Maidowski, Umgekehrte Diskriminierung, S. 128; s. auch Laubinger VerwArch 1996, 473 (525); Sachs, ZBR 1994, 133 (140) und auch schon Feindt, DÖD 1984, 140 (145).

665 So auch BAG, NZA 1994, 77 (81) und Heun, in Dreier, GG, Band I, Art. 3, Rn. 113.

666 So Huster, AöR 118 (1993), 109 (119); weiterführend Rademacher, Diskriminierungsverbot und „Gleichstellungsauftrag", S. 222f., die unter Verweis auf die bestehenden Nachteile auch eine unmittelbare Wirkung der Fördermaßnahmen bejaht und im Widerlegen einer persönlichen Betroffenheit von strukturellen Ungleichbehandlungen eine Aufgabe der Sozialwissenschaft sieht.

667 BAG, NZA 1994, 77 (81f.) unter Verweis auf Huster, AöR 118 (1993), 109 (119); so auch Rademacher, Diskriminierungsverbot und „Gleichstellungsauftrag", S. 225.

668 Zum gleichen Ergebnis kommt auch Raasch, Frauenquoten und Männerrechte, S. 294, welche nicht mit dem mittelbaren Einfluss der Gleichstellungsmaßnahmen auf die individuelle Chancengleichheit argumentiert, sondern vielmehr die gesamtgesellschaftlichen Argumente unter Verweis auf Art. 36 I GG und der darin enthaltenen Proporzgesichtspunkte für ausreichend erachtet; s. auch Osterloh/Nußberger, in Sachs, GG, Art. 3, Rn. 285 und Sacksofsky, in Umbach/Clemens, GG, Art. 3 II, III 1, Rn. 369, die eine fehlende effektive individualrechtl. Greifbarkeit von faktischen Diskriminierungen für eine Geeignetheit der Fördermaßnahmen anführen. Letztlich kann auch die frühere Rspr. des BVerfG argumentativ angeführt werden, welches noch vor der Einführung des Art. 3 II 2 GG in BVerfGE 74, 163 (180) kompensatorische Regelungen für zulässig erachtete, die „faktische Nachteile, (…) die typischerweise Frauen betreffen" ausgleichen sollen.

(2) Erforderlichkeit

Die in den Problemfeldern aufgezeigten Maßnahmen müssen darüber hinaus auch erforderlich sein, um das Fördergebot aus Art. 3 II 2 GG durchzusetzen. Es dürfen keine milderen aber zugleich auch gleich effektiven Mittel in Betracht kommen, um die bestehenden Benachteiligungen zu bekämpfen und so den Zustand der Chancengleichheit herbeizuführen.[669]

Im Gegensatz zu einer Überprüfung im Rahmen von Freiheitsrechten ist das Merkmal der Erforderlichkeit vorliegend jedoch weniger streng zu handhaben, da die Ungleichbehandlung zum Zweck der Förderung erfolgt.[670] Grund dafür ist die erforderliche Prognoseentscheidung, die bei positiven Diskriminierungen sowohl die Wahl der Frauenfördermaßnahmen als auch die damit verbundenen Effektivitätseinschätzungen erfasst. Entsprechend steht dem Staat eine Fülle von Fördermöglichkeiten zu, was wiederum dazu führt, dass zu den gewählten Maßnahmen eine Fülle von alternativen Maßnahmen besteht und somit der Nachweis von gleich geeigneten, aber schonenderen Alternativen im Nachhinein häufig möglich sein wird.[671] Die jeweils handelnde Staatstgewalt kann deshalb grundsätzlich frei entscheiden, welche Regelungen sie für effektiv und damit auch für erforderlich hält.[672] Die Erforderlichkeit muss erst dann verneint werden, wenn eine Alternative gegeben ist, die den Förderzweck besser verfolgt als die gewählte Maßnahme und zugleich für die nicht geförderte Personengruppe und den Staat selbst weniger einschneidend ist.[673] Ein derart abgestuftes Anforderungsniveau führt dazu, dass die Erforderlichkeit der Maßnahmen insbesondere auch dem Vorwurf standhalten kann, dass es sich nicht feststellen lässt, ob die geförderten Frauen im Einzelfall tatsächlich Opfer einer faktisch diskriminierenden Personalpolitik sind.[674] Das Vorhandensein von strukturellen Diskriminierungen im

669 Battis/Schulte-Trux/Weber, DVBl 1991, 1165 (1173); s. hierzu allgemein auch Ebsen, Jura 1990, 515 (521); Kingreen/Poscher, Grundrechte Staatsrecht II, S. 93, Rn. 336.

670 S. BVerfGE 99, 165 (178); Kingreen/Poscher, Grundrechte Staatsrecht II, S. 144., Rn. 533f., die aber zugleich darauf verweisen, dass die Erforderlichkeit ihre dirigierende Kraft behält, wenn der Staat andere Zwecke als die der Förderung verfolgt.

671 Kingreen/Poscher, Grundrechte Staatsrecht II, S. 144, Rn. 533f.; Rademacher, Diskriminierungsverbot und „Gleichstellungsauftrag", S. 185.

672 BAG, NZA 1994, 77 (82); Battis/Schulte-Trux/Weber, DVBl 1991, 1165 (1174); Rademacher, Diskriminierungsverbot und „Gleichstellungsauftrag", S. 185. Allgemein zu Einschätzungsprärogative des Gesetzgebers bei Staatszielbestimmungen Sommermann, Staatsziele und Staatszielbestimmungen, S. 428ff.

673 Kingreen/Poscher, Grundrechte Staatsrecht II, S. 144, Rn. 533f.

674 So Sachs, NVwZ 1991, 437 (442).

Rahmen von Berufungsverfahren an deutschen Hochschulen konnte soeben aufgezeigt werden.[675] Die Betroffenheit der geförderten Frauen ist als Teil der vorzunehmenden Prognoseentscheidung zu werten, sodass eine typisierende Betrachtungsweise den herabgestuften Ansprüchen der Erforderlichkeit gerecht wird und es auf eine Benachteiligung im Einzelfall nicht ankommt.[676]

Zu klären gilt allerdings, ob eine offensichtliche, weniger einschneidende Alternative zur getroffenen Ungleichbehandlung zulasten der Männer gegeben ist, welche im Hinblick auf das Ziel der Chancengleichheit zwischen den Geschlechtern gleich effektiv ist. Als eine solch mögliche Alternativmaßnahme könnten lediglich die oben beschriebenen „weichen" Maßnahmen dienen.[677] Diese fördern zwar die weiblichen Wissenschaftler, stellen ihre männlichen Konkurrenten im Gegenzug aber nicht schlechter. Derartige Maßnahmen sind damit im Vergleich zu den thematisierten „scharfen" Maßnahmen eindeutig als milder einzustufen, da eine gravierende Ungleichbehandlung zulasten der Männer gar nicht erst erfolgt.[678] Damit diese Tatsache aber auch gegen die Erforderlichkeit der Maßnahmen angeführt werden könnte, müssten die „weichen" Maßnahmen auch über eine gleiche Effektivität im Hinblick auf die Gleichstellung wie die hier hinterfragten Maßnahmen verfügen. Die Praxis der vergangenen Jahrzehnte hat allerdings gezeigt, dass die Zahl der weiblichen Wissenschaftler ohne drastische Maßnahmen nicht adäquat gesteigert werden konnte.[679] Es ist deshalb vertretbar, im Rahmen der zustehenden Prognoseentscheidung zu dem Ergebnis zu kommen, die Herstellung von tatsächlicher Gleichstellung sei nur über den Weg derart „scharfer" Maßnahmen und damit über die Einschränkung des Gleichstellungsanspruchs der männlichen Konkurrenz möglich.[680] Damit sind keine weniger einschneidenden Mittel gegeben, die über eine gleiche Effektivität wie

675 S. S. 123f.

676 BAG, NZA 1994, 77 (82).

677 Die daneben bestehende Möglichkeit der eigenständigen Entwicklung der Gesellschaft hin zu einem ausgewogenen Kräfteverhältnis an den Hochschulen, kommt aufgrund von offensichtlich nicht vorhandener gleicher Effektivität nicht in Betracht; in diese Richtung aber wohl Starck, JZ 1996, 197 (198).

678 Hierzu auch Sachs, Jura 1989, 465 (471).

679 S. hierzu die entspr. Zahlen auf S. 32f.

680 So auch Richter, Die Berücksichtigung des Geschlechts bei der Vergabe und Schaffung von öffentlichen Ämtern in der Wissenschaft, S. 78 und zur Erforderlichkeit von Vorzugsregelungen auch Holznagel/Schlünder, Jura 1996, 519 (522). S. im Übrigen auch die Zwischenbilanz zum Professorinnenprogramm und auch zu den Forschungsorientierten Gleichstellungsstandards. A.A. Sachs, Jura 1989, 465 (471).

die hier problematisierten Maßnahmen verfügen. Im Ergebnis ist somit deren Erforderlichkeit zu bejahen.[681]

(3) Angemessenheit

Letztendlich muss auch die Angemessenheit der Maßnahmen bejaht werden können. Dies ist der Fall, wenn die in Art. 33 II GG vorgenommene Beschränkung und das mit Art. 3 II 2 GG verfolgte Ziel in einem angemessenen Verhältnis stehen. Im vorzunehmenden Abwägungsvorgang sind die hinter den Normen stehenden Schutzrichtungen gegenüberzustellen. Das in Art. 3 II 2 GG beinhaltete Ziel der Gleichberechtigung zwischen den Geschlechtern ist daher mit dem Leistungsprinzip des Art. 33 II GG in ein Verhältnis zu setzen, welches in subjektive Richtung den Schutz eines jeden Bewerbers an einer sachgerechten Auswahl nach leistungsbezogenen Kriterien und als objektive Komponente die Funktionsfähigkeit der Verwaltung umfasst.[682]

Aufgrund der Existenz des Art. 33 II GG muss bei der Besetzung von öffentlichen Ämtern die Leistungsabhängigkeit einer Fördermaßnahme unumgängliche Voraussetzung für deren Angemessenheit sein. Jede Personalentscheidung ist daher als leistungsfremd und damit als Beeinträchtigung des Art. 33 II GG zu werten, die nicht den Kriterien der Eignung, Befähigung und fachlichen Leistung entspricht.[683] Zugleich liefe jedoch die Möglichkeit der Rechtfertigung durch kollidierendes Verfassungsrecht – insbesondere durch den in Art. 3 II 2 GG enthaltenen Fördergedanken – leer, wenn jede Beeinträchtigung des Leistungsprinzips tatsächlich als Verletzung des Art. 33 II GG zu werten wäre. Es gilt daher zu klären, welche leistungsunabhängige Abweichung vom Grundsatz des Art. 33 II GG noch als angemessen eingestuft werden kann und wo folglich die Grenze der Beeinträchtigungen des Leistungsgrundsatzes zu ziehen ist.[684]

(a) Die subjektive Schutzrichtung des Art. 33 II GG: Bewerbungsverfahrensanspruch

Grundlage für diese Bewertung muss die Ausgestaltung der jeweils zu untersuchenden Fördermaßnahme sein. Insbesondere deren aufgestellte Qualitätsanforderung ist richtungsweisend. In Anbetracht der vorzunehmenden Abwägung der widerstreitenden Interessen ist eine Fördermaßnahme für den männlichen

---

681 S. hierzu Hansmeyer/Kaltenborn, NWVBl. 2001, 449 (453).

682 S. näher S. 68f.

683 S. oben S. 77f.

684 Das BVerfG hat sich bisher noch nicht zur Zulässigkeit von Frauenfördermaßnahmen im öffentlichen Dienst geäußert, hierzu Krieger, in Schmidt-Bleibtreu/Hofmann/Henneke, GG, Art. 3, Rn. 76. Zur vergleichsweise ausgeprägten Rspr. des EuGH s. S. 177f.

Konkurrenten umso weniger beeinträchtigend und damit umso eher als angemessen einzustufen, je weniger Abstriche bei den aufgestellten Qualifikationsanforderungen zugunsten der weiblichen Bewerber gemacht werden.[685] Das Leistungsprinzip schreibt vor, dass jedes öffentliche Amt nach Eignung, Befähigung und fachlicher Leistung zu besetzen ist. Wird von den geförderten Bewerberinnen nun lediglich das Vorhandensein einer bloßen Mindestqualifikation gefordert, ist dies mit dem Gedanken des Art. 33 II GG nicht mehr zu vereinbaren und benachteiligt die männliche Konkurrenz unangemessen.[686] Zu klären bleibt die rechtliche Bewertung alternativer Qualifikationsabstufungen, die weniger drastisch ausgestaltet sind und entsprechend mehr als ein reines Mindestmaß an Qualifikation verlangen. Stellt man dazu auf das Empfinden des jeweiligen männlichen Konkurrenten ab, so wird sich die Unangemessenheit einer Maßnahme in seinen Augen steigern, je größer deren Einfluss auf das tatsächliche Auswahlergebnis ist. Die Angemessenheit von leistungsunabhängigen Fördermaßnahmen hängt entsprechend maßgeblich davon ab, welche Auswirkungen sie auf das tatsächliche Auswahlergebnis haben. So sind Maßnahmen, die unmittelbaren Einfluss auf das Ergebnis der Auswahlentscheidung haben und tatsächlich die Berufung einer weiblichen Kandidatin herbeiführen, klar als unangemessen zu bewerten. Dies ergibt sich nicht nur aus dem Unrechtsempfinden gegenüber dem unterlegenen männlichen Konkurrenten, sondern vielmehr auch aus Art. 3 II 2 GG selbst, der als verfassungsrechtliche Grundlage für die Fördermaßnahmen dient. Von dessen Schutzumfang ist nur die Förderung der Chancengleichheit zwischen den Geschlechtern erfasst.[687] Bewirken die hochschulinternen Maßnahmen jedoch unmittelbar, dass tatsächlich eine Frau auf die offene Professur berufen wird, so werden nicht mehr nur gleiche Chancen in Bezug auf die Ausgangssituation der Kandidaten geschaffen, sondern vielmehr das Ergebnis des Auswahlverfahrens direkt beeinflusst. Damit zielen die Maßnahmen mit einem unmittelbaren Bezug auf das Auswahlergebnis nicht mehr nur auf einen Zustand der Chancengleichheit ab, sondern bezwecken vielmehr einen Zustand der Ergebnisgleichheit. Ein solches Vorgehen ist jedoch nicht

685 So auch Rüfner, in BK-GG, Art. 3 Abs. 2 und 3, Rn. 761; Höfling, in BK-GG, Art. 33 Abs. 1 bis 3, Rn. 339.

686 So auch Kugele, BGleiG, § 7, Rn. 5, der im Hinblick auf die in § 7 I BGleiG vorgesehene bevorzugende Regelung zur Einladung von weiblichen Bewerbern zum Vorstellungsgespräch betont, dass Bewerberinnen aus dem Bewerberkreis auszuscheiden haben, wenn diese bereits die aufgestellten Qualifikationsvoraussetzungen nicht erfüllen.

687 S. S. 65f.

mehr vom Schutzumfang des Art. 3 II 2 GG erfasst und entsprechend als unangemessene Beeinträchtigung des Art. 33 II GG zu werten.

Betrachtet man unter diesem Blickwinkel die aufgezeigten Gleichstellungsbemühungen der Hochschulen, so ist ein solch unangemessen intensives Vorgehen bei Maßnahmen zu bejahen, die sich auf die Gestaltung der Stellenausschreibung beziehen und den Kreis der Bewerber auf weibliche Kandidaten beschränken.[688] Ebenso verhält es sich bei der Aufstellung der Berufungsliste oder aber der letztlichen Entscheidung des Rektors, sofern diese zugunsten einer weiblichen Kandidatin und zulasten von Art. 33 II GG ausfallen.[689] Gleiches muss auch bei der Schaffung von Sonderstellen für weibliche Wissenschaftler gelten, insbesondere wenn sich diese ausdrücklich nur an Frauen richten.[690] In all diesen Fällen werden nicht die Ausgangschancen der Bewerber geschlechtsneutral gestaltet, sondern vielmehr das Ergebnis der Auswahl zugunsten der weiblichen Bewerber beeinflusst, sodass daraus eine Unangemessenheit der Maßnahmen resultiert.

Anders verhält es sich mit einer vermehrten Einladung von weiblichen Bewerbern zum Vorstellungsgespräch.[691] Ein solches Gespräch ist lediglich als Momentaufnahme zu werten, da es maßgeblich von der Tagesform der Bewerber abhängig ist und folglich deren Qualitäten nicht vollumfänglich widerspiegelt.[692]

---

688 S. Problemfeld 1 auf S. 81f.

689 S. Problemfeld 4 und 5 auf S. 92f.

690 Richter, Die Berücksichtigung des Geschlechts bei der Vergabe und Schaffung von öffentlichen Ämtern in der Wissenschaft, S. 71 merkt diesbezüglich zu Recht an, dass der Faktor der Eignung auch bei derartigen Sonderstellen gefährdet und die Herabstufung der Eignungsanforderungen dabei umso drastischer ausfallen wird, je weniger Kandidatinnen sich auf die jeweiligen Stellen bewerben. In der praktischen Umsetzung droht damit auch hier die Problematik der bloßen Mindestqualifikation; kritisch auch Stumpf, ZRP 2013, 187.

691 S. Problemfeld 3 auf S. 89f.

692 Ähnlich OVG Berlin, NVwZ-RR 2001, 395 (396), das dem Assessment-Center im Vergleich zur dienstlichen Beurteilung nur eine beschränkte Aussagekraft zuweist; s. auch Kugele, BGleiG, § 7, Rn. 2, der zugleich darauf verweist, dass etwa die aus einem einzuholenden Gutachten gewonnenen Erkenntnisse als deutlich bedeutender einzustufen sind, da diese in aller Regel die wissenschaftliche Arbeit der Bewerber in Bezug auf einen mehrjährigen Zeitraum festhalten. Das tatsächliche Bewerbungsgespräch tritt neben diese Beurteilungsgrundlage und kann die aus den Gutachten gewonnenen Erkenntnisse lediglich abrunden; hierzu verallgemeinert in Bezug auf dienstliche Beurteilungen OVG Niedersachsen, NVwZ-RR 2005, 588 (589), OVG Niedersachsen, NVwZ-RR 2007, 540 (541) und auch OVG Niedersachsen, Beschluss vom 02.07.2008 – 5 ME 49/08 (Rn. 21), welche das Auswahlgespräch zumindest bei

Entsprechend gering ist die Bedeutung des Vorstellungsgesprächs, sodass die bevorzugte Einladung von weiblichen Bewerbern die letztliche Auswahlentscheidung nicht unmittelbar beeinflusst. Die Interessen der männlichen Konkurrenten an einem sachgerechten Verfahren bleiben durch die ausbleibende Vorwegnahme des Verfahrensausganges nicht unberücksichtigt, was für die Bejahung der Angemessenheit und einer damit verbundenen Rechtfertigung der Beeinträchtigung von Art. 33 II GG spricht.[693]

(b) Die objektive Schutzrichtung des Art. 33 II GG: Funktionsfähigkeit der Verwaltung

Neben den persönlichen Belangen der männlichen Konkurrenten schützt Art. 33 II GG als objektive Komponente jedoch auch die Funktionsfähigkeit der Verwaltung. Im Lichte dessen ist für die tatsächliche Angemessenheit der Fördermaßnahmen streng darauf zu achten, dass auch der hinter dem Leistungsgrundsatz stehende objektive Gehalt der Norm nicht gänzlich ausgehebelt wird. Dessen Zweck ist es, die fachliche Qualität der Verwaltung mit der bestmöglichen Besetzung der ausgeschriebenen Stellen zu gewährleisten.[694] Insbesondere bei Maßnahmen in der Wissenschaft stellt sich im Hinblick auf das Ziel der fachlichen Qualitätssicherung die Frage, ob tatsächlich Möglichkeiten denkbar sind, in denen abgestufte Qualifikationsanforderungen zugunsten des Gedankens der Frauenförderung hingenommen werden können.

Bedenkt man, welch bedeutende Funktionen gerade den Professoren an einer Hochschule zukommt, so erscheint es fraglich, ob gerade hier von den aufgestellten Qualifikationsanforderungen abgewichen werden sollte.[695] Als eigentliche Träger der freien Forschung und Lehre sind sie mit der in Art. 5 III 1 GG garantierten Wissenschaftsfreiheit unmittelbar verknüpft.[696] Entsprechend sind beispielsweise Fortschritte auf dem Gebiet der Forschung zwangsläufig von der Qualität der Hochschullehrer abhängig. Ein Herabsetzen der Qualifikation der Forscher könnte somit im schlimmsten Fall auch zu einem Rückgang der wissenschaftlichen Erkenntnisse führen. Neben der bedeutsamen Forschungstätigkeit

---

Vorliegen gleicher Qualifikation als ausschlaggebend für die Auswahlentscheidung bewerten.

693 So merkt auch Jarass in Jarass/Pieroth, GG, Art. 33, Rn. 28 an, dass eine Begünstigung von Frauen bei der Auswahl einzuladender Bewerber unter bestimmten Voraussetzungen möglich sein kann.

694 S. S. 68.

695 Auch Leisner merkt in Sodan, GG, Art. 33, Rn. 14 an, dass bei eventuellen Fördermaßnahmen stets auf die jeweilige Amtsaufgabe zu achten ist.

696 BVerfGE 35, 79 (133).

kommt den betroffenen Hochschullehrern aber auch die verantwortungsvolle Aufgabe zu, den wissenschaftlichen Nachwuchs auszubilden. Damit dieser Nachwuchs ein höchst mögliches Qualifikationsniveau aufweist und somit auch die Zukunft der wissenschaftlichen Tätigkeit gesichert werden kann, ist es notwendig, dass auch die für die Ausbildung zuständigen Hochschullehrer selbst weiterhin über eine höchstmögliche Qualifikation verfügen. Das Qualifikationsniveau in der Wissenschaft kann nicht gewährleistet werden, wenn Aspekte der Frauenförderung über solche der Qualität gestellt werden. Für den speziellen Bereich der Wissenschaft muss dies für sämtliche Fördermaßnahmen gelten. Auch wenn zuvor von einer Vereinbarkeit mit dem subjektiven Schutzelement des Bewerbungsverfahrensanspruchs aus Art. 33 II GG ausgegangen werden konnte, muss die Angemessenheit derartiger Maßnahmen wegen dem Schutz der Funktionsfähigkeit der Verwaltung also letztlich verneint werden.[697]

cc) Zusammenfassung

Die auf Art. 3 II 2 GG gestützten Fördermaßnahmen sind im Vergleich zur erfolgten Beeinträchtigung des in Art. 33 II GG festgehaltenen Leistungsprinzips als unangemessen und damit im Ergebnis als nicht verhältnismäßig einzustufen. Art. 3 II 2 GG stellt zumindest auf dem Gebiet der Wissenschaft keine verfassungsimmanente Beschränkung des Art. 33 II GG dar.

b) Sozialstaatsprinzip als verfassungsimmanente Schranke

Eine Durchbrechung des Leistungsprinzips kann neben kollidierenden Grundrechten Dritter auch durch andere Gemeinschaftswerte von Verfassungsrang gerechtfertigt sein. Als ein derartiger Gemeinschaftswert kommt insbesondere das Sozialstaatsprinzip in Frage.[698] Es findet seine verfassungsrechtliche

---

697 Zu diesem Ergebnis kommt auch Stumpf, ZRP 2013, 187f., der die Qualitätseinbußen, welche zwangsläufig mit den am Geschlechterproporz orientierten Einstellungspraktiken verbunden sind, gerade im Bereich der Wissenschaft als nicht akzeptable „Nebenwirkung“ einstuft. Weitergehender noch Boysen, in v. Münch/Kunig, GG, Band 1, Art. 3, Rn. 173 und Osterloh/Nußberger, in Sachs, GG, Art. 3, Rn. 287, die auf Art. 3 II 2 GG gestützte Fördermöglichkeiten nur für den Fall der gleichen Qualifikation der Bewerber als zulässig erachten und hierfür das Förderziel der Chancengleichheit anführen, welche als Gleichheit am Maßstab gleicher Qualifikation verstanden werden müsse; ähnlich auch Kunig, in v. Münch/Kunig, GG, Band 1, Art. 33, Rn. 34.

698 Jachmann, in v. Mangoldt/Klein/Starck, GG, Band 2, Art. 33, Rn. 21; Höfling, in BK-GG, Art. 33 Abs. 1 bis 3, Rn. 299f.; Kunig, in v. Münch/Kunig, GG, Band 1, Art. 33, Rn. 30; Pfarr, Quoten und Grundgesetz, S. 94; Jachmann, ZBR 1996, 161 (172); in diese

Grundlage in Art. 20 I GG und verpflichtet den Staat dazu, für eine gerechte Sozialordnung zu sorgen.[699] Das inhaltlich recht unbestimmte Strukturprinzip eröffnet angesichts der Flexibilität seines Schutzbereichs die Möglichkeit, unterschiedlichen und auch neu aufkommenden Problemstellungen zu begegnen.[700] So spiegelt sich das Sozialstaatsprinzip auch in einer Vielzahl von Gesetzen wider, die für besonders schutzwürdige und integrationsbedürftige Personengruppen Ausnahmeregelungen zum in Art. 33 II GG festgehaltenen Leistungsgrundsatz beinhalten und den Dienstherrn zu deren bevorzugter Einstellung verpflichten.[701] Aufgrund des klaren Wortlauts von Art. 33 II GG und dessen Bedeutung für die Funktion des Beamtentums muss allerdings gewährleistet bleiben, dass soziale Gesichtspunkte nur in extremen Ausnahmefällen zu einer Rechtfertigung von Eingriffen in Art. 33 II GG führen.[702]

Richtung auch schon Thieme, Der öffentliche Dienst in der Verfassungsordnung des Grundgesetzes, S. 64.

699 BVerfGE 5, 85 (198); 22, 180 (204); 94, 241 (263).

700 Sachs, in Sachs, GG, Art. 20, Rn. 46.

701 Masing, in Dreier, GG, Band II, [2]2006, Art. 33, Rn. 54; Battis, in Sachs, GG, Art. 33, Rn. 38; Jung, Der Zugang zum öffentlichen Dienst nach Art. 33 II GG, S. 126; Schmidt-Aßmann, NJW 1980, 16 (19). Leisner, Grundlagen des Berufsbeamtentums merkt auf S. 71 zu Recht an, dass es sich bei dem Sozialprinzip um das Komplementär-, wenn nicht gar Gegenprinzip zum Leistungsgrundsatz handelt.

702 Jachmann-Michel/Kaiser, in v. Mangoldt/Klein/Starck, GG, Band 2, Art. 33, Rn. 21. Schmidt-Aßmann, NJW 1980, 16 (18) überspitzt die Problematik und führt eine belastende familiäre Situation oder den lokal bezogenen Wunsch einer Einstellung als fingierte Sozialfälle an, die den Leistungsgrundsatz erkennbar nicht zu durchbrechen vermögen. So auch Isensee, Der Zugang zum öffentlichen Dienst, in Festgabe aus Anlaß des 25jährigen Bestehens des Bundesverwaltungsgerichts, S. 337 (345), der zutreffend betont, dass Sozialstaatlichkeit nicht „freie Bahn dem Untüchtigen" bedeuten kann. Noch weitergehend Leisner, Grundlagen des Berufsbeamtentums, S. 72, der 1971 soziale Gesichtspunkte noch als klar subsidiär zum Leistungsgrundsatz bewertet und diese entsprechend mit dem Argument, der öffentliche Dienst sei kein „Fürsorgeunternehmen", nur berücksichtigen will, wenn nach den Kriterien der Eignung, Befähigung und fachlichen Leistung keine klare Entscheidung getroffen werden kann.

aa) Ein Vergleich: Die Rechtfertigung von Fördermaßnahmen zugunsten Schwerbehinderter

Die Eigenschaft als Schwerbehinderter[703] ist im Rahmen einer Auswahlentscheidung nach Art. 33 II GG zumindest als Hilfskriterium anerkannt.[704] So sind öffentliche Ausschreibungen – gestützt auf das Sozialstaatsprinzip i.V.m. Art. 3 III 2 GG – in aller Regel mit dem Zusatz versehen, dass Schwerbehinderte bei gleicher Eignung bevorzugt eingestellt werden.[705] Es stellt sich die Frage, ob darüber hinaus in Ausnahmefällen auch eine leistungsunabhängige Bevorzugung von Schwerbehinderten und damit eine tatsächliche Durchbrechung des Leistungsprinzips angenommen werden kann.[706] Grund für eine solche Annahme bieten etwa die Regelungen zu schwerbehinderten Menschen in der Bundeslaufbahnverordnung, welche gemäß § 1 BLV für die Beamtinnen und Beamten des Bundes gilt.[707] So darf von Schwerbehinderten gemäß § 5 I BLV nur das Mindestmaß an körperlicher Eignung verlangt werden.[708] Zudem müssen gemäß § 5 II BLV im Prüfungsverfahren nach der BLV Erleichterungen vorgesehen sein,

---

703 Gem. § 2 II SGB IX ist eine Schwerbehinderung bei Personen mit einem Grad der Behinderung von wenigstens 50 % anzunehmen.

704 BVerwGE 86, 244 (249f.); Battis, in Sachs, GG, Art. 33, Rn. 38; Jachmann-Michel/Kaiser, in v. Mangoldt/Klein/Starck, GG, Band 2, Art. 33 Abs. 2, Rn. 21; Jarass, in Jarass/Pieroth, GG, Art. 33, Rn. 30 und auch Schmidt-Aßmann, NJW 1980, 16 (18), der in solchen Fällen von unechten Konkurrenzen spricht; grdl. hierzu auch Vetter, VBlBW 2000, 213f., der sich insb. mit dem normativen Zielkonflikt der Frauenförderung befasst.

705 Art. 3 III 2 GG, wonach niemand wegen seiner Behinderung benachteiligt werden darf, wurde zeitgleich zu Art. 3 II 2 GG mit dem Änderungsgesetz zum GG vom 27.10.1994 eingeführt, BGBl 1994, Teil I, 3146. Zur bevorzugten Einstellung schwerbehinderter Kandidaten s. auch Punk 3.2 der gemeinsamen Verwaltungsvorschrift aller Ministerien und des Rechnungshofs über die Beschäftigung schwerbehinderter Menschen in der Landesverwaltung (SchwbVwV).

706 Hierzu Masing, in Dreier, GG, Band II, ²2006, Art. 33, Rn. 54; Kingreen/Poscher, Grundrechte Staatsrecht II, S. 157, Rn. 571; Thieme, Der öffentliche Dienst in der Verfassungsordnung des Grundgesetzes, S. 64; s. auch den Überblick bei Jung, Der Zugang zum öffentlichen Dienst nach Art. 33 II GG, S. 125ff. und Schmidt-Aßmann, NJW 1980, 16 (18f.). Ein solcher Ausnahmefall wurde bspw. schon gem. § 11a ASG a.F. für Wehrpflichtige und gem. § 78 I Nr. 1 ZDG entsprechend auch für Zivildienstleistende angenommen. Nach Aussetzung der Wehrpflicht ist diese Regelung aber gegenstandslos geworden; hierzu Battis, in Sachs, GG, Art. 33, Rn. 38.

707 Eine entspr. landesrechtl. Regelung fand sich bis zum 01.01.2011 in § 10 LVO BW.

708 So auch im außer Kraft getretenen § 10 I LVO.

die der jeweiligen Behinderung angemessen sind.[709] Zuletzt stellt § 5 III BLV klar, dass bei der Beurteilung der Leistung schwerbehinderter Menschen eine etwaige Einschränkung der Arbeits- und Verwendungsfähigkeit wegen der Behinderung zu berücksichtigen ist. Die Anforderungen an das Profil von schwerbehinderten Menschen werden so in der Gesamtbetrachtung geschmälert, sodass sie trotz einer geringeren Eignung als gleichgeeignet mit ihren jeweiligen nicht behinderten Mitbewerbern eingestuft werden können. Dies führt im Ergebnis dazu, dass die Behinderung zumindest als Hilfskriterium zur tatsächlichen Entscheidungsfindung herangezogen werden kann. Tatsächlich greifen die gesetzlichen Maßnahmen jedoch nicht erst bei Vorliegen einer gleichen Eignung, sondern bereits im vorgelagerten Stadium, bei der Überprüfung der Eignungsfähigkeit, sodass eine gleiche Eignung trotz niedriger Qualifikation der Schwerbehinderten anzunehmen ist.[710] Entsprechend kann die Eigenschaft der Schwerbehinderung nicht nur als Hilfskriterium, sondern darüber hinaus zumindest als ein den Leistungsgrundsatz einschränkendes, tatsächlich durchbrechendes Kriterium angesehen werden.[711] Für eine derartige Auslegung sprechen auch die im neunten Sozialgesetzbuch zu findenden Regelungen zur Beschäftigungspflicht der Arbeitgeber.[712] Dort heißt es in § 71 I 1 SGB IX, dass private und öffentliche Arbeitgeber

---

709 So auch im außer Kraft getretenen § 10 II LVO.

710 Dies betont auch Masing, in Dreier, GG, Band II, ²2006, Art. 33, Fn. 290 unter Verweis auf die in der Praxis verwendeten Beurteilungsrichtlinien; hierzu Schnellenbach, Die dienstliche Beurteilung der Beamten und Richter, wo es bspw. auf S. 51 heißt, dass schwerbehinderte Beamte „von mehreren geforderten Eignungsvoraussetzungen mindestens eine erfüllen" müssen.

711 So auch Schnellenbach, ZBR 1997, 169 (177), der die Eigenschaft als Schwerbehinderter als unmittelbaren Einfluss auf die dienstliche Beurteilung und nicht etwa als nur mittelbar greifendes Hilfskriterium wertet. In diese Richtung auch Thieme, Der öffentliche Dienst in der Verfassungsordnung des Grundgesetzes, S. 64, der eine Verletzung des Gleichheitssatzes aus sozialpolitischen Gründen verneint. Schmidt-Aßmann, NJW 1980, 16 (19) stuft die Regelungen als bloße Modifikation des Leistungsgrundsatzes ein, hält aber zugleich auch eine tatsächliche Durchbrechung des Leistungsprinzips bei Schwerbehinderten für gerechtfertigt.

712 So auch Jachmann-Michel/Kaiser, in v. Mangoldt/Klein/Starck, Band 2, Art. 33 Abs. 2, Rn. 21; Domgörgen, in Hömig/Wolff, GG, Art. 33, Rn. 7; Battis, in Sachs, GG, Art. 33, Rn. 38, Fn. 93; Pfarr, Quoten und Grundgesetz, S. 94; Jachmann, ZBR 1996, 161 (172); zurückhaltend Jarass, in Jarass/Pieroth, GG, Art. 33, Rn. 30; a.A. Kingreen/Poscher, Grundrechte Staatsrecht II, S. 157, Rn. 571, nach denen dem Sozialstaatsprinzip auch über eine gezielte Förderung entsprochen werden kann, mithilfe derer die Schwerbehinderten „für bestimmte Funktionen nach Eignung, Befähigung und fachlicher Leistung ebenso gut wie ihre nicht behinderten Mitbewerber qualifiziert sind".

mit jahresdurchschnittlich monatlich mindestens 20 Arbeitsplätzen im Sinne des § 73 auf wenigstens 5 % der Arbeitsplätze schwerbehinderte Menschen zu beschäftigen haben.[713] Dem Schwerbehinderten selbst soll aus dieser Einstellungspflicht des Arbeitgebers kein konkreter Anspruch auf Einstellung oder gar auf Schaffung eines Arbeitsplatzes erwachsen.[714] Damit es zu einer Realisierung der Eingliederung in das Erwerbsleben kommt, muss der nach § 71 I 1 SGB IX angesprochene Arbeitgeber die bestehende Beschäftigungspflicht jedoch auch tatsächlich erfüllen.[715] Für eine derartige Auslegung der gesetzlichen Bestimmung spricht auch § 77 I 2 SGB IX, nach dem geleistete Ausgleichsabgaben die Pflicht zur Beschäftigung Schwerbehinderter nicht aufheben. Darüber hinaus würde der Grundgedanke hinter den Regelungen des SGB durch eine nicht der tatsächlichen Erfüllung unterliegenden Beschäftigungspflicht in der Gesamtbetrachtung gänzlich umgangen werden. In der praktischen Umsetzung ist daher bei 5 % aller Einstellungen schwerbehinderten Bewerbern im Vergleich zu nicht behinderten Bewerbern der Vorzug zu gewähren. Die Regelung greift so auch bei der Stellenbesetzung im öffentlichen Dienst.[716] Damit kann eine Durchbrechung

713 Schwerbehinderte Frauen sind dabei gem. § 71 I 2 SGB IX besonders zu berücksichtigen. § 77 I 1 SGB IX sieht eine Ausgleichsabgabe für die Zeit vor, in der Arbeitgeber die vorgeschriebene Zahl Schwerbehinderter nicht beschäftigen. § 128 I SGB IX betont, dass sich das Gesetz ausdrücklich auch auf schwerbehinderte Beamte erstreckt und ist insofern als deklarative Klarstellung der Beschäftigungspflicht des öffentlichen Arbeitgebers aus § 71 I 1 SGB IX anzusehen. Zur generellen Verfassungsmäßigkeit der Pflichtplatzquote unter Nichtberücksichtigung des Art. 33 II GG s. BVerfGE 57, 139ff.

714 Sachs, in HStR VIII ³2010, § 182, Rn. 124; Koch, in Schaub, Arbeitsrechts-Handbuch, § 178, Rn. 40; Feldes u.a., Schwerbehindertenrecht, § 71, Rn. 16; Schwidden, RiA 1997, 70 (74).

715 Schwidden, RiA 1997, 70 (74).

716 Ähnlich auch schon Benda, Notwendigkeit und Möglichkeit positiver Aktionen zugunsten von Frauen im öffentlichen Dienst, S. 181f., der den Sinn der Fördermaßnahmen bestimmter Gruppen gerade darin sieht, dass sich diese dem nach Art. 33 II GG angelegten strengen Wettbewerb nicht zu stellen haben, und unter Hinweis auf die Regelungen der BLV einen entspr. Vorrang der sozialen Förderungsgesichtspunkte vor dem Leistungsprinzip bejaht. So auch Jachmann-Michel/Kaiser, in v. Mangoldt/Klein/Starck, GG, Band 2, Art. 33 Abs. 2, Rn. 21 und Jung, Der Zugang zum öffentlichen Dienst nach Art. 33 II GG, S. 126f. Zumindest von einer begrenzten Bevorzugung von Schwerbehinderten in Ausnahmefällen sprechen auch Ladeur, Jura 1992, 77 (79) und Leisner, in Sodan, GG, Art. 33, Rn. 13, der eine solche für den Ausgleich geringer Beschäftigungschancen bejaht; zurückhaltend auch Jarass, in Jarass/Pieroth, GG, Art. 33, Rn. 30; a.A. BVerwGE 86, 244 (249f.), das den Anspruch des Schwerbehinderten auf vorrangige Auswahl klar verneint, jedoch auch von einer nur

des Art. 33 II GG aus Fördergesichtspunkten zugunsten von Schwerbehinderten bejaht werden.[717]

bb) Die Übertragbarkeit auf Fördermaßnahmen zugunsten von Frauen

Es stellt sich die Frage, ob die in Bezug auf die Eigenschaft als Schwerbehinderter gewonnenen Erkenntnisse auch auf Fördermaßnahmen zugunsten von Frauen übertragbar sind.[718] Für eine Vergleichbarkeit der Sachverhalte spricht, dass die jeweils durchgeführten Maßnahmen auf den Regelungsgehalt des Art. 3 GG gestützt werden. So finden frauenfördernde Maßnahmen ihre verfassungsrechtliche Grundlage in Art. 3 II 2 GG und die Förderung von Behinderten in Art. 3 III 2 GG. Vergleicht man die Regelung des Art. 3 III 2 GG mit der des Art. 3 II 2 GG, so erkennt man, dass der zweite Absatz wörtlich sogar über die Förderungsmöglichkeit des Absatz 3 hinausgeht: Die positive Förderungspflicht des Art. 3 II 2 GG ist in ihrem Umfang weiter als das schlichte Benachteiligungsverbot aus Art. 3 III 2 GG.[719] Es liegt daher nicht gänzlich fern, die Sachverhalte der Behindertenförderung mit denen der Frauenförderung zu vergleichen.

Damit jedoch auch die Fördermaßnahmen zugunsten von Frauen auf ähnlich gelagerte Sozialaspekte wie bei behinderten Menschen gestützt werden können, müssen zunächst die Motive der Behindertenförderung aufgezeigt und im zweiten Schritt die mögliche Übertragbarkeit der rechtlichen Grundlagen überprüft

„grundsätzlichen" Auswahl der Bewerber nach dem Prinzip der Bestenauslese spricht und rein vom Wortsinn her die Möglichkeit von Ausnahmen somit offenlässt; klar ablehnend OVG Münster, DVBl. 1995, 207 (208); OVG Lüneburg, NVwZ-RR 1996, 281f. und Schmidt-Aßmann, NJW 1980, 16 (19), der in den Regelungen zur Beschäftigungspflicht lediglich die Verpflichtung zu einer fördernden Zugangsregelung, nicht aber eine direkte Einstellungsverpflichtung sieht.

717 So auch Höfling, in BK-GG, Art. 33 Abs. 1 bis 3, Rn. 310f.; Jachmann-Michel/Kaiser, in v. Mangoldt/Klein/Starck, Band 2, Art. 33 Abs. 2, Rn. 21; Domgörgen, in Hömig/Wolff, GG, Art. 33, Rn. 7; Battis, in Sachs, GG, Art. 33, Rn. 38, Fn. 93; Pfarr, Quoten und Grundgesetz, S. 94; Jachmann, ZBR 1996, 161 (172); zurückhaltend auch Jarass, in Jarass/Pieroth, GG, Art. 33, Rn. 30, der eine Durchbrechung des Leistungsgrundsatzes zur Erfüllung der Pflichtplatzquote zumindest für möglich hält.

718 Aufgegriffen, aber insoweit offengelassen bereits durch Ladeur, Jura 1992, 77 (79). Raasch, Frauenquoten und Männerrechte, betont auf S. 293 zumindest, dass „der bisher bestehende Katalog zulässiger Einschränkungen des Leistungsgrundsatzes (…) keinesfalls als abschließend anzusehen (ist)".

719 Eine tatsächliche Förderungspflicht auch zugunsten behinderter Menschen ergibt sich aber spätestens i.V.m. dem Sozialstaatsprinzip, so Herdegen, Der neue Diskriminierungsschutz für Behinderte, S. 31.

werden. § 1 SGB I soll hierbei als Ausgangspunkt der Überlegungen dienen. Er umschreibt die Aufgaben des Sozialgesetzbuches, nämlich die Verwirklichung sozialer Gerechtigkeit und sozialer Sicherheit. Insbesondere soll das Gesetz gemäß § 1 I 2 SGB I dazu beitragen, dass ein menschenwürdiges Dasein gesichert wird, gleiche Voraussetzungen für die freie Entfaltung der Persönlichkeit geschaffen werden, der Erwerb des Lebensunterhalts durch eine frei gewählte Tätigkeit ermöglicht wird und besondere Belastungen des Lebens abgewendet oder ausgeglichen werden. § 10 SGB I beinhaltet darüber hinaus die Grundsatzvorschrift zur Eingliederungshilfe von behinderten Menschen. Das SGB IX führt die entsprechenden Schutzvorschriften näher aus. In ihrer Gesamtbetrachtung spiegeln die Vorschriften der Behindertenförderung das im Sozialstaatsprinzip verankerte Gebot wider, schicksalsbedingte Härten und damit zusammenhängende Benachteiligungen auszugleichen.[720] Behinderte sollen durch die gesetzlich vorgeschriebene Bevorzugung in die Arbeitswelt eingegliedert und die bestehende staatliche Fürsorgepflicht auf diese Weise erfüllt werden.[721]

Es erscheint fraglich, ob im Hinblick auf die Situation der Frauen überhaupt von schicksalsbedingten Härten gesprochen werden kann. Hierzu müssten die geschlechtsbedingten Nachteile mit den auf Behinderungen körperlicher bzw. geistiger Art beruhenden Nachteilen zumindest vergleichbar sein. Dies ist aber schon deshalb zu verneinen, weil Frauen im Gegensatz zu Menschen mit Behinderungen nicht in jedem Auswahlverfahren zwangsläufig eine Benachteiligung erfahren müssen.[722] Vielmehr haben diese zumindest die theoretische Möglichkeit, sich aufgrund ihrer persönlichen Qualifikation gegen die männliche Konkurrenz durchzusetzen. Bei Menschen mit Behinderung besteht diese Möglichkeit schon theoretisch nicht. Sie sind im Vergleich zur übrigen Konkurrenz aufgrund ihrer geistigen bzw. körperlichen Schwächen stets benachteiligt. Das Sozialstaatsprinzip vermag es jedoch nicht, jede Benachteiligung unabhängig von ihrer Gewichtung auszugleichen. Durchbrechungen des Leistungsprinzips müssen aufgrund des dahinterstehenden Zwecks der Funktionsfähigkeit der

720 Kempen, in ZRP 1989, 367 (370); Schmitt Glaeser, Abbau des tatsächlichen Gleichberechtigungsdefizits der Frauen durch gesetzl. Quotenregelungen, S. 13.

721 Sachs, in HStR VIII ^{3}2010, § 182, Rn. 124; Jarass, in Jarass/Pieroth, GG, Art. 3, Rn. 160; Pfarr, Quoten und Grundgesetz, S. 95.

722 So auch Maidowski, Umgekehrte Diskriminierung, S. 161f.; Kempen, in ZRP 1989, 367 (370); Benda, Notwendigkeit und Möglichkeit positiver Aktionen zugunsten von Frauen im öffentlichen Dienst, S. 183, der für die kompensatorische Frauenförderung angesichts der bestehenden Statistik aber dennoch Gründe von vergleichbarem Gewicht sieht; ähnlich auch Pfarr/Fuchsloch, NJW 1988, 2201 (2205).

Verwaltung ihren Ausnahmecharakter wahren. Eben dies wäre in Anbetracht der bestehenden Geschlechterverhältnisse im öffentlichen Dienst im Allgemeinen und auf Ebene der Hochschule im Besonderen aber gerade nicht der Fall. Ein bedeutender Anteil der anstehenden Personalentscheidungen wäre zugunsten der weiblichen Bewerber und zulasten der Regelung des Art. 33 II GG zu entscheiden, sodass dieser seines Grundnormcharakters nahezu beraubt würde.[723] Der Weg einer Vergleichsziehung zur Behindertenförderung gelingt demnach nicht. Eine Durchbrechung des Leistungsprinzips durch das Sozialstaatsprinzip muss für die Frauenförderung verneint werden.[724]

cc) Zusammenfassung

Auch sozialstaatliche Gesichtspunkte vermögen die Beeinträchtigungen des Art. 33 II GG im Wege einer verfassungsimmanenten Beschränkung nicht zu rechtfertigen. Die aktuellen Fördermaßnahmen sind entsprechend als Verletzung des in Art. 33 II GG festgehaltenen Leistungsprinzips zu werten.

2. *Rechtfertigung der Ungleichbehandlungen nach Art. 3 II 1, III 1 Var. 1 GG*

Nicht jede geschlechtsbedingte Ungleichbehandlung verstößt gegen das Unterscheidungsverbot aus Art. 3 II 1, III 1 Var. 1 GG. Differenzierende Regelungen können vielmehr zulässig sein, „soweit sie zur Lösung von Problemen, die ihrer Natur nach nur entweder bei Männern oder bei Frauen auftreten können, zwingend erforderlich sind"[725]. Voraussetzung hierbei ist, dass es sich bei den

---

723 Maidowski, Umgekehrte Diskriminierung, S. 162.

724 A.A. Raasch, Frauenquoten und Männerrechte, S. 294f., die zwar ebenfalls eine unmittelbare Vergleichbarkeit mit der Situation der Behinderten verneint, eine unmittelbare Übertragung der Problematik aber auch gar nicht für erforderlich hält, sondern vielmehr nach der Erforderlichkeit einer Lösung der Frauenproblematik auf dem Arbeitsmarkt fragt und dieser allein schon aufgrund des Gleichstellungsauftrages in Art. 3 II 2 GG ein ebenso großes, wenn nicht gar stärkeres Gewicht beimisst, wie einer zulässigen Durchbrechung des Art. 33 II GG durch das Sozialstaatsprinzip. Noch weitreichender Slupik, Die Entscheidung des Grundgesetzes für Parität im Geschlechterverhältnis, S. 130, die den Leistungsaspekt hinter dem sozialen Nachteilsausgleich zurücktreten lässt, zugleich aber auch das Verhältnis von Art. 33 II GG zu Art. 3 II, III GG verkennt und irrtümlich von einer Spezialität der Art. 3 II, III GG ausgeht; zum Verhältnis des Art. 33 II GG zu Art. 3 II, III GG s. S. 78f.

725 S. insb. BVerfGE 85, 191 (207) und BVerfGE 92, 91 (109); 114, 357 (364); hierzu auch Jarass, in Jarass/Pieroth, GG, Art. 3, Rn. 115, der darauf verweist, dass es sich bei Art. 3

für die Unterscheidung vorgebrachten Gründen nicht nur um ein „tradiertes Rollenverständnis“ handelt, sondern vielmehr um ein „hinreichend geschlechtsspezifisches Merkmal“.[726] So sollen insbesondere „funktionale (arbeitsteilige) Unterschiede nach der Natur des jeweiligen Lebensverhältnisses“ grundsätzlich nicht zur Rechtfertigung von geschlechtsbedingten Ungleichbehandlungen geeignet sein, da sie lediglich vorzufindende Rollenmuster verfestigen und zudem aufgrund ihrer gesellschaftlichen Prägung einem stetigen Wandel unterworfen sind.[727] Fehlt es an einem zwingenden biologischen Erfordernis, so kann eine Ungleichbehandlung letztlich auch über den Weg der Abwägung mit kollidierendem Verfassungsrecht gerechtfertigt sein.[728]

a) Fördermaßnahmen zum Ausgleich biologischer Unterschiede

Die Heranziehung des Geschlechts als Hilfskriterium in einer qualitativen Pattsituation und die Bevorzugung von geschlechtsgeprägter Forschungsprofilen konnten als unmittelbare bzw. bloß mittelbare Beeinträchtigung des Art. 3 II 1, III 1 Var. 1 GG qualifiziert werden.[729] Es stellt sich die Frage, ob für die damit einhergehende bevorzugende Behandlung von weiblichen Wissenschaftlern biologische Ursachen vorgebracht werden können. Hierfür müssten Gründe gegeben sein, welche die bevorzugte Einstellung von weiblichen Wissenschaftlern zur Lösung von Problemen, die von ihrer Natur aus nur bei Frauen auftreten, zwingend erfordern. Weibliche Wissenschaftler müssten aufgrund ihrer körperlichen Verfassung im Hinblick auf ihre Chancen im Auswahlverfahren an Hochschulen verglichen mit ihren männlichen Konkurrenten benachteiligt sein.[730]

II 1, III 1 Var. 1 GG nur um ein grundsätzl. Anknüpfungsverbot handelt, und entspr. von einer strukturellen Rechtfertigungsmöglichkeit spricht.

726 BVerfGE 85, 191 (208f.); s. hierzu auch Heun, in Dreier, GG, Band I, Art. 3, Rn. 112.

727 BVerfGE 52, 369 (376f.). Teilweise sind derartige Regelungen jedoch auch heute noch zu finden: So werden bei Regelungen über die Haarlänge oder Ohrschmuck von Polizisten oder Soldaten weiterhin funktionale Unterschiede zur Rechtfertigung herangezogen, so kürzlich in BVerwGE 149, 1 (14f.) zur Haar- und Barttracht von Soldaten und auch BVerwGE 84, 287 (292) in Bezug auf Ohrschmuck von männlichen Zollbeamten; hierzu auch Jarass, in Jarass/Pieroth, GG, Art. 3, Rn. 117, 128 und Richter, in Hdb. der Grundrechte V, § 126, Rn. 52, 64.

728 BVerfGE 92, 91 (109f.); 85, 191 (207ff.); 114, 357 (364); Richter, in Hdb. der Grundrechte V, § 126, Rn. 55; Jarass, in Jarass/Pieroth, GG, Art. 3, Rn. 118f.; Krieger, in Schmidt-Bleibtreu/Hofmann/Henneke, GG, Art. 3, Rn. 72; Battis/Schulte-Trux/Weber, DVBl 1991, 1165 (1169).

729 S. S. 113f.

730 Vgl. BVerfG, NJW 1995, 1733 (1734).

Die klare zahlenmäßige Verteilung zugunsten der männlichen Wissenschaftler insbesondere auf Ebene der Professuren spricht für eine Benachteiligung der Frauen. Wie aufgezeigt, handelt es sich dabei aber um strukturelle Benachteiligungen in Form von festgefahrenen Verhaltensmustern, die sich zulasten der weiblichen Wissenschaftler auswirken.[731] Nachteile, die speziell auf die Natur der Frauen bzw. der Männer gestützt werden könnten, können nicht zur Begründung der Benachteiligung herangezogen werden.[732] Die wissenschaftliche Arbeit zeichnet sich vielmehr durch eine geistige Auseinandersetzung aus, die nicht von bestimmten körperlichen Konstitutionen abhängig ist, welche den männlichen Konkurrenten einen Vorteil bringen könnten. Ein Kausalzusammenhang der Unterrepräsentation von Frauen an deutschen Hochschulen aufgrund von biologischen Unterschieden ist daher nicht zu begründen.[733]

b) Art. 3 II 2 GG als verfassungsimmanente Schranke

Damit fehlt es an einem zwingenden Grund für die Ungleichbehandlung. Diese kann in einem solchen Fall nur über den alternativen Weg des kollidierenden Verfassungsrechts legitimiert sein. Als rechtfertigende Norm könnte auch hier Art. 3 II 2 GG herangezogen werden, der eine Bevorzugung von Frauen zur Bekämpfung von faktischen Benachteiligungen gestattet.[734]

aa) Einfachgesetzliche Grundlage

Parallel zu einer möglichen Rechtfertigung von Beeinträchtigungen des Art. 33 II GG wird teilweise auch im Hinblick auf Art. 3 II 1, III 1 Var. 1 GG eine einfachgesetzliche Grundlage für geschlechtsbedingte Ungleichbehandlungen gefordert.[735] So müssen zumindest unmittelbare Beeinträchtigungen der

---

731 S. S. 123f.

732 Vgl. hierzu die Argumentation des BVerwG, NVwZ 2003, 92 (93) im Hinblick auf die Gewährung einer Meistergründungsprämie.

733 Vgl. Benda, Notwendigkeit und Möglichkeit positiver Aktionen zugunsten von Frauen im öffentlichen Dienst, S. 34f.; Papier, Zulässigkeit von Zielquoten für Frauen in Führungspositionen im öffentlichen Dienst, S. 8; Papier/Heidebach, DVBl 2015, 125 (126); Pfarr/Fuchsloch, NJW 1988, 2201 (2202).

734 BVerfGE 74, 163 (180); 92, 91 (109); Leibholz/Rinck, GG, Art. 3, Rn. 3065; Jarass, in Jarass/Pieroth, GG, Art. 3, Rn. 115, 118; Sodan, in Sodan, GG, Art. 3, Rn. 26; Richter, in Hdb. der Grundrechte V, § 126, Rn. 55; Papier/Heidebach, DVBl 2015, 125 (126f.); Hansmeyer/Kaltenborn, NWVBl. 2001, 449 (452); s. auch die Ausführungen im Rahmen der Prüfung des Art. 33 II GG auf S. 119f.

735 Jarass bezeichnet in Jarass/Pieroth, GG, Art. 3, Rn. 116 die Frage nach einer notwendigen gesetzl. Grundlage als „wenig geklärt".

Gleichheitsbestimmungen auf eine Gesetzesgrundlage gestützt werden können.[736] Das Erfordernis einer solchen scheint hingegen bei bloß mittelbaren Beeinträchtigungen des Art. 3 II 1, III 1 Var. 1 GG nicht zwingend.[737] Vorliegend ist die Verwendung des Geschlechts als Hilfskriterium als unmittelbare Beeinträchtigung des Art. 3 II 1, III 1 Var. 1 GG einzustufen, wohingegen es sich bei der Bevorzugung von geschlechtsgeprägten Forschungsprofilen lediglich um eine mittelbare Ungleichbehandlung handelt.[738] Unabhängig vom jeweils anzulegenden Maßstab können beide Arten der Ungleichbehandlung ihre gesetzliche Grundlage in § 4 LHG BW finden, der die tatsächliche Durchsetzung der Chancengleichheit von Frauen und Männern für den Bereich der Hochschule umfasst und als Ausgangspunkt für eine vollumfassende Gleichstellungspolitik dient.[739]

bb) Abwägung der widerstreitenden Interessen

Die Beschränkung des Unterscheidungsverbots aus Art. 3 II 1, III 1 Var. 1 GG muss in verhältnismäßiger Art und Weise erfolgen. Entsprechend müssen die Gleichstellungsmaßnahmen geeignet, erforderlich und angemessen sein, den in Art. 3 II 2 GG festgehaltenen Normzweck der Chancengleichheit zu verwirklichen.[740] An die lediglich mittelbar erfolgende Ungleichbehandlung in Form von bevorzugten Forschungsprofilen mit Geschlechtsprägung ist dabei ein wenig strenger Maßstab zu stellen, als an die unmittelbar erfolgte Bevorzugung unter Verwendung des Geschlechtes als Hilfskriterium.[741]

---

736 Osterloh/Nußberger, in Sachs, GG, Art. 3, Rn. 290; Jarass, in Jarass/Pieroth, GG, Art. 3, Rn. 116 und Art. 20, Rn. 74.

737 Eine Entbehrlichkeit der einfachgesetzl. Grundlage nimmt das BVerwG in NVwZ 2003, 92 (94) an; a.A. Sachs, ZG 2012, 52 (60), der stets eine formelle Gesetzesgrundlage fordert. So in neuster Auflage auch Jarass, in Jarass/Pieroth, GG, Art. 3, Rn. 116, der unter Verkennung der Spezialität des Art. 33 II GG beispielhaft die Finanzierung von Hochschullehrerstellen allein für Frauen als indirekte Ungleichbehandlung im Rahmen des Art. 3 II 1 GG anführt; zum Verhältnis Art. 33 II GG zu Art. 3 II, III 1 GG s. S. 73f.

738 S. S. 113f.

739 S. S. 119f.

740 Hierzu Osterloh/Nußberger, in Sachs, GG, Art. 3, Rn. 266; Schweizer, Der Gleichberechtigungssatz – neue Form, alter Inhalt?, S. 198; Hansmeyer/Kaltenborn, NWVBl. 2001, 449 (452f.).

741 Jarass, in Jarass/Pieroth, GG, Art. 3, Rn. 117f.

(1) Geeignetheit

Die durchgeführten Maßnahmen müssen zur Erreichung des angestrebten Zwecks geeignet sein. Hierfür müssen sie zur Förderung der tatsächlichen Gleichstellung zwischen Frau und Mann und damit zu einem Zustand der Chancengleichheit beitragen. Dass ein solcher Zustand an Hochschulen aktuell nicht besteht, konnte bereits dargestellt werden.[742] Die leistungsabhängige Vorzugsregelung, welche Frauen in einer Pattsituation bevorzugt berücksichtigt, zielt darauf ab, dass vermehrt weibliche Wissenschaftler auf eine Professur berufen werden. Ebenso bezweckt die bevorzugte Berücksichtigung von geschlechtsgeprägten Forschungsprofilen, dass die Situation der Frauen an deutschen Hochschulen gestärkt wird und diese im Vergleich zu ihren männlichen Kollegen konkurrenzfähiger gemacht werden. Ziel ist es, auf diesem Weg eine erhöhte Anzahl von weiblichen Identifikationsfiguren zu schaffen und so letztlich den Zustand der Chancengleichheit zu erreichen.[743] Eine Geeignetheit der Maßnahmen ist zu bejahen.

(2) Erforderlichkeit

Die durchgeführten Maßnahmen müssen zur Erreichung des angestrebten Zwecks auch erforderlich sein. Es dürfte sich kein gleich effektives Mittel finden lassen, welches das Diskriminierungsverbot aus Art. 3 II 1, III 1 Var. 1 GG weniger tangiert.[744] Da es sich bei den hier thematisierten Ungleichbehandlungen um Fördermaßnahmen handelt und sie entsprechend mit der Absicht umgesetzt werden, die benachteiligten weiblichen Wissenschaftler in ihrer Position zu stärken, ist ein wenig strenger Bewertungsmaßstab anzulegen.[745] Dies muss insbesondere für Fördermaßnahmen in Form einer Bevorzugung von geschlechtsgeprägten Forschungsprofilen gelten, da diese geschlechtsneutral erfolgen und die männlichen Bewerber nur mittelbar benachteiligt werden.

Im Gegensatz dazu müssen die unmittelbar wirkenden Maßnahmen in Form von leistungsabhängigen Vorzugsregelungen zumindest die abgestuften Anforderungen an eine Erforderlichkeit erfüllen. Eine solche scheitert nicht an der Möglichkeit von weniger einschneidenden, „weichen“ Maßnahmen, da diese im Vergleich zu den hier thematisierten „scharfen“ Maßnahmen nicht gleich

---

742 S. S. 123f.

743 S. S. 126f.

744 Schneider, Die Gleichstellung von Frauen in Mitwirkungsgremien der öffentlichen Verwaltung, S. 33; Battis/Schulte-Trux/Weber, DVBl 1991, 1165 (1173).

745 S. zur parallelen Handhabung einer Prüfung der Erforderlichkeit im Rahmen des Art. 33 II GG S. 129f. und auch Pfarr, Quoten und Grundgesetz, S. 210.

effektiv sind.[746] Die Erforderlichkeit der leistungsabhängigen Vorzugsregelungen erscheint allerdings schon mit Blick auf die jeweils gewählten Formulierungen fraglich. So heißt es etwa im Rahmenplan zur Gleichstellung von Frauen und Männern an der FernUniversität Hagen, dass Frauen bei gleichwertiger Eignung, Befähigung und fachlicher Leistung auf Berufungslisten bevorzugt zu berücksichtigen sind.[747] Näher ist es im Frauenförderplan der Goethe-Universität Frankfurt/Main festgehalten, nach dem weibliche Bewerber bei gleichwertiger Qualifikation bis zur Beendigung der Unterrepräsentation im Verhältnis zu einem männlichen Bewerber zu bevorzugen sind, falls in der Person des männlichen Mitbewerbers keine besonderen Gründe überwiegen.[748] Im direkten Vergleich fällt auf, dass der Frauenförderplan der Goethe-Universität Frankfurt/Main viel konkreter gestaltet ist: Soll die Bevorzugung der Frauen in Frankfurt/Main nur für den Fall der Unterrepräsentation gelten, so ist bei der FernUniversität Hagen keine Begrenzung auf eine Situation der Unterrepräsentation festgehalten. Eine leistungsabhängige Bevorzugung ist jedoch nur dann erforderlich, wenn sie den weiblichen Interessenten in repräsentativer Art und Weise gerecht wird. Dies ist bei einer Bevorzugung auch über eine paritätische Geschlechterverteilung hinaus nicht der Fall, sodass die Erforderlichkeit der Regelung der FernUniversität Hagen in ihrer aktuellen Ausgestaltung verneint werden muss.

In Bezug auf die Regelung der Goethe-Universität Frankfurt/Main stellt sich die Frage, wann der Zustand einer derartigen Unterrepräsentation beendet sein soll. Der Förderplan sieht hierfür auf Ebene der Professuren ein gleichmäßiges Verhältnis der Geschlechter vor.[749] Eine derart strikte Herangehensweise vereinfacht zwar die praktische Handhabung, hochschul- und fachbereichsspezifische Verteilungen von männlichen und weiblichen Professoren finden allerdings keine Berücksichtigung. Vorzugswürdig ist daher auch hier die Anwendung des Kaskadenmodells, welches den Frauenanteil einer wissenschaftlichen Karrierestufe durch den Anteil der Frauen auf der direkt darunter liegenden

---

746 S. die Ausführungen auf S. 129. Auch Papier/Heidebach, DVBl 2015, 125 (127) betonen die fehlende hinreichende Wirkung der bisher durchgeführten Maßnahmen.

747 S. Punkt 4.2 (Professuren), Abs. 6 des Rahmenplans der FernUniversität Hagen.

748 S. 10 des Frauenförderplans der Goethe-Universität Frankfurt/Main.

749 So festgehalten in Fn. 2 auf S. 11 des Frauenförderplans der Goethe-Universität Frankfurt/Main für das wissenschaftliche Personal mit Ausnahme des wissenschaftlichen Nachwuchses; s. auch BAG, NZA 1994, 77 (82), welches eine Quote von 50 % als verhältnismäßig einstuft und diese Obergrenze unmittelbar aus dem Gleichberechtigungsgrundsatz ableiten will; so i.E. auch Sacksofsky, in Umbach/Clemens, GG, Art. 3 II, III 1, Rn. 370.

Qualifizierungsstufe bestimmt.[750] Es gewährleistet unter Berücksichtigung der spezifischen Geschlechterverteilung des Fachbereichs, dass die Förderung auf Ebene der Professuren entsprechend der Anzahl der Qualifizierten erfolgt und wird so dem Merkmal der Erforderlichkeit gerecht, welches zu weitgehenden Maßnahmen entgegensteht.

Die Goethe-Universität Frankfurt/Main wendet das Kaskadenmodell nur für leistungsabhängige Vorzugsregelungen auf Ebene des wissenschaftlichen Nachwuchses an.[751] Im Gegensatz dazu ist der an die übrigen wissenschaftlichen Positionen gestellte Maßstab einer hälftigen Quote als zu weitgehend einzustufen. Eine leistungsabhängige Bevorzugung von weiblichen Wissenschaftlern kann nur dann als erforderlich eingestuft werden, wenn diese auf das Stadium der Unterrepräsentanz beschränkt ist und sich die Förderentscheidung auf Einzelebene am Kaskadenmodell orientiert.

(3) Angemessenheit

Zuletzt müssen die eingesetzten Fördermaßnahmen im Verhältnis zum angestrebten Zweck der tatsächlichen Durchsetzung der Gleichberechtigung aus Art. 3 II 2 GG auch angemessen sein. Dies ist der Fall, wenn das Interesse an ihrer Umsetzung größer wäre, als das Interesse an einer Wahrung der normativen Gleichberechtigung aus Art. 3 II 1, III 1 Alt. 1 GG und die männliche Konkurrenz somit nicht unzumutbar benachteiligt wäre.[752] In Bezug auf die Bevorzugung von genderspezifischen Forschungsprofilen ist hierbei ein weniger strenger Maßstab anzulegen, da derartige Regelungen geschlechtsneutral formuliert sind und es sich entsprechend um eine bloß mittelbare Beeinträchtigung des Art. 3 II 1, III 1 Var. 1 GG handelt.[753] Konsequenz dieser Mittelbarkeit ist wiederum, dass auch männliche Wissenschaftler den Förderungstatbestand erfüllen können, sofern auch sie ein genderspezifisches Profil aufweisen. Da sie keine

750 Das bereits aufgezeigte Modell hat sich als ein richtungsweisender Maßstab herausgebildet, s. insb. die Ausführungen im Rahmen der Forschungsorientierten Gleichstellungsstandards der DFG und auch Fn. 218; in diese Richtung auch schon Battis/Schulte-Trux/Weber, DVBl. 1991, 1165 (1174), die auf eine Zielvorgabe verweisen, die sich am weiblichen Anteil der Erwerbsbevölkerung bzw. „im jeweils unter dem Beförderungsamt liegenden Amt orientiert"; ähnlich auch Hansmeyer/Kaltenborn, NWVBl. 2001, 449 (453); s. auch schon Kempen, ZRP 1989, 367 (370).

751 Fn. 2 auf S. 11 des Frauenförderplans der Goethe-Universität Frankfurt/Main.

752 Battis/Schulte-Trux/Weber, DVBl 1991, 1165 (1174); Hansmeyer/Kaltenborn, NWVBl. 2001, 449 (453).

753 S. S. 117.

unzumutbare Benachteiligung erfahren, ist die Bevorzugung von Forschungsprofilen mit Geschlechtsprägung als angemessen zu bewerten.

Im Gegensatz dazu hat bei der unmittelbaren Beeinträchtigung des Art. 3 II 1, III 1 Alt. 1 GG durch die Bevorzugung von weiblichen Kandidaten in einer qualitativen Pattsituation eine vollständige Güterabwägung zu erfolgen.[754] Als Ausgangspunkt des vorzunehmenden Abwägungsvorgangs soll hier das Verhältnis der gegenüberzustellenden Vorschriften dienen. So sind die Gleichheitssätze der Art. 3 II 1 und Art. 3 III 1 Var. 1 GG inhaltsgleich.[755] Der Grundsatz einer Gleichberechtigung der Geschlechter wiederum wird jedoch durch das nachträglich eingefügte Fördergebot des Art. 3 II 2 GG überlagert, welches aufgrund seines speziellen positiven Fördergedankens den negativen Komponenten der Art. 3 II 1, III 1 Var. 1 GG vorgeht.[756] Dieses Vorrangverhältnis führt dazu, dass gewisse Beeinträchtigungen der formal gewährleisteten Gleichberechtigung von den männlichen Bewerbern hingenommen werden müssen. So sind auch leistungsabhängige Frauenquoten vom Grundsatz her als angemessen zu bewerten.[757] Im Einzelfall ist jedoch darauf zu achten, dass die Rechte der männlichen Konkurrenten trotz der bestehenden Förderabsichten hinreichend gewahrt und

---

754 Heun, in Dreier, GG, Band I, Art. 3, Rn. 113.

755 S. S. 63f.

756 S. S. 65; so i. E. auch Sacksofsky, in Umbach/Clemens, GG, Art. 3 II, III 1, Rn. 370; Rademacher, Diskriminierungsverbot und „Gleichstellungsauftrag", S. 189f.; Maidowski, Umgekehrte Diskriminierung, S. 138; a.A. di Fabio, AöR 122 (1997), 404 (443) und Laubinger, VerwArch 87 (1996), 473 (525f.).

757 So auch der Beschluss vom OVG Münster vom 11.09.2014, 6 B 880/14 und auch VG Wiesbaden, NVwZ 2007, 482 (483), welches in ähnlicher Begründung argumentiert, dass „die Durchsetzung der Gleichberechtigung ein Belang (ist), der zwar nicht dem Leistungsgrundsatz entspricht, der aber aufgrund seiner Verankerung in Art. 3 II GG bei der Besetzung öffentlicher Ämter zu berücksichtigen ist."; ebenso BAG, Urteil vom 21.01.2003 - 9 AZR 307/02, Rn. 39, 40 und mit differenzierender Begründung auch schon VG Bremen, NJW 1988, 3224; s. auch Dollinger/Umbach, in Umbach/Clemens, GG, Art. 33, Rn. 58, die der Frauenförderung aufgrund bestehender Frauenförderungsgesetze einen relativen Vorrang gegenüber anderen Hilfskriterien einräumen; Ladeur spricht in ZBR 1992, S. 39 (44) hingegen von einer teleologischen Reduktion der Art. 3 II, III GG; für eine Zulässigkeit der Frauenförderung als Hilfskriterium auch Eckertz-Höfer, Frauen kommen, S. 447ff. (479); Schöbener, BayVBl. 2001, 321 (330), der die Berücksichtigung der Frauenförderung als Hilfskriterium als „weithin unbestritten" umschreibt, lediglich deren Gewichtung in Frage stellt, und auch Fuchsloch, NVwZ 1991, 442 (444); kritisch hierzu Höfling, in BK-GG, Art. 33 Abs. 1 bis 3, Rn. 333f.; zur grds. Möglichkeit der Frauenförderung als Hilfskriterium s. S. 113.

nicht gänzlich umgangen werden.[758] Grundvoraussetzung für eine Zulässigkeit einer leistungsabhängigen Bevorzugung von Frauen muss daher sein, dass eine strikte Überprüfung der vorzuweisenden Bewerberqualifikationen im Hinblick auf Leistung, Befähigung und fachlicher Leistung vorgenommen wird und sich tatsächlich kein am besten geeigneter Kandidat ausfindig machen lässt.[759] Darüber hinaus dürfen die Fördermaßnahmen aber auch nach Feststellung einer qualitativen Pattsituation nicht ohne jede Berücksichtigung der persönlichen Interessenlage der jeweiligen Bewerber durchgeführt werden. So ist dem männlichen Bewerber trotz der bestehenden Fördermöglichkeit der Vorrang zu gewähren, wenn seine Interessen im konkreten Einzelfall über das Interesse der Frauenförderung zu stellen sind.[760] Dies soll über eine Öffnungsklausel sichergestellt werden, welche sich als unumgängliche Zulässigkeitsvoraussetzung für leistungsabhängige Vorzugsregelungen herausgebildet hat.[761] Fehlt es an einer solchen Öffnungsklausel und finden die Interessen des männlichen Mitbewerbers entsprechend keine hinreichende Berücksichtigung, so ist die Bevorzugung als unangemessen einzustufen.[762]

Betrachtet man die angeführten Beispiele der FernUniversität Hagen und der Goethe-Universität Frankfurt/Main, so soll die bevorzugte Behandlung von weiblichen Bewerbern in einer qualitativen Pattsituation zumindest bei

---

758 Hierzu auch VGH Kassel, NVwZ-RR 1994, 347 (349); Schöbener, BayVBl. 2001, 321 (330); Hansmeyer/Kaltenborn, NWVBl. 2001, 449 (453).

759 VGH Kassel, NVwZ-RR 1994, 347 (349); Leisner, in Sodan, GG, Art. 33, Rn. 14; Schöbener, BayVBl. 2001, 321 (330).

760 Boysen, in v. Münch/Kunig, GG, Band 1, Art. 3, Rn. 169ff.; Isensee, in HdbVerfR, § 32, Rn. 48; Battis/Schulte-Trux/Weber, DVBl. 1991, 1165 (1172f.).

761 Hansmeyer/Kaltenborn, NWVBl. 2001, 449 (453); Ladeur, ZBR 1992, 39 (44); dabei soll es dem Dienstherrn überlassen sein, welche Gesichtspunkte er im Einzelfall tatsächlich als „überwiegend" bewertet, so Battis/Schulte-Trux/Weber, DVBl 1991, 1165 (1173).

762 So auch Battis/Schulte-Trux/Weber, DVBl 1991, 1165 (1173), die zugleich darauf hinweisen, dass das grds. Vorrangverhältnis der Frau nicht durch die Öffnungsklausel „ausgehebelt" werden darf; noch weitgehender hingegen BAG, NZA 1994, 77 (82) und auch VGH BW, Beschluss vom 21.06.2011 – 4 S 1075/11 (Rn. 15), die das Fehlen einer Öffnungsklausel über den Weg der verfassungskonformen Auslegung der Förderbestimmung kompensieren wollen; a.A. Laubinger, VerwArch 87 (1996), 473 (529), der auch bei Vorhandensein einer Öffnungsklausel von einer Unverhältnismäßigkeit der Vorzugsregelung ausgeht und eine solche Klausel als bloßen „Weichmacher" bezeichnet, der die Verfassungsverstöße zwar abschwächen und zahlenmäßig verringern, nicht aber auch gänzlich beseitige.

letzterer nur greifen, sofern keine besonderen Gründe in der Person des männlichen Mitbewerbers überwiegen.[763] Ein derartiger Zusatz fehlt bei der Fern-Universität Hagen zumindest für den Bereich der Berufungsverfahren, sodass deren Regelung entsprechend – neben der mangelnden Erforderlichkeit – auch als unangemessen zu bewerten ist.[764] Demgegenüber werden die Interessen der männlichen Konkurrenten bei der Regelung der Goethe-Universität Frankfurt/Main über die vorhandene Öffnungsklausel auf Ebene des Einzelfalles angemessen gewahrt. Diese Bewertung ist jedoch als Momentaufnahme einzustufen und hat insofern Geltung nur für den Zustand der weiblichen Unterrepräsentanz. So wird auch eine angemessene leistungsabhängige Vorzugsregelung mit Öffnungsklausel unangemessen, sobald das Ziel eines ausgeglichenen Geschlechterverhältnisses erreicht wurde.[765] Dabei ist Ausgeglichenheit unter den Geschlechtern nicht erst bei einer hälftigen, sondern vielmehr bei einer repräsentativen Verteilung anzunehmen, welche sich am Kaskadenmodell zu orientieren hat.[766] Für die konkreten Fördermaßnahmen hat dies zur Folge, dass sie einer strengen Erfolgskontrolle unterliegen müssen und einzustellen sind, sobald eine angemessene Verteilung von weiblichen und männlichen Wissenschaftlern besteht.[767] Erst

763 S. 10 des Frauenförderplans der Goethe-Universität Frankfurt/Main.

764 S. Punkt 4.2 (Professuren), Abs. 6 des Rahmenplans; demgegenüber ist in Punkt 4.1 (Stellenauschreibung), Abs. 4 des Rahmenplans eine Öffnungsklausel für die Formulierung von Stellenausschreibungen noch vorgesehen.

765 S. Sacksofsky, in Umbach/Clemens, GG, Art. 3 II, III 1, Rn. 370; Jarass, in Jarass/Pieroth, GG, Art. 3, Rn. 119; Battis/Schulte-Trux/Weber, DVBl. 1991, 1165 (1173) und auch Kokott, NJW 1995, 1094 (1051). Teilweise wird dies auch darauf gestützt, dass männliche Konkurrenten ansonsten über Jahre hinweg keinerlei Chancen mehr auf Beförderungen und Einstellungen hätten, so Huster, AöR 118 (1993), 109 (122) und auch Masing, in Dreier, GG, Band II, ^{2}2006, Art. 33, Rn. 52 unter Verweis auf OVG Münster, NVwZ 1991, 501 (503); s. auch Sachs, NVwZ 1991, 437 (441); Hofmann, NVwZ 1995, 662 (663). Gegen eine derartige Argumentation kann jedoch die Leistungsabhängigkeit als Grundvoraussetzung für eine angemessene Vorzugsregelung angeführt werden, die dazu führt, dass die Bevorzugung der weiblichen Kandidaten nur in den zahlenmäßig geringen Fällen einer tatsächlich gleichen Qualifikation greifen, sodass besser qualifizierte Männer trotz bestehender Regelung vorzuziehen sind; s. BAG, NZA 1994, 77 (82) und Hansmeyer/Kaltenborn, NWVBl. 2001, 449 (453) unter Verweis auf Battis/Schulte-Trux/Weber, DVBl. 1991, 1165 (1167).

766 S. bereits im Rahmen der Erforderlichkeit der Vorzugsregelung auf S. 148.

767 Eine kalendermäßige Geltungsdauer von leistungsabhängigen Quoten ist nicht weiterführend, so auch Battis/Schulte-Trux/Weber, DVBl. 1991, 1165 (1173). Gleichermaßen sind die Fördermaßnahmen aber auch zu beenden, sofern sich gar kein Erfolg einstellen sollte.

dann kann auch von einer angemessenen Anwendung der an sich angemessenen Fördermaßnahme gesprochen und deren Verhältnismäßigkeit bejaht werden.

cc) Zusammenfassung

Die Bevorzugung von genderspezifischen Forschungsprofilen im Rahmen des Berufungsverfahrens ist aufgrund der lediglich mittelbaren Betroffenheit der männlichen Konkurrenten verhältnismäßig. Gleiches gilt für Vorzugsregelungen, sofern diese leistungsabhängig sind, eine Öffnungsklausel aufweisen und auf den Zustand der weiblichen Unterrepräsentation beschränkt sind. In beiden Fällen wird das Recht der männlichen Bewerber aus Art. 3 II 1, III 1 Var. 1 GG nur soweit eingeschränkt, wie es zur Bekämpfung des bestehenden Gleichberechtigungsdefizites nötig ist. Eine Verletzung des Art. 3 II 1, III 1 Var. 1 GG durch derartige Fördermaßnahmen ist folglich zu verneinen.

D. Ergebnis

Frauenfördermaßnahmen an deutschen Hochschulen, die mit einer Beeinträchtigung des in Art. 33 II GG gewährleisteten Leistungsgrundsatzes einhergehen, lassen sich weder mit dem in Art. 3 II 2 GG enthaltenen Fördergebot, noch mit dem Sozialstaatsprinzip rechtfertigen. So kann insbesondere in der vorzunehmenden Güterabwägung das Interesse an einer tatsächlichen Gleichberechtigung zwischen den Geschlechtern das in Art. 33 II GG geschützte öffentliche Interesse an einer bestmöglichen Besetzung von öffentlichen Ämtern nicht überwiegen. Demgegenüber gelingt unter den aufgezeigten Voraussetzungen eine Rechtfertigung von leistungsabhängigen Fördermaßnahmen, da die in Art. 3 II 1, III 1 Var. 1 GG gewährleisteten Rechte der männlichen Konkurrenten hinter dem Interesse an einer gleichberechtigten Teilhabe der Geschlechter zurücktreten müssen.

Zusammenfassend können frauenfördernde Maßnahmen aufgrund der Existenz des Art. 33 II GG somit erst greifen, wenn der Leistungsgrundsatz gewahrt wurde. Dessen Durchbrechung ist ausgeschlossen. In der praktischen Umsetzung bestehen für die Phase der konkreten Auswahlentscheidung nach dem GG nur drei Möglichkeiten für eine verfassungsmäßige Frauenförderung, die sich durch eine unterschiedliche Intensität auszeichnen: Zum einen kann eine vermehrte Besetzung der Berufungskommissionen mit weiblichen Entscheidungsträgern den vorhandenen Verzerrungseffekten zugunsten von männlichen Bewerbern entgegenwirken. Daneben können weibliche Wissenschaftler unmittelbar über leistungsabhängige Vorzugsregelungen oder aber über eine Bevorzugung von geschlechtsspezifischen Forschungsprofilen gefördert werden.

Letztere sind als Ausgestaltung der in Art. 33 II GG aufgezählten Kriterien der Eignung, Befähigung und fachlichen Leistung zu werten und stellen deshalb keine Beeinträchtigung desselbigen dar. Sie sind vielmehr mit Art. 3 II 1, III 1 Var. 1 GG in Einklang zu bringen, da sich aufgrund des erhöhten weiblichen Personalaufkommens im Bereich der Genderforschung eine mittelbare Beeinträchtigung der darin gewährleisteten Rechte der männlichen Konkurrenten ergibt. Bei einer entsprechenden Forschungsausrichtung können diese jedoch der Förderung ebenso unterliegen wie ihre weiblichen Konkurrenten. Eine solch geschlechtsneutrale Fördermöglichkeit ist bei frauenfördernden Vorzugsregelungen hingegen ausgeschlossen. Auch die geschlechtsneutrale Bezeichnung einer bevorzugten Auswahl zugunsten des unterrepräsentierten Geschlechts wird aufgrund des vorherrschenden Geschlechterverhältnisses an deutschen Hochschulen in aller Regel zu einer Bevorzugung der weiblichen Kandidaten führen.[768] Derartige Regelungen stellen eine unmittelbare Beeinträchtigung des Art. 3 II 1, III 1 Var. 1 GG dar, da sie auch bei einer Leistungsgebundenheit und einer damit einhergehenden Wahrung des Art. 33 II GG die männlichen Konkurrenten aufgrund ihres Geschlechtes unmittelbar benachteiligen.

Trotz einer relativ weiten Verbreitung von solch leistungsabhängigen Vorzugsregeln nicht nur im Bereich der Hochschulen, sondern auch in allgemeinen landesrechtlichen und mit § 8 I BGleiG auch in bundesrechtlichen Regelungen, ist deren praktische Relevanz aber gering. Grund dafür ist, dass die geforderte tatsächlich gleiche Qualifikation von mehreren Bewerbern als ein rein theoretisches Konstrukt bezeichnet werden muss. Auch die Eröffnung des Anwendungsbereichs der Vorzugsregelungen auf den Fall einer bloß wesentlich gleichen Qualifikation vermag es kaum, die Erfolgschancen der Fördermöglichkeit zu erhöhen, da der Kern des Art. 33 II GG nicht durch herabgestufte Qualifikationsanforderungen ausgehöhlt werden darf. Der erweiterte Anwendungsbereich bezieht sich lediglich auf Sachverhalte mit geringfügigen Beurteilungsunterschieden ohne klaren Qualifikationsvorsprung eines Bewerbers. Es wird daher nicht zu einer effektiven Beeinflussung der vorherrschenden Geschlechterverhältnisse durch leistungsabhängige Vorzugsregelungen kommen. In der zusammenfassenden Wertung müssen die praktischen Möglichkeiten von frauenfördernden Maßnahmen im Rahmen der Auswahlentscheidung selbst als gering eingestuft werden.

---

768 Männliche Bewerber profitieren von derart ausgestalteten Vorzugsregelungen lediglich in Fachbereichen, die über eine starke weibliche Dominanz verfügen; so auch Jarass, in Jarass/Pieroth, GG, Art. 3, Rn. 119 und Richter, NVwZ 2005, 636 (637).

Praktische Relevanz weisen jedoch Fördermaßnahmen auf, die auf der vorgelagerten Stufe der Qualifikationsbewertung greifen. Zu nennen sind hier die erhöhte weibliche Besetzung von Berufungskommissionen sowie die angemessene Berücksichtigung von familiären Mehrbelastungen und damit einhergehenden Unterbrechungen in der Berufsvita. Beide Maßnahmen sind sowohl mit Art. 33 II GG als auch mit Art. 3 II 1, III 1 Var. 1 GG zu vereinbaren und darüber hinaus auch als effektive Möglichkeit einzustufen, die vorherrschenden Rollenbilder an Hochschulen verfassungskonform für die Zukunft zu verändern.[769] Aus verfassungsrechtlicher Sicht besteht der richtige Weg der Frauenförderung damit nicht in der direkten Begünstigung weiblicher Wissenschaftler im Rahmen der Auswahlentscheidung, sondern es gilt vielmehr, für die tatsächlich vorhandenen weiblichen Kandidaten die besten Voraussetzungen für eine angestrebte Berufung zu schaffen. Dafür müssen insbesondere geschlechterneutrale Verfahrenswege bei der Besetzung einer Professur sichergestellt werden.

---

769 Entspr. kam auch das OVG NRW in seinem Beschluss vom 21.02.2017 – 6 B 1109/16 (Rn. 105f.) zu dem Ergebnis, dass die aufgrund der fehlenden Vereinbarkeit von beruflichen und familiären Pflichten oftmals bestehende Unterbrechung der Berufsvita in der Qualifikationsbewertung von weiblichen Wissenschaftlern hinreichend Berücksichtigung finden sollte.

Kapitel 4: Die unionsrechtliche Bewertung der Gleichstellungsmaßnahmen

A. Der unionsrechtliche Beurteilungsmaßstab

Auf Ebene der Europäischen Union (EU) ist zwischen dem primären und dem sekundären Unionsrecht zu unterscheiden. In Ermangelung einer unionsrechtlichen Vorschrift zum Schutz des öffentlichen Interesses an einer Bestenauslese im öffentlichen Dienst wird der rechtliche Beurteilungsrahmen von den gleichstellungsrechtlichen Vorschriften des Primär- und Sekundärrechts gebildet. Grundlage ist der allgemeine Gleichheitssatz, der eine spezifische Ausprägung im Grundsatz der Gleichstellung zwischen Frau und Mann findet.

I. Primäres Unionsrecht

Art. 3 EUV umschreibt die Ziele der Union und zeigt zugleich die zentrale Rolle des Themas Gleichstellung auf Ebene der Union. Hier findet sich in Absatz 3 neben der grundsätzlichen Bekämpfung von sozialer Ausgrenzung und Diskriminierung auch die Gleichstellung von Frauen und Männern, welche somit zu den Kernelementen des Unionsrechts gezählt werden kann.[770] Daneben bestehen im Rahmen des AEUV zahlreiche weitere Normen, welche das Thema Gleichstellung regeln.[771] So wirkt die Union gemäß Art. 8 AEUV (ex. Art. 3 II EGV) bei allen Tätigkeiten darauf hin, dass Ungleichheiten beseitigt und die Gleichstellung von Frauen und Männern gefördert werden.[772] Die Verpflichtung der EU aus Art. 3 III EUV wird mit der Norm erneut aufgegriffen. Im Gegensatz zu der dort allgemein gefassten Zielfestlegung stellt die Querschnittsklausel des Art. 8 AEUV mit der darin gewählten Formulierung – „Ungleichheiten zu beseitigen“ – allerdings eine darüber hinausgehende Handlungsverpflichtung der

---

770 Entsp. wird die Gleichstellung – insb. auch von Frauen und Männern – gem. Art. 2 EUV als grundlegender Wert der Union und ihrer Mitgliedstaaten bezeichnet.

771 Viele hiervon sind mit dem Vertrag von Amsterdam, der 1997 geschlossen wurde und 1999 in Kraft trat, in die Verträge der Union aufgenommen worden.

772 Die Norm kann damit als primärrechtl. Verankerung der Strategie des Gender Mainstreamings verstanden werden, s. hierzu S. 45 und Eichenhofer, in Streinz, EUV/AEUV, Art. 8 AEUV, Rn. 7; Schorkopf, in Grabitz/Hilf/Nettesheim, Art. 8 AEUV, Rn. 11.

EU-Organe in deren jeweiligem Zuständigkeitsrahmen auf.[773] Sie stellt damit im Unterschied zu Art. 3 III EUV eine klare Kompetenznorm seitens der EU dar.[774] Wie deren Kompetenzen allerdings inhaltlich konkret wahrzunehmen sind, lässt sich Art. 8 AEUV nicht entnehmen. Den Organen kommt bei der Umsetzung ein weiter politischer Gestaltungsspielraum zu.[775] Gleiches gilt mit Blick auf Art. 10 AEUV, der als weitere Querschnittsklausel neben Art. 8 AEUV tritt und nach dem die Union darauf abzielt, Diskriminierungen aus Gründen des Geschlechts bei der Festlegung und Durchführung ihrer Politik und ihrer Maßnahmen zu bekämpfen.[776] Art. 19 I AEUV (ex. Art. 13 EGV), der dem Europäischen Rat die Möglichkeit einräumt, nach Zustimmung des Europäischen Parlaments einstimmig geeignete Maßnahmen zu ergreifen, um Diskriminierungen aus Gründen des Geschlechts zu bekämpfen, bietet schließlich die rechtliche Grundlage zur Umsetzung der beiden Querschnittsklauseln.[777] Handlungsinstrument sind alle

773 Eichenhofer, in Streinz, EUV/AEUV, Art. 8 AEUV, Rn. 3; Coen, in Lenz/Borchardt, EU-Verträge, Art. 8 AEUV, Rn. 1; Rebhahn, in Schwarze, EU-Kommentar, Art. 8 AEUV, Rn. 5. Von ihrer Funktion her sind Querschnittsklauseln jedoch mit den Unionszielen und auch mit den Staatszielbestimmungen auf nat. Ebene zu vergleichen; s. hierzu Kotzur, in Geiger/Khan/Kotzur, EUV/AEUV, Art. 8 AEUV, Rn. 1.

774 Pechstein, in Streinz, EUV/AEUV, Art. 3 EUV, Rn. 2. Hingegen sind die Mitgliedstaaten nicht unmittelbar aus Art. 8 AEUV zu konkreten Gleichstellungsmaßnahmen verpflichtet. Eine derartige Verpflichtung kann sich jedoch aus sekundärem Unionsrecht ergeben; hierzu Eichenhofer, in Streinz, EUV/AEUV, Art. 8 AEUV, Rn. 5. Dabei ist jedoch zu beachten, dass Art. 8 AEUV selbst nicht als Rechtsgrundlage für derartige Gleichstellungsmaßnahmen seitens der Union herangezogen werden kann. Die Verwirklichung der Querschnittsklausel muss daher auf eine andere konkrete Rechtsgrundlage gestützt werden können; hierzu Folz in Vedder/Heintschel von Heinegg, Europäisches Unionsrecht, Art. 8 AEUV, Rn. 2.

775 Eichenhofer, in Streinz, EUV/AEUV, Art. 8 AEUV, Rn. 4; Rossi, in Calliess/Ruffert, EUV/AEUV, Art. 8 AEUV, Rn. 5.

776 Rossi, in Calliess/Ruffert, EUV/AEUV, Art. 10 AEUV, Rn. 5.

777 Dies soll „unbeschadet der sonstigen Bestimmungen der Verträge" gelten, was die Subsidiarität der Vorschrift deutlich macht; so auch Epiney, in Calliess/Ruffert, EUV/AEUV, Art. 19 AEUV, Rn. 3; Grabenwarter in Grabitz/Hilf/Nettesheim, Art. 19 AEUV, Rn. 16f. und Folz, in Vedder/Heintschel von Heinegg, Europäisches Unionsrecht, Art. 19 AEUV, Rn. 2. Im Ergebnis ist Art. 19 AEUV somit nur anwendbar, solange nicht der Regelungsbereich einer spezielleren Ermächtigungsgrundlage eröffnet ist. Diese Abgrenzung ist vor allem aufgrund der unterschiedlichen Verfahrensanforderungen der einzelnen Normen – insb. Art. 19 AEUV im Vergleich zu Art. 157 III AEUV – bedeutsam; hierzu Streinz, in Streinz, EUV/AEUV, Art. 19 AEUV, Rn. 5f.

in Art. 288 AEUV genannten Rechtsetzungsinstrumente.[778] Den Organen der EU kommt auch hier ein Handlungsermessen zu.[779] Die bisherige Handhabung des Art. 19 AEUV zeigt allerdings, dass das Instrument der Richtlinie das am häufigsten verwendete Mittel ist, um bestehende Ungleichheiten zwischen den Geschlechtern zu bekämpfen.[780]

In Art. 157 AEUV findet sich letztlich ein spezieller Gleichheitssatz mit konkreten Regelungen zur Gleichstellung von Mann und Frau im Erwerbsleben. Mit seinem eingegrenzten Schutzbereich ist der Artikel – neben den sonst allgemein gefassten primärrechtlichen Normen, die den generellen Gleichstellungsgedanken der EU auf Ebene des Primärrechts festhalten und durchzusetzen versuchen – von besonderer Bedeutung für die hier erfasste Problematik in Zusammenhang mit der Besetzung von Professuren.

In nahezu identischem Wortlaut wie die Vorgängervorschrift des Art. 141 EGV (ex. Art. 119 E(W)GV) regelt Art. 157 AEUV in der Fassung des Vertrags von Lissabon zunächst in den beiden ersten Absätzen die Sicherstellung der Entgeltgleichheit zwischen den Geschlechtern.[781] Der Grundsatz des gleichen Entgelts für Frauen und Männer bei gleicher oder gleichwertiger Arbeit hat unmittelbare

778 Grabenwarter, in Grabitz/Hilf/Nettesheim, Art. 19 AEUV, Rn. 44; Lenz, in Lenz/Borchardt, EU-Verträge, Art. 19 AEUV, Rn. 20; Streinz, in Streinz, EUV/AEUV, Art. 19 AEUV, Rn. 21.

779 Grabenwarter, in Grabitz/Hilf/Nettesheim, Art. 19 AEUV, Rn. 6; Streinz, in Streinz, EUV/AEUV, Art. 19 AEUV, Rn. 21.

780 Streinz, in Streinz, EUV/AEUV, Art. 19 AEUV, Rn. 21. Bisher sind drei solcher Richtlinien auf Art. 19 AEUV gestützt worden: RL 2000/43/EG zur Anwendung des Gleichbehandlungsgrundsatzes ohne Unterschied der Rasse oder der ethnischen Herkunft, ABl. 2000 L 180/22; RL 2000/78/EG zur Festlegung eines allgemeinen Rahmens für die Verwirklichung der Gleichbehandlung in Beschäftigung und Beruf, ABl. 2000 L 303/16; RL 2004/113/EG zur Verwirklichung des Grundsatzes der Gleichbehandlung von Frauen und Männern beim Zugang und bei der Versorgung mit Gütern und Dienstleistungen, ABl. 2004 L 373/37. In nat. Recht umgesetzt wurden diese Richtlinien gemeinsam mit RL 2002/73/EG, ABl. 2002 L 269/15 im Allgemeinen Gleichbehandlungsgesetz (AGG).

781 Diese war bereits mit den Römischen Verträgen von 1957 aufgenommen worden, um wirtschaftl. Nachteilen aufgrund von Lohndumping entgegenzuwirken; hierzu Nußberger, in Tettinger/Stern, Grundrechte-Charta, Art. 23, Rn. 57 und Bieback, in Fuchs, Europäisches Sozialrecht, Art. 157 AEUV, Rn. 3. Der zuvor bestehende Art. 119 I, II E(W)GV stellte die Entgeltgleichheit jedoch nur bei gleicher, nicht aber auch bei nur gleichwertiger Arbeit sicher. Die aktuelle Formulierung fand sich so schon in Art. 4 I der RL 2006/54/EG.

Geltung und entfaltet somit Wirkung auch zugunsten einzelner Arbeitnehmer.[782] Seit dem Vertrag von Amsterdam folgt in Abs. 3 eine Ermächtigungsgrundlage für das aktive Tätigwerden des Europäischen Parlaments und des Rates zur Förderung der Gleichbehandlung in Arbeits- und Beschäftigungsfragen. Diese können im Rahmen des ordentlichen Gesetzgebungsverfahrens und nach Anhörung des Wirtschafts- und Sozialausschusses nun auf primärrechtlicher Grundlage entsprechende Maßnahmen nach Art. 288 AEUV beschließen.[783] Art. 157 IV AEUV – ebenfalls mit dem Vertrag von 1997 angefügt – legt schließlich ausdrücklich fest, dass die Mitgliedstaaten im Hinblick auf die effektive Gewährleistung der vollen Gleichstellung von Männern und Frauen im Arbeitsleben durch den Grundsatz der Gleichbehandlung nicht daran gehindert sind, „zur Erleichterung der Berufstätigkeit des unterrepräsentierten Geschlechts oder zur Verhinderung bzw. zum Ausgleich von Benachteiligungen in der beruflichen Laufbahn spezifische Vergünstigungen beizubehalten oder zu beschließen".[784]

782 EuGH, C-43/75, Slg. 1976, 455 – Defrenne.

783 Der gewählte Wortlaut verdeutlicht, dass das Europäische Parlament und der Rat hierbei thematisch nicht auf die Entgeltgleichheit beschränkt werden, sondern vielmehr alle Maßnahmen legitimiert sind, die der Sicherung von Chancengleichheit und Gleichbehandlung von Männern und Frauen in Arbeits- und Beschäftigungsfragen dienen; Eichenhofer, in Streinz, EUV/AEUV, Art. 157 AEUV, Rn. 22. Die Norm geht im entspr. Anwendungsbereich als Spezialvorschrift der allgemein gefassten Regelung des Art. 19 AEUV vor, der damit ein begrenzter Anwendungsbereich verbleibt; s. hierzu bereits die Ausführungen in Fn. 777 sowie Grabenwarter, in Grabitz/Hilf/Nettesheim, Art. 19 AEUV, Rn. 19; Streinz, in Streinz, EUV/AEUV, Art. 19 AEUV, Rn. 7; Lenz, in Lenz/Borchardt, EU-Verträge, Art. 19 AEUV, Rn. 8.

784 Der Wortlaut geht zurück auf das Maastrichter Sozialabkommen von 1992, welches in Art. 6 III SozAbk eine weitgehend ähnliche Formulierung enthielt, entgegen der für den EGV gewählten aber nur von der Erleichterung der Berufstätigkeit der Frauen bzw. von Benachteiligungen in ihrer beruflichen Laufbahn sprach und insofern die Möglichkeit einer Begünstigung zugunsten von Männern nicht berücksichtigte. Auch für den aktuell geltenden Wortlaut stellen die Erläuterungen zum Amsterdamer Vertrag jedoch einschränkend klar, dass eine solche Vorgehensweise grundsätzlich nur zur Bevorzugung von Frauen im Arbeitsleben eingesetzt werden soll und damit Maßnahmen, die der Förderung von Männern in traditionell von Frauen geprägten Berufsfeldern dienen, ihre rechtl. Grundlage nicht in Art. 157 IV AEUV finden können. So heißt es in der Erklärung 28 zu Art. 119 IV E(W)GV im Vertrag von Amsterdam, dass „Maßnahmen der Mitgliedstaaten nach Artikel 119 Abs. 4 des Vertrags zur Gründung der Europäischen Gemeinschaft (…) in erster Linie der Verbesserung der Lage der Frauen im Arbeitsleben dienen (sollten).", Abl. 1997, C 340; hierzu auch Eichenhofer, in Streinz, EUV/AEUV, Art. 157 AEUV, Rn. 25.

Im Gegensatz zu den übrigen gleichstellungsfördernden Vorschriften des Primärrechts werden mit Art. 157 IV AEUV nicht die Union oder ihre Organe als Adressaten angesprochen. Die Norm richtet sich vielmehr unmittelbar an die Mitgliedstaaten selbst, denen sie eine primärrechtliche Ermächtigungsgrundlage für eine kompensierende Sozialpolitik gegen geschlechtsbedingte Benachteiligungen gewährt.[785]

Die in den Verträgen festgehaltenen Gleichstellungsbestimmungen werden von grundgesetzlichen Regelungen in der Charta der Grundrechte der Europäischen Union (GRC) begleitet, die am 12. Dezember 2007 erlassen wurde und gemäß Art. 6 I EUV mit dem Vertrag von Lissabon rechtsverbindlich geworden ist.[786] Sie enthält in Art. 20ff., die unter den Titel III zum Thema Gleichheit fallen, zahlreiche gleichstellungsfördernde Artikel. So legt Art. 20 GRC zunächst fest, dass alle Personen vor dem Gesetz gleich sind. Es handelt sich hierbei um die primärrechtliche Kodifizierung des seit jeher als Rechtsprinzip auf Ebene der EU anerkannten allgemeinen Gleichheitssatzes, der darüber hinaus in allen europäischen Verfassungen seine Verankerung findet.[787] Nach dem Verständnis des EuGH beinhaltet der Gleichheitssatz, dass vergleichbare Sachverhalte keine unterschiedliche Behandlung erfahren dürfen, soweit keine objektive Rechtfertigung für eine Differenzierung gegeben ist.[788] Der darauf folgende Art. 21 I GRC enthält einen ergänzenden Katalog an speziellen Diskriminierungsverboten. Er ist in engem Zusammenhang mit Art. 19 AEUV zu sehen[789] und beinhaltet unter anderem ein klares Verbot von Diskriminierungen wegen des Geschlechts.[790]

---

785 Eichenhofer, in Streinz, EUV/AEUV, Art. 157 AEUV, Rn. 2.

786 ABl. 2007 Nr. C-303/1.

787 ABl. 2007 Nr. C-303/17, S. 24 unter Verweis auf die Rspr. des EuGH in den Rechtssachen „Racke", EuGH, Rs. C-283/83, Slg. 1984, 3791, „EARL", EuGH Rs. C-15/95, Slg. 1997 I-1961 und „Karlsson", Rs. C-292/97, Slg. 2000, 2737; hierzu auch Graser, in Schwarze, EU-Kommentar, Art. 20 GRC, Rn. 1 und Folz, in Vedder/Heintschel von Heinegg, Europäisches Unionsrecht, Art. 20 GR-Charta, Rn. 2. Zum nat. Pendant des Art. 3 I GG s. S. 60f.

788 S. bspw. EuGH, Rs. C-117/76, Slg. 1977, 1770 – Ruckdeschel (Rn. 7). Umgekehrt dürfen unterschiedliche Sachverhalte auch nicht gleichbehandelt werden; s. hierzu bspw. EuGH, Rs. C-217/91, Slg. 1993, I-3923 – Kommission/Spanien (Rn. 37).

789 Wolffgang, in Lenz/Borchardt, EU-Verträge, Art. 21 GRCh, Rn. 1; Graser, in Schwarze, EU-Kommentar, Art. 21 GRC, Rn. 2, der zugleich auch die Unterscheidung zu Art. 19 AEUV als reine Kompetenznorm betont, welcher zudem über keinen so weitreichenden Katalog an verpönten Kriterien verfügt wie Art. 21 I GRC.

790 Zum nat. Pendant des Art. 3 III GG s. S. 61f.

Umfasst sind sowohl unmittelbare als auch mittelbare Diskriminierungen.[791] Art. 23 GRC greift die Aussage des Art. 21 GRC in Bezug auf die Geschlechterdiskriminierung erneut auf. Er beinhaltet in Abs. 1 ein umfassendes Gleichstellungsgebot, welches unter anderem die Sicherstellung der Gleichheit von Frauen und Männern in allen Bereichen, einschließlich der Beschäftigung, der Arbeit und des Arbeitsentgelts festschreibt und insofern die Aussagen des Art. 3 EUV und Art. 157 AEUV umfasst.[792] Die Vorschrift enthält damit einen positiven Auftrag zur Herstellung der angestrebten Gleichheit, welcher auch aktive Maßnahmen erfordern kann.[793] Entsprechend orientiert sich Abs. 2 am Wortlaut des Art. 157 IV AEUV, indem er festlegt, dass der Grundsatz der Gleichheit der Beibehaltung oder der Einführung spezifischer Vergünstigungen für das unterrepräsentierte Geschlecht nicht entgegensteht.[794] Auch er stellt damit neben Art. 157 IV AEUV eine rechtliche Grundlage für die Beibehaltung oder Einführung spezifischer Vergünstigungen zugunsten des unterrepräsentierten Geschlechts dar und kann als Rechtfertigungsgrund für Beeinträchtigungen des Art. 23 I GRC herangezogen werden.[795]

II. Sekundäres Unionsrecht

Das auf primärer Ebene vorzufindende grundlegende Verständnis der Gleichberechtigung zwischen Frau und Mann wird durch sekundärrechtliche Regelungen ergänzt und konkretisiert. Sofern diese die Gleichbehandlung in Arbeits- und Beschäftigungsfragen betreffen, stellt der neu eingeführte Art. 157

---

791 Wolffgang, in Lenz/Borchardt, EU-Verträge, Art. 21 GRCh, Rn. 3; Graser, in Schwarze, EU-Kommentar, Art. 21 GRC, Rn. 12 f.; Streinz, in Streinz, EUV/AEUV, Art. 21 GR-Charta, Rn. 7; Folz, in Vedder/Heintschel von Heinegg, Europäisches Unionsrecht, Art. 21 GR-Charta, Rn. 4.

792 Im Gegensatz zu Art. 157 AEUV wird der Schutzbereich des Art. 23 I GRC jedoch nicht auf das Erwerbsleben beschränkt, sondern entfaltet entspr. dem klaren Wortlaut Gültigkeit für alle Bereiche.

793 Graser, in Schwarze, EU-Kommentar, Art. 23 GRC, Rn. 2, der auf den damit bestehenden Unterschied zu Art. 20, 21 GRC verweist, die insofern nur über einen abwehrrechtl. Charakter verfügen.

794 Im Gegensatz zu Art. 157 IV AEUV ist Art. 23 II GRC aber insgesamt straffer formuliert und richtet sich nicht ausdrücklich nur an die Mitgliedstaaten. Auch geht Art. 23 II GRC in seinem Schutzbereich über den des Art. 157 IV AEUV hinaus, indem er spezifische Vergünstigungen zugunsten des unterrepräsentierten Geschlechts in allen Bereichen für zulässig erklärt.

795 Wolffgang, in Lenz/Borchardt, EU-Verträge, Art. 23 GRCh, Rn. 6.

III AEUV (ex. Art. 141 III EGV) seit dem Vertrag von Amsterdam die primärrechtliche Ermächtigungsgrundlage für ein Handeln der EU auf Sekundärebene dar. Bereits vor Erlass dieser Vorschrift sind jedoch zahlreiche gleichstellungsfördernde sekundärrechtliche Regelungen zur Konkretisierung des damaligen Art. 119 E(W)GV ergangen. Zu nennen sind insbesondere die 1976 erlassene Gleichbehandlungsrichtlinie RL 1976/207/EWG, die entscheidende Regelungen zur Förderung der Gleichbehandlung bezüglich des Beschäftigungszugangs, der Berufsausbildung und des beruflichen Aufstiegs enthielt.[796] Gemeinsam mit RL 1975/117/EWG[797], RL 1986/378/EWG[798] und RL 1997/80/EG[799] wurde sie auf Grundlage des zwischenzeitlich eingeführten und insofern spezielleren Art. 157 III AEUV zum 15.08.2009 aufgehoben und durch die zusammenfassende RL 2006/54/EG ersetzt.[800]

1. RL 1976/207/EWG

Die RL 1976/207/EWG war für lange Zeit sekundärrechtlicher Maßstab für die Beurteilung von Frauenfördermaßnahmen im Bereich des Erwerbslebens.[801] Sie zielte gemäß Art. 1 Abs. 1 der Richtlinie darauf ab, in den Mitgliedstaaten den Grundsatz der Gleichbehandlung von männlichen und weiblichen Arbeitnehmern zu verwirklichen. Hierzu legte Art. 2 Abs. 1 der Richtlinie fest, dass keine

---

796 Richtlinie des Rates zur Verwirklichung des Grundsatzes der Gleichbehandlung von Männern und Frauen hinsichtlich des Zugangs zur Beschäftigung, zur Berufsbildung und zum beruflichen Aufstieg sowie in Bezug auf die Arbeitsbedingungen vom 09.02.1976, ABl. 1976 L 39/40, geändert durch die Richtlinie 2002/73 EG des Europäischen Parlaments und des Rates vom 23.09.2002, ABl. 2002 L 269/15, die eine Berücksichtigung der ergangenen EuGH-Rspr. ermöglichte.

797 Richtlinie des Rates zur Angleichung der Rechtsvorschriften der Mitgliedstaaten über die Anwendung des Grundsatzes des gleichen Entgelts für Männer und Frauen vom 10.02.1975, ABl. 1975 L 45/19.

798 Richtlinie des Rates zur Verwirklichung des Grundsatzes der Gleichbehandlung von Männern und Frauen bei den betrieblichen Systemen der sozialen Sicherheit vom 24.07.1986, ABl. 1986 L 225/40.

799 Richtlinie des Rates über die Beweislast bei Diskriminierung aufgrund des Geschlechts vom 15.12.1997, ABl. 1997 L 14/6.

800 Richtlinie des Europäischen Parlaments und des Rates zur Verwirklichung der Chancengleichheit und Gleichbehandlung von Männern und Frauen in Arbeits- und Beschäftigungsfragen vom 05.07.2006, ABl. 2006 L 204/23. Zur primärrechtl. Grundlage des Art. 157 III AEUV s. Streinz, in Streinz, EUV/AEUV, Art. 19 AEUV, Rn. 7.

801 Die ausführlichen primärrechtl. Regelungen fanden größtenteils erst mit dem Amsterdamer Vertrag Einzug in die Verträge.

unmittelbare oder mittelbare Diskriminierung aufgrund des Geschlechts erfolgen durfte. Die folgenden Absätze des Art. 2 der Richtlinie regelten die möglichen Ausnahmen zu diesem Grundsatz. Diesbezüglich stellte insbesondere Art. 2 Abs. 4 der Richtlinie fest, dass dem Grundsatz der Gleichbehandlung solche Maßnahmen nicht entgegenstehen, die der Förderung der Chancengleichheit für Männer und Frauen dienen. Hierzu zählte die Beseitigung tatsächlich bestehender Ungleichheiten, die die Chancen der Frauen in Beschäftigung, Berufsbildung und Arbeitsbedingungen beeinträchtigen.

2. *RL 2006/54/EG*

Als Reaktion auf die geänderte primärrechtliche Lage durch den neu eingeführten Art. 141 IV EGV galt es auch auf sekundärrechtlicher Ebene die seit 1976 bestehende RL 1976/207/EWG zu überarbeiten. Die am 05.07.2006 erlassene RL 2006/54/EG fasst die wichtigsten bestehenden Regelungen zur Gewährleistung der Geschlechtergleichbehandlung im Arbeitsrecht auf Ebene des sekundären Unionsrechts zusammen. In Erwägungsgrund 21 zur Richtlinie wird klargestellt, dass das Diskriminierungsverbot (…) „nicht der Beibehaltung oder dem Erlass von Maßnahmen entgegenstehen (sollte), mit denen bezweckt wird, Benachteiligungen von Personen eines Geschlechts zu verhindern oder auszugleichen". Konkretisiert wird dies in Erwägungsgrund 22, wo es unter Bezugnahme auf Art. 141 IV AEUV heißt, dass der Grundsatz der Gleichbehandlung die Mitgliedstaaten im Hinblick auf die effektive Gewährleistung der vollen Gleichstellung von Männern und Frauen im Arbeitsleben nicht daran hindert, „zur Erleichterung der Berufstätigkeit des unterrepräsentierten Geschlechts oder zur Verhinderung bzw. zum Ausgleich von Benachteiligungen in der beruflichen Laufbahn spezifische Vergünstigungen beizubehalten oder zu beschließen".[802] Entsprechend ist in Art. 3 der Richtlinie unter der Überschrift „Positive Maßnahmen" festgehalten: „Die Mitgliedstaaten können im Hinblick auf die Gewährleistung der vollen Gleichstellung von Männern und Frauen im Arbeitsleben Maßnahmen im Sinne von Artikel 141 Abs. 4 des Vertrags beibehalten oder beschließen." In Art. 14 I a) der Richtlinie heißt es in Bezug auf Bedingungen für den Zugang zur Beschäftigung einschließlich Auswahlkriterien und Einstellungsbedingungen, dass es diesbezüglich im öffentlichen und privaten Sektor einschließlich öffentlicher Stellen keinerlei unmittelbare oder mittelbare Diskriminierung aufgrund des Geschlechts geben darf.

---

802 Hierbei sollen die Mitgliedstaaten in erster Linie darauf hinwirken, die Lage der Frauen im Arbeitsleben zu verbessern.

B. Unionsrechtliche Subsumption: Gleichstellungspolitische Maßnahmen an deutschen Hochschulen und deren Vereinbarkeit mit dem Unionsrecht

Bei der Überprüfung der unionsrechtlichen Vereinbarkeit von gleichstellungsfördernden Maßnahmen an deutschen Hochschulen stellt sich die Frage nach der Wahrung der Gleichheitsrechte auf Unionsebene. Deren gemeinsame Basis besteht im allgemeinen Gleichheitssatz, der mit Art. 20 GRC seine primärrechtliche Ausgestaltung gefunden hat. Eine mögliche Verletzung dieses Gleichheitssatzes ist – unabhängig von seiner Ausprägung als allgemeiner Gleichheitssatz oder aber in seiner speziellen Form – wie auf nationaler Ebene in einem zweistufigen Verfahren zu untersuchen: Zunächst ist nach einer Ungleichbehandlung von vergleichbaren Sachverhalten zu fragen, bevor diese auf einer zweiten Stufe auf eine mögliche Rechtfertigung hin untersucht werden muss.[803]

I. Gleichstellungspolitische Maßnahmen als Ungleichbehandlung im Sinne des Unionsrechts

Bei Überprüfung der Unionsrechtskonformität der aktuellen Hochschulmaßnahmen stellt sich zunächst die Frage, ob die durchgeführten Maßnahmen Ungleichbehandlungen im Sinne des Unionsrechts sind. Ausgangspunkt für die Beantwortung dieser Frage ist eine vergleichende Bewertung der betroffenen Sachverhalte.[804] Hierzu sind wie im nationalen Recht Vergleichsgruppen zu bilden, deren Kategorisierung auf objektiven Kriterien basieren muss.[805] Die Vergleichsgruppen müssen einen gemeinsamen Bezugspunkt aufweisen, der die

---

803 Grdl. hierfür die Rspr. des EuGH in C-117/76 – Ruckdeschel u. a./Hauptzollamt Hamburg-St. Annen (Rn. 7) und auch C-16/77, Slg. 1977, 1753 Rn. 7, wo der Gleichheitssatz dahingehend ausgelegt wird, dass „vergleichbare Sachverhalte nicht unterschiedlich behandelt werden (dürfen), es sei denn, dass eine Differenzierung objektiv gerechtfertigt wäre“; so auch Frenz, Handbuch Europarecht, Kapitel 10, § 1, Rn. 3183; Hölscheidt, in Meyer, GRCharta, Art. 20, Rn. 16f.; Rossi, in Calliess/Ruffert, EUV/AEUV, Art. 20 GRCh, Rn. 24; Streinz, in Streinz, EUV/AEUV, Art. 19 AEUV, Rn. 17; Kingreen, in Ehlers, Europäische Grundrechte und Grundfreiheiten, § 21, Rn. 12; Kischel, EuGRZ 1997, 1 (4).

804 Frenz, Handbuch Europarecht, Kapitel 10, § 1, Rn. 3197; Plötscher, Der Begriff der Diskriminierung im Europäischen Gemeinschaftsrecht, S. 41.

805 Frenz, Handbuch Europarecht, Kapitel 10, § 1, Rn. 3197; Rossi, in Calliess/Ruffert, EUV/AEUV, Art. 20 GRCH, Rn. 20; Kingreen, in Ehlers, Europäische Grundrechte und Grundfreiheiten, § 21, Rn. 14.

vergleichenden Sachverhalte unter einen gemeinsamen Oberbegriff subsumieren lässt.[806] Damit hierbei in der Rechtfertigung zu thematisierende Wertungen nicht vorweggenommen werden, dürfen an eine tatsächliche Vergleichbarkeit keine zu strengen Anforderungen gestellt werden, sodass eine Situation der Beteiligten ausreichen soll, die als relativ ähnlich zu bewerten ist.[807] Sind die Konstellationen im Ergebnis vergleichbar und erfahren die Beteiligten dennoch eine unterschiedliche Behandlung, so ist eine unionsrechtsrelevante Ungleichbehandlung zu bejahen, sofern sie durch den gleichen Hoheitsträger erfolgt.[808] Der Grad der Schlechterstellung ist unerheblich, entscheidend ist, dass die schlechter gestellte Personengruppe überhaupt einen Nachteil erfährt und die Ungleichbehandlung für diesen Nachteil kausal ist.[809]

Die im nationalen Teil der Arbeit aufgezeigten Problemfelder können unter der Problematik der gleichstellungsfördernden Beeinflussung des Berufungsverfahrens zusammengefasst werden.[810] Bei den betroffenen Personengruppen handelt es sich um weibliche und männliche Wissenschaftler, welche sich in Bezug auf die Besetzung einer vakanten Professur und den damit verbundenen Prozess der Kandidatenauswahl in einer vergleichbaren Situation befinden. Weibliche wie männliche Wissenschaftler lassen sich unter den gemeinsamen Oberbegriff der Bewerber um eine Professur subsumieren, womit eine Vergleichbarkeit der beiden Gruppen bejaht werden kann. Da das Ziel der Maßnahmen ist, die Anzahl der weiblichen Professoren aktiv zu fördern, wirken sich die Förderinstrumente nur zugunsten der weiblichen Wissenschaftler aus, sodass die männlichen Wissenschaftler – je nach Ausgestaltung der konkreten Fördermaßnahme – eine unmittelbare oder mittelbare Schlechterstellung erfahren.[811] Diese Schlechterstellung geht von den Hochschulen aus, bei denen sich die jeweiligen Kandidaten bewerben, sodass in der konkreten Situation auch der gleiche

---

806 Rossi, in Calliess/Ruffert, EUV/AEUV, Art. 20 GRCH, Rn. 20; Kingreen, in Ehlers, Europäische Grundrechte und Grundfreiheiten, § 21, Rn. 14.

807 Jarass, Charta der Grundrechte der EU, Art. 20 GRC, Rn. 7; Rossi, in Calliess/Ruffert, EUV/AEUV, Art. 20 GRCH, Rn. 21; Frenz, Handbuch Europarecht, Kapitel 10, § 2, Rn. 3197; Plötscher, Der Begriff der Diskriminierung im Europäischen Gemeinschaftsrecht, S. 42.

808 Frenz, Handbuch Europarecht, Kapitel 10, § 2, Rn. 3201; Jarass, EU-Grundrechte, § 26, Rn. 10.

809 Jarass, EU-Grundrechte, § 26, Rn. 12.

810 S. die detaillierte Darstellung der einzelnen Problemfelder auf S. 81ff.

811 Auch insofern sei auf die Einzeldarstellung im nat. Bearbeitungsteil auf S. 81ff. verwiesen.

Hoheitsträger handelt. Damit ist eine unionsrechtrelevante Ungleichbehandlung i.S.d. Art. 20f. GRC durch die aktuellen Fördermaßnahmen zu bejahen.[812]

II. Rechtfertigung der Ungleichbehandlung

Mit der Bejahung einer Ungleichbehandlung liegt eine Beeinträchtigung des Gleichheitssatzes vor, jedoch nicht notwendig auch eine Verletzung und damit materiell eine Diskriminierung.[813] Eine solche ist vielmehr erst zu bejahen, wenn die Ungleichbehandlung aufgrund des Geschlechts - ob unmittelbar oder mittelbar - nicht gerechtfertigt werden kann.[814] Wie genau eine solche Rechtfertigungsprüfung zu erfolgen hat, ist jedoch strittig, da sich in der Rechtsprechung des EuGH keine strikte Linie ausmachen lässt.[815] Insbesondere die Verortung des Verhältnismäßigkeitsgrundsatzes in der jeweiligen Prüfung ist nicht eindeutig.[816] Klar ist lediglich, dass der EuGH einen sachlichen Grund für die

812 Zu einem anderen Ergebnis kommt man auch nicht unter Heranziehung der Ausnahmeregelungen des Art. 157 IV AEUV bzw. Art. 3 der RL 2006/54/EG. Diese sind kein tatbestandlicher Ausschluss einer Diskriminierung, sondern möglicher Rechtfertigungsgrund für eine erfolgte Diskriminierung; vgl. so auch zu Art. 141 IV EGV Krebber, in Calliess/Ruffert, EUV/EGV, 2. Aufl. 2002, Art. 141 EGV, Rn. 81 und Starck, JZ 2000, 670 (671) sowie zur aktuellen Rechtslage Graser, in Schwarze, EU-Kommentar, Art. 23 GRC, Rn. 3.

813 Jarass, Charta der Grundrechte der EU, Art. 20 GRC, Rn. 12; Rossi, in Calliess/Ruffert, EUV/AEUV, Art. 20 GRCh, Rn. 24.

814 Der Gleichheitssatz enthält damit, wie auf nat. Ebene auch, kein absolutes, sondern nur ein sog. relatives Differenzierungsverbot. Dies gilt sowohl im Hinblick auf die unmittelbare als auch auf die mittelbare Ungleichbehandlung, die im Ergebnis beide verbotenerweise an das Merkmal des Geschlechts anknüpfen und damit nach h.M. auch beide der Rechtfertigungsmöglichkeit zugänglich sind; s. Epiney/Freiermuth Abt, Das Recht der Gleichstellung von Mann und Frau in der EU, S. 86f.; Kischel, EuGRZ 1997, 1 (4).

815 Hierzu Kingreen, in Ehlers, Europäische Grundrechte und Grundfreiheiten, § 21, Rn. 16; Rossi, in Calliess/Ruffert, EUV/AEUV, Art. 20 GRCh, Rn. 24.

816 Ansätze zu einer solchen Prüfung sind in zahlreichen EuGH-Urteilen zu erkennen, s. bspw. EuGH, Rs. 245/81, Slg. 1982, 2745 - Edeka (Rn. 13) oder auch EuGH, Rs. C-273/97, Slg. 1999, I-7403 - Sirdar (Rn. 26); zur Problematik insb. Rossi, in Calliess/Ruffert, EUV/AEUV, Art. 20 GRCh, Rn. 26f. Teile der Literatur gehen daher von einer grundsätzl. Prüfung der Verhältnismäßigkeit im Rahmen der Rechtfertigung einer Ungleichbehandlung aus, so etwa Mayer, in Grabitz/Hilf/Nettesheim, nach Art. 6 EUV, Rn. 224 und auch Jarass, Charta der Grundrechte der EU, Art. 20 GRC, Rn. 15. Zurückhaltender Kingreen, in Ehlers, Europäische Grundrechte und Grundfreiheiten, § 21, Rn. 16.

Ungleichbehandlung fordert und damit über die bloße Willkürprüfung hinausgeht.[817]

1. Rechtfertigungsmöglichkeiten von Ungleichbehandlungen im Arbeitsleben: Die Zulässigkeit von „positiven Maßnahmen"

Unabhängig von der Ausgestaltung der Rechtfertigungsprüfung muss daher auch für die im Rahmen der aufgezeigten Förderprogramme vorgenommene Ungleichbehandlung zulasten der männlichen Bewerber zunächst ein sachlicher Grund gegeben sein. Da die Ansprüche an das nötige Rechtfertigungsniveau von der Einstufung der Ungleichbehandlung abhängen, ist die Kategorisierung der Ungleichbehandlung im unionsrechtlichen Normengeflecht Anhaltspunkt für einen möglichen Rechtfertigungsgrund.[818] Im vorliegenden Fall handelt es sich nicht nur um eine Beeinträchtigung des allgemeinen Gleichheitssatzes, sondern betroffen sind darüber hinaus, da es sich um eine Ungleichbehandlungen aufgrund des Geschlechts handelt, auch die besonderen Gleichheitssätze, die ein Verbot von Diskriminierungen wegen des Geschlechts beinhalten und als konkretisierende Ausprägungen des allgemeinen Gleichheitssatzes verstanden werden können. Diese erstrecken sich, wie in der Darstellung des Unionsrechts aufgezeigt wurde, insbesondere auch auf den hier betroffenen Bereich des Arbeitslebens, wo seit Erlass der RL 1976/207/EWG in der Gesamtbetrachtung eine strikte Gleichstellung der Geschlechter besteht.

Bereits Art. 2 IV der RL 1976/207/EWG sah allerdings die Möglichkeit vor, tatsächlich bestehende Ungleichheiten zwischen den Geschlechtern durch Maßnahmen zur Förderung der Chancengleichheit von Männer und Frauen zu beseitigen. Die Regelung macht deutlich, dass der Unterschied zwischen gesetzlich bestehender und in Wirklichkeit existierender Gleichheit zwischen den Geschlechtern schon seit Beginn der gesetzlichen Verankerung des Gleichheitsgrundsatzes Berücksichtigung im Recht der EU gefunden hat. In Anlehnung daran kam auch der Europäische Rat Mitte der 1980er Jahre zu dem Ergebnis, dass die bestehende gesetzliche Lage nicht ausreiche, um die vorhandenen faktischen Ungleichheiten zwischen den Geschlechtern zu beseitigen. Unter Bezugnahme auf die bestehende Fördermöglichkeit des Art. 2 IV der RL 1976/207/

817 So verlangt der EuGH in der Rs. 250/83, Slg. 1985, 131 – Finsider (Rn. 8) „objektive Unterschiede von einigem Gewicht"; hierzu auch Rossi, in Calliess/Ruffert, EUV/AEUV, Art. 20 GRCh, Rn. 25.

818 Zur Problematik des anzulegenden Rechtfertigungsmaßstabes s. Kischel, EuGRZ 1997, 1 (5f.).

EWG veröffentlichte er am 13.12.1984 eine Empfehlung zur Förderung „positiver Maßnahmen“.[819] Darin forderte der Rat die Mitgliedstaaten auf, gegen die Benachteiligung der Frauen in der Arbeitswelt vorzugehen, deren Gründe er dem Gedanken der klassischen Rollenverteilung zwischen den Geschlechtern und den darauf basierenden Einstellungen, Verhaltensmustern und Strukturen der Gesellschaft zuordnete.[820] Heute findet sich in Art. 157 IV AEUV, Art. 23 II GRC und Art. 3 der RL 2006/54/EG eine noch deutlichere primär- und sekundärrechtliche Grundlage für sogenannte „spezifische Vergünstigungen“, die auch als „positive Diskriminierung“ bezeichnet werden.[821] Durch eben solche Vergünstigungen sollen bestehende geschlechtsbedingte Benachteiligungen mittels der Bevorzugung des bisher benachteiligten Geschlechts überwunden werden.

Ein Vorgehen, das die Bevorzugung des im Nachteil befindlichen Geschlechts und damit verbunden auch regelmäßig die Benachteiligung des bevorzugten Geschlechts zur Herstellung tatsächlicher Chancengleichheit vorsieht, steht zwangsläufig in Konflikt mit dem Gleichbehandlungsgrundsatz.[822] Dieser findet auf Ebene des Erwerbslebens bereits in Art. 157 IV AEUV, Art. 23 II GRC und Art. 3 der RL 2006/54/EG seine inhaltliche Einschränkung und hat nach der darin enthaltenen Wertung in der Konfliktsituation mit der Bekämpfung von strukturellen Benachteiligungen und der Förderung der Frauenerwerbstätigkeit gegebenenfalls zurückzutreten.[823] Für derartige Fördermaßnahmen, die als

819 Empfehlungen des Rates zur Förderung positiver Maßnahmen für Frauen vom 13.12.1985, 84/635/EWG, ABl. L 331, S. 34.

820 Ihren Ursprung finden derartige Vorzugsbehandlungen zur Unterstützung von benachteiligten Gruppen in dem von den USA erstmals angewandten Modell der „affirmative action“ aus den 60er Jahren, welches zur Förderung der farbigen Bevölkerung entwickelt und später auch auf andere ethnische Minderheiten bzw. benachteiligte Bevölkerungsgruppen übertragen wurde; s. hierzu auch die von Generalanwalt Tesauro in den Schlussanträgen zur Rechtssache „Kalanke“ gemachten Ausführungen vom 06.04.1995, EuGH, C-450/93, Celex-Nr. 61993CC0450 (Fn. 8).

821 Obwohl Art. 157 IV AEUV spezifische Vergünstigungen nur für den Bereich des Arbeitsrechts vorsieht und sich Art. 23 II GRC auf alle Bereiche ohne jegliche Einschränkung bezieht, finden die Normen des AEUV und der GRC parallel Anwendung, da Art. 23 II GRC die Bereiche Beschäftigung, Arbeit und Arbeitsentgelt exemplarisch als besonders wichtige Bereiche aufführt und daher nicht von einer Spezialität des Art. 157 IV AEUV gesprochen werden kann; so auch Frenz, Handbuch Europarecht, Kapitel 10, § 5, Rn. 3386 und Jarass, EU-Grundrechte, § 26, Rn. 7.

822 Eichenhofer, in Streinz, EUV/AEUV, Art. 157 AEUV, Rn. 2.

823 Eichenhofer, in Streinz, EUV/AEUV, Art. 157 AEUV, Rn. 25; so auch schon Kischel, EuGRZ 1997, 1 (5) in Bezug auf die bestehenden Regelungen der Gleichbehandlungsrichtlinien, die bspw. für den Mutterschutz Ausnahmen vom Diskriminierungsverbot

Ungleichbehandlungen im Sinne des Unionsrechts einzustufen sind und damit in Konflikt mit dem Gleichheitsgrundsatz stehen, besteht unter den gesetzlich gesteckten Grenzen eine Rechtfertigungsmöglichkeit.[824] Im Wege von Art. 157 IV AEUV, Art. 23 II GRC und Art. 3 der RL 2006/54/EG ergangene Maßnahmen können zur Legitimation von unmittelbaren und auch mittelbaren Diskriminierungen herangezogen werden.[825] Art. 157 IV AEUV und Art. 23 II GRC stellen damit die primärrechtliche Grundlage für Frauenfördermaßnahmen dar, welche auf staatlicher, tariflicher und betrieblicher Ebene durchgeführt werden können.[826]

2. Aktuelle Gleichstellungsprogramme an deutschen Hochschulen als „positive Maßnahmen" im Sinne des Unionsrechts

Im Hinblick auf die ausstehende Rechtfertigungsprüfung stellt sich die Frage, ob auch die durchgeführten Maßnahmen der Frauenförderung an deutschen Hochschulen als „positive Maßnahmen" eingestuft werden können. Da diese ihre rechtliche Grundlage im nationalen Recht finden und die GRC gemäß Art. 51 I GRC für die Mitgliedstaaten ausschließlich bei der Durchführung des Rechts der Union gilt, dient allein Art. 157 IV AEUV als primärrechtliche Grundlage und anzulegender Zulässigkeitsmaßstab. Die Fördermaßnahmen haben damit zunächst zwei Grunderfordernisse zu erfüllen: Zum einen muss es sich im Schutzbereich von Art. 157 IV AEUV um Regelungen handeln, die die Arbeits- und Beschäftigungsbedingungen von Frauen und Männern betreffen, damit der

---

vorsahen und damit die generelle Möglichkeit anerkannten, dass andere Interessen gegenüber der Gleichberechtigung überwiegen können.

824 Zur Einstufung der Regelungen des Art. 157 IV AEUV bzw. Art. 3 der RL 2006/54/EG als Rechtfertigungsgrund s. bereits Fn. 812 und auch Rademacher, Diskriminierungsverbot und „Gleichstellungsauftrag", S. 273; Krebber, in Calliess/Ruffert, EUV/AEUV, Art. 157 AEUV, Rn. 74; Starck, JZ 2000, 670 (671).

825 Eichenhofer, in Streinz, EUV/AEUV, Art. 157 AEUV, Rn. 18.

826 Eichenhofer, in Streinz, EUV/AEUV, Art. 157 AEUV, Rn. 26. Die Möglichkeit der positiven Diskriminierung ist dabei Sinnbild für die vollzogene Entwicklung der Geschlechterpolitik auf Seiten der EU: Der seit jeher geltende Grundsatz der Gleichbehandlung hat sich auf dem Gebiet des Arbeitslebens im Normengeflecht der Art. 2 und 3 EUV, Art. 8 AEUV, Art. 23 GRC und insb. unter Bezugnahme des novellierten Art. 157 AEUV zu einem Grundsatz der Gleichstellung entwickelt; s. hierzu auch Langenfeld, in Grabitz/Hilf/Nettesheim, Art. 157 AEUV, Rn. 83; Coen, in Lenz/Borchardt, EU-Verträge, Art. 157 AEUV, Rn. 65; Fuchs/Marhold, Europäisches Arbeitsrecht, S. 238.

Schutzbereich der Norm eröffnet ist.[827] Zum anderen müssen sie dem Wortlaut und Normzweck des Artikels entsprechend auf die effektive Gewährleistung der vollen Gleichstellung zielen und zur Erleichterung der Berufstätigkeit des unterrepräsentierten Geschlechts oder zur Verhinderung bzw. zum Ausgleich von Benachteiligungen in der beruflichen Laufbahn beibehalten oder beschlossen worden sein.

Bei den in Frage gestellten Problemfeldern handelt es sich zusammenfassend um Maßnahmen, welche die Position der weiblichen Wissenschaftler im Vergleich zu ihren männlichen Konkurrenten im Wettkampf um die Besetzung einer Professur stärken wollen. Auf diese Art und Weise wird versucht, die Möglichkeiten des Erwerbs einer Stelle zugunsten der Frauen zu beeinflussen. Da auch die Bedingungen des Berufseintritts zu den Arbeits- und Beschäftigungsbedingungen gezählt werden können, erfüllen die durchgeführten Instrumente die erste Voraussetzung einer möglichen Rechtfertigung im Wege des Art. 157 IV AEUV, dessen Schutzbereich eröffnet ist. Damit die Maßnahmen allerdings auch insgesamt als rechtfertigungsfähige „positive Maßnahmen" eingestuft werden können, müssen sie darüber hinaus auch der effektiven Gewährleistung der vollen Gleichstellung dienen.

Es stellt sich die Frage, was unter einer vollen Gleichstellung und deren effektiver Gewährleistung zu verstehen ist. Ausgangspunkt für die anzustellenden Überlegungen soll der Begriff der „Chancengleichheit" sein. Dieser war in der früheren RL 76/207/EWG in Art. 2 IV explizit verwendet worden.[828] Die Gleichbehandlungsrichtlinie stand demnach solchen Maßnahmen nicht entgegen, die zur Förderung der Chancengleichheit für Männer und Frauen durchgeführt wurden. Der Grundgedanke von „positiven Maßnahmen", so in der besagten Richtlinie erstmalig verankert, zielte damit schon vom Wortlaut her lediglich auf die Herstellung von Chancengleichheit. Ein solcher Zustand der Chancengleichheit soll angenommen werden können, wenn für beide Geschlechter die gleichen Voraussetzungen gegeben sind, bei gleicher Leistung am Ende auch die

---

827 Eichenhofer, in Streinz, EUV/AEUV, Art. 157 AEUV, Rn. 26; Folz, in Vedder/Heintschel von Heinegg, Europäisches Unionsrecht, Art. 157 AEUV, Rn. 3. Etwas Anderes würde für den vollumfassend anwendbaren Art. 23 II GRC gelten, dessen Schutzbereich nicht auf das Arbeitsleben beschränkt ist, sondern Vergünstigungen in sämtlichen Bereichen zulässt; so auch Frenz, Handbuch Europarecht, Kapitel 10, § 5, Rn. 3408.

828 Auch auf Ebene des GG hat Art. 3 II 2 GG das Ziel, einen Zustand der Chancengleichheit herzustellen, s. S. 65f.

gleichen Ergebnisse zu erzielen. Im Gegensatz zum Zustand der Ergebnisgleichheit kommt es auf die tatsächliche Gleichheit im Ergebnis also nicht an.[829]

Überträgt man diesen Gedanken nun auf die vorgenommenen Maßnahmen auf Hochschulebene, so würde dies bedeuten, dass unter dem von der Richtlinie angelegten Maßstab der Chancengleichheit tatsächlich nur Maßnahmen gedeckt wären, die die Ausgangssituation der weiblichen Wissenschaftler im Vergleich zu den überrepräsentierten männlichen Konkurrenten verbessern wollen. Zu denken wäre insbesondere an Coaching- und Mentoring-Konzepte, die insofern keinen direkten Einfluss auf das Ergebnis einer Auswahlentscheidung hätten, die Rechte der Männer folglich unangetastet ließen und insgesamt als „weiche" Maßnahmen einzustufen wären. Die hier problematisierten Maßnahmen gehen jedoch weiter: Unabhängig von der tatsächlichen Ausgestaltung nehmen sie direkten Einfluss auf die Qualifikationsbewertung oder gar das Auswahlergebnis und schränken die Ansprüche der Männer auf Gleichbehandlung erheblich ein, weshalb sie als „scharfe" Maßnahmen bezeichnet werden können. Das Ziel der Chancengleichheit wird mit den hier problematisierten Maßnahmen somit überschritten.[830] Dies ist insofern aber unproblematisch, als der Wortlaut des Art. 157 IV AEUV – im Gegensatz zur aufgehobenen Richtlinie – gerade nicht mehr von der bloßen Chancengleichheit als anzustrebendem Ziel spricht. Die stattdessen gewählte Formulierung der „effektiven Gewährleistung der vollen Gleichstellung" ist viel weiter gewählt, wodurch den Mitgliedstaaten in der Wahl der von ihnen ergriffenen Maßnahmen ein großer Gestaltungsspielraum zukommt.[831] Dieser ermöglicht es den Mitgliedstaaten, bei Vorliegen einer weiblichen Unterrepräsentanz weitergehende Maßnahmen zu ergreifen, um für einen zahlenmäßigen Gleichlauf zwischen den Geschlechtern zu sorgen.[832] Möglich

829 S. hierzu die auf nat. Ebene getroffenen Aussagen auf S. 66f. und auch Generalanwalt Tesauro in den Schlussanträgen zur Rechtssache „Kalanke" vom 06.04.1995, EuGH, C-450/93, Celex-Nr. 61993CC0450 (Rn. 13).

830 Im Gegensatz zum eingegrenzten Anwendungsbereich der früheren RL 76/207/EWG oder des heutigen Art. 157 IV AEUV ist die nat. Ausgestaltung des Art. 3 II 2 GG als Staatsziel gewählt, sodass die genauen Mittel der Zielerreichung nicht an derart enge Voraussetzungen geknüpft sind und entspr. auch nicht in vergleichbarer Weise über dessen Anwendungsbereich hinausgehen können; s. hierzu auch S. 66.

831 Epiney/Freiermuth Abt, Das Recht der Gleichstellung von Mann und Frau in der EU, S. 205.

832 S. S. 169f. und auch Epiney/Freiermuth Abt, Das Recht der Gleichstellung von Mann und Frau in der EU, S. 205. S. zur Frage der Verpflichtung der Mitgliedstaaten, derartigen Fördermaßnahmen zu erlassen, sogleich in Kapitel 5.

sind mithin auch sogenannte „scharfe" Maßnahmen wie die hier vorgenommenen Gleichstellungsprogramme, die den Normzweck der effektiven Gewährleistung der vollen Gleichstellung erfüllen und aufgrund des anzulegenden weiten Maßstabes im Ergebnis als rechtfertigungsfähige spezifische Vergünstigungen im Sinne des Art. 157 IV AEUV angesehen werden können.[833]

3. Die Vereinbarkeit der Gleichstellungsmaßnahmen mit dem Verhältnismäßigkeitsprinzip

a) Das Verhältnismäßigkeitsprinzip als entscheidender Maßstab für die Zulässigkeitsbeurteilung von „positiven Maßnahmen"

Unabhängig von der gesetzlichen Ausnahmemöglichkeit zum bestehenden Gleichheitsgrundsatz und einer Eröffnung des Anwendungsbereichs von „positiven Maßnahmen" ist noch nicht geklärt, wie weit diese tatsächlich gehen können.[834] Den Mitgliedstaaten wird auf Grundlage von Art. 157 IV AEUV nicht die Möglichkeit gegeben, jegliche Vergünstigung aufrechtzuerhalten oder zu beschließen, nur um eine Benachteiligung in der Beschäftigungswelt zu verhindern oder auszugleichen.[835] Die Fördermaßnahmen müssen in ihrer Intensität und in ihrem Umfang vielmehr stets dem angestrebten Ziel entsprechen.[836] Hierfür sind die beiden widerstreitenden rechtlichen Positionen in ein angemessenes

---

833 Zwar beschränkt sich die hier thematisierte Problematik auf das öffentliche Dienstrecht, sodass der handelnde Staat als Arbeitgeber fungiert. Es ist jedoch kein sachlicher Grund ersichtlich, Teile des öffentlichen Dienstes vom Regelungsgehalt des Art. 157 IV AEUV auszunehmen, so Krebber, in Calliess/Ruffert, EUV/AEUV, Art. 157 AEUV, Rn. 78.

834 Auch hier ist wie auf nat. Ebene zw. „weichen" und „scharfen" Maßnahmen zu unterscheiden. Die Rechtfertigung ist bei Maßnahmen, die allein zur Verbesserung der Rahmenbedingungen von Frauen beitragen sollen, wie etwa Weiterbildungs- oder Coachingmaßnahmen, weniger problematisch, als bei Maßnahmen, die unmittelbar in der Auswahlentscheidung ansetzen; s. hierzu auch Rebhahn, in Schwarze, EU-Kommentar, Art. 157 AEUV, Rn. 50. Gegenstand der vorliegenden Arbeit sind „scharfe" Maßnahmen. Entspr. soll auch auf Ebene des Unionsrechts allein deren Rechtfertigung näher beleuchtet werden.

835 Krebber, in Calliess/Ruffert, EUV/AEUV, Art. 157 AEUV, Rn. 75; Fuchs/Marhold, Europäisches Arbeitsrecht, S. 238.

836 Fuchs/Marhold, Europäisches Arbeitsrecht, S. 238; Frenz, Handbuch Europarecht, Kapitel 10, § 5, Rn. 3400.

Verhältnis zu bringen und die jeweilige frauenfördernde Maßnahme einer Verhältnismäßigkeitsprüfung zu unterziehen.[837]

b) Die Rechtsprechung des EuGH zur unionsrechtlichen Vereinbarkeit von „positiven Maßnahmen"

Das Recht der EU ist geprägt durch die Rechtsprechung des EuGH, dem gemäß Art. 19 I EUV die Auslegung der Verträge obliegt. Die einschlägigen Entscheidungen des Gerichtshofes sind daher auch für die Bewertung der Zulässigkeit von „positiven Maßnahmen" als richtungsweisender Beurteilungsmaßstab heranzuziehen.[838] Dieser hat sich zwar nicht konkret an den Voraussetzungen der Verhältnismäßigkeit orientiert, aber dennoch die unionsrechtlichen Rahmenbedingungen eines gleichberechtigungsrelevanten Tätigwerden der Mitgliedstaaten unter Auslegung der bestehenden Rechtslage konkretisiert, unabhängig von einer strikten Prüfung der Geeignetheit, Erforderlichkeit und Angemessenheit. Als bedeutsam kann dabei insbesondere die EuGH-Rechtsprechung zur Vereinbarkeit von Vorzugsregeln zugunsten von Frauen mit Art. 2 Abs. 4 der RL 1976/207/EWG seit Mitte der 90er Jahre eingestuft werden.[839] Bereits zuvor hatte der Gerichtshof im Jahr 1988 entschieden, dass formal diskriminierende Maßnahmen zur Beseitigung oder Verringerung von faktischen Ungleichheiten als mit dem Unionsrecht vereinbar eingestuft werden können.[840] Eine Konkretisierung dieser Aussage erfolgte in der daran anschließenden Rechtsprechung, die sich insbesondere mit der Zulässigkeit von Vorzugsregelungen beschäftigte, aber auch andere Frauenförderinstrumente thematisierte.

---

837 Die der unklaren Rspr. des EuGH geschuldete Diskussion um die Rechtfertigungsprüfung bei Ungleichbehandlungen kann also zumindest auf dem Gebiet der „positiven Maßnahmen" zugunsten der Verhältnismäßigkeitsprüfung gelöst werden; so auch Krebber, in Calliess/Ruffert, EUV/AEUV, Art. 157 AEUV, Rn. 75; Eichenhofer, in Streinz, EUV/AEUV, Art. 157 AEUV, Rn. 26; Epiney/Freiermuth Abt, Das Recht der Gleichstellung von Mann und Frau in der EU, S. 207f.

838 So auch Epiney/Freiermuth Abt, Das Recht der Gleichstellung von Mann und Frau in der EU, S. 208; Burg, Positive Maßnahmen zwischen Unternehmerfreiheit und Gleichbehandlung, S. 89f. und Suhr, EuGRZ 1998, 121 (128).

839 Demgegenüber wurde die Frage der Zulässigkeit solcher Quoten vom BVerfG – trotz mehrerer Richtervorlagen – noch nicht entschieden; hierzu Battis, in Sachs, GG, Art. 33 Rn. 37 und auch Leisner, in Sodan, GG, Art. 33, Rn. 14.

840 EuGH 312/86, Slg. 1988, 6315f. – Kom./Frankreich (Rn. 15). Der EuGH hatte aber zugleich betont, dass diese Ausnahme vom Gleichbehandlungsgrundsatz nur für den begrenzten Zweck des Art. 2 IV der RL Geltung erlangen könnte.

aa) Rechtssache „Kalanke“

Der EuGH hatte in der Rechtssache „Kalanke“ vom 17.10.1995 erstmals die Vereinbarkeit von Vorzugsregelungen im öffentlichen Dienst mit dem Gemeinschaftsrecht zu beurteilen.[841] Vorausgegangen war ein Vorlagebeschluss durch das BAG, welches sich mit § 4 des Bremer Landesgleichstellungsgesetzes auseinandersetzen musste.[842] Darin festgehalten war gemäß Abs. 1 und 2 eine vorrangige Berücksichtigung von Frauen bei Einstellung bzw. Beförderung in den Bereichen, in denen sie unterrepräsentiert waren, sofern sie über die gleiche Qualifikation wie ihre männlichen Mitbewerber verfügten.[843] Der EuGH sah hierin einen Verstoß gegen Art. 2 der RL 1976/207/EWG, da Art. 2 Abs. 4 der Richtlinie als Ausnahmevorschrift nicht nur eng auszulegen sei, sondern auch solchen Regelungen entgegenstünde, die den Frauen absolut und unbedingt einen Vorrang gegenüber ihren männlichen Mitbewerbern einräumten. Auf diesem Wege könnten nämlich in der Person des männlichen Bewerbers liegende Gründe bei der Auswahlentscheidung keine Berücksichtigung finden.[844] Dies sei mit der Schutzrichtung der Vorschrift schon deshalb nicht zu vereinbaren, da Art. 2 Abs. 4 der RL 1976/207/EWG allein auf Fördermaßnahmen zugunsten von Chancengleichheit abziele, nicht aber Ergebnisgleichheit herstellen wolle. Entsprechend könnten Fördermaßnahmen im Einklang mit den Regelungen der Richtlinie nur darauf abzielen, die Konkurrenzfähigkeit der Frauen auf dem Arbeitsmarkt zu verbessern, nicht aber das Ergebnis der Auswahlentscheidung und damit die Ergebnisgleichheit als eigentliches Resultat von Chancengleichheit beeinflussen.[845]

---

841 EuGH C-450/93, Slg. 1995, I-03051 – Kalanke.

842 BAG, NZA 1994, 77.

843 Abgedruckt in Schiek (Hrsg.), Frauengleichstellungsgesetze, S. 475. Eine Unterrepräsentation sollte gem. § 4 V BremLGG gegeben sein, wenn in einer einzelnen Lohn-, Vergütungs- oder Besoldungsgruppe der jeweiligen Personalgruppe in der Dienststelle nicht mindestens zur Hälfte Frauen vertreten waren.

844 Das BAG hingegen ging von einer verfassungskonformen Interpretation der § 4 I, II BremLGG aus, die nach Ansicht des Gerichts im Einzelfall bei der verfassungsrechtl. Erforderlichkeit ein Abweichen von der auferlegten Quotierungspflicht ermögliche, s. BAG, NZA 1994, 77f. (Rn. 69). Schiek weist in Schiek (Hrsg.), Frauengleichstellungsgesetze, S. 476f. unter Bezugnahme auf die entspr. Gesetzesberatungen aber zu Recht darauf hin, dass eine solche Interpretation nicht dem Willen des Gesetzgebers entsprochen hätte.

845 EuGH C-450/93, Slg. 1995, I-03051 – Kalanke (Rn. 19, 23). Mit dieser einschränkenden Interpretation des Art. 2 Abs. 4 der RL 1976/207/EWG hatte der EuGH seine bisherigen Rspr. einer entscheidenden Wende unterzogen: Galt er bis dato noch „als

bb) Rechtssache „Marschall"

Noch vor Inkrafttreten des Vertrags von Amsterdam lockerte der EuGH am 11.11.1997 in der Rechtssache „Marschall" die zuvor in „Kalanke" ergangene Rechtsprechung.[846] Er hatte über die Vereinbarkeit von § 25 V 2 des nordrhein-westfälischen Beamtengesetzes mit Art. 2 der RL 1976/207/EWG zu entscheiden.[847] Dieser sah für Bereiche, in denen weniger Frauen als Männer das jeweilige Beförderungsamt besetzten, die bevorzugte Beförderung von Frauen bei gleicher Eignung, Befähigung und fachlicher Leistung vor, sofern nicht in der Person des Mitbewerbers liegende Gründe überwogen.[848] Der EuGH sah die Regelung als mit der Richtlinie zu vereinbaren an.[849] Begründet wurde dies

---

Garant für die Realisierung der Gleichstellung im Erwerbsleben", so Schiek in Schiek (Hrsg.), Frauengleichstellungsgesetze, S. 457f. und ähnlich Suhr, EuGRZ 1998, 121 (121f.), trat er nun der Verwirklichung des Zustands der Gleichstellung mit einer gewissen Zurückhaltung gegenüber, indem er diese allein auf die Verbesserung der Fähigkeiten der Frauen beschränkte, auf dem Arbeitsmarkt mit anderen zu konkurrieren. Entspr. kritisch wurden die Entscheidung und die damit verbundene Verunsicherung im Hinblick auf die bestehende nat. Gesetzeslage aufgenommen; s. bspw. Fuchsloch, FuR 1996, 87 (90f.), Schmidt, NJW 1996, 1724 (1726) und Holznagel/Schlünder, Jura 1996, 519 (524f.); einen Überblick über die aufgekommene Diskussion liefert Suhr, EuGRZ 1998, 121 (124). Stimmen wurden laut, die in dem Urteil eine falsche Impulssetzung im Prozess der Gleichstellung sahen und hierbei insb. das strikte Verständnis des EuGH zur Realisierung von Chancengleichheit und dem entspr. kleinen Spielraum im Hinblick auf zulässige Fördermaßnahmen hinterfragten; so etwa Schmidt, NJW 1996, 1724 (1726). Zur Klärung der aufkommenden Verunsicherung und quasi als Gegensteuerung zur ergangenen Rspr. wurde seitens der EG eine Novellierung der bestehenden rechtl. Lage veranlasst, die in der Einführung des Art. 3 II EGV, heute Art. 8 AEUV, durch den Vertrag von Amsterdam im Jahr 1997 mündete. Hierdurch sollte die Rechtmäßigkeit von positiven Maßnahmen ein breiteres und vor allem klareres rechtl. Fundament erhalten; s. hierzu Schorkopf, in Grabitz/Hilf/Nettesheim, Art. 8 AEUV, Rn. 2; kritisch zu den Änderungsplänen der EU-Kommission bzgl. der Gleichstellungsrichtlinie Hasselbach, NZA 13 (1996), 1308.

846 EuGH C-409/95, Slg. 1997, I-06363 – Marschall. Die Entscheidung wird daher teilweise auch als selbstständige Korrektur der „Kalanke"-Rspr. durch den EuGH angesehen, so Suhr, EuGRZ 1998, 121 (122), und auch Schorkopf, in Grabitz/Hilf/Nettesheim, Art. 8 AEUV, Rn. 2 (m.w.N.).

847 Vorausgegangen war ein Vorlagebeschluss des VG Gelsenkirchen, NVwZ 1996, 511.

848 Abgedruckt in Schiek (Hrsg.), Frauengleichstellungsgesetze, S. 488.

849 Entgegen der von Generalanwalt Jacobs in den Schlussanträgen zur Rechtssache „Marschall" vom 15.05.1997 vertretenen Ansicht, s. EuGH, C-409/95, Celex-Nr. 61995C0409 (Rn. 40, 58).

mit der vorhandenen Öffnungsklausel, die eine objektive Beurteilung des Einzelfalles sicherstellen und überwiegende Kriterien des männlichen Bewerbers entsprechend trotz des grundsätzlich eingeräumten Vorrangs der weiblichen Bewerber hinreichend berücksichtigen könne.[850]

Die bisherige Rechtsprechung revidierte der EuGH dahingehend, dass es zur Beseitigung tatsächlich bestehender Ungleichheiten im Sinne des Art. 2 Abs. 4 der RL 1976/207/EWG nicht allein ausreichen könnte, für eine entsprechende Konkurrenzfähigkeit der Frauen zu sorgen, da diese selbst bei gleicher Qualifikation tendenziell erst nach den männlichen Bewerbern berücksichtigt werden würden.[851] Entsprechend sei die bevorzugte Einstellung von Frauen bei gleicher Eignung ein legitimes Mittel zur Herstellung von Chancengleichheit, sofern im Einzelfall eine objektive Beurteilung gewährleistet und die Bevorzugung damit nicht absolut und unbedingt wäre.[852]

cc) Rechtssache „Badeck"

Erstmals nach dem Inkrafttreten des Amsterdamer Vertrages hatte sich der EuGH in der Rechtssache „Badeck" mit der Zulässigkeit von „positiven Maßnahmen" auseinanderzusetzen.[853] Die entsprechende Entscheidung erging am 28.03.2000 auf Grundlage eines Vorlagebeschlusses seitens des HessStGH.[854] Dieser hatte im Rahmen eines Normenkontrollverfahrens über die Verfassungsmäßigkeit

---

850 Der EuGH betonte aber zugleich, dass bei der auf einer Öffnungsklausel beruhenden Prüfung des Einzelfalles auch mittelbar keine Kriterien Berücksichtigung finden dürften, die die weiblichen Bewerber diskriminieren könnten, EuGH C-409/95, Slg. 1997, I-06363 – Marschall (Rn. 35).

851 EuGH C-409/95, Slg. 1997, I-06363 – Marschall (Rn. 29). Zur Begründung verwies er auf Vorurteile und stereotypische Vorstellungen bzgl. Rolle und Fähigkeiten der Frau im Erwerbsleben. Er widersprach damit der Ansicht der Generalanwälte Tesauro und Jacobs, die in ihren Schlussanträgen einer gleich qualifizierten Bewerberin „definitionsgemäß" die gleichen Chancen wie einem männlichen Bewerber einräumten, s. die Schlussanträge zur Rechtssache „Kalanke" vom 06.04.1995, EuGH, C-450/93, Celex-Nr. 61993CC0450 (Rn. 13) und zur Rechtssache „Marschall" vom 15.05.1997, EuGH, C-409/95, Celex-Nr. 61995C0409 (Rn. 30).

852 EuGH C-409/95, Slg. 1997, I-06363 – Marschall (Rn. 35). Kritisch hierzu Starck, JZ 1998, 140f., der entspr. der Argumentation von Generalanwalt Tesauro in der Rechtssache „Kalanke" auch die nordrhein-westfälische Regelung trotz der vorhandenen Öffnungsklausel als über die bloße Förderung von Chancengleichheit hinausgehend einstufte, da sie auf Herbeiführung einer zahlenmäßigen Gleichstellung gerichtet sei.

853 EuGH C-158/97, Slg. 2000, I-01875 – Badeck.

854 HessStGH, NVwZ 1997, 784.

des Hessischen Gleichstellungsgesetzes (HGlG) zu entscheiden. Im Gegensatz zu den bisherigen Rechtssachen wurde gleich bei mehreren Fördermaßnahmen die Vereinbarkeit mit Art. 2 der RL 1976/207/EWG in Frage gestellt.[855]

Im Detail ging es dabei zum einen um das in § 3 I, II i.V.m. § 5 III, IV und § 10 HGlG geregelte Auswahlverfahren bei Einstellungen und Beförderungen. Danach waren Frauen in Bereichen, in denen sie unterrepräsentiert waren, bei gleicher Eignung vorrangig zu berücksichtigen, sofern dies zur Erfüllung von Zielvorgaben des Frauenförderplans erforderlich war und der bevorzugten Auswahl auch keine Gründe von größerem rechtlichem Gewicht entgegenstanden. Daneben sollten befristete Stellen des wissenschaftlichen Dienstes bzw. wissenschaftliche Hilfskräfte nach § 5 VII HGlG über verbindliche Zielvorgaben des Frauenförderplans mindestens mit dem Anteil an Frauen besetzt werden, den diese an den Absolventinnen und Promovierten bzw. Studierenden des jeweiligen Fachbereichs stellten. In Ausbildungsberufen waren Frauen nach § 7 I HGlG in Bereichen, in denen sie unterrepräsentiert waren, bei der Vergabe von Ausbildungsplätzen mindestens zur Hälfte zu berücksichtigen, sofern es sich nicht um einen Ausbildungsgang handelte, in dem der Staat ausschließlich ausbildete. § 9 I HGlG sah darüber hinaus für Vorstellungsgespräche in Bereichen, in denen Frauen unterrepräsentiert waren, vor, dass mindestens so viele Frauen wie Männer oder aber alle Bewerberinnen einzuladen waren, wenn sie die gesetzlich oder sonst vorgesehenen Voraussetzungen für die zu besetzende Stelle erfüllten. Zuletzt legte § 14 HGlG fest, dass bei der Besetzung von Kommissionen, Beiräten, Verwaltungs- und Aufsichtsräten sowie sonstigen Gremien mindestens die Hälfte der Mitglieder Frauen sein sollten.

Im Ergebnis sah der EuGH alle in Frage gestellten Maßnahmen als mit Art. 2 der RL 1976/207/EWG zu vereinbaren an.[856] Im Hinblick auf die flexible Zielquote des Auswahlverfahrens gemäß § 3 I, II i.V.m. § 5 III, IV und § 10 HGlG sei durch die Verknüpfung mit einer Öffnungsklausel und der individuell zu

855 Zur Vorlagefrage s. auch EuGH C-158/97, Slg. 2000, I-01875 – Badeck (Rn. 12).

856 Auffällig ist dabei, dass er sich bei den getroffenen Urteilsbegründungen größtenteils auf die Aussagen des HessStGH zur Auslegung des HGlG stützte, kritisch hierzu Starck, JZ 2000, 670f. Der in der Zwischenzeit nach „Kalanke" und „Marschall" neu eingeführte Art. 141 IV EGV fand bei dem Ergebnis keine Berücksichtigung. Der EuGH sah einen Rückgriff auf die Norm zur Rechtfertigung von positiven Maßnahmen und eine entspr. Auslegung des dort verwendeten Begriffs der „spezifischen Vergünstigungen" nur dann für erforderlich an, wenn eine Vereinbarkeit mit Art. 2 der RL 1976/207/EWG zu verneinen gewesen wäre, s. EuGH C-158/97, Slg. 2000, I-01875 – Badeck (Rn. 14).

berücksichtigenden Zielvorgaben entsprechend der Besonderheiten der jeweiligen Fachbereiche eine hinreichend offene Ausgestaltung gegeben.[857] Die objektive Beurteilung des jeweiligen Einzelfalles sei auf diesem Weg trotz der Vorgaben durch die getroffenen Zielvereinbarungen gewährleistet.[858] Grundlage für die zu treffende Einzelentscheidung bleibe die nötige Qualifikation des jeweiligen Bewerbers.[859] Nur bei einer bestehenden Pattsituation der Bewerberqualitäten sei dann zugunsten der Bewerberin zu entschieden, wenn dies in Anbetracht des Frauenförderplan erforderlich schiene und auch sonst keine entgegenstehenden Gründe von größerem Gewicht entgegenstünden.[860] Entsprechend würde den Frauen aufgrund der getroffenen Regelungen kein absoluter und unbedingter Vorrang vor ihren männlichen Kollegen eingeräumt.[861]

Gleiches müsse auch für die speziellen Regelungen des Wissenschaftsbereichs aus § 5 VII HGlG gelten, die insofern lediglich verbindliche Zielvorgaben für den aufzustellenden Frauenförderplan machten. Da die Verbindlichkeit des Förderplans wiederum ohnehin nur bei Vorliegen einer Pattsituation im Hinblick auf die Geeignetheit der jeweiligen Bewerber greifen würde, sei bezüglich der tatsächlich zu besetzenden Stelle unabhängig von der im Vorhinein vorgesehenen Anzahl der Stellen für Frauen eine hinreichende Objektivität im Sinne von Chancengleichheit sichergestellt.[862] Diese Wirkung werde insofern verstärkt, als

857 EuGH C-158/97, Slg. 2000, I-01875 – Badeck (Rn. 28).

858 EuGH C-158/97, Slg. 2000, I-01875 – Badeck (Rn. 38).

859 EuGH C-158/97, Slg. 2000, I-01875 – Badeck (Rn. 30). Der EuGH erkannte jedoch an, dass für eine solche Beurteilung bestimmte positive und negative Kriterien heranzuziehen waren, die sich frauenbegünstigend auswirken könnten, obwohl sie geschlechtsneutral formuliert seien und somit auch Männern zugutekommen könnten, wie bspw. Fähigkeiten und Erfahrungen, die durch Familienarbeit erworben wurden (Rn. 31, 32).

860 EuGH C-158/97, Slg. 2000, I-01875 – Badeck (Rn. 33).

861 EuGH C-158/97, Slg. 2000, I-01875 – Badeck (Rn. 36) unter Hinweis auf das Urteil „Kalanke“.

862 EuGH C-158/97, Slg. 2000, I-01875 – Badeck (Rn. 39f.). Der EuGH greift insofern die rechtsprechungskonforme Auslegung des HessStGH auf, welcher der Vorzugsreglung auf Ebene des Hochschulpersonals den unmittelbaren Einfluss auf die letztendliche Personalentscheidung absprach; kritisch hierzu Starck, JZ 2000, 670 (671), der leicht überspitzt gar von „Auslegungskünsten“ spricht und auch Schiek, Der Personalrat 2000, 361 (366), die in Fn. 34 auf die mündlichen Begründungen des Gesetzesentwurfes im Hessischen Landtag verweist, wo von einer klaren Quotenregelung die Rede ist.

über die Verknüpfung mit der jeweils darunter gelagerten Qualifikationsstufe ein zahlenmäßig angemessener Parameter eingebaut sei.[863]

Der Regelungsgehalt des § 7 I HGlG war im Vergleich zur Regelung aus § 5 VII HGlG weitgehender. Dieser legte für die Vergabe von Ausbildungsplätzen eine klare Mindestquote fest, nach der die Plätze in unterrepräsentierten Bereichen mindestens zur Hälfte mit Frauen besetzt werden sollten. Obwohl die Regelung auch seitens des EuGH als unmittelbarer Einfluss auf das Vergabeergebnis bewertet wurde, sprach er sich auch hier für eine Vereinbarkeit mit Art. 2 der RL 1976/207/EWG aus. Als Begründung führte er an, dass für eine erfolgreiche Teilnahme am Arbeitsmarkt eine qualifizierte Ausbildung als Zugang zu höherqualifizierten Positionen unausweichlich sei.[864] Indem man auf der untersten Qualifikationsstufe ansetze und dort zumindest auf dem Gebiet des öffentlichen Dienstes für eine gleichgewichtige Verteilung unter den Geschlechtern sorge, eröffne man so Frauen die Möglichkeit, in nachgelagerte Karrierestufen einzutreten und fördere damit im Ergebnis über den Weg der Ergebnisgleichheit auf Ausbildungsebene das Ziel der Chancengleichheit im weiteren Berufsleben.[865]

Auch die Regelungen zur Einladung von Frauen zu Vorstellungsgesprächen aus § 9 I HGlG wertete der EuGH als Maßnahmen zur Förderung der Chancengleichheit und damit als vereinbar mit Art. 2 der RL 1976/207/EWG. Er verneinte den unmittelbaren Zusammenhang der Quotenbestimmung mit dem am Ende der Auswahl stehenden Resultat der Einstellung oder Beförderung und sah auch hierin allein die Eröffnung der Chancengleichheit für den an die Stellenentscheidung anknüpfenden Karriereweg.[866] Gleiches gelte auch für die Regelungen zur Besetzung von Vertretungsorganen der Arbeitnehmer bzw. Verwaltungs- und Aufsichtsräten, bei denen nach § 14 HGlG die Hälfte der Mitglieder Frauen sein sollten. Der EuGH betonte, dass die Norm gerade nicht zwingend, sondern

---

863 EuGH C-158/97, Slg. 2000, I-01875 – Badeck (Rn. 42).

864 EuGH C-158/97, Slg. 2000, I-01875 – Badeck (Rn. 48, 49).

865 EuGH C-158/97, Slg. 2000, I-01875 – Badeck (Rn. 50f.), der die Regelung als Teil eines begrenzten Konzepts zur Verwirklichung der Chancengleichheit bezeichnete und zugleich auf die Ausnahme in § 7 II 2 HGlG verwies, der für den Fall, dass nicht hinreichend weibliche Bewerbungen vorlägen, eine gesteigerte Besetzungsrate mit männlichen Bewerbern vorsah. Warum der EuGH diese Argumentation nicht auch auf die in § 5 VII HGlG geregelten Qualifizierungsstellen an Hochschulen angewandt hat, sondern stattdessen eine extensive Auslegung entgegen der mündlichen Gesetzesbegründungen vorgezogen hat, wird zumindest von Schiek, Der Personalrat 2000, 361 (366) hinterfragt. S. insofern die Ausführungen auf S. 188f.

866 EuGH C-158/97, Slg. 2000, I-01875 – Badeck (Rn. 60).

vielmehr als Sollvorschrift ausgestaltet sei, und auf diesem Weg nicht nur Platz für die Berücksichtigung einschlägiger gesetzlicher Bestimmungen lassen würde, sondern entsprechend auch sonstige Gesichtspunkte in die Gremienbesetzung einfließen könnten.[867]

dd) Rechtssache „Abrahamsson"

In der Rechtssache „Abrahamsson" vom 06.07.2000 hatte der EuGH die Unionsrechtsvereinbarkeit schwedischer Normen zur Gleichstellung an Hochschulen zu überprüfen.[868] Auch das schwedische Recht sah die bevorzugte Einstellung von Frauen vor. Entgegen den ähnlich gelagerten Regelungen in den Rechtssachen „Kalanke" und „Marschall" griff die schwedische Bevorzugungsregel für die Besetzung von Hochschulstellen aber auch bei einer lediglich „hinreichenden" und damit auch bei einer schlechteren Qualifikation der weiblichen Bewerberin, sofern dies zum Ausgleich bestehender Unterrepräsentanz erforderlich und der Unterschied im Hinblick auf die Qualifikation als nicht derart groß einzustufen war, als dass das Erfordernis der Sachgerechtigkeit des Auswahlverfahrens in Frage zu stellen wäre.[869] Begründet wurde dies mit der besonders schleppend

---

867 EuGH C-158/97, Slg. 2000, I-01875 – Badeck (Rn. 65). In der Gesamtbetrachtung stellte das „Badeck"-Urteil eine konsequente Weiterführung der bisherigen Rspr. des EuGH dar. So in gesamtkritischer Würdigung auch Starck, JZ 2000, 670 (671) und Schiek, Der Personalrat 2000, 361 (369), die der Entscheidung gar eine eigene Positionierung zur Gleichheitskonzeption abspricht.

868 EuGH C-407/98, Slg. 2000, I-05539 – Abrahamsson. In Frage standen Regelungen des schwedischen Gleichstellungsgesetzes, der Hochschulverordnung, des schwedischen Gesetzes über Stellen im öffentlichen Dienst und der Verordnung über bestimmte zur Verwirklichung der Gleichstellung eingerichtete Stellen für Professoren und Forschungsassistenten.

869 Konkret hieß es in § 15a des Kapitels 4 der schwedischen Hochschulverordnung, dass zur Förderung der Gleichstellung im Arbeitsleben „ein Bewerber des unterrepräsentierten Geschlechts, der für die Stelle hinreichend qualifiziert ist, einem Bewerber des anderen Geschlechts, der sonst ausgewählt worden wäre, vorgezogen werden (kann)". Zugleich bestimmte § 16 der Hochschulverordnung, dass den wissenschaftlichen und pädagogischen Fähigkeiten im Verfahren zur Ernennung eines Professors besondere Bedeutung beizumessen sei. § 4 II des schwedischen Gesetzes über Stellen im öffentlichen Dienst bestimmte parallel dazu, dass die Befähigung eines Bewerbers Vorrang genieße, „wenn kein besonderer Grund ein anderes Vorgehen rechtfertigt". Aus den Materialien zu dieser Bestimmung ging hervor, dass das Ziel der Gleichstellung einen solchen Grund darstellen könne. Im Hinblick auf Stellen für Professoren und Forschungsassistenten, die mit gesondert zugewiesenen Mitteln im Haushaltsjahr 1995/1996 an bestimmten staatlichen Universitäten und

verlaufenden Entwicklung eines ausgewogenen Geschlechterverhältnisses an den Bildungseinrichtungen, die einen außerordentlichen Einsatz benötigten, um die Zahl der Professorinnen kurzfristig erheblich zu steigern.[870]

Der EuGH sah eine derartige automatische Vorzugsregelung, die sich auf die bloße „hinreichende Qualifikation" eines Bewerbers des unterrepräsentierten Geschlechts stützte, als mit dem Unionsrecht nicht zu vereinbaren an. Art. 2 der RL 1976/207/EWG könne keine solch absolute Auswahlentscheidung tragen, die überzeugendere Qualifikationsmerkmale außer Acht lasse und allein auf der Tatsache beruhe, dass der vorgezogene Bewerber dem in der Minderheit befindlichen Geschlecht angehöre.[871] An diesem Ergebnis könne auch die gewählte Korrektur des Erfordernis der Sachgerechtigkeit bei der Einstellung in Bezug auf die hinnehmbare Qualitätsabstufung nichts ändern, da es insofern an einer hinreichenden Bestimmtheit mangele und die Entscheidung letztendlich

---

Hochschulen im Rahmen von Bestrebungen zur Förderung der Gleichstellung im Arbeitsleben einzurichten und zu besetzen waren, wandelte die schwedische Verordnung über bestimmte zur Verwirklichung der Gleichstellung eingerichtete Stellen für Professoren und Forschungsassistenten die bestehenden Auswahlregelungen der Hochschulverordnung von einer Kann-Bestimmung in eine Soll-Bestimmung um: Danach hatte ein Bewerber des unterrepräsentierten Geschlechts mit bloß hinreichender Qualifikation Vorrang vor einem Bewerber des anderen Geschlechtes, der sonst ausgewählt worden wäre, sofern dies erforderlich war, damit ein Bewerber des unterrepräsentierten Geschlechts ausgewählt werden würde. Dies sollte jedoch nur soweit gelten, wie der Qualifikationsunterschied der Bewerber so groß sei, dass die dennoch vorgenommene positive Diskriminierung einen Verstoß gegen das Erfordernis der Sachgerechtigkeit bei der Einstellung darstellen würde. Grund für die beibehaltene Einschränkung war der in § 9 des Kapitels 11 der schwedischen Verfassung festgehaltene Maßstab, nach dem bei der Besetzung staatlicher Stellen nur sachliche Kriterien wie Verdienste und Befähigung berücksichtigt werden durften. Dieses Erfordernis werteten die Normgeber dahingehend, dass den im Rahmen einer positiven Diskriminierung zulässigen Qualifikationsunterschieden eine gewisse Grenze gesteckt werden würde.

870 So die Argumentation der schwedischen Regierung in den Materialien zur Verordnung über bestimmte zur Verwirklichung der Gleichstellung eingerichtete Stellen für Professoren und Forschungsassistenten. Nach einem Beschluss der schwedischen Regierung vom 14.03.1996 waren 30 Professorenstellen von diesem außerordentlichen Einsatz betroffen.

871 EuGH C-407/98, Slg. 2000, I-05539 – Abrahamsson (Rn. 52f.).

doch allein auf die Zugehörigkeit zum unterrepräsentierten Geschlecht gestützt werde.[872]

Gleiches müsse auch für Art. 141 IV EGV gelten, dessen Auslegung in Anbetracht der Unvereinbarkeit der Regelung mit Art. 2 der RL 1976/207/EWG nun erforderlich war.[873] Die Regelung des EGV lasse zwar spezifische Vergünstigungen zu, legitimiere aber nicht auch Auswahlentscheidungen zugunsten des unterrepräsentierten Geschlechts, die mit Blick auf den verfolgten Zweck der vollen Gleichstellung zwischen den Geschlechtern als unverhältnismäßig zu bewerten seien.[874] Gerade dies sei aber bei einer Regelung zu bejahen, welche die Anforderungen an die erforderliche Qualifikation der Bewerber auf ein nötiges Minimum schmälere. An der Unverhältnismäßigkeit der Regelung könnte auch deren beschränkter Anwendungsbereich auf eine vorher festgelegte, begrenzte Anzahl an Stellen oder Stellen im Rahmen eines Hochschulsonderprogramms über die Zulassung positiver Diskriminierung nichts ändern.[875] Anders sei dies nur bei einer Regelung entsprechend der nationalen Verwaltungspraxis zu beurteilen, nach der bei Vorliegen gleichwertiger oder fast gleichwertiger Qualifikationen eines Bewerbers des unterrepräsentierten Geschlechts diesem bei einer Stellenbesetzung im öffentlichen Dienst der Vorzug zu gewähren sei.[876] Dabei müsse jedoch stets eine objektive Beurteilung der Bewerbungen gewährleistet sein, bei der insbesondere persönliche Gründe aller Bewerber hinreichend Berücksichtigung fänden.[877] Abschließend hielt der EuGH fest, dass die jeweilige Einstufung

872 EuGH C-407/98, Slg. 2000, I-05539 – Abrahamsson (Rn. 53), der darüber hinaus auch die fehlende Öffnungsklausel zugunsten der besonderen persönlichen Lage der Bewerber bemängelte.

873 EuGH C-407/98, Slg. 2000, I-05539 – Abrahamsson (Rn. 40, 54f.). Zuvor hatte der EuGH den eingeführten Art. 141 IV EGV in den Rechtssachen „Kalanke“ und „Marschall“ nicht berücksichtigt; s. EuGH C-158/97, Slg. 2000, I-01875 – Badeck (Rn. 14) und auch Fn. 856.

874 EuGH C-407/98, Slg. 2000, I-05539 – Abrahamsson (Rn. 55).

875 EuGH C-407/98, Slg. 2000, I-05539 – Abrahamsson (Rn. 57f.); vgl. dazu entspr. die Vorlagefrage Nr. 2 des schwedischen Beschwerdeausschuß in Hochschulangelegenheiten.

876 EuGH C-407/98, Slg. 2000, I-05539 – Abrahamsson (Rn. 60f.); vgl. dazu entspr. die Vorlagefrage Nr. 3 des schwedischen Beschwerdeausschuß in Hochschulangelegenheiten.

877 EuGH C-407/98, Slg. 2000, I-05539 – Abrahamsson (Rn. 61).

der zu besetzenden Stelle bei all diesen Konstellationen für die Beurteilung der Zulässigkeit der Auswahlentscheidung unbeachtlich sei, da der Gleichbehandlungsgrundsatz der Geschlechter unabhängig von einer niedrig oder hoch eingestuften Stelle Geltung erlangen müsse.[878]

ee) Zusammenfassung

Die Rechtsprechung des EuGH hat in ihrer Gesamtbetrachtung entscheidende Erkenntnisse für die unionsrechtliche Beurteilung der Zulässigkeit von „positiven Maßnahmen" auf dem Gebiet der Frauenförderung im Erwerbsleben gebracht. Die Entscheidungen in den prominentesten Rechtssachen „Kalanke", „Marschall", „Badeck" und „Abrahamsson" und die daraus gewonnenen Ergebnisse für die Rechtmäßigkeit von Fördermaßnahmen lassen sich dabei grob in zwei unterschiedliche Konstellationen unterteilen: Fördermaßnahmen, die erst in einer Pattsituation greifen, also in einem Zustand, in dem sowohl weibliche als auch männliche Bewerber über die gleiche Qualifikation verfügen, und Fördermaßnahmen, die sich über das Erfordernis der Qualität hinwegsetzen und der Bewerberin auch dann den Vorzug gewähren wollen, wenn sie nicht über die gleiche, sondern vielmehr über eine geringere Qualifikation verfügt, wie ihre männlichen Konkurrenten.

Für die erste Konstellation ist nach den Rechtssachen „Kalanke" und „Marschall" festzustellen, dass die gesetzlich festgehaltene begünstigende Einstellung und Beförderung von Frauen aufgrund von Vorzugsregelungen bei Vorliegen gleicher Eignung, Befähigung und fachlicher Leistung unter der Berücksichtigung einer individuellen Öffnungsklausel zugunsten der männlichen Mitbewerber mit dem Unionsrecht zu vereinbaren ist. Entscheidendes Kriterium für die Zulässigkeit von Fördermaßnahmen ist demnach die strenge Objektivität des Auswahlverfahrens. Dies betonte der EuGH auch in der Rechtssache „Badeck", in der er die bisherige Rechtsprechung auf in Zielvorgaben festgehalte Geschlechterverhältnisse übertragen hat. Daneben erklärte er auf Ebene der Ausbildungsplätze eine festgeschriebene Erfolgsquote von 50 % und damit eine automatische und unbedingte Vergabe der Plätze an weibliche Bewerber unabhängig von deren Qualifikationen für zulässig. Für die zweite Konstellation der qualitätsunabhängigen Auswahlentscheidung bedeutet dies, dass deren Rechtmäßigkeit zumindest auf der Stufe der Ausbildung und damit auf der Stufe des Karriereeinstiegs bejaht werden kann, sofern als nachgelagertes Ziel die Förderung

878 EuGH C-407/98, Slg. 2000, I-05539 – Abrahamsson (Rn. 63f.); vgl. dazu entspr. die Vorlagefrage Nr. 4 des schwedischen Beschwerdeausschuß in Hochschulangelegenheiten.

der Chancengleichheit im weiteren Berufsleben angestrebt wird. Im Hinblick auf die Übertragbarkeit dieser Rechtsprechung auch auf andere Karrierestufen wurde in der Rechtssache „Abrahamsson" der Grad der minderen Qualifikation dahingehend konkretisiert, dass eine lediglich „hinreichende" Qualifikation der weiblichen Bewerber unabhängig von Anzahl und Einstufung der zu vergebenden Stellen als unverhältnismäßig und damit als nicht rechtmäßige Grundlage für eine Auswahlentscheidung angesehen wurde. Der EuGH schränkte das Erfordernis der gleichen Qualifikation jedoch im Folgenden insoweit ein, dass er eine gleichwertige oder zumindest fast gleichwertige Qualifikation der weiblichen Bewerberin für verhältnismäßig und damit ausreichend erklärte, sofern im Übrigen ein objektives Auswahlverfahren gewährleistet war. Damit lässt sich konstellationsübergreifend festhalten, dass im Falle einer Unterrepräsentation des weiblichen Geschlechts eine Auswahl zugunsten der weiblichen Bewerberin mit der Motivation der Erhöhung des weiblichen Beschäftigungsanteils als verhältnismäßig und damit zulässig einzustufen ist, sofern diese über eine gleichwertige oder zumindest fast gleichwertige Qualifikation wie ihr männlicher Mitbewerber verfügt und gegebenenfalls bestehende persönliche Gründe von diesem mittels einer Öffnungsklausel hinreichend Berücksichtigung finden können.

c) Auslegung der EuGH-Rechtsprechung und notwendige Ergänzung

aa) Das Unterscheidungsmerkmal der Qualifikation

Zur Beurteilung von Gleichstellungsmaßnahmen lässt das klare, aber auch sehr begründungsarme Ergebnis der Rechtsprechung des EuGH Fragen offen. So hat insbesondere die Rechtssache „Abrahamsson", bei der – im Gegensatz zu den vorherigen Entscheidungen – die Bevorzugung einer minderqualifizierten Bewerberin zu bewerten war, das Unterscheidungsmerkmal der Qualifikation in den Mittelpunkt der Vereinbarkeit von „positiven Maßnahmen" mit dem Unionsrecht gerückt.[879] Es gilt jedoch zu klären, in welchem Zusammenhang die Bewertung der jeweiligen Qualifikationen zu erfolgen hat: Auf Einzelfallebene in Bezug auf die konkrete Stelle, oder aber auf allgemeiner Ebene. Ferner besteht

879 Zuvor sollten die dem EuGH vorgelegten Regelungen nur in einer Pattsituation greifen, in der eine gleiche Qualifikation zw. weiblichen und männlichen Bewerbern bereits auf nat. Ebene bejaht werden konnte, sodass sich der EuGH mit dem Merkmal der Qualifikation bisher nicht auseinandersetzen musste; hierzu auch Pirstner, DRdA 2000, 549 (555).

dahingehend Klärungsbedarf, was überhaupt unter den gestellten Qualifikationsanforderungen zu verstehen ist, bevor letztlich die Anforderungen an eine exakt gleiche bzw. in Anlehnung an die Rechtsprechung an eine gleichwertige oder fast gleichwertige Qualifikation zu bestimmen sind.

(1) Bewertung der Qualifikation

Betrachtet man zunächst den Normzweck des Art. 157 IV AEUV, der hier als primärrechtliche Grundlage für die Fördermaßnahmen herangezogen wird, so hat dieser mit seiner Bezugnahme auf die Erleichterung der Berufstätigkeit des unterrepräsentierten Geschlechts und der Verhinderung bzw. dem Ausgleich von Benachteiligungen in der beruflichen Laufbahn Geltung über den Einzelfall hinaus. Die auszugleichenden Benachteiligungen sind im Hinblick auf die betroffene Gruppe zu bewerten und hängen bezüglich ihrer Zulässigkeit zwangsläufig auch von deren Unterrepräsentation ab.[880] In der Praxis entfaltet sich die Wirkkraft von spezifischen Vergünstigungen aber zwangsläufig zugunsten des Einzelnen als Teil dieser unterrepräsentierten Gruppe.[881] Für die Auslegung der Norm bedeutet dies, dass sie für das Merkmal der Unterrepräsentanz aus Sicht der gesamten Geschlechtergruppe zu beurteilen ist. Aufgrund der angesprochenen Wirkung der Vergünstigungen muss deren weitere Zulässigkeit und damit insbesondere auch deren Vereinbarkeit mit der gewährleisteten Gleichberechtigung im Gegensatz dazu aber für den Einzelfall bewertet werden. Dies hat zur Konsequenz, dass auch das entscheidende Merkmal der Qualifikation der im Einzelfall aufeinandertreffenden Vertreter der Geschlechtergruppen in der speziellen Situation und damit für den Einzelfall zu bewerten ist.

Die im Einzelfall vorzunehmende Bewertung hat dann in Bezug auf die zu besetzende Stelle zu erfolgen. Eignung, Befähigung und fachliche Leistung der Bewerber sind unter Heranziehung von zuvor aufgestellten positiven und negativen Kriterien zu ermitteln.[882] Diese Beurteilungskriterien müssen zudem

---

880 S. Ebsen, RdA 1993, 11 (14), nach dem die fehlende faktische Gleichstellung der Frauen wegen möglichen männlichen Einzelschicksalen nicht am Einzelfall auszumachen ist, sondern vielmehr an einem statistischen Gruppenvergleich; so auch Nußberger, in Tettinger/Stern, Grundrechte-Charta, Art. 23, Rn. 97 im Hinblick auf Art. 23 II GRC, die den Artikel zugleich als Gruppengrundrecht einstuft.

881 Genauso wie sich die spezifischen Vergünstigungen dann als notwendiges Pendant im Einzelfall auch zulasten des Einzelnen als Repräsentant der bisher bevorzugten Gruppe auswirken; s. hierzu auch Nußberger, in Tettinger/Stern, Grundrechte-Charta, Art. 23, Rn. 97.

882 EuGH C-158/97, Slg. 2000, I-01875 – Badeck (Rn. 31).

objektiv und transparent sein.[883] Damit sind für die Beurteilung der Kompetenzen der Bewerber in erster Linie klar zu beziffernde Fähigkeiten fachlicher Art von entscheidender Bedeutung. Diese zeigen sich in vorzuweisenden Abschlüssen, Weiterbildungsmaßnahmen oder sonstigen Eignungsbescheinigungen. Insbesondere das Dienstalter und die damit verbundene Berufserfahrung können für die zu besetzende Stelle eine erhebliche Bedeutung spielen. Diese Vorgehensweise führt aber aufgrund der aktuell noch vorherrschenden klassischen familiären Aufgabenverteilung bis in die Gegenwart ganz grundsätzlich zu einer weiblichen Schlechterstellung in der konkreten Vergleichssituation. Um diese nachteilige Bewertung auszugleichen, sind nach der Rechtsprechung des EuGH in der Auswahlentscheidung daher auch solche zweckdienlichen Fähigkeiten und Erfahrungen zu berücksichtigen, „die durch Familienarbeit erworben wurden“[884], wie etwa die Betreuung von Kindern oder Pflegebedürftigen. Der EuGH verlangt daher in der Gesamtbetrachtung, zumindest ein Mindestmaß an näher konkretisierter fachlicher Kompetenz, die aber durch soziale Aspekte angereichert werden kann. Auszuschließen ist lediglich die willkürliche Beurteilung der Qualifikation eines Bewerbers.[885] Der EuGH erkennt damit einen gewissen Spielraum im Hinblick auf die Qualitätsprüfung an.[886]

(2) Gleiche bzw. gleichwertige Qualifikation

Fördermaßnahmen zugunsten des unterrepräsentierten Geschlechts wurden vom EuGH zunächst unabhängig von ihrer näheren Ausgestaltung nur für zulässig erachtet, wenn sie in einer qualitativen Pattsituation der Bewerber greifen

883 EuGH C-407/98, Slg. 2000, I-05539 – Abrahamsson (Rn. 49).

884 EuGH C-158/97, Slg. 2000, I-01875 – Badeck (Rn. 31). Der EuGH räumte aber zugleich ein, dass solche Kriterien trotz ihrer geschlechtsneutralen Formulierung im Allgemeinen Frauen begünstigen. Da sie sich aber theoretisch auch zugunsten von Männern auswirken können und eine materielle Gleichheit durch die Beseitigung sozialer Ungleichheiten herstellen wollen, sind derartige soziale Kriterien als zulässig einzustufen, EuGH C-158/97, Slg. 2000, I-01875 – Badeck (Rn. 32) und auch EuGH C-407/98, Slg. 2000, I-05539 – Abrahamsson (Rn. 48). Pirstner, DRdA 2000, 549 (556) teilt diese zweigliedrige Ermittlung der Qualifikation auf und unterscheidet entspr. zw. Kriterien zur Beurteilung der Qualifikation und Kriterien zur persönlichen Situation.

885 EuGH C-407/98, Slg. 2000, I-05539 – Abrahamsson (Rn. 49).

886 So auch Papier/Heidebach, DVBl 2015, 125 (133), die zur Begründung anführen, dass eine dem Art. 33 II GG vergleichbare Regelung auf Ebene des Unionsrechts nicht existiert und sich der EuGH in seiner Beurteilung somit allein auf das allgemeine Diskriminierungsverbot stützen kann.

sollten.[887] In der Rechtssache „Abrahamsson“ hatte der EuGH erstmals einen Fall zu entscheiden, bei dem spezifische Vergünstigungen zugunsten von Bewerbern des unterrepräsentierten Geschlechts vorgesehen waren, die über eine geringere Qualifikation verfügten, als die Konkurrenz des anderen Geschlechts. Im Ergebnis bejahte der EuGH die Zulässigkeit der Bevorzugung von Bewerbern des unterrepräsentierten Geschlechts bei Vorliegen einer Öffnungsklausel, wenn diese entweder über eine gleiche oder aber über eine gleichwertige oder fast gleichwertige Qualifikation verfügten.

Das Merkmal der „gleichen“ Qualifikation muss einer strengen Überprüfung standhalten und kann nur erfüllt sein, wenn der Bewerber des unterrepräsentierten Geschlechts und der des anderen Geschlechts tatsächlich ein und dieselben Fähigkeiten vorweisen können. Sie müssen damit aufgrund der fachlichen und sozialen Qualifikationen für die zu besetzende Stelle exakt gleich geeignet sein. Die Wahrscheinlichkeit einer solchen Pattsituation ist dabei aufgrund der Ausgestaltung eines Bewerbungsverfahrens äußerst gering, da dem Arbeitgeber bei Aufstellen des Anforderungsprofils der entsprechenden Stelle und auch im Auswahlverfahren selbst die Möglichkeit zukommt, Interpretationsspielraum zu lassen und eine Schwerpunktsetzung vorzunehmen, die zugunsten des einen oder des anderen Bewerbers ausfallen kann.[888] Aufgrund dieser Problematik ist es für das Vorliegen exakt gleicher Fähigkeiten erforderlich, dass die vorgebrachten Qualifikationen zuvor bis auf den kleinsten Nenner heruntergebrochen und verglichen werden.[889] Selbst wenn dieser Vergleich zu einer tatsächlich exakt gleichen Bewertung der Qualifikation der Bewerber führt, kommt als das Ergebnis verfälschende, zusätzliche Problematik hinzu, dass Männer auch bei Vorliegen gleicher Qualifikation häufig als qualifizierter eingestuft werden.[890] In der Zusammenfassung kann daher nur in den wenigsten Fällen von einer tatsächlichen Pattsituation als Ergebnis einer Bewerberauswahl gesprochen werden.

Der vor der Rechtssache „Abrahamsson“ ergangenen Rechtsprechung kann in der Realität somit nur eine sehr geringe Bedeutung zugemessen werden. Umso

887 So die Rspr. in EuGH C-450/93, Slg. 1995, I-03051 – Kalanke, EuGH C-409/95, Slg. 1997, I-06363 – Marschall und EuGH C-158/97, Slg. 2000, I-01875 – Badeck.

888 S. schon die Ausführungen auf nat. Ebene, S. 114f. So auch Burg, Positive Maßnahmen zwischen Unternehmerfreiheit und Gleichbehandlung, S. 110.

889 Dies bedeutet bspw., dass die Bewerber nicht nur im Hinblick auf den Schulabschluss gleiche Voraussetzungen mitbringen müssen, sondern auch der erreichte Schnitt von Bedeutung ist bzw. gar einzelne Noten in richtungsweisenden Fächern.

890 EuGH C-409/95, Slg. 1997, I-06363 – Marschall (Rn. 29) und auch Raasch, Frauenquoten und Männerrechte, S. 109; s. auch hier die Ausführungen zur nat. Rechtslage auf S. 87f.

beachtenswerter ist entsprechend die Anerkennung der prinzipiellen Zulässigkeit von Gleichstellungsmaßnahmen nicht nur bei tatsächlich gleicher Qualifikation mehrerer Bewerber, sondern die Möglichkeit einer Bevorzugung auch bei lediglich „gleichwertiger oder fast gleichwertiger Qualifikation".[891] Diese Erweiterung bringt im Gegensatz zu einer klaren Gleichheit der Qualifikationen einen gewissen Raum für Interpretationen und kann damit effektiver Ansatzpunkt für künftige Gleichstellungsmaßnahmen zugunsten von Frauen sein. Damit derartige Maßnahmen jedoch im Lichte der Rechtsprechung einer rechtlichen Überprüfung standhalten können, gilt es auch hier, den Begriff der „Gleichwertigkeit" näher auszulegen. Dabei ist festzustellen, dass sich die Beantwortung der Frage nach Vorliegen einer gleichwertigen oder fast gleichwertigen Qualifikation noch schwieriger gestaltet als die nach einer tatsächlich gleichen Qualifikation. Zwar hat der EuGH die geringeren Anforderungen an die geforderte Qualifikation in der Rechtssache „Abrahamsson" bei zusätzlichem Vorliegen einer Öffnungsklausel als zulässig erachtet, nicht aber näher umschrieben, wann genau ein solch zulässiges Maß der Qualifikation gegeben sein soll. Auch dem aktuellen Unionsrecht ist nichts Näheres zu entnehmen.

Sucht man in den Verträgen nach Parallelen im Hinblick auf geringere Anforderungen an eine ursprünglich strikte Handhabung, so lässt sich ausgehend vom Begriff der Gleichwertigkeit bei einer gleichwertigen Qualifikation im Rahmen des Art. 157 IV AEUV ein Vergleich zu Art. 157 I AEUV ziehen. Dieser behandelt zwar nicht das Merkmal der Qualifikation, thematisiert jedoch immerhin die Entgeltgleichheit bei gleicher und gleichwertiger Arbeit. In der Entwicklung enthielt der frühere Art. 119 EWGV die Entgeltgleichheit nur bei gleicher Arbeit. Der Zusatz der Gleichwertigkeit der Arbeit hielt erst mit dem Vertrag von Amsterdam in Art. 141 EGV Einzug.[892]

---

891 Der EuGH geht insofern über die Rspr. des BVerwG hinaus, das zwar ebenso keine exakt gleiche Qualifikation verlangt, jedoch zumindest eine wesentlich gleiche Eignung für die Heranziehung von Hilfskriterien für notwendig erachtet, s. BVerwGE 80, 123 (126) und auch die Ausführungen auf S. 123. Schiek, Der Personalrat 2000, 361 (371) zieht den Vergleich zum US-amerikanischen Recht und merkt an, dass der EuGH mit seiner vorsichtigen Auflockerung der Qualitätsanforderungen einer langjährigen Rspr. des Supreme Courts folgt, der eine derartige Vorgehensweise im Rahmen von affirmative actions für zulässig erachtet. Hierbei betont sie, dass die in den USA geltende Praxis zeigen würde, dass eine solche Auflockerung ohne eine Beeinträchtigung der wissenschaftlichen Qualität möglich sei. Grundlegend zu positiven Maßnahmen im US-amerikanischen Recht Burg, Positive Maßnahmen zwischen Unternehmerfreiheit und Gleichbehandlung, S. 129f.

892 Zuvor war die Entgeltgleichheit auch bei gleichwertiger Arbeit sekundärrechtl. mit der RL 75/117/EWG zur Angleichung der Rechtsvorschriften der Mitgliedstaaten über die Anwendung des Grundsatzes des gleichen Entgelts für Männer und Frauen, ABl.

Den Verträgen der EU ist seither eine parallele Handhabung bei gleichen oder gleichwertigen Voraussetzungen nicht gänzlich fremd. Auch der Begriff der Gleichwertigkeit der geleisteten Arbeit ist auf Ebene des Unionsrechts jedoch nicht klar definiert und wird zudem in den einzelnen Mitgliedstaaten unterschiedlich interpretiert.[893] Es lassen sich hier grob zwei Auslegungsmöglichkeiten unterscheiden: Teilweise wird für eine gleichwertige Arbeit eine tatsächliche Vergleichbarkeit der Arbeiten und damit deren Austauschbarkeit verlangt.[894] Da eine solch enge Herangehensweise der nachträglichen Überarbeitung der Vorschrift nicht gerecht werden würde, ist es vorzugswürdig, keinen derart scharfen Maßstab anzusetzen, sondern vielmehr die aufgestellten Fähigkeiten und Anforderungen des Arbeitsplatzes zu verallgemeinern.[895] Konsequenz ist, dass eine Gleichwertigkeit der Arbeit auch dann angenommen werden kann, wenn eine Austauschbarkeit der Arbeitskräfte nicht gegeben ist.[896] Dieses Ergebnis lässt sich nun von Art. 157 I AEUV auch auf Art. 157 IV AEUV übertragen. Geht es auf der einen Seite um die Gleichwertigkeit einer Arbeit bzw. Tätigkeit, so kommt es auch bei Art. 157 IV AEUV auf die jeweilige Qualifikation und damit zwangsläufig auch auf die jeweils abzuleistende Tätigkeit an. Je weniger streng man nun im Rahmen des Art. 157 IV AEUV den Maßstab an die notwendige Austauschbarkeit im Wege einer Überprüfung der Gleichwertigkeit anlegt, desto größer sind die Möglichkeiten, gleichstellungsfördernde Instrumente zugunsten des unterrepräsentierten Geschlechts nach Art. 157 IV AEUV durchzuführen.

Bei der Bewertung der beiden Möglichkeiten – enger Maßstab mit dem Merkmal der Austauschbarkeit bzw. weiter Maßstab entgegen dem Prinzip der Austauschbarkeit – muss allerdings beachtet werden, dass sich die vorgenommene Tatbestandausweitung im Rahmen des Art. 157 IV AEUV nicht wie bei Art. 157

1975 L 45/19 festgehalten worden. Diese RL wurde durch die zusammenfassende RL 2006/54/EG ersetzt und zum 15.08.2009 aufgehoben, s. hierzu bereits S. 156f.

893 Krebber, in Calliess/Ruffert, EUV/AEUV, Art. 157 AEUV, Rn. 6; Epiney/Freiermuth Abt, Das Recht der Gleichstellung von Mann und Frau in der EU, S. 64 f.; Kingreen, in Ehlers, Europäische Grundrechte und Grundfreiheiten, § 21, Rn. 40.

894 Krebber, in Calliess/Ruffert, EUV/AEUV, Art. 157 AEUV, Rn. 55.

895 So auch Epiney/Freiermuth Abt, Das Recht der Gleichstellung von Mann und Frau in der EU, S. 66.

896 Epiney/Freiermuth Abt, Das Recht der Gleichstellung von Mann und Frau in der EU, S. 67 unter Hinweis auf EuGH, Rs. C-127/92, Slg. 1993, I-5535 – Enderby. Vgl. auch Krebber, in Calliess/Ruffert, EUV/AEUV, Art. 157 AEUV, der in Rn. 55 beispielhaft anführt, dass man dann die geforderte Qualifikation derart abstrakt aufgliedern könnte, dass etwa nur nach dem Ausmaß von körperlicher bzw. auch geistiger Arbeit gefragt wird, und so entsprechend auch eine Vergleichbarkeit von einer Köchin und einem Kranführer gegeben sein könnte.

I AEUV auf eine klare Vertragsänderung stützen lässt. Sie findet ihre Grundlage vielmehr allein in der vorgenommenen Rechtsprechung des EuGH zur Rechtssache „Abrahamsson". Es kann insofern auch nicht von einer gefestigten Rechtsprechung gesprochen werden, da sich der EuGH nach der Rechtssache „Abrahamsson" nicht mehr mit qualifikationsabhängigen Fördermaßnahmen im öffentlichen Dienst auseinandersetzen musste. Da die gewählte Begründung zudem äußerst knapp ausgefallen ist, wäre es in der Gesamtwertung nicht sachgerecht, der im Urteil verwendeten Formulierung der Gleichwertigkeit zum jetzigen Zeitpunkt eine derart große Wirkkraft zu gewähren. Bei der Handhabung des Begriffs der Gleichwertigkeit in Bezug auf die geforderte Qualifikation von Maßnahmen im Wege des Art. 157 IV AEUV ist daher im Gegensatz zur Auslegung des Art. 157 I AEUV der engen Auslegung der Vorzug zu gewähren, sodass eine Gleichwertigkeit bezüglich der Qualifikation nur bei einer tatsächlichen Austauschbarkeit der Fähigkeiten angenommen werden kann.[897] Im Ergebnis führt die Rechtsprechung des EuGH damit lediglich zu einer geringen Ausweitung des Schutzbereichs von Art. 157 IV AEUV, der nun nicht nur bei einer tatsächlichen Pattsituation als Rechtfertigungsgrund herangezogen werden kann, sondern auch bei austauschfähigen Qualifikationen als Grundlage für Förderinstrumente dient.

bb) Berücksichtigung der geänderten Rechtslage

Neben der notwendigen inhaltlichen Ergänzung der Rechtsprechung des EuGH stellt sich die Frage nach vorzunehmenden Korrekturen aufgrund von Änderungen im Unionsrecht. Die bestehende Rechtsgrundlage von „positiven Maßnahmen" setzt sich zusammen aus den primär- und sekundärrechtlichen Normen der Art. 157 IV AEUV, Art. 23 II GRC und Art. 3 der RL 2006/54/EG. Das letzte Urteil in der Rechtssache „Abrahamsson" ist im Jahr 2000 und damit noch vor dem Vertrag von Lissabon, dem Erlass der Richtlinie und dem Inkrafttreten der GRC ergangen. Der EuGH stützte seine Urteilsbegründung in erster Linie auf Art. 2 der RL 1976/207/EWG, mit dem die schwedischen Regelungen als nicht zu vereinbaren angesehen wurden. Anschließend bejaht er ohne nähere Begründung die Vereinbarkeit des in der Verwaltungspraxis angelegten Maßstabs der gleichwertigen bzw. fast gleichwertigen Qualifikation mit Art. 141 IV EGV. In der Rechtssache „Badeck" war zuvor bereits aufgezeigt worden, dass auch nach

897 Eine derart enge Auslegung entspricht auch der Argumentation des EuGH, der in C-407/98, Slg. 2000, I-05539 – Abrahamsson (Rn. 53) einer lediglich „hinreichenden" Qualifikation eine klare Absage erteilt hatte.

der Einführung des Art. 141 IV EGV die sekundärrechtliche Regelung aus Art. 2 IV der RL 1976/207/EWG als vorzugswürdiger Rechtfertigungsmaßstab für gleichstellungsfördernde Maßnahmen heranzuziehen war. Auf Art. 141 IV EGV musste demnach nur zurückgegriffen werden, wenn eine Rechtfertigung über Art. 2 IV der RL 1976/207/EWG nicht gelang.[898] Dies wurde vielfach dahingehend interpretiert, dass der Schutzbereich des Art. 141 IV EGV inhaltlich über den der Richtlinie hinausgehen müsse und über Art. 141 IV EGV Maßnahmen gerechtfertigt werden könnten, die zuvor an der Hürde des Art. 2 IV der RL 1976/207/EWG gescheitert waren.[899] Diese Überlegungen sind heute insofern hinfällig geworden, als die Gleichbehandlungsrichtlinie aus dem Jahr 1976 aufgehoben worden ist. Die aktuell geltende RL 2006/54/EG nimmt in Art. 3 unmittelbar Bezug zu Art. 141 IV EGV, den heutigen Art. 157 IV AEUV. Insofern wurde ein inhaltlicher Gleichlauf zwischen primärem und sekundärem Unionsrecht hergestellt, der Fördermaßnahmen in Form von positiver Diskriminierung eine rechtliche Grundlage bietet.

Im Ergebnis hat damit allein die GRC als weitere primärrechtliche Grundlage für Fördermaßnahmen keine Berücksichtigung in der einschlägigen Rechtsprechung gefunden.[900] Ein tatsächliches Plus an Förderungsmöglichkeit wäre allerdings nur dann zu bejahen, wenn die grundrechtliche Regelung über die im AEUV und der Richtlinie hinausgehen würde. Zentrale Norm ist hierbei Art. 23 II GRC, der die Möglichkeit von „positiven Maßnahmen" regelt und diese – im Gegensatz zu Art. 157 IV AEUV – nicht an bestimmte Voraussetzungen knüpft.[901] Aufgrund der strafferen Formulierung des Art. 23 II GRC könnte man

898 S. EuGH C-158/97, Slg. 2000, I-01875 – Badeck (Rn. 14); hierzu auch Rademacher, Diskriminierungsverbot und „Gleichstellungsauftrag", S. 276.

899 Krebber, in Calliess/Ruffert, EUV/EGV, 2. Aufl. 2002, Art. 141 EGV, Rn. 82 stufte die Rspr. des EuGH in der Rechtssache „Kalanke" und „Marschall" schon damals unter Hinweis auf Badeck Rn. 14, 67 und Abrahamsson Rn. 40, 54 als überholt ein; ähnlich auch Hanau, in GS-Lüderitz, S. 241 (262f.); Bieback, in Fuchs, Europäisches Sozialrecht, 4. Auflage, Art. 141, Rn. 152; Schiek, Der Personalrat 2000, 361 (364) und Starck, JZ 2000, 670 (671). Im Ergebnis spiegelt die Rspr. die Entwicklung von der Förderung der bloßen Chancengleichheit – so noch in Art 2 IV der RL 1976/207/EWG – zur Förderung der effektiven Gewährleistung der vollen Gleichstellung zw. den Geschlechtern wider, wie es Art. 141 IV EGV und nun Art. 157 IV AEUV festschreiben.

900 Gem. Art. 6 I Hs. 2 EUV sind die GRC und die Verträge als rechtlich gleichrangig einzustufen.

901 So heißt es in Art. 157 IV AEUV, dass spezifische Vergünstigungen „im Hinblick auf die effektive Gewährleistung der vollen Gleichstellung" und „zur Erleichterung der

meinen, dass dessen Schutzbereich über den des Art. 157 IV AEUV hinausgeht und „positive Maßnahmen“ damit in einem größeren Rahmen möglich seien. Einer solchen Interpretation stehen allerdings die Erläuterungen zu Art. 23 GRC entgegen, die auf Art. 52 II GRC verweisen, wonach Art. 157 IV AEUV durch den neu eingeführten Art. 23 GRC keine Änderungen erfährt.[902] Im Ergebnis sind also die von Art. 157 IV AEUV gesteckten Grenzen im Rahmen des Art. 23 II GRC zu berücksichtigen, sodass sich die rechtliche Basis von spezifischen Vergünstigungen durch die Einführung der GRC nicht erweitert hat.[903]

d) Die unionsrechtliche Verhältnismäßigkeit der Gleichstellungsmaßnahmen

Nach der aufgezeigten Rechtsprechung und deren notwendiger Ergänzung stellt sich abschließend die Frage nach der konkreten Verhältnismäßigkeit der durchgeführten Gleichstellungsmaßnahmen. Diese können als „positive Maßnahmen“ im Sinne des Art. 157 IV AEUV eingestuft werden, da sie den Bereich der Arbeits- und Beschäftigungsbedingungen von Frauen und Männern betreffen und auf die Förderung der effektiven Gewährleistung der vollen Gleichstellung ausgerichtet sind.[904] Damit sie jedoch auch als verhältnismäßig eingestuft werden können, müssen die Fördermaßnahmen zur Erreichung dieses legitimen Zieles auch geeignet, erforderlich und angemessen sein.[905]

aa) Geeignetheit und Erforderlichkeit

Die Gleichstellungsmaßnahmen müssen geeignet und erforderlich sein, das verfolgte Ziel der effektiven Gleichstellung zwischen den Geschlechtern zu fördern.[906] Hierbei ist aufgrund der unionsrechtlichen Ausgestaltung im Vergleich

---

Berufstätigkeit des unterrepräsentierten Geschlechts oder zur Verhinderung bzw. zum Ausgleich von Benachteiligungen“ beibehalten oder beschlossen werden können. Demgegenüber spricht Art. 23 II GRC nur von „spezifischen Vergünstigungen für das unterrepräsentierte Geschlecht“.

902 Erläuterungen zur Charta der Grundrechte, ABl. EU 2007, Nr. C 303 S. 17 (25).

903 So auch Krebber/Kingreen, in Calliess/Ruffert, EUV/AEUV, Art. 23 GRCh, Rn. 4; Hölscheidt, in Meyer, GRCharta, Art. 23, Rn. 26 und Rengeling/Szczekalla, Grundrechte in der Europäischen Union, § 25, Rn. 918.

904 S. S. 162f.

905 Die Ausführungen zur unionsrechtl. Verhältnismäßigkeit werden aufgrund der konkreten Prüfung im Rahmen des GG auf eine zusammenfassende, von der einzelnen Maßnahme losgelöste Darstellung beschränkt, um andernfalls auftretende Überschneidungen zu vermeiden.

906 Jarass, EU-Grundrechte, § 6, Rn. 46f.

zur nationalen Rechtslage ein wenig strenger Maßstab anzulegen. Eine prinzipielle Geeignetheit von „positiven Maßnahmen" zur Förderung des Zustands der Gleichstellung zwischen Frauen und Männern kann schon aus der Existenz des Art. 157 IV AEUV angenommen werden. Entsprechend kommt den Mitgliedstaaten als Normadressaten bei der Maßnahmenumsetzung eine gewisse Einschätzungsprärogative zu, die erst dann überschritten ist, wenn von einer tatsächlichen Ungeeignetheit der Maßnahmen ausgegangen werden muss.[907] Eine solche Ungeeignetheit müsste dann bejaht werden, wenn ein Zustand der faktischen Gleichstellung zwischen den Geschlechtern an den Hochschulen bereits bestehen würde und somit gar nicht mehr durch entsprechende Maßnahmen gefördert werden müsste. Dies wäre aufgrund der weiten Anwendungsmöglichkeit des Art. 157 IV AEUV, der im Gegensatz zur nationalen Regelung des Art. 3 II 2 GG nicht auf den bloßen Zustand der Chancengleichheit zwischen den Geschlechtern zielt, sondern vielmehr das Ziel der effektiven Gleichstellung verfolgt, erst bei einem zahlenmäßigen Gleichlauf zwischen den Geschlechtern zu bejahen.[908] Für die Feststellung einer weiblichen Unterrepräsentanz ist deren Anteil an den für die jeweilige Stelle tatsächlich qualifizierten Personen maßgeblich.[909] Eine Maßnahme ist entsprechend solange geeignet, bis der jeweilige Anteil an von Frauen besetzten wissenschaftlichen Positionen im jeweiligen Fachbereich unter dem Anteil bleibt, den weibliche Wissenschaftler unter den Qualifizierten für die zu besetzende Position ausmachen.[910] Dass dies nach aktuellem Stand nicht der Fall ist, zeigen die Zahlen zur Geschlechterverteilung an deutschen Hochschulen.[911]

---

907 Krebber, in Calliess/Ruffert, EUV/AEUV, Art. 157 AEUV, Rn. 77; Epiney/Freiermuth Abt, Das Recht der Gleichstellung von Mann und Frau in der EU, S. 210.

908 S. hierzu Epiney/Freiermuth Abt, Das Recht der Gleichstellung von Mann und Frau in der EU, S. 209.

909 So auch Burg, Positive Maßnahmen zwischen Unternehmerfreiheit und Gleichbehandlung, S. 95f.

910 Bei dem für die Beurteilung einzuziehenden Personenkreis ist sowohl zw. den einzelnen Ebenen der wissenschaftlichen Positionen, als auch zw. den jeweiligen Fachbereichen zu unterscheiden, um so auch für den Fall eines frauengeprägten Fachbereichs zu einem gerechten Ergebnis zu gelangen; hierzu auch Krebber, in Calliess/Ruffert, EUV/AEUV, Art. 157 AEUV, Rn. 77; Burg, Positive Maßnahmen zwischen Unternehmerfreiheit und Gleichbehandlung, S. 94f. Dies hat zur Konsequenz, dass Fördermaßnahmen zugunsten des „unterrepräsentierten Geschlechts" in derartigen Fachbereichen auch zugunsten der unterrepräsentierten Männer greifen müssen.

911 S. S. 32ff.

Die Erforderlichkeit ist zu verneinen, wenn das Ziel der effektiven Gleichstellung durch ein weniger einschneidendes Mittel ebenso gut erreicht werden kann.[912] Aufgrund des Gestaltungsspielraums, der den handelnden Mitgliedstaaten zukommt, darf bei der Überprüfung eines solch alternativen Lösungsweges kein allzu strenger Maßstab angelegt werden.[913] Die Grenze des Erforderlichen soll erst dann überschritten sein, wenn ein wesentlich milderes Differenzierungskriterium nicht berücksichtigt wurde, obwohl es sich aufgedrängt hätte.[914] Da insbesondere die aufgezeigten „weichen" Maßnahmen nicht als gleich effektiv eingestuft werden können, ist eine Erforderlichkeit der „scharfen" Maßnahmen auch nach dem Unionsrecht zu bejahen.[915]

bb) Angemessenheit

Letztlich stellt sich die Frage nach der Angemessenheit der Fördermaßnahmen.[916] Sie ist zu bejahen, wenn die Ungleichbehandlung in einem angemessenen Verhältnis zum verfolgten Zweck steht.[917] Um dies herauszufinden, sind die bestehenden Interessen unter Berücksichtigung der Umstände des Einzelfalls gegeneinander abzuwägen.[918] Konkret geht es auf unionsrechtlicher Ebene um die Abwägung zwischen dem öffentlichen Interesse an einer Förderung der faktischen Gleichstellung und dem individuellen Interesse an Gleichbehandlung der von der Fördermaßnahme betroffenen Männer.[919]

---

912 EuGH, Rs. 265/87, Slg. 1989, 2237 (Rn. 21); EuGH, Rs. 254/94, Slg. 1996, I-4235 (Rn. 55); Jarass, EU-Grundrechte, § 6, Rn. 47 und § 26, Rn. 14; Epiney/Freiermuth Abt, Das Recht der Gleichstellung von Mann und Frau in der EU, S. 211.

913 Epiney/Freiermuth Abt, Das Recht der Gleichstellung von Mann und Frau in der EU, S. 211.

914 Epiney/Freiermuth Abt, Das Recht der Gleichstellung von Mann und Frau in der EU, S. 19.

915 S. die auf nat. Ebene gemachten Ausführungen auf S. 128f. und auch die Anmerkungen von Generalanwalt Tesauro in den Schlussanträgen zur Rechtssache „Kalanke" vom 06.04.1995, EuGH, C-450/93, Celex-Nr. 61993CC0450 (Rn. 18).

916 Der Angemessenheitsprüfung kommt bei der Bewertung von „positiven Maßnahmen" eine überdurchschnittlich hohe Bedeutung zu, da aufgrund des zugestandenen Gestaltungsspielraums der Mitgliedstaaten die Geeignetheit und Erforderlichkeit von Maßnahmen nur in Ausnahmefällen verneint werden muss; hierzu auch Epiney/Freiermuth Abt, Das Recht der Gleichstellung von Mann und Frau in der EU, S. 211f.

917 EuGH, Rs. 44/94, Slg. 1995, I-3115 (Rn. 55); EuGH, Rs. 112/00, Slg. 2003, I-5659 (Rn. 80); Jarass, EU-Grundrechte, § 6, Rn. 49f. und § 26, Rn. 14.

918 EuGH, Rs. 112/00, Slg. 2003, I-5659 (Rn. 81).

919 Das individuelle Interesse der Männer ist dabei – im Gegensatz zu ihrer zu berücksichtigenden Qualifikation – losgelöst vom Einzelfall im Wege einer repräsentativen

Die Entscheidungen des EuGH haben gezeigt, dass die Wahrung der Rechte der männlichen Bewerber ausschlaggebend für die Zulässigkeitsbewertung einer Fördermaßnahme ist.[920] Personalentscheidungen, die auf Fördermaßnahmen basieren, sind nur dann angemessen, wenn die individuellen Interessen der betroffenen Männer hinreichend Berücksichtigung gefunden haben. Insbesondere sind Vorzugsregelungen nur dann angemessen, wenn sie eine Öffnungsklausel zugunsten der nicht geförderten, männlichen Bewerber enthalten.[921] Der EuGH hat mehrfach betont, dass die Angemessenheit einer Gleichstellungsmaßnahme prinzipiell nur angenommen werden kann, wenn der Bewerberin trotz einer bestehenden Unterrepräsentanz kein automatischer und unbedingter Vorrang vor ihrem männlichen Konkurrenten gewährt wird. Dies kann auch abseits einer Förderung in Form von Vorzugsregelungen dahin verallgemeinert werden, dass persönliche Gründe der Bewerber unabhängig von der Ausgestaltung der Fördermaßnahme bei der Auswahlentscheidung zu berücksichtigen sind. Hierbei ist zu überprüfen, ob das Ziel der Gleichstellung aufgrund anderweitiger Interessenslagen gegebenenfalls zurücktreten muss.[922] Eine automatische und

---

Betroffenheit aller männlichen Bewerber zu berücksichtigen. Würde man die Rechte des einzelnen Mannes und damit auch dessen individuelle Betroffenheit für die Beurteilung der Angemessenheit einer jeden Fördermaßnahme anführen, so würde deren Zulässigkeit im Zweifel an der Angemessenheitsprüfung scheitern, da eine überdurchschnittlich harte Betroffenheit eines einzelnen männlichen Bewerbers aufgrund von individuellen Gegebenheiten stets denkbar ist. S. hierzu auch Epiney/Freiermuth Abt, Das Recht der Gleichstellung von Mann und Frau in der EU, S. 212 und Arioli, Frauenförderungsmassnahmen im Erwerbsleben, S. 132. Das öffentliche Interesse an einer bestmöglichen Besetzung von vakanten Stellen im öffentlichen Dienst und insb. an den Hochschulen geht im Interesse des Einzelnen an einer gleichen Behandlung ohne geschlechtsspezifische Berücksichtigung auf, da im Unionsrecht eine dem Art. 33 II GG vergleichbare Vorschrift nicht vorhanden ist und das Diskriminierungsverbot ohnehin als rechtl. Grundlage herangezogen werden muss, s. bereits Fn. 886.

920 Zwar erfolgt in den Urteilen – wie bereits erwähnt – keine strikte Angemessenheitsprüfung; der EuGH greift aber zumindest die im zu beurteilenden Fall besonders bedeutsamen Aspekte hervor, sodass sich die daraus gewonnenen Erkenntnisse Berücksichtigung finden können.

921 Der EuGH prüft das Erfordernis einer Öffnungsklausel nicht im Wege einer Angemessenheitsprüfung. Die Ausführungen können jedoch im Rahmen der Abwägung der widerstreitenden Interessen argumentativ am besten eingebaut werden.

922 Entspr. hat der VGH BW für § 10 I und III ChancenGleichG BW entschieden, dass diese unionsrechtskonform auszulegen und anzuwenden sind. Frauen dürfen bei gleicher Qualifikation nur dann bevorzugt werden, wenn keine Gründe von

unbedingte Bevorzugung weiblicher Bewerber ist in jedem Fall nicht angemessen und damit unverhältnismäßig.[923] Ist hingegen eine hinreichende Berücksichtigung der persönlichen Verhältnisse der Bewerber im Rahmen der Auswahlentscheidung erfolgt, so ist die bevorzugte Behandlung weiblicher Kandidaten im Übrigen daraufhin zu untersuchen, ob das Ziel der Förderung der materiellen Gleichstellung in Anbetracht der Beeinträchtigung der formellen Gleichstellung als unverhältnismäßig angesehen werden muss.

(1) Das Rangverhältnis formeller und materieller Gleichstellung im Unionsrecht

Betrachtet man zunächst das Verhältnis der beiden Positionen zueinander, so sind die Regelungen zur Förderung der materiellen Gleichstellung systematisch Ausnahmevorschriften zur bestehenden formellen Gleichstellung zwischen den Geschlechtern: Der allgemeine Gleichheitssatz, festgehalten in Art. 20 GRC und über spezielle Gleichheitssätze insbesondere auch für den Bereich des Erwerbslebens seit der RL 76/207/EWG gewährleistet, ist seit jeher ein das Unionsrecht auf sämtlichen Ebenen durchdringender Grundsatz. Die Förderung auch der materiellen Gleichheit hingegen ist mit ihren Verankerungen in Art. 157 IV AEUV, Art. 23 II GRC und Art. 3 der RL 2006/54/EG schon wegen der gewählten Systematik der Normen lediglich die Ausnahme.

Würde man ihre Position gegenüber der formellen Gleichberechtigung jedoch deshalb als schwach gewichten, so wären auch die Fördermöglichkeiten im Abwägungsvorgang entsprechend schwach. Für das Ziel einer effektiven Gleichstellung der Geschlechter würde dies bedeuten, dass die strenge Beachtung der formellen Gleichheit der Zielförderung entgegenstehen würde, da der Möglichkeit von „positiven Maßnahmen" kaum Raum verbliebe.[924] Entsprechend wenig Bedeutung würde den gesetzlichen Möglichkeiten von „positiven Maßnahmen" bei einer derartigen Anwendung noch zukommen. Auch der EuGH hat diese Problematik erkannt: Betrachtet man die Rechtsprechung seit der Rechtssache „Kalanke", so wertete er hier das Ziel der effektiven Gleichstellung noch einschränkend als das bloße Herstellen von Konkurrenzfähigkeit auf Einzelfallebene.

---

größerem rechtl. Gewicht seitens des männlichen Bewerbers entgegenstehen, VGH BW, NVwZ-RR 2012, 73 (76).

923 S. zum parallelen Ergebnis im Rahmen der Bewertung von leistungsabhängigen Vorzugsregelungen auf nat. Ebene S. 146f.

924 So auch Richter, Die Berücksichtigung des Geschlechts bei der Vergabe und Schaffung öffentlicher Ämter in der Wissenschaft, S. 87.

Seit der Rechtsprechung in der Sache „Marschall“ ist die faktische Bevorzugung von männlichen Bewerbern in den Fokus der Argumentation gerückt, was zu Zugeständnissen zugunsten der Förderung der materiellen Gleichstellung und zugleich zu einer geschwächten Position der formellen Gleichstellung geführt hat. Der so hergestellte Gleichlauf der Gleichstellungsebenen wird ihnen auch insofern gerecht, als die vermeintlich widerstreitenden Interessenlager der formellen und materiellen Gleichheit das gemeinsame Ziel eines gleichberechtigten Daseins von Frauen und Männern verfolgen.[925] Im Ergebnis bedeutet dies für die in der Güterabwägung gegenüberstehenden Interessen der Sicherung der formellen Gleichstellung der Männer und der Förderung der materiellen Gleichstellung der Frauen, dass den Art. 157 IV AEUV, Art. 23 II GRC bzw. Art. 3 der RL 2006/54/EG kein Ausnahmecharakter zukommt, sondern die Ausgangspositionierung vielmehr gleichwertig ist.[926]

(2) Die Qualifikation als entscheidender Maßstab

Aus dieser abstrakten Gewichtung der formellen und materiellen Gleichstellung lässt sich noch kein Ergebnis für die vorzunehmende Angemessenheitsprüfung ableiten. Der prinzipielle Gleichlauf der beiden Rechtspositionen führt jedoch zu einer gestärkten Position der materiellen Gleichstellung, die insofern auch in den Abwägungsvorgang einfließen muss. Entscheidend ist, ob das Recht der Männer auf Gleichbehandlung durch die Förderpraxis an deutschen Hochschulen über das notwendige Maß hin beeinträchtigt ist. Es gilt zu klären, ob die Lage

925 S. hierzu die Argumentation des Generalanwalts Saggio in den Schlussanträgen zur Rechtssache „Badeck“ vom 10.06.1999, EuGH, C-158/97, Celex-Nr. 61997CC0158 (Rn. 26); Richter, Die Berücksichtigung des Geschlechts bei der Vergabe und Schaffung öffentlicher Ämter in der Wissenschaft, S. 87f.; Epiney/Freiermuth Abt, Das Recht der Gleichstellung von Mann und Frau in der EU, S. 200.

926 Allein dieses Ergebnis wird der gesetzl. Möglichkeit von positiven Diskriminierungen gerecht; so auch Epiney/Freiermuth Abt, Das Recht der Gleichstellung von Mann und Frau in der EU, S. 200, die bereits im Hinblick auf Art. 141 IV EGV betonen, dass der Vorschrift gerade kein Ausnahmecharakter zukommt und insofern auf den Wortlaut des Art. 3 II EGV (Art. 8 AEUV) verweisen, der mit der Beseitigung von Ungleichheiten und der Förderung der Gleichstellung gerade den formellen als auch den materiellen Gleichheitsbegriff umfasst. Ähnlich Nußberger, in Tettinger/Stern, Grundrechte-Charta, Art. 23, Rn. 95f., die Art. 23 S. 2 GRC als Ergänzung bzw. Konkretisierung von Art. 23 S. 1 GRC wertet. A.A. Krebber, in Calliess/Ruffert, EUV/EGV, 2. Aufl. 2002, Art. 141 EGV, Rn. 82, der – allerdings ohne nähere Begründung – Art. 141 IV als Ausnahme zu einem grundlegenden Prinzip des Unionsrechts eng auslegen will.

der weiblichen Wissenschaftler tatsächlich einer derartigen Ungleichbehandlung zulasten der männlichen Konkurrenten bedarf.[927]

Zu Fördermaßnahmen im öffentlichen Dienst allgemein zeigt die Rechtsprechung des EuGH drei mögliche Konstellationen auf, in denen „positive Maßnahmen" zugunsten von Frauen greifen können und die sich ungleich stark auf die Positionierung des männlichen Bewerbers auswirken: Zum einen sind Maßnahmen möglich, die erst in einer Pattsituation greifen sollen. Daneben können Maßnahmen in einer Situation greifen, in der die Bewerberin zwar nicht die exakt gleiche, aber doch eine annähernd gleiche Qualifikation wie ihr männlicher Konkurrent vorweisen kann. Schließlich sind Maßnahmen denkbar, die unabhängig von der jeweiligen Qualifikation und damit auch bei einer geringeren Qualifikation weiblicher Bewerber greifen. Die Rechte des männlichen Bewerbers und damit auch dessen Anspruch auf Gleichbehandlung sind hierbei umso mehr beeinträchtigt, je weniger Ansprüche an die zu erfüllende Qualifikation der Bewerberin gestellt werden. Der Anspruch an die erforderliche Qualifikation der zu fördernden Kandidatin kann damit als der entscheidende Punkt für die Angemessenheitsüberprüfung einer Maßnahme angesehen werden.[928]

(3) Die Übertragbarkeit der EuGH-Rechtsprechung auf den Wissenschaftsbetrieb

Die Rechtsprechung des EuGH in den Rechtssachen „Kalanke" und „Marschall" hat gezeigt, dass Fördermaßnahmen, die erst bei gleicher Qualifikation greifen, unproblematisch sind, sofern die Interessen der männlichen Bewerber hinreichend Berücksichtigung finden und die weibliche Bevorzugung nicht automatisch und unbedingt erfolgt. Gleiches soll nach der Rechtssache „Abrahamsson" auch gelten, wenn eine lediglich gleichwertige oder aber auch nur fast gleichwertige Qualifikation gegeben ist. Entsprechendes hat auch für Fördermaßnahmen im Rahmen von wissenschaftlichen Positionen an Hochschulen zu gelten.

In der Rechtssache „Badeck" hatte der EuGH im dritten Teil der Vorlagefrage die Zulässigkeit von qualifikationsunabhängigen Ausbildungsquoten zu bewerten. Demnach waren nach dem HGlG in Ausbildungsberufen des öffentlichen Dienstes, in denen Frauen unterrepräsentiert waren, die Hälfte der

927 Vgl. auch die Argumentation des Generalanwalts Saggio in den Schlussanträgen zur Rechtssache „Badeck" vom 10.06.1999, EuGH, C-158/97, Celex-Nr. 61997CC0158 (Rn. 29b).

928 S. die parallele Argumentation auf nat.Ebene, S. 130f.

Ausbildungsplätze mit Frauen zu besetzen.[929] Auch diese hatte der Gerichtshof für zulässig erachtet.[930] Als Begründung führte er an, dass die qualifikationsunabhängige Zuweisung der Ausbildungsplätze Grundvoraussetzung für eine spätere Chancengleichheit der weiblichen Bewerberinnen auf nachgelagerten Karrierestufen sei.[931] Ohne jede Rücksicht auf Qualifikation und sogar unabhängig von einer sonst stets geforderten Öffnungsklausel bewertete der EuGH die automatische Bevorzugung von weiblichen Bewerberinnen als mit dem Unionsrecht und dem Gleichbehandlungsgrundsatz zu vereinbaren. Der EuGH betonte in seinem Urteil jedoch, dass es um Ausbildungsplätze, und eben gerade nicht um Arbeitsplätze ginge, die den Frauen vorenthalten würden.[932] In seinen Augen dienten diese Ausbildungsplätze dazu, Qualifikationen zu erlangen, die Voraussetzung dafür wären, im späteren Berufsleben Zugang zu einer qualifizierten Tätigkeit im öffentlichen Dienst zu erhalten.[933] Um den Frauen diese Möglichkeit und damit Chancengleichheit im späteren Berufsleben zu gewähren, sollte mit der festgelegten Mindestquote die benötigte Ausgangslage geschaffen werden.

Es stellt sich die Frage, ob sich die vom EuGH in der Rechtssache „Badeck" verfolgte Argumentation auch auf den Betrieb des Wissenschaftssystems übertragen lässt.[934] Hierzu müsste sich eine den Ausbildungsberufen im öffentlichen Dienst ähnlich gelagerte Situation finden lassen, die einen Rückgriff auf die zum Qualifikationserwerb während der Ausbildungszeit getroffene Argumentation möglich macht. Betrachtet man die Stellensituation des wissenschaftlichen Betriebes an Hochschulen, so können auch hier, ähnlich wie bei dem Fall der Ausbildungsplätze und dem letztlichen Arbeitsplatz im öffentlichen Dienst, verschiedene Qualifikationsstufen ausgemacht werden: Promotions- und Habilitationsstellen sowie Juniorprofessuren können als Vorstufen einer W2- bzw. W3-Professur gewertet werden. Auch hier werden auf den vorgelagerten

929 Dies sollte nicht für Ausbildungsgänge gelten, in denen der Staat ausschließlich ausbildet. Eine weitere Einschränkung – gerade im Hinblick auf eine geforderte Qualifikation der Bewerberinnen – gab es nicht.

930 S. S. 170f.

931 EuGH C-158/97, Slg. 2000, I-01875 – Badeck (Rn. 48). Nach § 7 II HGlG war aber eine Ausnahmeregelung für den Fall vorgesehen, dass nicht genügend Bewerbungen von Frauen vorliegen.

932 EuGH C-158/97, Slg. 2000, I-01875 – Badeck (Rn. 52).

933 EuGH C-158/97, Slg. 2000, I-01875 – Badeck (Rn. 52).

934 So schon Schiek, Der Personalrat 2000, 361 (371), allerdings ohne nähere Begründung und verallgemeinernd für sämtliche Qualifikationsstellen im wissenschaftlichen Dienst.

Positionen Qualifikationen erworben, die für die spätere Besetzung einer Professur Voraussetzung sind, wie dies auch bei einer entsprechenden Ausbildung im Hinblick auf einen späteren Arbeitsplatz im jeweiligen Ausbildungsberuf der Fall ist. Den Ausbildungsberufen ist jedoch gemein, dass die jeweiligen Bewerber vor Beginn der Ausbildung lediglich allgemeine Qualifikationen aus der Schullaufbahn erworben haben und somit allein die schulischen Zeugnisse als ausschlaggebendes Kriterium für die Qualifikationseinstufung der Ausbildungsplatzbewerber herangezogen werden könnten.[935] Die drei vorgelagerten Qualifikationsstufen an den Hochschulen knüpfen hingegen an ein bereits absolviertes fachspezifisches Studium an. Fachspezifische Qualifikationen wurden somit auch schon vor Beginn der Promotion als erste weiterführende Qualifikationsphase erworben. Unabhängig von der jeweiligen Qualifikationsstufe sind bei der durchzuführenden Bewerberauswahl an der Hochschule somit gewisse Grundqualifikationen bereits vorhanden, sodass eine solche anhand von Qualifikationsabstufungen prinzipiell möglich wäre. Daneben tritt die bedeutende Position von wissenschaftlichen Mitarbeitern oder Juniorprofessoren im Hochschulgeschehen. Diese dienen im Gegensatz zu den vom EuGH zu bewertenden Ausbildungsplätzen nicht dem bloßen Qualifikationserwerb. Vielmehr werden auch den vorgelagerten Qualifikationsstufen bereits verantwortungsvolle Pflichten auferlegt, die sich insbesondere in der studentischen Ausbildung widerspiegeln. Im Rahmen dessen muss ihnen teilweise auch durch die damit verbundene Aufgabe der Vergabe von Noten eine den Professoren angenäherte Position zugestanden werden.

Im Ergebnis sind ein mit der Vergabe von Ausbildungsplätzen vergleichbares Qualifikationsniveau und damit ein vergleichbarer Tatbestand nicht gegeben. Die Aussagen des EuGH zur Zulässigkeit der qualifikationsunabhängigen Vergabe von Ausbildungsplätzen lassen sich nicht auf die Qualifikationsstufen in der Wissenschaft übertragen. Entsprechend können wissenschaftliche Qualifikationsstellen auch nicht ohne Berücksichtigung der jeweiligen Qualifikation vergeben werden. Für die Durchführung von Gleichstellungsmaßnahmen verbleibt es daher auch in Bezug auf derartige Stellen bei der vom EuGH als angemessen bewerteten Möglichkeit, die weiblichen Bewerber bei Vorliegen gleicher und gleichwertiger bzw. auch nahezu gleichwertiger Qualifikation zu bevorzugen, sofern die Interessen der männlichen Mitbewerber im Einzelfall hinreichend berücksichtigt werden.

935 S. hierzu auch Schiek, Der Personalrat 2000, 361 (370).

C. Ergebnis

Auch nach Maßgabe des Unionsrechts ist das Merkmal der Qualifikation entscheidender Maßstab für die Besetzung von vakanten Stellen an der Hochschule. Der Rechtsprechung des EuGH lässt sich entnehmen, dass der Anspruch auf Gleichbehandlung der männlichen Konkurrenten grundsätzlich unverhältnismäßig beeinträchtigt und die Personalentscheidung damit als unionsrechtswidrig einzustufen ist, wenn diese auf geschlechts- und nicht qualifikationsbedingten Erwägungen beruht. Fördermaßnahmen zugunsten des unterrepräsentierten Geschlechts sind nur möglich, sofern eine gleiche bzw. gleichwertige oder nahezu gleichwertige Qualifikation der Bewerber gegeben ist und eine automatische und unbedingte Bevorzugung der weiblichen Bewerber verhindert wird.

Kapitel 5: Möglichkeiten der Frauenförderung in Deutschland und in der EU – Vergleich, Zukunftsperspektiven und Würdigung

A. Rechtlicher Vergleich

Vergleicht man die gewonnenen Erkenntnisse der verfassungsrechtlichen und unionsrechtlichen Beurteilung, so weisen diese eine starke Parallelität auf. Sowohl auf nationaler als auch auf Unionsebene ist die Qualifikationsabhängigkeit ausschlaggebendes Element für die Zulässigkeit einer Fördermaßnahme. Als zentrales Förderinstrument dient die leistungsabhängige Vorzugsregelung, welche als einzige unmittelbar wirkende Maßnahme den rechtlichen Anforderungen genügt. Frauen dürfen bei der Besetzung von öffentlichen Ämtern aufgrund ihres Geschlechts nur bevorzugt werden, wenn sie zugleich über eine bessere, gleiche oder aber zumindest wesentlich gleiche Qualifikation wie ihre männlichen Konkurrenten verfügen. In Anbetracht der bestehenden Verfassungsunterschiede überrascht dieser Gleichlauf im Ergebnis, da sich auf Unionsebene, im Gegensatz zur nationalen Ebene, keine verfassungsrechtliche Verankerung des Leistungsprinzips finden lässt. Der EuGH, dessen Rechtsprechung richtungsweisend für die Bewertung von Fördermaßnahmen auf Unionsebene ist, stützt das Erfordernis der Leistungsgleichheit deshalb auf das Interesse der männlichen Konkurrenten, welches unangemessen benachteiligt sein soll, sofern Fördergesichtspunkte über jene der Qualifikation gestellt werden. Im Gegensatz dazu sind auf nationaler Ebene bisher keine einschlägigen Urteile des BVerfG zur verfassungsrechtlichen Zulässigkeit von Fördermaßnahmen im öffentlichen Dienst ergangen. Aufgrund der aktuellen Umsetzungsbreite von derartigen Maßnahmen ist es jedoch nur eine Frage der Zeit, bis es auch in Deutschland zu einer höchstrichterlichen Rechtsprechung kommen wird. Es ist davon auszugehen, dass sich das Gericht dabei an der bisherigen Rechtsprechung des EuGH orientieren wird, die sich insofern aufgrund der vorgenommenen Fokussierung auf das Leistungsprinzip auch mit der gegebenen nationalen Rechtslage vereinbaren lässt.[936] Insofern wäre somit auch in der höchstrichterlichen Rechtsprechung eine Parallele zwischen der Rechtslage der EU und der nationalen Rechtslage hergestellt.

---

936 So ist auch Langenfeld, DVBl 2010, 1019 (1025) der Ansicht, dass das BVerfG leistungsabhängige Quoten mit Öffnungsklausel in Einklang mit der Rspr. des EuGH für zulässig erachten wird.

B. Zukünftige Fördermöglichkeiten

Es stellt sich die Frage, ob die parallele Handhabung zukünftig einer Veränderung unterliegen könnte. Die nationale Rechtslage zeichnet sich durch die absolute Geltung des in Art. 33 II GG festgehaltenen Leistungsgrundsatzes aus. Dessen subjektiver Schutzzweck ermöglicht eine Übertragung der vom EuGH verfolgten Argumentation, da auch auf Ebene des GG die Interessen der männlichen Konkurrenten einer qualifikationsunabhängigen Förderung entgegenstehen. Diese sollen auf Ebene der nationalen Rechtslage jedoch dann nicht unangemessen beeinträchtigt sein, wenn es sich um Maßnahmen ohne unmittelbaren Einfluss auf das Auswahlergebnis handelt.[937] Einer Angemessenheit derartiger Maßnahmen steht dann aber wiederum der objektive Schutzzweck des Art. 33 II GG entgegen, der in der Funktionsfähigkeit der Verwaltung besteht und insofern zumindest für den Bereich der Hochschule qualitativen Abstrichen in der Bewerberauswahl widerspricht. Eine derart objektive Argumentationslinie verfolgt die Rechtsprechung des EuGH jedoch nicht, sodass diese entsprechend förderfreundlicher ausfallen könnte und die Parallelität der Ergebnisse umso mehr verwundert.

Diese Feststellung wird durch Art. 157 IV AEUV und Art. 23 II GRC verstärkt, die im Gegensatz zum GG explizit die Möglichkeit von Fördermaßnahmen zugunsten des unterrepräsentierten Geschlechts festhalten. Aufgrund dieser verfassungsrechtlichen Fördermöglichkeit lässt sich die Annahme vertreten, dass es zukünftig zu einer weiterführenden Rechtsprechung des EuGH kommen könnte, die nicht mehr durch eine strikte Leistungsabhängigkeit gekennzeichnet ist. Dafür spricht nicht nur die vom EuGH bejahte Zulässigkeit von qualifikationsunabhängigen Vorzugsregelungen bei Ausbildungsplätzen,[938] sondern auch die grundsätzliche Argumentation des EuGH, die sich in Anbetracht der zu wahrenden Interessen des männlichen Konkurrenten in erster Linie auf die fehlende Absolutheit einer Fördermaßnahme und das daraus resultierende Erfordernis einer Öffnungsklausel stützt.[939] Die zusätzlich geforderte Leistungsgebundenheit kann insofern als bloßer Annex gesehen werden, deren Fehlen jedoch nicht zwangsläufig zu einer Unvereinbarkeit mit den Verträgen führt, solange eine objektive Auswahl über eine Öffnungsklausel gewährleistet ist.[940] Entsprechend

937 S. S. 130f.

938 S. EuGH C-158/97, Slg. 2000, I-01875 – Badeck (Rn. 45f.).

939 S. insb. EuGH C-407/98, Slg. 2000, I-05539 – Abrahamsson (Rn. 53 und 58).

940 In diese Richtung auch Langenfeld, in Grabitz/Hilf/Nettesheim, Art. 157 AEUV, Rn. 120 und Boysen, in v. Münch/Kunig, GG, Band 1, Art. 3, Rn. 173, die anmerkt,

ist es zukünftig denkbar, dass der EuGH eine Zulässigkeit auch von weitergehenden Fördermaßnahmen, insbesondere in Form von leistungsunabhängigen Vorzugsregelungen, annehmen wird. Verfassungsrechtlich wäre er daran zumindest nicht gehindert.

C. Unionsrechtskonforme Auslegung der deutschen Verfassung als notwendiges Korrektiv?

Ergebnis einer Ausdehnung der Zulässigkeit auch auf leistungsunabhängige Fördermaßnahmen durch den EuGH wäre eine Divergenz zur nationalen Bewertung auf Basis des GG. In Anbetracht der bestehenden verfassungsrechtlichen Grundlagen wäre eine solch unterschiedliche Zulässigkeitsbewertung jedoch auch nur folgerichtig, da diese in Bezug auf Fördermaßnahmen unterschiedlich stark ausgeprägt sind: Wird der in Art. 3 III EUV, Art. 8 AEUV und Art. 23 I GRC festgehaltene Fördergedanke auf Ebene der EU durch die Regelungen der Art. 157 IV AEUV und Art. 23 II GRC verstärkt, so erfährt das in Art. 3 II 2 GG aufgeführte Fördergebot als Parallelbestimmung auf nationaler Ebene durch die Spezialvorschrift des Art. 33 II GG für den öffentlichen Dienst eine deutliche Beschränkung. Dieser Widerspruch in den Gleichstellungsvorschriften wird bis heute durch eine enge Rechtsprechung des EuGH aufgehoben, der bis dato an der Leistungsgebundenheit einer Maßnahme festhält. Es stellt sich mit Blick in die Zukunft allerdings die Frage, ob eine mögliche Änderung der europäischen Rechtsprechung auch Auswirkungen auf die nationale Verfassung haben könnte. Zu denken wäre an eine daraus resultierende unionsrechtskonforme Auslegung des Art. 33 II GG als notwendiges Korrektiv, mit dem Ergebnis, dass Art. 3 II 2 GG seine originäre Stärke auch für den Bereich des öffentlichen Dienstes beibehalten würde und Fördermaßnahmen entsprechend auch hier in größerem Umfang umgesetzt werden könnten. Eine solche Notwendigkeit wäre gegeben, wenn sich die abweichenden nationalen Regelungen nicht mit den Grundgedanken der EU vereinbaren ließen. So könnte insbesondere der in Art. 4 III EUV festgehaltene Grundsatz der loyalen Zusammenarbeit im Rahmen einer Änderung der unionsrechtlichen Bewertung dafür sprechen, dass auch auf nationaler Ebene von einer strikten Qualifikationsabhängigkeit der Fördermaßnahmen abgesehen werden müsste. Die Mitgliedstaaten sind nach Art. 4 III UAbs. 3 EUV

---

dass sich der EuGH bisher nicht explizit dazu geäußert hat, ob die Gleichwertigkeit der Qualifikation tatsächlich Voraussetzung für die Vereinbarkeit von Vorzugsregelungen mit dem Unionsrecht ist.

dazu verpflichtet, alle Maßnahmen zu unterlassen, die die Verwirklichung der Ziele der Union gefährden könnten. Sie trifft dabei nicht nur die dem Wortlaut zu entnehmende klare Unterlassungsverpflichtung, sondern sie sind darüber hinaus auch für eine aktive Unterstützung der EU bei der Erreichung ihrer in Art. 3 EUV festgehaltenen Ziele verantwortlich.[941] Im Ergebnis müssen sie zur Erfüllung dieser Pflicht selbst aktiv werden, was bedeutet, dass auch die Mitgliedstaaten neben der EU selbst an die in Art. 3 EUV festgehaltenen Ziele gebunden sind.[942] Zu eben diesen Zielen gehört nach Art. 3 III EUV auch die Gleichstellung von Frauen und Männern, welche in Verbindung mit Art. 8 AEUV von einem Abwehr- hin zu einem Teilhaberecht erstarkt, das in Anbetracht der Zielerreichung Förderpflichten nach sich ziehen kann.[943]

Das in Art. 33 II GG enthaltene Leistungsprinzip, welches den Fördermöglichkeiten auf nationaler Ebene entgegensteht und diese auf Fälle von zumindest wesentlich gleicher Eignung beschränkt, würde folglich dem in Art. 4 III EUV festgehaltenen Grundsatz der loyalen Zusammenarbeit widersprechen, wenn auch die Mitgliedstaaten einer entsprechenden Förderpflicht unterlägen. Als richtungsweisende Normen für eine solche Pflicht sind die Art. 157 IV AEUV und Art. 23 II GRC heranzuziehen, welche die Fördermöglichkeiten für die Erreichung des Zieles der Gleichstellung von Frauen und Männern beinhalten. Sie richten sich unmittelbar an die Mitgliedstaaten selbst und gewähren diesen eine primärrechtliche Ermächtigungsgrundlage für eine kompensierende Sozialpolitik gegen geschlechtsbedingte Benachteiligungen.[944] Ein Verstoß gegen den Grundsatz der loyalen Zusammenarbeit aus Art. 4 III EUV durch eine nationale Förderpolitik unter dem von der Union aufgestellten Niveau wäre jedoch nur dann zu bejahen, wenn die Mitgliedstaaten aus Art. 157 IV AEUV und Art. 23 II GRC nicht nur ermächtigt, sondern darüber hinaus auch zu einer wirkungsvollen Förderungspolitik verpflichtet wären. Betrachtet man den Wortlaut des Art. 157 IV AEUV, so hindert der Grundsatz der Gleichbehandlung die Mitgliedstaaten nicht daran, zur Erleichterung der Berufstätigkeit des unterrepräsentierten Geschlechts oder zur Verhinderung bzw. zum Ausgleich von Benachteiligungen in der beruflichen Laufbahn spezifische Vergünstigungen beizubehalten oder zu beschließen. Ähnlich

---

941 Terhechte, in Grabitz/Hilf/Nettesheim, Art. 3 EUV, Rn. 27.

942 Ruffert, in Calliess/Ruffert, EUV/AEUV, Art. 3 EUV, Rn. 4; so auch Terhechte, in Grabitz/Hilf /Nettesheim, Art. 3 EUV, Rn. 27, der die Verpflichtung der Mitgliedstaaten und die damit verbundene Verpflichtung zum aktiven Handeln schon der Mitgliedschaft der Staaten in der Union entnimmt.

943 Coen, in Lenz/Borchardt, EU-Verträge, Art. 157 AEUV, Rn. 3.

944 S. S. 154.

heißt es in Art. 23 II GRC: Der Grundsatz der Gleichheit steht der Beibehaltung oder der Einführung spezifischer Vergünstigungen für das unterrepräsentierte Geschlecht nicht entgegen. Es fällt auf, dass beide Normen die unionsrechtliche Vereinbarkeit von Fördermöglichkeiten lediglich negativ umschreiben und den Mitgliedstaaten nicht positiv eine bestimmte Art der Förderung abverlangen. Aus der gewählten Formulierung können somit keine strikten Vorgaben für die Mitgliedstaaten entstehen. Art. 157 IV AEUV und auch Art. 23 II GRC umschreiben ein rechtliches „Können" von Fördermaßnahmen, nicht aber auch deren rechtliches „Müssen".[945] Den Mitgliedstaaten wird von unionsrechtlicher Seite lediglich Raum für die tatsächliche Umsetzung von Gleichstellungsmaßnahmen gelassen. Beschränkungen können sie jedoch auf Ebene des nationalen Rechts erfahren, wo die durch das nationale Verfassungsrecht aufgestellten Grenzen weiterhin Beachtung finden müssen.[946] Entsprechend sind die Fördermaßnahmen auch mit dem Leistungsprinzip aus Art. 33 II GG in Einklang zu bringen, sodass eine leistungsabhängige Frauenförderung für den Bereich des öffentlichen Dienstes auch bei einer zukünftigen Änderung der Rechtsprechung des EuGH nicht Grundgedanken der EU widersprechen würde.[947] Eine unionsrechtskonforme Auslegung der deutschen Verfassung hat in einem solchen Fall nicht zu erfolgen.

945 Merten, Hdb. der Grundrechte V, § 114, Rn. 40; Rebhahn, in Schwarze, EU-Kommentar, Art. 157 AEUV, Rn. 50; Hölscheidt, in Meyer, GRCharta, Art. 23, Rn. 28; Schwarze, in Graser, EU, Art. 23 GRC, Rn. 4; so auch schon Krebber, in Calliess/Ruffert, EUV/EGV, 2. Aufl. 2002, Art. 141 EGV, Rn. 86; s. auch Rademacher, Diskriminierungsverbot und „Gleichstellungsauftrag", S. 299 und Langenfeld, in Grabitz/Hilf/Nettesheim, Art. 157 AEUV, Rn. 124, der ebenfalls anmerkt, dass eine positive Diskriminierung unionsrechtl. nicht geboten ist.

946 Das nat. Verfassungsrecht wird durch die in Art. 157 IV AEUV und Art. 23 II GRC beinhaltete Freistellung nicht verdrängt; so auch Merten, Hdb. der Grundrechte, V, § 114, Rn. 40; Boysen, in v. Münch/Kunig, GG, Band 1, Art. 3, Rn. 174; Rebhahn, in Schwarze, EU-Kommentar, Art. 157 AEUV, Rn. 50; Hölscheidt, in Meyer, GRCharta, Art. 23, Rn. 28; Schwarze, in Graser, EU, Art. 23 GRC, Rn. 4; Rademacher, Diskriminierungsverbot und „Gleichstellungsauftrag", S. 299.

947 Auch Merten betont in Hdb. der Grundrechte V, § 114, Rn. 40, dass der Gesetzgeber die absolute Geltung des Art. 33 II GG beachten muss und verweist zudem darauf, dass die in Art. 3 II 2 GG festgehaltene Förderungspflicht auch in einer anderen Form umgesetzt werden kann, als durch die Vergabe von öffentlichen Ämtern. Zurückhaltender Boysen, in v. Münch/Kunig, GG, Band 1, Art. 3, Rn. 174, der unter Verweis auf das Verhältnis von Bundes- und Landesgrundrechten die europarechtl. Durchdringung der für Quotenregelungen entscheidenden Rechtsgebiete und den daraus resultierenden Konvergenzdruck auf die grundrechtl. Maßstäbe betont, indes aber die weiterhin bestehende absolute Geltung des Art. 33 II GG nicht anzweifelt.

Zusammenfassende Thesen

1. Das bloße Aufstellen eines finanziellen Anreizsystems findet in der hochschulinternen Geschlechterverteilung keinen direkten Niederschlag. Bei einer rechtlichen Untersuchung kommt es daher allein auf die tatsächlichen Umsetzungsmaßnahmen zur Förderung der Gleichstellung an – seitens der Hochschulen selbst oder verlagert auf Ebene der einzelnen Fakultäten.
2. Art. 33 II GG ist im Verhältnis zu Art. 3 II 1, III 1 Var. 1 GG lex specialis.
3. Der völlige Verzicht der öffentlichen Ausschreibung im Sinne von § 45 I HRG ist, wie die speziell auf eine Kandidatin zugeschnittene Ausschreibung oder die nur an Frauen gerichtete Ausschreibung, eine Beeinträchtigung des Art. 33 II GG.
4. Eine vorgeschriebene Anzahl an weiblichen Mitgliedern von Berufungskommissionen ist mit Art. 33 II GG zu vereinbaren.
5. Eine Beeinträchtigung des Art. 33 II GG ist bei einer Auswahl der zum Bewerbungsgespräch einzuladenden Bewerber anzunehmen, wenn die vorzuweisenden Qualifikationen von weiblichen Bewerbern niedriger sind, als die ihrer männlichen Konkurrenten.
6. Eine Beeinträchtigung des Art. 33 II GG liegt nicht vor, wenn weibliche Bewerber für den Fall einer exakt gleichen Qualifikation auf der Berufungsliste bevorzugt berücksichtigt werden.
7. Die positive Berücksichtigung von gender- und diversityspezifischen Aspekten in Forschung und Lehre ist als Ausgestaltung des aufgestellten Anforderungsprofiles zu werten und stellt damit keine Beeinträchtigung des Art. 33 II GG dar.
8. Außerplanmäßige Stellen, die sich explizit nur an weibliche Wissenschaftler richten, sind mit Art. 33 II GG nicht zu vereinbaren.
9. Bei der Besetzung von Professuren kann das Geschlecht i.d.R. nicht als entscheidendes Eignungsmerkmal angeführt werden.
10. Eine mittelbare Beeinträchtigung des Art. 3 II 1, III 1 Var. 1 GG ist gegeben, wenn Gender-Aspekte in Forschung und Lehre zu einer besseren Beurteilung der Qualifikation der Bewerber führen.
11. Weiblichen Wissenschaftlern kommen auch heute noch durch strukturelle Diskriminierung nicht die gleichen Chancen im Hinblick auf die Ausgangssituation zu.
12. Gleichstellungsmaßnahmen fördern den Zustand der Chancengleichheit an den Hochschulen zumindest mittelbar, da die erhöhte Anzahl von

weiblichen Identifikationsfiguren langfristig dazu führt, dass diskriminierende Strukturen aufgelockert werden.

13. Fördermaßnahmen sind in Bezug auf den von Art. 33 II GG umfassten Bewerbungsverfahrensanspruch und die Interessen der männlichen Konkurrenten umso eher angemessen, je geringer die Abstriche der aufgestellten Qualifikationsanforderungen zugunsten der weiblichen Bewerber ausfallen und je weniger Einfluss sie auf das Ergebnis der Auswahlentscheidung haben.
14. Aufgrund des von Art. 33 II GG ebenfalls umfassten objektiven Interesses der Funktionsfähigkeit der Verwaltung und der besonderen gesellschaftlichen Bedeutung von Hochschulprofessoren die Forschung und die Ausbildung des wissenschaftlichen Nachwuchses ist eine Herabstufung von Qualifikationsanforderungen im Rahmen des Berufungsverfahrens allerdings stets als unangemessen einzustufen.
15. Das Sozialstaatsprinzip nach Art. 20 I GG vermag Beeinträchtigungen des Art. 33 II GG nicht zu rechtfertigen, da eine Übertragung der für Schwerbehinderte bejahten Durchbrechung des Leistungsprinzips auf Fördermaßnahmen zugunsten von Frauen mangels schicksalsbedingter Härten und dem Grundnormcharakter des Art. 33 II GG nicht möglich ist.
16. Leistungsabhängige Vorzugsregelungen sind nur dann erforderlich, wenn sie sich auf einen Zustand der Unterrepräsentation beziehen.
17. Die Rechtsprechung des EuGH in der Rechtssache „Badeck" zur Zulässigkeit von qualifikationsunabhängigen Ausbildungsplatzquoten lässt sich nicht auf Qualifikationsstellen in der Wissenschaft übertragen.
18. In Anbetracht der fehlenden verfassungsrechtlichen Verankerung des Leistungsprinzips in den Verträgen der EU überrascht der Ergebnisgleichlauf der verfassungs- und unionsrechtlichen Bewertung.
19. Eine zukünftige Rechtsprechung des EuGH könnte sich vom Erfordernis der strikten Leistungsabhängigkeit lösen.
20. Auch im Fall der Änderung der EuGH-Rechtsprechung ist eine unionsrechtskonforme Auslegung des Art. 33 II GG nicht erforderlich, da die Mitgliedstaaten über Art. 157 IV AEUV und Art. 23 II GRC zu einer wirkungsvollen Förderungspolitik lediglich ermächtigt, nicht jedoch auch verpflichtet werden.

Literaturverzeichnis

Arioli, Katharina Simone: Frauenförderungsmassnahmen im Erwerbsleben, Zürich 1992

Battis, Ulrich: Bundesbeamtengesetz, Kommentar, 5. Auflage, München 2017

Battis, Ulrich; Schulte-Trux, Anke; Weber, Nicole: „Frauenquoten" und Grundgesetz, DVBl 1991, 1165 ff.

Berryman, Sue: Who Will Do Science?, New York 1983.

Behnisch, Markus: Universitäten im Dienstleistungswettstreit, Marburg 2007

Behrens, Thomas: Globalisierung der Hochschulhaushalte, Neuwied/Kriftel/Berlin 1996

Benda, Ernst: Notwendigkeit und Möglichkeit positiver Aktionen zugunsten von Frauen im öffentlichen Dienst, Freiburg 1986

Benda, Ernst; Maihofer, Werner, Vogel, Hans-Jochen (Hrsg.): Handbuch des Verfassungsrechts der Bundesrepublik Deutschland, 3. Auflage, Berlin 2012 (zit.: Bearbeiter, in HdbVerfR)

Benz, Angelika: Privatisierung und Deregulierung – Abbau von Staatsaufgaben?, Die Verwaltung 28 (1995), 337 ff.

Bergmann, Jan: Handlexikon der Europäischen Union, 5. Auflage, Baden-Baden 2015.

Bethge, Herbert: Die Grundrechtsberechtigung juristischer Personen nach Art. 19 Abs. 3 Grundgesetz, Passau 1985

Blanke, Bernhard; Nullmeier, Frank; Reichard, Christoph; Wewer, Göttrik (Hrsg.): Handbuch zur Verwaltungsreform, 4. Auflage, Wiesbaden 2011 (zit.: Bearbeiter, in Blanke/Nullmeier/Reichard/Wewer, Hdb. Verwaltungsreform)

Bley, Helmar: Die Universitätskörperschaft als Vermögensträger, Freiburg 1963

Blome, Eva; Erfmeier, Alexandra; Gülcher, Nina; Smykalla, Sandra: Handbuch zur Gleichstellungspolitik an Hochschulen, 2. Auflage, Wiesbaden 2013

Bochmann, Günter: Leistungsgrundsatz und Haushaltskonsolidierung, ZBR 2008, 397 ff.

Böckenförde, Werner: Der allgemeine Gleichheitssatz und die Aufgabe des Richters: ein Beitrag zur Frage der Justitiabilität von Art. 3 Abs. 1 des Bonner Grundgesetzes, Berlin 1957

Brocker, Lars: Verfahren und Probleme der Professorenstellenbesetzung, RiA 1993, 271 ff.

Brüggen, Georg (Hrsg.): Handbuch des Sächsischen Hochschulrechts, Dresden 2011

Bull, Hans Peter; Mehde, Veith: Reform der Hochschulorganisation – die populären Modelle und ihre Probleme, JZ 2000, 650 ff.

Bull, Hans Peter; Mehde, Veith: Allgemeines Verwaltungsrecht mit Verwaltungslehre, 9. Auflage, Heidelberg 2015

Bumke, Christian: Universitäten im Wettbewerb, VVDStRL 69 (2010), 407 ff.

Burg, Indra: Positive Maßnahmen zwischen Unternehmerfreiheit und Gleichbehandlung, Berlin 2009

Burgi, Martin; Gräf, Ilse-Dore: Das (Verwaltungs-)organisationsrecht der Hochschulen im Spiegel der neueren Gesetzgebung und Verfassungsrechtsprechung, DVBl 2010, 1125 ff.

Calliess, Christian; Ruffert, Matthias (Hrsg.): EUV/EGV, Kommentar, 2. Auflage, Neuwied 2002 (zit.: Bearbeiter, in Calliess/Ruffert, EUV/EGV, 2. Auflage 2002)

Calliess, Christian; Ruffert, Matthias (Hrsg.): EUV/AEUV, Kommentar, 5. Auflage, München 2016 (zit.: Bearbeiter, in Calliess/Ruffert)

Classen, Claus-Dieter: Wie viele Wege führen zur Gleichberechtigung von Männern und Frauen?, JZ 1996, 921 ff.

Dallinger, Peter; Bode, Christian; Dellian, Fritz (Hrsg.): Hochschulrahmengesetz Kommentar, Tübingen 1987 (zit.: Bearbeiter, in Dallinger/Bode/Dellian)

Degethoff de Campos, Heidi; Haase, Sigrid; Koreuber, Mechthild; Kriszio, Marianne (Hrsg.): Zielvereinbarungen als Instrument erfolgreicher Gleichstellungspolitik, Berlin 2002

Detmer, Hubert: Konkurrentenstreit und Rechtsschutz im Berufungsverfahren, WissR 28 (1995), 1 ff.

Detmer, Hubert: Die Bindung der staatlichen Seite an Berufungsvorschläge, WissR 30 (1997), 193 ff.

Di Fabio, Udo: Die Gleichberechtigung von Mann und Frau, AöR 122 (1997), 404 ff.

Doblhofer, Doris; Küng, Zita: Gender Mainstreaming, Heidelberg 2008

Doemming, Klaus-Berto; Füsslein, Rudolf; Matz, Werner: Entstehungsgeschichte der Artikel des Grundgesetzes, JöR NF1 (1951), 1 ff.

Dörr, Oliver; Grote, Rainer; Maurauhn, Thilo: Konkordanzkommentar zum europäischen und deutschen Grundrechtsschutz Band II, 2. Auflage, Tübingen 2013 (zit.: Bearbeiter, in Dörr/Grote/Marauhn (Hrsg.), EMRK/GG II, 22013)

Dreier, Horst (Hrsg.): Grundgesetz. Kommentar, Band I: Präambel, Artikel 1–19, 3. Auflage, Tübingen 2013 (zit.: Bearbeiter, in Dreier, GG, Band I)

Dreier, Horst (Hrsg.): Grundgesetz. Kommentar, Band II: Artikel 20–82, 2. Auflage, Tübingen 2006 (zit.: Bearbeiter, in Dreier, GG, Band II, ²2006)

Dreier, Horst (Hrsg.): Grundgesetz. Kommentar, Band II: Artikel 20–82, 3. Auflage, Tübingen 2015 (zit.: Bearbeiter, in Dreier, GG, Band II, ³2015)

Ebsen, Ingwer: Leistungsbezogene Quotierung für den öffentlichen Dienst, Jura 1990, 515 ff.

Ebsen, Ingwer: Zur Koordinierung der Rechtsdogmatik beim Gebot der Gleichberechtigung von Männern und Frauen zwischen Europäischem Gemeinschaftsrecht und innerstaatlichem Verfassungsrecht, RdA 1993, 11 ff.

Eck, Angelika: Die Bestenauswahl gem. Art. 33 Abs. 2 GG, RiA 2012, 16 ff.

Ehlers, Dirk (Hrsg.): Europäische Grundrechte und Grundfreiheiten, 4. Auflage, Berlin 2014 (zit.: Bearbeiter, in Ehlers)

Elstermann, Gert; von Mutius, Ludwig; Schuster, Hermann Josef: Grundausstattung, Göttingen 1976

Emde, Ernst Thomas: Die demokratische Legitimation der funktionalen Selbstverwaltung, Berlin 1991

Engels, Anita: Schadet die Frauenförderung in ihrer gegenwärtigen Form der Wissenschaft?, Forschung & Lehre 2016, 784 ff.

Epiney, Astrid; Freiermuth Abt Marianne: Das Recht der Gleichstellung von Mann und Frau in der EU, Baden-Baden 2003

Epping, Volker: Das Letztentscheidungsrecht der zuständigen staatlichen Stellen bei der Berufung von Hochschullehrern, WissR 25 (1992), 166 ff.

Epping, Volker; Hillgruber, Christian (Hrsg.): Beck'scher Online-Kommentar GG, Stand: 15.08.2017, München 2017 (zit.: Bearbeiter, in BeckOK GG)

Erbguth, Wilfried; Guckelberger, Annette: Allgemeines Verwaltungsrecht, 9. Auflage, Baden-Baden 2018

Erichsen, Hans-Uwe; Scherzberg, Arno: Verfassungsrechtliche Determinanten staatlicher Hochschulpolitik, NVwZ 1990, 8 ff.

Erzinger, Lisa: Männer als Gleichstellungsbeauftragte im öffentlichen Dienst, NVwZ 2016, 359 ff.

Eschmann, Harald: Die Freizügigkeit der EG-Bürger und der Zugang zur öffentlichen Verwaltung, Baden-Baden 1992

Färber, Christine: Frauenförderung an Hochschulen, Frankfurt/Main 2000

Färber, Christine: Chancengleichheit und Qualitätsmanagement in Berufungsverfahren, Hamburg 2010

Färber, Christine; Spangenberg, Ulrike: Wie werden Professuren besetzt?, Frankfurt/Main 2008

Fehling, Michael: Neue Herausforderungen an die Selbstverwaltung in Hochschule und Wissenschaft, Die Verwaltung 2002, 399 ff.

Feindt, Erich: Frauenförderung im öffentlichen Dienst – Regelung in Hamburg –, DÖD 1984, 140 ff.

Feldes, Werner; **Kamm, Rüdiger**; **Peiseler, Manfred u.a.**: Schwerbehindertenrecht, Basiskommentar zum SGB IX mit Wahlordnung, 7. Auflage, Frankfurt/Main 2002

Flämig, Christian; **Kimminich, Otto u.a. (Hrsg.)**: Handbuch des Wissenschaftsrechts, Band 1, 2. Auflage, Berlin Heidelberg New York 1996 (zit.: Bearbeiter, in HdbWissR, Band 1)

Flämig, Christian; **Grellert, Volker u.a. (Hrsg.)**: Handbuch des Wissenschaftsrechts, Band 2, 2. Auflage, Berlin Heidelberg New York 1996 (zit.: Bearbeiter, in HdbWissR, Band 2)

Frenz, Walter: Handbuch Europarecht, Band 4: Europäische Grundrechte, Berlin Heidelberg 2009

Friauf, Karl Heinrich: Gleichberechtigung der Frau als Verfassungsauftrag, Stuttgart 1981

Frohschammer, Daniel: Höhere Effizienz durch mehr Autonomie, Hamburg 2008

Fuchs, Maximilian (Hrsg.): Europäisches Sozialrecht, 4. Auflage, Baden-Baden 2005 (zit.: Bearbeiter, in Fuchs, 4. Auflage)

Fuchs, Maximilian (Hrsg.): Europäisches Sozialrecht, 6. Auflage, Baden-Baden 2013 (zit.: Bearbeiter, in Fuchs)

Fuchs, Maximilian; **Marhold, Franz**: Europäisches Arbeitsrecht, 4. Auflage, Mörlenbach 2014

Fuchsloch, Christine: Erforderliche Beseitigung des Gleichberechtigungsdefizits oder verfassungswidrige Männerdiskriminierung?, NVwZ 1991, 442 ff.

Fuchsloch, Christine: Kalanke und die Folgen, FuR 1996, 87 ff.

Gärditz, Klaus Ferdinand: Hochschulorganisation und verwaltungsrechtliche Systembildung, Tübingen 2009

Gärditz, Klaus Fedinand: Evaluationsbasierte Forschungsfinanzierung im Wissenschaftsrecht, WissR 42 (2009), 353 ff.

Gallas, Andreas: Die Staatsaufsicht über die wissenschaftlichen Hochschulen, Berlin 1976

Gallwas, Hans-Ullrich: Die verfassungsrechtliche Garantie des Selbstverwaltungsrechts der Hochschulen nach Art. 138 Abs. 2 Satz 1 der Bayerischen Verfassung, WissR 2 (1969), 116 ff.

Geiger, **Rudolf**; **Khan**, **Daniel-Erasmus**; **Kotzur**, **Markus**: EUV/AEUV Kommentar, 6. Auflage, München 2017 (zit.: Bearbeiter, in Geiger/Khan/Kotzur)

Geis, **Max-Emanuel (Hrsg.)**: Hochschulrecht im Freistaat Bayern, Heidelberg 2009 (zit.: Bearbeiter, in Geis, HSchR-Bayern)

Geis, **Max-Emanuel**: Universitäten im Wettbewerb, VVDStRL 69 (2010), 364 ff.

Grabitz, **Eberhard**; **Hilf**, **Meinhard**; **Nettesheim**, **Martin (Hrsg.)**: Das Recht der Europäischen Union, Kommentar, Stand: 65. Aktualisierung (August 2018), München (zit.: Bearbeiter, in Grabitz/Hilf/Nettesheim)

Groß, **Thomas**: Das Selbstverwaltungsrecht der Universitäten – Zusätzliches zur Wissenschaftsfreiheit, DVBl 2006, 721 ff.

Groß, **Thomas**: Der Europäische Forschungsrat – ein neuer Akteur im europäischen Forschungsraum, EuR 2010, 299 ff.

Groß, **Thomas**: Kollegialprinzip und Hochschulselbstverwaltung, DÖV 2016, 449 ff.

Groß, **Thomas**; **Karaalp**, **Remzi**; **Wilden**, **Anke**: Regelungsstrukturen der Forschungsförderung, Baden-Baden 2010

Günther, **Hellmuth**: Beförderung, ZBR 1979, 93 ff.

Günther, **Hellmuth**: Rechtsrahmen von Assessment-Centern bei der Beförderungsauswahl, DÖD 2006, 146 ff.

Hänsch, **Beate**: Die Rechtsstellung der Fakultäten / Fachbereiche in der Hochschule, Würzburg 1996

Hailbronner, **Kay**; **Geis**, **Max-Emanuel (Hrsg.)**: Hochschulrecht in Bund und Ländern, Kommentar, Stand: 50. Aktualisierung (März 2018), Heidelberg (zit.: Bearbeiter, in Hailbronner/Geis)

Hanft, **Anke (Hrsg.)**: Grundbegriffe des Hochschulmanagements, Neuwied/Kriftel 2001 (zit.: Bearbeiter, in Hanft, Grundbegriffe des Hochschulmanagements)

Hansalek, **Erik**: Die neuen Kompetenzen des Bundes im Hochschulrecht, NVwZ 2006, 668 ff.

Hansmeyer, **Sandra**; **Kaltenborn**, **Markus**: Hausarbeit in der Übung im Öffentlichen Recht: – „Frauenquote“ für Beförderungsstellen im Öffentlichen Dienst –, NWVBl. 2001, 449 ff.

Harms, **Peter**: Frauenförderung im öffentlichen Dienst – rechtliche und personalwirtschaftliche Grenzen, DÖD 1991, 49 ff.

Hartmer, **Michael**; **Detmer**, **Hubert (Hrsg.)**: Hochschulrecht. Ein Handbuch für die Praxis, 1. Auflage, Heidelberg 2004 (zitiert: Bearbeiter, in Hartmer/Detmer, Hochschulrecht, 2004)

Hartmer, **Michael**; **Detmer**, **Hubert** **(Hrsg.)**: Hochschulrecht. Ein Handbuch für die Praxis, 3. Auflage, Heidelberg 2017 (zitiert: Bearbeiter, in Hartmer/Detmer, Hochschulrecht, ^{3}2017)

Hasselbach, **Kai**: „Lex Kalanke"? – Die Vorschläge der EU-Kommission zur Änderung der Gleichbehandlungsrichtlinie, NZA 1996, 1308

Haug, **Volker** **(Hrsg.)**: Das Hochschulrecht in Baden-Württemberg, 2. Auflage, Heidelberg 2009 (zit.: Bearbeiter, in Haug, Hochschulrecht)

Hebeler, **Timo**: Verwaltungspersonal, Baden-Baden 2008

Heinrich, **Oliver**: Die rechtliche Systematik der Forschungsförderung in Deutschland und den Europäischen Gemeinschaften unter Beachtung von Wissenschaftsfreiheit und Wettbewerbsrecht, Münster 2003

Heinrichs, **Werner**: Hochschulmanagement, München 2010

Hendler, **Reinhard**: Selbstverwaltung als Ordnungsprinzip, Köln Berlin Bonn München 1984

Hendler, **Reinhard**: Die Universität im Zeichen von Ökonomisierung und Internationalisierung, VVDStRL 65 (2006), 238 ff.

Hendler, **Reinhard**: Grundbegriffe der Selbstverwaltung, in Mann, Thomas; Püttner, Günter (Hrsg.), Handbuch der kommunalen Wissenschaft und Praxis, Band 1, 3. Auflage, Berlin Heidelberg New York 2007, 3 ff.

Herdegen, **Matthias**: Der neue Diskriminierungsschutz für Behinderte im Grundgesetz, Bonn 1995

Herzog, **Roman**; **Scholz**, **Rupert**; **Herdegen**, **Matthias**; **Klein**, **Hans H.** **(Hrsg.)**: Grundgesetz: Kommentar, Stand: 70. Ergänzungslieferung (Dezember 2013), München (zit.: Bearbeiter, in Maunz/Dürig, GG, 70. EGL)

Herzog, **Roman**; **Scholz**, **Rupert**; **Herdegen**, **Matthias**; **Klein**, **Hans H.** **(Hrsg.)**: Grundgesetz: Kommentar, Stand: 84. Ergänzungslieferung (August 2018), München (zit.: Bearbeiter, in Maunz/Dürig, GG)

Hirschauer, **Stefan**: Family-Tenure statt „Kaskadenmodell", Forschung & Lehre 2012, 994 ff.

Höfling, **Wolfram**: Verfahrensrechtliche Garantien des Art. 33 II GG, ZBR 1999, 73 ff.

Hömig, **Dieter**; **Wolff**, **Heinrich Amadeus** **(Hrsg.)**: Grundgesetz, 12. Auflage, Baden-Baden 2018 (zit.: Bearbeiter, in Hömig/Wolff, GG)

Hoffmann-Riem, **Wolfgang**; **Schmidt-Aßmann**, **Eberhard**; **Voßkuhle**, **Andreas** **(Hrsg.)**: Grundlagen des Verwaltungsrechts, Band I: Methoden Maßstäbe Aufgaben Organisation, München 2012 (zit.: Bearbeiter, in Hoffmann-Riem/Schmidt-Aßmann/Voßkuhle)

Hofmann, **Hans**: Die tatsächliche Durchsetzung der Gleichberechtigung in dem neuen Art. 3 II S. 2 GG, FamRZ 1995, 257 ff.

Hofmann, **Hans**: Bevorzugung von Frauen bei Stellenbesetzung?, NVwZ 1995, 662 ff.

Holstein, **Günther**: Hochschule und Staat, in Doeberl, Michael; Scheel, Otto; Schlink, Wilhelm; Sperl, Hans; Spranger, Eduard; Bitter, Hans; Frank, Paul (Hrsg.), Das akademische Deutschland, Band III, Berlin 1930, 127 ff.

Holznagel, **Bernd**; **Schlünder**, **Irene**: Zulässigkeit leistungsabhängiger Frauenförderquoten, Jura 1996, 519 ff.

Huster, **Stefan**: Frauenförderung zwischen individueller Gerechtigkeit und Gruppenparität, AöR 118 (1993), 109 ff.

Isensee, **Josef**: Der Zugang zum öffentlichen Dienst, in: Festgabe aus Anlaß des 25jährigen Bestehens des Bundesverwaltungsgerichts, München 1978, 337 ff.

Isensee, **Josef**: Mit blauem Auge davongekommen – das Grundgesetz, NJW 1993, 2583 ff.

Isensee, **Josef**; **Kirchhof**, **Paul (Hrsg.)**: Handbuch des Staatsrechts der Bundesrepublik Deutschland, Band II Verfassungsstaat, Heidelberg 2004 (zit.: Bearbeiter, in HStR II 32004)

Isensee, **Josef**; **Kirchhof**, **Paul (Hrsg.)**: Handbuch des Staatsrechts der Bundesrepublik Deutschland, Band VII Freiheitsrechte, Heidelberg 2009 (zit.: Bearbeiter, in HStR VII 32009)

Isensee, **Josef**; **Kirchhof**, **Paul (Hrsg.)**: Handbuch des Staatsrechts der Bundesrepublik Deutschland, Band VIII Grundrechte: Wirtschaft, Verfahren, Gleichheit, Heidelberg 2010 (zit.: Bearbeiter, in HStR VIII 32010)

Jachmann, **Monika**: Die Quotenregelung im öffentlichen Dienst – Chancengleichheit, fürsorgliche Diskriminierung oder ungerechtfertigte Bevorzugung der Frau im Beruf?, ZBR 1996, 161 ff.

Jahn, **Friedrich-Adolf**: Empfehlungen der Gemeinsamen Verfassungskommission zur Änderung und Ergänzung des Grundgesetzes, DVBl 1994, 177 ff.

Jarass, **Hans**: EU-Grundrechte, München 2005

Jarass, **Hans**: Charta der Grundrechte der Europäischen Union. Kommentar, 3. Auflage, München 2016

Jarass, **Hans**; **Pieroth**, **Bodo (Hrsg.)**: Grundgesetz für die Bundesrepublik Deutschland. Kommentar, 15. Auflage, München 2018 (zit.: Bearbeiter, in Jarass/Pieroth, GG)

Jestaedt, **Matthias**: Demokratieprinzip und Kondominialverwaltung, Berlin 1993

Jung, **Werner**: Der Zugang zum öffentlichen Dienst nach Art. 33 II GG, Saarbrücken 1978

Kämmerling, Guido: Das Leistungsprinzip als Hauptkriterium für Beförderungen und Stellenbesetzungen, DÖD 2010, 213 ff.

Kahl, Wolfgang: Hochschule und Staat, Tübingen 2004

Kahl, Wolfgang; Waldhoff, Christian; Walter, Christian (Hrsg.): Bonner Kommentar zum Grundgesetz, Stand: 195. Ergänzungslieferung (Dezember 2018), Heidelberg (zit.: Bearbeiter, in BK-GG)

Karpen, Ulrich: Die Finanzverfassung der Hochschulen angesichts der gegenwärtigen Haushaltslage, VerwArch 73 (1982), 405 ff.

Karpen, Ulrich: Wissenschaftsfreiheit und Hochschulfinanzierung, Berlin 1983

Karpen, Ulrich; Knemeyer, Franz-Ludwig: Verfassungsprobleme des Hochschulwesens, Paderborn 1976

Kempen, Bernhard: Gleichberechtigung und Gleichstellung, ZRP 1989, 367 ff.

Kingreen, Thorsten; Poscher, Ralf: Grundrechte Staatsrecht II, 34. Auflage, Heidelberg 2018

Kirchhof, Ferdinand: Rechtliche Grundsätze der Universitätsfinanzierung, JZ 1998, 275 ff.

Kischel, Uwe: Zur Dogmatik des Gleichheitssatzes in der Europäischen Union, EuGRZ 1997, 1 ff.

Klein, Hans: Gedanken über neuere Entwicklungen im Hochschulrecht, AöR 90 (1965), 129 ff.

Kluth, Winfried: Funktionale Selbstverwaltung, Tübingen 1997

Kluth, Winfried: Der Übergang von der selbstverwalteten Gruppenuniversität zur Hochschule als autonomer Forschungs- und Dienstleistungseinheit, RdJB 2004, 174 ff.

König, Klaus; Beck, Joachim: Modernisierung von Staat und Verwaltung, Baden-Baden 1997

Köttgen, Arnold: Das Grundrecht der deutschen Universität, Göttingen 1959

Kokott, Juliane: Zur Gleichstellung von Mann und Frau – Deutsches Verfassungsrecht und europäisches Gemeinschaftsrecht, NJW 1995, 1094 ff.

Konegen-Grenier, Christiane: Regulierung der Hochschulautonomie, Köln 2010

Koreuber, Mechthild: Frauenförderung als Querschnittsaufgabe, 5. Bericht der zentralen Frauenbeauftragten der Freien Universität Berlin, Berlin 2002

Krausnick, Daniel: Staat und Hochschule im Gewährleistungsstaat, Tübingen 2012

Krücken, Georg: Zwischen gesellschaftlichem Diskurs und organisationalen Praktiken: Theoretische Überlegungen und empirische Befunde zur Wettbewerbskonstitution im Hochschulbereich, in Zimmermann//Kamphans-/Metz-Göckel (Hrsg.), Perspektiven der Hochschulforschung, S. 165 ff.

Kümper, Boas: Anmerkung zu BAG, Urteil v. 12.04.2016 – 9 AZR 673/14, JZ 2017, 105 ff.

Kugele, Dieter: BGleiG Onlinekommentar, Münster 2017

Ladeur, Karl-Heinz: Gleichberechtigung und „Gleichstellung" von Mann und Frau im öffentlichen Dienst, ZBR 1992, 39 ff.

Ladeur, Karl-Heinz: Öffentliche Stellenausschreibung als Gewährleistung des Rechts auf gleichen Zugang zum öffentlichen Dienst, Jura 1992, 77 ff.

Ladeur, Karl-Heinz: Die Wissenschaftsfreiheit der „entfesselten Hochschule", DÖV 2005, 753 ff.

Lange, Klaus: „Frauenquoten" in politischen Parteien, NJW 1988, 1174 ff.

Langenfeld, Christine: Die Gleichbehandlung von Mann und Frau im Europäischen Gemeinschaftsrecht, Baden-Baden 1990

Langenfeld, Christine: Geschlecht – kein Thema mehr für das Recht?, DVBl 2010, 1019 ff.

Laubinger, Hans-Werner: Die „Frauenquote" im öffentlichen Dienst, VerwArch 87 (1996), 305 ff. und 473 ff.

Leibholz, Gerhard: Die Gleichheit vor dem Gesetz, Berlin 1925

Leibholz, Gerhard; Rinck, Hans-Justus (Hrsg.): Grundgesetz für die Bundesrepublik Deutschland, Kommentar, Stand: 76. Ergänzungslieferung (Mai 2018), Köln

Leisner, Walter: Grundlagen des Berufsbeamtentums, Bonn-Bad Godesberg 1971

Lenz, Carl Otto; Borchardt, Klaus-Dieter (Hrsg.): EU-Verträge Kommentar, 6. Auflage, Köln 2012 (zitiert: Bearbeiter, in Lenz/Borchardt)

Liebert, Britta: Quotenregelungen im öffentlichen Dienst, Baden-Baden 2017

Lindner, Josef Franz: Die Europäisierung des Wissenschaftsrechts, Tübingen 2009

Lindner, Josef Franz: Der beamtenrechtliche Bewerbungsanspruch, ZBR 2012, 181 ff.

Löther, Andrea; Glanz, Sabrina: Evaluation des Professorinnenprogramms des Bundes und der Länder: zweite Programmphase und Gesamtevaluation, Köln 2017

Lorenz, Dieter: Die Rechtsstellung der Universität gegenüber staatlichen Bestimmungen, WissR 11 (1978), 1 ff.

Lorenz, **Dieter**: Wissenschaft zwischen Hochschulautonomie und Staatsintervention, JZ 1981, 113 ff.

Maack, **Heinrich**: Grundlagen des studentischen Disziplinarrechts, Freiburg 1956

Mager, **Ute**: Die Universität im Zeichen von Ökonomisierung und Internationalisierung, VVDStRL 65 (2006), 274 ff.

Maidowski, **Ulrich**: Umgekehrte Diskriminierung, Berlin 1989

Mallmann, **Walter**; **Strauch**, **Hans-Joachim**: Die Verfassungsgarantie der freien Wissenschaft, Bonn-Bad Godesberg, 1970

Martens, **Jens**: Wettbewerb bei Beförderungen, ZBR 1992, 129 ff.

Matthiessen-Kreuder, **Ursula**: Zur Finanzierung der Hochschulen – Aktuelle Probleme der Drittmittelverwaltung, WissR 24 (1991), 221 ff.

Maunz, **Theodor**: Die Abgrenzung des Kulturbereichs zwischen dem Bund und den Ländern, in Ritterspach, Theo; Geiger, Willi (Hrsg.), Festschrift für Gerhard Müller, Tübingen 1970, 257 ff.

Maurer, **Hartmut**: Allgemeines Verwaltungsrecht, 19. Auflage, München 2017

Mayer, **Franz**: Von der Rechtsnatur der Universität, Regensburg 1967

Mengel, **Hans-Joachim**: Maßnahmen „Positiver Diskriminierung" und Grundgesetz, JZ 1982, 530 ff.

Merten, **Detlef**: Über Staatsziele, DÖV 1993, 368 ff.

Merten, **Detlef**; **Papier**, **Hans-Jürgen** (**Hrsg.**): Handbuch der Grundrechte, Band IV Grundrechte in Deutschland: Einzelgrundrechte I, Heidelberg 2011 (zit.: Bearbeiter, in Hdb. der Grundrechte IV)

Merten, **Detlef**; **Papier**, **Hans-Jürgen** (**Hrsg.**): Handbuch der Grundrechte, Band V Grundrechte in Deutschland: Einzelgrundrechte II, Heidelberg 2013 (zit.: Bearbeiter, in Hdb. der Grundrechte V)

Meyer, **Jürgen** (**Hrsg.**): Charta der Grundrechte der Europäischen Union, 4. Auflage, Baden-Baden 2014

Minssen, **Heiner**; **Molsich**, **Beate**; **Wilkesmann**, **Uwe**; **Andersen**, **Uwe**: Kontextsteuerung von Hochschulen? Folgen der indikatorisierten Mittelzuweisung, Berlin 2003

Molitor, **Bernhard**: Deregulierung in Europa, Tübingen 1996

Müller-Böling, **Detlef**: Die entfesselte Hochschule, Gütersloh 2000

Nettesheim, **Martin**: Grund und Grenzen der Wissenschaftsfreiheit, DVBl 2005, 1072 ff.

Neuhäuser, **Gert Armin**: Die verfassungsrechtliche Pflicht zu einer Ausschreibung öffentlicher Ämter und ihre (allein) verfassungsimmanenten Grenzen, NVwZ 2013, 176 ff.

Nolden, Frank; Rottmann, Frank; Brinktrine, Ralf; Kurz, Achim (Hrsg.): Sächsisches Hochschulgesetz. Kommentar, Berlin 2011 (zit.: Bearbeiter, in Nolden/Rottmann/Brinktrine/Kurz, Sächsisches Hochschulgesetz)

Nolte, Jakob Julius: Die Zuständigkeit des Bundes für das Hochschulwesen, DVBl 2010, 84 ff.

Oldiges, Martin: Hochschulleitung und Hochschulverwaltung, in Becker, Bernd; Bull, Hans Peter; Seewald, Otfried (Hrsg.), Festschrift für Werner Thieme zum 70. Geburtstag, Köln Berlin Bonn München 1993, 647 ff.

Onnen-Isemann, Corinna; Oßwald, Ursula: Aufstiegsbarrieren für Frauen im Universitätsbereich, Bonn 1991

Papier, Hans-Jürgen: Rechtsgutachten zur Frage der Zulässigkeit von Zielquoten für Frauen in Führungspositionen im öffentlichen Dienst sowie zur Verankerung von Sanktionen bei Nichteinhaltung, München 2014.

Papier, Hans-Jürgen; Heidebach, Martin: Mehr Frauen in Führungspositionen des öffentlichen Dienstes durch Fördermaßnahmen – verfassungs- und europarechtliche Bewertung, DVBl 2015, 125 ff.

Peters, Anna; Birkhäuser, Noah: Affirmative Action à l'Américaine – Vorbild für Europa?, ZaöRV 65 (2005), 1ff.

Peters, Klaus: Die jüngsten Universitätsreformen in Deutschland im Spiegel der aktuellen Rechtsprechung und des Schrifttums, NWVBl. 2008, 365 ff.

Pfarr, Heide: Quoten und Grundgesetz, Baden-Baden 1988.

Pfarr, Heide; Fuchsloch, Christine: Verfassungsrechtliche Beurteilung von Frauenquoten, NJW 1988, 2201 ff.

Pirstner, Renate: Anmerkung zu EuGH, Rs. C-407/98 (Abrahamsson), DRdA 2000, 549 ff.

Plötscher, Stefan: Der Begriff der Diskriminierung im Europäischen Gemeinschaftsrecht, Berlin 2003

Raasch, Sibylle: Frauenquoten und Männerrechte, Baden-Baden 1991

Rademacher, Sonja: Diskriminierungsverbot und „Gleichstellungsauftrag", Frankfurt/Main 2004

Raiser, Ludwig: Die Universität im Staat, Heidelberg 1958

Ramm, Thilo: Gleichberechtigung und Hausfrauenehe, JZ 1968, 41 ff.

Rengeling, Hans-Werner; Szczekalla, Peter: Grundrechte in der Europäischen Union, Köln Berlin München 2004

Richter, Dagmar: Die Berücksichtigung des Geschlechts bei der Vergabe und Schaffung öffentlicher Ämter in der Wissenschaft, Tübingen 2000

Richter, Thomas: Das Geschlecht als Kriterium im deutschen Recht, NVwZ 2005, 636 ff.

Röhl, Hans Christian: Der Wissenschaftsrat, Baden-Baden 1994.

Rollmann, Christian: Die Universität als Wirtschaftsunternehmen, Berlin 1987

Sachs, Michael: Grenzen des Diskriminierungsverbotes, München 1987

Sachs, Michael: Gleichberechtigung und Frauenquoten, NJW 1989, 553 ff.

Sachs, Michael: Frauenquoten im öffentlichen Dienst, Jura 1989, 465 ff.

Sachs, Michael: Die Quotenregelung und der Rentenaltersbeschluß des BVerfG, NVwZ 1991, 437 ff.

Sachs, Michael: Zur Bedeutung der grundgesetzlichen Gleichheitssätze für das Recht des öffentlichen Dienstes, ZBR 1994, 133 ff.

Sachs, Michael: Quotenregelungen für Frauen im staatlichen und im gesellschaftlichen Bereich, insbesondere für die Wirtschaft, ZG 2012, 52 ff.

Sachs, Michael (Hrsg.): Grundgesetz: Kommentar, 8. Auflage, München 2018 (zit.: Bearbeiter, in Sachs, GG)

Sacksofsky, Ute; Völzmann, Berit: Frauenförderung in der Wissenschaft durch Professorinnenprogramme, Baden-Baden 2018

Sandberger, Georg: Organisationsreform und -autonomie – Bewertung der Reformen in den Ländern, WissR 35 (2002), 125 ff.

Sandberger, Georg: Landeshochschulgesetz Baden-Württemberg, Kommentar, 2. Auflage, Heidelberg 2015

Sauer, Gotthard: Verfassungsrechtliche Grundlagen des Selbstverwaltungsrechts und der Autonomie der Hochschulen, München 1973

Schack, Haimo (Hrsg.): Gedächtnisschrift für Alexander Lüderitz, München 2000 (zit.: Bearbeiter, in GS-Lüderitz)

Schaub, Günter (Begr.): Arbeitsrechts-Handbuch, 17. Auflage, München 2017 (zit.: Bearbeiter, in Schaub, Arbeitsrechts-Handbuch).

Schenke, Wolf-Rüdiger: Neue Fragen an die Wissenschaftsfreiheit – Neue Hochschulgesetze im Lichte des Art. 5 III GG, NVwZ 2005, 1000 ff.

Schiek, Dagmar (Hrsg.): Frauengleichstellungsgesetze des Bundes und der Länder, Kommentar für die Praxis, Köln 1996 (zit.: Bearbeiter, in Schiek (Hrsg.), Frauengleichstellungsgesetze)

Schiek, Dagmar: Die Entscheidung des EuGH zum Hessischen Gleichberechtigungsgesetz, Der Personalrat 2000, 361 ff.

Schmidt, Barbara: Die Kalanke-Entscheidung des EuGH – das Aus für die Quotenregelung?, NJW 1996, 1724 ff.

Schmidt-Aßmann, **Eberhard**: Leistungsgrundsatz des Art. 33 II GG und soziale Gesichtspunkte bei der Regelung des Zugangs zum Beamtenverhältnis, NJW 1980, 16 ff.

Schmidt-Aßmann, **Eberhard**: Die Wissenschaftsfreiheit nach Art. 5 Abs. 3 GG als Organisationsgrundrecht, in Becker, Bernd; Bull, Hans Peter; Seewald, Otfried (Hrsg.), Festschrift für Werner Thieme zum 70. Geburtstag, Köln Berlin Bonn München 1993, 697 ff.

Schmidt-Aßmann, **Eberhard**: Die Bundeskompetenzen für die Wissenschaftsförderung nach der Föderalismusreform, in Depenheuer, Otto u.a. (Hrsg.), Staat im Wort, Festschrift für Josef Isensee, Heidelberg 2007, 405 ff.

Schmidt-Bleibtreu, **Bruno**; **Hofmann**, **Hans**; **Henneke**, **Hans-Günter (Hrsg.)**: Kommentar zum Grundgesetz, 14. Auflage, Köln 2018 (zitiert: Bearbeiter, in Schmidt-Bleibtreu/Hofmann/Henneke)

Schmitt Glaeser, **Walter**: Abbau des tatsächlichen Gleichberechtigungsdefizits der Frauen durch gesetzliche Quotenregelungen, Stuttgart 1982

Schmitt Glaeser, **Walter**: Die Sorge des Staates um die Gleichberechtigung der Frau, DÖV 1982, 381 ff.

Schneider, **Hans-Peter**: Die Gleichstellung von Frauen in Mitwirkungsgremien der öffentlichen Verwaltung, Baden-Baden 1991

Schnellenbach, **Helmut**: Die dienstliche Beurteilung der Beamten und Richter, 2. Auflage, Heidelberg 1995

Schnellenbach, **Helmut**: Konkurrenzen um Beförderungsämter – geklärte und ungeklärte Fragen; ZBR 1997, 169 ff.

Schöbener, **Burkhard**: Verwaltungsgerichtlicher Rechtsschutz in beamtenrechtlichen Konkurrenzsituationen, BayVBl. 2001, 321 ff.

Schröder, **Meinhard**: Grundfragen der Aufsicht in der öffentlichen Verwaltung, JuS 1986, 371 ff.

Schröder, **Thomas**: Leistungsorientierte Ressourcensteuerung und Anreizstrukturen im deutschen Hochschulsystem, Berlin 2003

Schubert, **Torben**: New Public Management an deutschen Hochschulen, Stuttgart 2008

Schumann, **Jutta**: Faktische Gleichberechtigung, Frankfurt/Main 1997

Schwarz, **Kyrill-Alexander**: Grundfälle zu Art. 3 GG, JuS 2009, 417 ff.

Schwarze, **Jürgen (Hrsg.)**: EU-Kommentar, 4. Auflage, Baden-Baden 2019 (zit.: Bearbeiter, in Schwarze)

Schweizer, **Kerstin**: Der Gleichberechtigungssatz – neue Form, alter Inhalt?, Berlin 1998

Schwidden, Frank: Förderung von Behinderten im öffentlichen Dienst, RiA 1997, 70 ff.

Seckelmann, Margit: Das sog. „Kooperationsverbot" und die Mittel zu seiner Behebung, DÖV 2012, 701 ff.

Seckelmann, Margit: Bildung und Wissenschaft im Bundesstaat – Entwurf eines Gesetzes zur Förderung der föderalen Kooperation im Wissenschaftsbereich, ZRP 2013, 82 ff.

Seckelmann, Margit: „Föderalismusreform III" im Wissenschaftsbereich?, NVwZ 2015, 248 ff.

Siekmann, Helmut: Zusammenwirken von Staat und Hochschule bei der Besetzung von Lehrstühlen, DÖV 1979, 82 ff.

Sieweke, Simon: Verfassungsrechtliche Anforderungen an die Fortsetzung der Exzellenzinitiative, DÖV 2009, 946 ff.

Simon, Dagmar; Knie, Andreas; Hornbostel, Stefan (Hrsg.): Handbuch Wissenschaftspolitik, Wiesbaden 2010 (zit.: Bearbeiter, in HdbWissenschaftspolitik)

Slupik, Vera: Die Entscheidung des Grundgesetzes für Parität im Geschlechterverhältnis, Berlin 1988

Smend, Rudolf: Das Recht der freien Meinungsäußerung, VVDStRL 4 (1928), 44 ff.

Sodan, Helge (Hrsg.): Grundgesetz. Kompakt-Kommentar, 4. Auflage, München 2018 (zit.: Bearbeiter, in Sodan, GG)

Sommermann, Karl-Peter: Staatsziele und Staatszielbestimmungen, Tübingen 1997

Speiser, Guido: Das „Kooperationsverbot", DÖV 2014, 555 ff.

Speiser, Guido: Der neue Art. 91b GG – zentrale Regelungen und praktische Bedeutung, Recht und Politik 2015, 86 ff.

Starck, Christian: Anmerkung zu EuGH, Rs. C-450/93 (Kalanke), JZ 1996, 197 ff.

Starck, Christian: Anmerkung zu EuGH, Rs. C-409/95 (Marschall), JZ 1998, 140 ff.

Starck, Christian: Anmerkung zu EuGH, Rs. C-158/97 (Badeck), JZ 2000, 670 ff.

Starck, Christian (Hrsg.): Föderalismusreform, München 2007 (zit.: Bearbeiter, in Starck, Föderalismusreform)

Stier-Somlo, Fritz: Universitätsrecht, Selbstverwaltung und Lehrfreiheit, AöR 15 (1928), 360 ff.

Streinz, Rudolf (Hrsg.): EUV/AEUV Kommentar, 3. Auflage, München 2018 (zit.: Bearbeiter, in Streinz)

Streiter, Felix: Wissenschaftsförderung durch Mittlerorganisationen, Bonn 2008

Stumpf, Gerrit Hellmuth: Auf dem Wege zu einem neuen Verständnis der Juristenberufe und Juristenausbildungen, ZRP 2013, 187 f.

Suhr, Oliver: Grenzen der Gleichbehandlung: Zur Vereinbarkeit von Frauenquoten mit dem Gemeinschaftsrecht, EuGRZ 1998, 121 ff.

Tettinger, Peter J.; Stern, Klaus (Hrsg.): Kölner Gemeinschaftskommentar zur Europäischen Grundrechte-Charta, München 2006 (zit.: Bearbeiter, in Tettinger/Stern)

Thieme, Werner: Der öffentliche Dienst in der Verfassungsordnung des Grundgesetzes, Göttingen 1961

Thieme, Werner: Deutsches Hochschulrecht, 3. Auflage, Köln Berlin München 2004

Tomerius, Carolyn: Die Hochschulautonomie und ihre Einschränkungen beim Zusammenwirken von Land und Hochschule, Heidelberg 1998

Trute, Hans-Heinrich: Die Forschung zwischen grundrechtlicher Freiheit und staatlicher Institutionalisierung, Tübingen 1994.

Uerpmann, Robert: Rechtsfragen von Vereinbarungen zwischen Universität und Staat, JZ 1999, 644 ff.

Umbach, Dieter C.; Clemens, Thomas (Hrsg.): Grundgesetz. Mitarbeiterkommentar und Handbuch, Band I, Heidelberg 2002 (zit.: Bearbeiter, in Umbach/Clemens, GG)

Vedder, Christoph; Heintschel von Heinegg, Wolff (Hrsg.): Europäisches Unionsrecht, Baden-Baden 2012

Vetter, Franz: Die Förderung von Frauen und Schwerbehinderten als normativer Zielkonflikt, VBlBW 2000, 213 ff.

vom Hagen, Romana Gräfin: Hochschulfinanzierung und Hochschulsteuerung in Baden-Württemberg, in Beiträge zur Hochschulforschung 2002, 30 ff.

von Hippel, Mila: Gleicher Zugang zu öffentlichen Ämtern durch Stellenausschreibung, Bonn 1972

von Mangoldt, Herrmann; Klein, Friedrich; Starck, Christian (Hrsg.): Kommentar zum Grundgesetz, Band 1: Präambel, Art. 1 bis 19, 7. Auflage, München 2018 (zit.: Bearbeiter, in v. Mangoldt/Klein/Starck, GG, Band 1)

von Mangoldt, Herrmann; Klein, Friedrich; Starck, Christian (Hrsg.): Kommentar zum Grundgesetz, Band 2: Art. 20 bis 82, 7. Auflage, München 2018 (zit.: Bearbeiter, in v. Mangoldt/Klein/Starck, GG, Band 2)

von Münch, Ingo; Kunig, Philip (Hrsg.): Grundgesetz. Kommentar, Band 1, 6. Auflage, München 2012 (zit.: Bearbeiter, in v. Münch/Kunig, GG, Band 1)

Wagner, Marc: Das Prinzip der Bestenauslese im öffentlichen Dienst, Hamburg 2009

Walter, Tonio: Schadet die Frauenförderung in ihrer gegenwärtigen Form der Wissenschaft?, Forschung & Lehre 2016, 782 ff.

Westerburg, Sandra: Auswirkungen der Föderalismusreform auf die rechtlichen Rahmenbedingungen von Wissenschaft und Forschung, WissR 39 (2006), 338 ff.

Wichmann, Manfred; Langer Karl-Ulrich: Öffentliches Dienstrecht, 8. Auflage, Stuttgart 2017

Wilden, Anke: Die Erforderlichkeit gesetzlicher Regelungen für die außeruniversitäre Forschung und die Forschungsförderung, Frankfurt 2009

Wittkowski, Bernd: Die Konkurrentenklage im Beamtenrecht (unter besonderer Berücksichtigung des vorläufigen Rechtsschutzes), NJW 1993, 817 ff.

Wolff, Johanna: Der neue Artikel 91 b GG, DÖV 2015, 771 ff.

Zeh, Wolfgang: Finanzverfassung und Autonomie der Hochschule, Berlin 1973

Zeiler, Horst: Bestenauslese nach Art. 33 Abs. 2 GG und Anforderungsprofil – ein unlösbarer Zwiespalt?, ZBR 2010, 191 ff.

Ziekow, Jan: Möglichkeiten und Grenzen der Verbesserung der Chancen von Personen mit Migrationshintergrund im öffentlichen Dienst, DÖV 2014, 765 ff.

Zimmermann, Karin: Bericht zur Evaluation des „Professorinnenprogramm des Bundes und der Länder“ (HoF-Arbeitsbericht 6'12), Halle-Wittenberg 2012

Studien zum Internationalen, Europäischen und Öffentlichen Recht

Herausgegeben von Eibe Riedel

Band 1 Christian Jutzi: Das Brandwaffenprotokoll. Regelungen und Verbindlichkeit. 1997.

Band 2 Jutta Schumann: Faktische Gleichberechtigung. Die Grundgesetzerweiterung des Art. 3 II S. 2. 1997.

Band 3 Christian Keim: Der institutionelle Rahmen im Wettbewerbsrecht der Europäischen Union und mögliche Reformmodelle. Eine Darstellung des europäischen institutionellen Gefüges und eine Entwicklung eines neuen Modells durch Vergleich mit dem institutionellen Rahmen in den USA, Deutschland, Großbritannien und Frankreich. 1998.

Band 4 Andreas Torka: Nichtnavigatorische Wassernutzungen. Mechanismen der Internationalen Zusammenarbeit. Von der Konfrontation über die Kooperation zu koadministrativen Formen der Zusammenarbeit. 1999.

Band 5 Markus Reimann: Die nicht-navigatorische Nutzung internationaler Süßwasserressourcen im Umweltvölkerrecht. 1999.

Band 6 Felix William Stoecker: NGOs und die UNO. Die Einbindung von Nichtregierungsorganisationen (NGOs) in die Strukturen der Vereinten Nationen. 2000.

Band 7 Torsten Weigt: Die ökologische Aktion zur Vermeidung und Bekämpfung transnationaler Umweltkatastrophen. Ein Beitrag zu Möglichkeiten und Problemen der Durchsetzung umweltschützender Verpflichtungen im Völkerrecht. 2000.

Band 8 Markus Tjaden: Genanalyse als Verfassungsproblem. Zulässigkeit genanalytischer Anwendungen im Lichte von Menschenwürde und genetischem Selbstbestimmungsrecht. 2001.

Band 9 Thorsten Wagner: Funktion und praktische Auswirkungen der richterlichen Vorlagen an den Gerichtshof der Europäischen Gemeinschaften. Dargestellt an Beispielen aus der Rechtsprechung zur Anwendung und Auslegung der Richtlinie 77/187/EWG und deren Einfluss auf das deutsche Recht. 2001.

Band 10 Thomas F. Kremer: Die „wissenschaftliche Rechtsphilosophie" Carl Magnus Bergbohms. Versuch einer analytisch-kritischen Rekonstruktion. 2001.

Band 11 Hüseyin Özcan: Rundfunkfreiheit in Deutschland und in der Türkei. Unter Berücksichtigung der Staatsferne des Rundfunks. 2002.

Band 12 Valentin Aichele: Nationale Menschenrechtsinstitutionen. Ein Beitrag zur nationalen Implementierung von Menschenrechten. 2003.

Band 13 Seong-Woo Ji: Die Ausgestaltung der Rundfunkfreiheit im dualen System. Eine rechtsvergleichende Untersuchung zum deutschen und koreanischen Verfassungsrecht. 2004.

Band 14 Andreas Blüthner: Welthandel und Menschenrechte in der Arbeit. The Compatibility of Human Rights at Work with the WTO-System. 2004.

Band 15 Christoph Steiner: Das Recht auf soziale Gesundheitsversorgung. Unter besonderer Berücksichtigung des Artikel 9 ICESCR. 2004.

Band 16 Joachim Spalcke: Arzneimittelzulassungsverfahren in der Europäischen Union und den Vereinigten Staaten von Amerika. Entwicklung und Harmonisierung. 2004.

Band 17 Bernd Neumann: Zeugnisverweigerungsrechte und strafprozessuale Ermittlungsmaßnahmen. 2005.

Band 18 Randolf Straky: Das Privatleben Prominenter als Verfassungsproblem. Ein Rechtsvergleich mit Frankreich und England unter Einbezug von Internetpublikationen. 2006.

Band 19 Fabian Böhm: Strukturen internationalen Subventionsrechts. EG-Beihilfenrecht und WTO-Subventionsrecht aus rechtsvergleichender Perspektive. 2007.

Band 20 Katharina Engbruch: Das Menschenrecht auf einen angemessenen Lebensstandard. Ernährung, Wasser, Bekleidung, Unterbringung und Energie als Elemente des Art. 11 (1) IPWSKR. 2008.

Band 21 Sandra Reinheimer: Das Verbindungskonzept der Bundeswasserstraßenverwaltung. 2008.

Band 22 Danny Reinhold: Der Schutz der Umwelt in der Binnenschifffahrt unter besonderer Berücksichtigung ausgewählter zukünftiger Handlungsansätze auf dem Weg zu einer ökologischen Binnenschifffahrtspolitik. 2009.

Band 23 Katrin Träbert: Sanktionen der Europäischen Union gegen ihre Mitgliedstaaten. Die Sanktionsverfahren nach Art. 228 Abs. 2 EGV und Art. 7 EUV. 2010.

Band 24 Ana Maria Suárez Franco: Die Justiziabilität wirtschaftlicher, sozialer und kultureller Menschenrechte. Eine Untersuchung über den aktuellen Zustand in Lateinamerika, unter Beachtung der völkerrechtlichen Menschenrechtsstandards. Kolumbien als Beispiel. 2010.

Band 25 Robert Kessel: Die Kontrolldichte der Normenkontrolle in Skandinavien aus deutscher Sicht. Eine rechtsvergleichende Untersuchung der richterlichen Überprüfung der Verfassungsmäßigkeit von Gesetzen in Dänemark, Norwegen und Schweden. 2011.

Band 26 Stephan Fehrentz: Rechtliche Grenzen von Privatisierungen im Strafvollzug. Unter besonderer Beachtung des Gesetzes über elektronische Aufsicht im Vollzug der Freiheitsstrafe. 2013.

Band 27 Anne-Kathrin Rühr: Instrumente des individuellen Grundrechtsschutzes in der Russischen Föderation. Eine rechtsvergleichende Betrachtung. 2016.

Band 28 Dennis-N. Warman: Energie als Menschenrecht. Ein Recht auf Zugang zur Grundversorgung mit Energie als Menschenrecht nach dem Internationalen Pakt über wirtschaftliche, soziale und kulturelle Rechte. 2017.

Band 29 Annika Bleier: Die extraterritoriale Anwendbarkeit der EMRK. Zugleich ein Beitrag zur menschenrechtlichen Verantwortlichkeit der Mitgliedstaaten für das transnationale Verhalten im Inland belegener Unternehmen. 2019.

Band 30 Marie Metzger: Verfassungs- und unionsrechtliche Grenzen von Maßnahmen zur Förderung der Geschlechtergleichstellung im Berufungsverfahren. 2020.

www.peterlang.com

www.ingramcontent.com/pod-product-compliance
Ingram Content Group UK Ltd.
Pitfield, Milton Keynes, MK11 3LW, UK
UKHW021126041026
8980IPUK00026B/657

9 783631 792063